本丛书为云南大学
"双一流"建设民族学一流学科建设项目成果

编委会

主　任：林文勋

副主任：何　明　关　凯　赵春盛　李志农　李晓斌

委　员（按姓氏笔划为序）：

马居里　马翀炜　马雪峰　马腾岳　王文光

王越平　牛　阁　龙晓燕　朱　敏　朱凌飞

庄孔韶　李永祥　李伟华　李丽双　何　俊

张　亮　张　赟　张海超　张锦鹏　陈庆德

陈学礼　周建新　郑　宇　赵海娟　高志英

谢夏珩

云南大学民族学与社会学研究生研究成果文库

张锦鹏 主编

改变与守望
少数民族现代化进程中的文化适应

教育部人文社会科学重点研究基地
云南大学西南边疆少数民族研究中心文库

学苑出版社

图书在版编目（CIP）数据

改变与守望：少数民族现代化进程中的文化适应/张锦鹏主编. —北京：学苑出版社，2020.6
ISBN 978-7-5077-5962-4

Ⅰ.①改… Ⅱ.①张… Ⅲ.①少数民族-民族文化-研究-中国 Ⅳ.①K28

中国版本图书馆CIP数据核字（2020）第112558号

责任编辑：	战葆红
出版发行：	学苑出版社
社　　址：	北京市丰台区南方庄2号院1号楼　100079
网　　址：	www.book001.com
电子信箱：	xueyuan@public.bta.net.cn
销售电话：	010-67675512、67678944、67601101（邮购）
印 刷 厂：	河北赛文印刷有限公司
开本尺寸：	710×1000　1/16
印　　张：	27
字　　数：	350千字
版　　次：	2020年8月北京第1版
印　　次：	2020年8月北京第1次印刷
定　　价：	98.00元

总序

故家乔木 薪火相传

何 明

培养高素质创新型人才,是教育的最高境界与理想追求,是人类社会可持续发展的动力和保障。

云南大学的民族学、人类学和社会学的人才培养和学科建设始于 20 世纪 30 年代末。1938 年,吴文藻先生应熊庆来校长之邀来到云南大学创办社会学系,进行社会学、民族学和人类学的人才培养和学术研究,不仅汇聚了费孝通、许烺光、陶云逵、林耀华、杨堃、江应樑等一批享誉世界的学术精英,创作了《乡土中国》《生育制度》《云南三村》《祖荫下》《昆厂劳工》《个旧女工》《芒市边民的摆》等一批学术经典,而且培养出田汝康、张之毅、刘尧汉等一批综合素质高、创新能力强的优秀人才。60 年代初开始培养中国民族史研究生。在 80 年代初国家恢复重建学位制度过程中,云南大学成为全国最早培养中国民族史硕士研究生和博士研究生的高校。随着国家学科体系和研究生培养体系的不断完善,云南大学先后获准设立民族学、社会学、人类学的硕士学位授权和博士学位授权以及社会工作专业硕士学位授权，为民族学、人类学和社会学的教学和研究以及社会各界培养了一大批优秀人才。

2017年国家启动"双一流"建设，云南大学荣膺"双一流"建设高校，民族学学科进入"一流学科"建设行列。作为"一流学科"建设重中之重的目标和任务，民族学、社会学和创新人才培养被推到前所未有高度。根据国内外形势的变化、国家重大战略、地方重大需求、民族学学科创新人才成长规律，确立围绕铸牢中华民族共同体意识和构建人类命运共同体"两个共同体"的人才培养目标，坚持"立维护民族团结之德，树促进民族团结之才"的人才培养理念，实施"校园＋田野＋语言（周边国家语言／少数民族语言）＋应用技术（影像技术／信息技术）"的"四维"人才培养模式，全方位提升学生的综合素养、知识层次和创新能力。

本套丛书呈现的是云南大学民族学和社会学研究生在导师汲引忘疲指导下完成的部分成果，从中可以窥见楚楚不凡之一角，希望他们及其同学堪当船骥之托，传承并创新云南大学民族学和社会学的优良传统，成长为国家乃至人类文明建设大厦的栋梁。

2020年4月22日午夜
草于白沙河畔寓所

目 录

导　论：少数民族现代化进程中文化适应
　　个案研究的意义……张锦鹏/1

从传统农民到花卉产业工人的现代化转变
　　——以石林县月湖村花卉公司雇工为个案……韩雨伦/1
　　引　言/3
　　一、月湖村与花卉公司/8
　　二、月湖村村民的生计状况/20
　　三、花卉公司雇工对时间管理的适应/35
　　四、花卉公司雇工对技术要求适应/48
　　五、改变的农民与改变的传统农耕文化/64
　　结　语/76

大理双廊镇白族乡村景观变迁的
　　文化人类学研究……贾超芸杉/79
　　引　言/81
　　一、双廊镇大建旁村概况/83
　　二、乡村景观的想象与消费/92
　　三、景观消费的乡村回应/111
　　四、多元文化相遇的意义/144
　　结　语/166

布朗族卡咪人扶贫安居工程的文化适应研究……田丽娟/169
    引　言/171
    一、卡咪人的历史源流与民居演变/179
    二、国家扶贫安居工程及实施/198
    三、安居工程实施过程中卡咪人的文化适应/209
    四、卡咪人民居的现代变迁/240
    结　语/253

农村养老困境及老年人的文化自救研究
  ——以湖南省靖州县东林村为个案……李沛燕/257
    引　言/259
    一、变迁中的传统村庄——东林村/265
    二、东林村的老人及养老送终/270
    三、从一场寿宴看老年人的生存困境/294
    四、敬菩萨：困境中老年人自我保护的文化选择/306
    五、晒族谱：唤醒集体记忆的孝文化拯救行动/327
    结　语/343

"然杰"：嵌入在嘉绒藏族葬礼中的礼物交换行为研究
  ——以四川省明村为研究对象……康禹熙/347
    引　言/349
    一、明村嘉绒藏族礼物交换习俗概述/353
    二、明村嘉绒藏族的葬礼仪式及仪式中的"然杰"/367
    三、"然杰"中的经济活动/382
    四、"然杰"的交换动机与社会关系/394
    结　语/406

导　论：少数民族现代化进程中文化适应个案研究的意义

张锦鹏

中国改革开放40年，经济、社会、生活发生了巨大的变化，这一变化可以用"走向现代化"来概括。当一座座摩天大楼在都市拔地而起，来到城市务工的建筑工人站在高高的脚手架上远眺隐沉于远方的家；当一个个城市不断扩张、扩大，绿色原野逐渐被侵蚀，乡村也应景似的开启撤乡设市的城市化运动；当一条条高速公路从城市伸向乡村，滚滚车流不分昼夜穿梭而过，惊扰着路边村寨那只每天按时打鸣的公鸡……乡村社会和传统农民也不可避免地被卷入这场现代化运动之中。

这场现代化运动在改革开放政策的推进下，快速从沿海到内地、从内地向边疆蔓延。西南边疆少数民族地区亦不例外，越来越多的少数民族被卷入现代化大潮之中，人们欣喜于现代化带来的便捷交通、即时通信、新式洋楼等享受的同时，也因现代制度快速植入社会生活之中改变着他们的日常而张皇，现代化适应成为一个问题。

当少数民族现代化适应这样一个问题摆在学术层面上进行讨论时，需要对什么是现代化进行一个辨析。通常而言，现代化主要特指从传统农业社会向现代工业社会转变的过程。现代化运动发端于西欧工业革命，主要是指西方社会自18世纪以来开始出现的经济、政治、技术和社会急剧变革，以及变革从西欧向世界各个地方传播的过程。美国现代化问题研究专家萨缪尔·亨廷顿认为（1968年）[1]：现代化是一个多方面的进程，它涉及人类思想和活动的所有领域中的变化，同时现代化也是一个复杂的、系统的、全球的、长期的过程。现代化的维度可以细分为工业现代化、政治现代化、文化现代化、农业现代化、教育现代化、法制现代化和人的现代化等，也可以概括地划分为社会的现代化和人的现代化两个方面。第二次世界大战之后，随着世界经济与科技快速发展，世界各国的现代化也在整体快速推进，人的现代化也被作为关键因素而凸显出来。美国社会心理学家阿列克斯·英克尔斯和戴斯·史密斯在20世纪60年代初，主持了题为"经济发展的社会文化因素研究"的大规模调查，通过对6个发展中国家6 000名工人、农民、各类职员开展的深入走访调查，形成了《人的现代化——心理·思想·态度·行为》（1971年）、《从传统人到现代人——六个发展中国家的个人变化》（1974年）等系列研究成果[2]。这些研究成果解释了从传统人格向现代人格的转变过程，对人的现代化运动的产生特征、发展趋势，以及各种现实和理论问题做出了回答。向着现代化不断发展的社会实践丰富着现代化的内涵，有学者将其总结为：现代化是传统社会向现代社会多层面、全方位的转变过程，包括经济领域的工业化、政治领域的民主化、社会领域的城市化和价值观念的理性化，以及相互间的互动过程。在现代社会，先进的科学技术、发达的教育水平、雄厚的经济实力、文明的生活方式、民主与法制的社会制度等，这些都是一个民族、一个国家追求的基本目标，而这一过程

---

[1] ［美］萨缪尔·亨廷顿：《变化社会中的政治秩序》，王冠华等译，北京：生活·读书·新知三联书店，2008年。
[2] ［美］阿列克斯·英克尔斯：《人的现代化——心理·思想·态度·行为》，殷陆君译，成都：四川人民出版社，1985年；［美］阿列克斯·英克尔斯、戴斯·史密斯：《从传统人到现代人——六个发展中国家的个人变化》，顾昕译，北京：中国人民大学出版社，1992年。

的实现也就是现代化。[1]

从传统农业社会向现代工业社会的转变被称为现代化，那么"转变"的过程就是现代"化"的过程，可用现代性这一概念来说明这一动态过程："现代性广义地意味着成为现代（being modern），也就是适应现实机器无可置疑的'新颖性'（newness）。"[2]

现代性的表征是什么呢？艾森斯塔德用社会进化论解释现代性问题，那就是"变异"，是一种社会系统内部的各有机体发生了不同于过去的改变，并有一种整合手段对其变异进行系统性整合，形成新的平衡。[3] 滕尼斯则认为，现代性就是从礼俗社会走向法理社会。在礼俗社会中，社会关系有伙伴型、权威型、混合关系三种类型，"在法理社会的社会关系中，也可以找到伙伴型和权威型关系之间的区别。但是，这区别只源于以下事实：权威是建立在自由契约之上，不管这契约是个体之间的服务契约，还是很多人做出的协议，承认一个主人或领导，将之放在自己之上，有条件或无条件服从他"。[4] 韦伯从理性主义出发，认为现代社会是一个祛魅化的社会，即理性社会。在福柯的眼里，权力技术实践的差异是传统社会和现代社会的差别，在传统社会里，暴力是身体惩罚的形式，而在现代社会里，对身体的惩罚制度是规训，存在一系列的规训制度和手段。马克思从商品社会这一特征出发，揭示了现代社会的资产阶级将"一切封建的、宗法的和田园诗般的关系都破坏了。它无情地斩断了把人们束缚于天然尊长的形形色色的封建羁绊，它使人和人之间除了赤裸裸的利害关系，除了冷酷

1　罗荣渠：《现代化新论——世界与中国的现代化进程（增订本）》，北京：商务印书馆，2009年，第25—27页。
2　卡林内斯库：《现代性，现代主义，现代化——现代主题的变奏曲》，载《现代性基本读本》，郑州：河南大学出版社，2005年，第250—264页。
3　艾森斯塔德：《社会变化、变异和进化》，载《现代性基本读本》，郑州：河南大学出版社，2005年，第26—40页。
4　滕尼斯：《礼俗社会和法理社会》，载《现代性基本读本》，郑州：河南大学出版社，2005年，第57—69页。

无情的'现金交易',就再也没有任何别的联系了。它把宗教虔诚、骑士的热情、小市民的伤感这些情感的神圣发作,淹没在利己主义打算的冰水之中"。[1] 在讨论了以上所列举的学者观点以及吉登斯、西美尔、盖儿纳等诸多社会学家有关现代性的理论研究之后,汪民安总结道:"现代性的发生,其另一种表述就是现代同过去断裂:制度的断裂、观念的断裂、生活的断裂、技术的断裂和文化的断裂。现代之所以是现代的,正是因为它同过去截然不同,它扭断了历史进程并使之往一个新的方向——我们所说的现代的方向——进展。"[2]

如果说现代化是对传统的革命,是与传统的决裂,那么,传统与现代之间必然充满着巨大张力。当社会正在快速地发生着从传统走向现代的转型,社会系统的方方面面都发生着"突变",过去的、旧的被滚滚向前的时代潮流毅然决然地抛弃。身处这样的现代化潮流的个体,也面临着个体现代化问题。有学者对人的现代化所涉及的维度总结为:思想观念的现代化、思维方式的现代化、人格品质的现代化,人的专业知识、技能、生活方式等的现代化。[3] 台湾学者杨国枢甚至认为人的现代化是人格改变的过程:"人的现代性并不是一种孤立的特质,它涉及整个人格的其他方面,现代化的历程并非只是使人在观念与态度上有所转变,而是使整个人格的各方面都发生改变。"[4] 这就意味着,人的现代化是对传统自我的批判与否定,可以说是一个浴火重生的过程,必然伴随着痛苦与焦虑。社会的现代化进程推进越快,要求人的思想观念、思维方式、专业技能的改变在速度上越快、在程

---

[1] 马克思、恩格斯:《共产党宣言》,见《马克思恩格斯选集》第一卷,北京:人民出版社,1972年,第252页。
[2] 汪民安:《步入现代性》,载《现代性基本读本》编者前言,郑州:河南大学出版社,2005年,第12页。
[3] 周荫祖:《关于社会的现代化和人的现代化的哲学思考》,《南京社会科学》1997年第12期。
[4] 杨国枢:《中国"人"的现代化——有关个人现代化的研究》,载其主编的《中国人的蜕变》,北京:中国人民大学出版社,2013年,第345页。

度上越深，越可能造成人的现代化困惑。

西南边疆的一些少数民族正面临着这样的困惑。众所周知，西南边疆少数民族地区由于地理区位的边缘性、教育文化的落后性，长期处于传统农业社会甚至初民社会形态。20世纪50年代的民族发展政策使广大少数民族社会的发展大大加快，集体化的制度安排强化了少数民族国家共同体意识和集体社会化特点，共同劳作、平均分配的制度契合了一些民族对采集的食物和狩猎所获"见者有份"的原始平均主义，个体性并没有在社会发展中分化出来。

进入改革开放时代，西南边疆少数民族被卷入现代化进程，是从经济的市场化起步的。市场化是以经济理性为前提的，强调的是经济主体（个人、家庭、企业）对经济利益最大化的追求。几十年的经济市场化改革，如今市场经济已经无孔不入地渗入少数民族山乡村寨，渗入少数民族群众日常生活之中，使他们再也不可能固守着那片土地靠天吃天靠地吃地。从观望到试水到面对，曾经远离市场的西南边疆少数民族群众或是主动热烈地拥抱了市场，或是被动消极地接受了市场。

市场化带给少数民族的最重要的改变，莫过于他们不能够支配曾经属于他们的土地。农村土地流转，被认为是农业现代化的一个重要标志。来自城市体系的现代化农业企业，从农民手中长期租赁土地，获得了土地经营权，并采取"公司+农户"的方式经营，雇用失地农民在企业内按照企业管理模式进行农业生产。失地农民一夜之间，从传统农民变成了职业农民。身份转化的新鲜感过后，便是难以适应现代企业制度的失落感，这在昆明石林县月湖村的彝族村民身上体现得十分典型。村民们发现，当他们的土地被引资进来的云南石林锦苑花卉产业园有偿征用流转之后，他们摇身一变成为这个现代化花卉公司的工人，从农民到工人的身份转变，使他们的生计方式走向"现代"，但是，他们也发现了诸多不适应。他们再也不能按照自然时间日出而作、日落而息，在遇到红白喜事或彝族火把节之类的传统节庆之时，也不能随意地给自己放假。他们每天必须按照公司的规定时间上下班，必须按照公司的休假制度安排休息，就连彝族最重要的节日"密枝节"，也没有时间去参与。更令他们困惑的是，他们曾是农田劳动最有经验的人，在现代化的花卉企业里，却得从头学起如何种花、花卉大棚的温度湿度、花卉间距、施肥浇水控制等，曾经田里田外经验十足的"一把手"，如今变成了必须由技术人员手把手教的"小学生"，所拥有的地方性知识不再有用，新型专业技术学习起来十分困难。

在从传统农民到职业农民的现代化转型中，月湖村的村民充满了困惑，但是他们并没有退却和止步。花卉企业也在一定程度上微调了管理制度以适应这些尚未充分职业化的农民，但是，更多的是现代企业运用现代管理模式去规训农民，通过培训、"干中学"，以及激励性奖惩制度等规训农民，使他们尽快向职业农民转化。这种规训是成功的，月湖村的彝族村民主动调适自己，以积极的态度去适应现代企业制度，最终的结果是他们转变成了合格的职业农民，在职业市场上也有了竞争力，其中一些村民被其他花卉企业聘用为技术人员和管理者，去培训和管理其他农民，收入的增长和职业声望的获得使他们成为现代化适应的赢家。

月湖村的彝族村民是以革新蜕变的方式去改变自我，适应现代化。而生活在洱海之滨的双廊镇大建旁村的白族村民，则是将村寨所拥有的"望湖之景"这一独特自然资源优势转化为文化资本，在资本力量的支配下，在都市人"凝视"海景和体验异文化的消费需求拉动下，村民通过模仿学习外来经营模式，在短短的一两年时间内，将世世代代属于自己生存栖息的村落空间改造为大理洱海周边最具吸引力的旅游海景房民宿区。村民在主动将都市旅游者吸引到自己家民宿客栈消费的同时，也努力在保持自己的传统文化和改变自己的传统文化以适应现代化的对立中找到平衡点。

应该说，白族村落双廊镇大建旁村的村落景观现代化并非启动于村民的现代化自觉，而是来自几个艺术家独特审美偏好引发的时尚消费潮流。著名舞蹈家杨丽萍在双廊建的私人酒店"太阳宫"和大理本土青年画家赵青的"青庐"为代表的艺术酒店在双廊开业，媒体报道和明星效应很快就吸引了外界对这一湖边渔村的兴趣。资本逐利的灵敏嗅觉很快吸引了一批外来投资者来双廊购房租地、建造海景酒店，并通过营销手段将其打造为"面向大海，春暖花开"的旅游休闲区，于是都市人期望放松心情、享受自然、欣赏大理的想象聚焦于双廊这一个名不见经传的洱海边小渔村，并引发了这个小渔村的景观现代化。

资本的力量很快就使这个小渔村发生了景观革命，轻巧别致的西式海景洋房、后现代主义特色的艺术酒店、传统的三坊一照壁白族民居……村民或者乐滋滋地以房东身份坐享租金带给他们的无所事事，或者踌躇满志地将自家民房改造成客栈做起旅游生意，他们的生计方式改变了，他们的生活日常也改变了，与此同时，他们的思想观念也发生了显著的改变。

首先改变的是村民对洱海的认识。作为洱海边的小渔村村民，过去他们从来没有将洱海作为一个独特事物来认知，它就是一个"海"，一个他们可汲取经济资源也可消融他们生活垃圾的大湖。而如今村民需要重新去认识这个"海"，需要按照现代消费的逻辑去重新认识它的美学价值，甚至需要按照现代消费需求去建构类似"小白桌"的象征景观给旅游者凝视；需要按照现代环保的技术规范要求去处理他们的生活垃圾和排污系统，甚至为了环保需要不得不在政府的强制下关停生意红火的客栈。这促使村民对"海"的经济价值和文化价值进行重新评估，临湖土地在外来人对"海景房"的强烈需求影响下被市场估价为最稀缺的资源，村民们开始以市场为标杆重新审视他们所拥有的经济资源而不是以其生产生活的便利性来评估其土地价值。

其次改变的是村民必须习惯于他们的生活日常被凝视。来到双廊镇大建旁村的游客除了看海发呆以外，就是看人，看那些海边的白族村民是如何生活的。自己的居室不再是家庭的私密空间，而是常常被游客窥视的景观；白族人家常用的食材不仅可以提供给游客品味地道的白族风味饮食，也成为满足游客观赏的景观；村民湖边打鱼的生产场景也成为游客注视的景观，甚至家里操办红白喜事也常常被突然闯进的游客乱拍一气……

最后改变的是村民们不得不与现代生活方式、都市消费时尚和互联网时代紧密勾连。蜂拥而上的民俗客栈经营竞争激烈，大多数本地经营者因缺乏市场眼光和设计不到位在竞争中处于不利地位，互联网宣传的利用程度再次成为民宿客栈分化的决定性因素，激烈的市场竞争使追赶现代化成为这一著名的白族旅游村村民的生存之道，村寨文化精英和青年人的知识优势得到极大发挥，与中国大多数"空巢化"的乡村不同，村里的年轻人不仅留下来在自己的家乡创业，他们还吸引了不少怀揣梦想的年轻人来乡村发展。

现代化就这样以资本为开路先锋，以乡村景观现代化和文化景观想象化的方式，急速而坚定地植入这个洱海边的小渔村村民的经济生活和社会生活，改变着这个村落的文化传统，改变着村民的思想观念。面对现代化，双廊白族村民以开放、包容的心境去接纳它，以学习吸收的态度去拥抱它，以自我改变的方式去适应它，在主动追赶现代化的道路上他们掌握了自己的命运，成了赢家。

然而，并不是所有的少数民族村民都有双廊白族村民这样"被选中"的幸运，事实上，绝大多数生活在乡村的少数民族，物质生活条件或许因电视、手机的拥有和乡村公路改造等基础设施的改善有所变化，但是他们依然厮守土地，围坐火塘，他们与现代化的关系，正如从他们村寨旁的那条封闭的高速公路，看得见现代设施一应俱全的道路伸向远方，却被高速公路封闭围栏挡在外面不能进去，除非你找到了入口交了费用。对于大多数村民而言，在高速公路外面的山上放羊种地是他们的本分，找到入口搭车去外面看看是非分之想，甚至在他们维持生计的自然条件已经十分恶劣难以可持续发展的情况下，他们才开始不情愿地被动改变。

云南西双版纳的克木人支系卡咪人的卡咪寨的安居工程建设就是一个典型个案。克木人遵循传统礼俗所规范的社会规则，直到20世纪70年代以后才逐渐从刀耕火种的游耕农业转向定居农业。2008年政府拨付专项支持资金，加大对克木人的扶持，帮助克木人摆脱贫困，安居工程建设是这次专项扶贫中最主要也是效果最为显著的工程。重新规划村寨布局、统一设计民居、统一建盖安居房等一系列举措，使卡咪寨村容村貌发生了巨大的变化。因政府统一规划和投入，村寨选址、民居风格、建筑材料选择乃至建设周期确定，村民都缺乏参与权和选择权，在卡咪人传统文化中十分重要的一些文化事项无法在民居建筑过程中加以实施，村民则采用了迂回的方式来表达他们对传统文化的坚守，如村民入住安居房后房中设定"圆形达寮""九层达寮""神龛""火塘"等文化空间和象征符号，体现他们对生命和宇宙空间的认识，并以此表达其对传统信仰和礼俗文化的继承。

尽管试图保持传统，但变迁已然悄无声息地在他们的安居房里发生，这些变化甚至连文化持有者本人也不曾意识到。例如，因安居工程实施而催生分家潮，使传统家庭快速裂变为多个核心家庭，家庭结构和家庭成员关系发生了变化；因居住条件改善，村民对家庭内部空间利用的可塑性增大，不少家庭出现了更加注重私密性的空间利用倾向，这意味着个体化在增强；因村寨统一规划，社区有了更多公共空间，强化了村民的社会交往活动和市场化经济活动……这些变化，都与现代性有关，表明现代化也悄然无声地渗入发展相对落后的少数民族生活世界里，只不过它是隐性的、渐进的。

努力保持传统，却在无意识中被现代化改造，这是卡咪人未曾预料到的。还有一些少数民族，现代化带给他们的却是焦虑和困惑。例如，生活在湖南省靖州县东林村的老人，正在遭遇着养老困境。随着年龄的增长，昔日的一家之主开始走向衰落。按道理"多年媳妇熬成婆"，该进入颐养天年、享受天伦之乐、儿女孝敬的生活，但是，如今的乡村社会，传统的孝文化和长者为尊的传统正在发生变化。生活在农村的老人由于没有养老金，失去了劳动力就意味着成为别人的负担。他们需要经济上的给予，需要身体上的照顾，需要心理上的陪伴，然而这些需要往往难以从自己辛苦养育成人的子女身上获得。

东林村的老人面临的养老困境主要来自两个方面：一是子女不在自己身边。村里的青壮年多数外出务工，他们基本上只是春节回来，每次回家探亲也多为十天半月，与父母已是聚少离多，即使儿女想尽孝也只能从经济上给予父母帮助，而不能在生活上照顾父母。二是子女不愿意照顾父母。也有一些家庭，子女留在村内，但是这些在老人身边的子女也难以做到孝养父母。因为中国的市场化改革强化了个体经济理性，核心家庭越来越趋向于追求小家庭的自我利益，赡养父母被认为是增加家庭负担，一些年轻人开始逃避赡养老人之责，特别是子女多的家庭，谁来照顾父母的问题在兄妹之间推来推去。

于是，在东林村出现了这种现象也不足为怪：由于很少得到子女经济上的赡养，有些老人不得不继续辛苦地劳作于田间地头；由于受到子女的嫌弃，有些老人的住房往往是家中采光、通风条件最差的偏房；由于受到子女的歧视，有些老人不得不常年忍受儿媳妇的冷言恶语。这些遭遇嫌弃或冷暴力的老人，心中纵有种种委屈和苦闷，却碍于面子耻于向外人诉说，更不会主动向社会求助。当然，与多数农村一样，东林村虐待老人的个案并不多，但是老人的晚年生活得不到很好的照顾却是客观现实。

面对上述养老困境，东林村的老人并没有被动适应，而是积极利用他们所拥有的传统文化和地方性知识进行文化自救——敬菩萨和晒族谱。所谓敬菩萨，是泛化的民间信仰，敬拜的对象包括祖先、山神、树神、观音菩萨等。东林村的老年女性，总是虔诚地在家中或某一特定地点敬菩萨。她们试图借助神灵的力量来影响年轻人的行为方式，试图用民间信仰的神力来加强和维护世俗世界现有的伦理道德观。东林村香火最旺的婆婆庙上的对联"要以笑颜悦色奉养父母，满怀实心诚意拜敬神灵"，横批"为善最荣"，彰显出老人敬菩萨行为实则规劝子女遵循"百善孝为先"的价值观。不仅如此，老年人还在春节、搬迁新居等特殊日子举行家庭敬菩萨仪式，老年人担当了这个仪式的主角，以此来重塑自己的家庭角色。当然，敬菩萨还是老年人排解孤独、自我慰藉的方式。

如果说敬菩萨是老年人的自我拯救，那么晒族谱活动则是利用宗族的力量，向年轻人传递宗族文化中的孝悌精神和宗法伦理体系，从而来拯救老人在现代社会中岌岌可危的社会地位。在东林村由老年文化精英倡导的晒族谱活动中，最重要的程序是由长者宣读族谱所载族规家训，同族按长幼秩序对族谱三拜九叩，之后对孝敬老人和不孝敬老人的行为进行表彰与批评。丢失族谱的家庭必须重新恭敬地请回族谱。族谱是一个宗族的历史记忆与集体记忆，更是一个宗族共同体行为的规范准则，其族规、家训是对每个宗族成员日常行为的规范。东林村的族规、家训的核心内容就是敦孝悌，对孝敬父母进行明确的定义并提出基本要求。在族谱中还有专门颂扬孝敬父母的个人事迹的篇章，亦通过对先进人物进行表彰达到教育后人的目的。

不难预想，无论是个人行为的敬菩萨还是集体行为的晒族谱，都不能挽救老人在现代化进程中社会地位的不断式微。但是东林村的老人能够利用文化武器进行自救，这种行动方案的选择无疑是有意义的。文化是一个人的精神归宿，现代化变迁所带来的社会问题是不可能靠科技创新和制度改变来解决的，最终只能靠文化来解决。文化具有迁延性，它既保持又发展，正是文化所具有的这一特征使它可以解决现代化困惑这一问题。例如，东林村的老人睿智地意识到了文化的力量，他们通过强化传统文化努力将偏离航向的年轻人引回正路，但是他们并不是固守传统，他们在晒族谱中仅仅是不点名批评不孝行为，而不是按照传统宗族规矩对其进行身体惩罚，表明他们复兴传统文化的过程已经在改变传统文化。就是在这种继承、适应、改变的渐进变迁中，人才能在社会变迁中找到自我，社会也才能在变迁中保持稳定。

用文化武器来应对现代化困境不仅仅发生在东林村，在很多少数民族村寨都能够找到相似的个案，有的是用复兴传统的方式，有的是用传承传统的方式。位于四川阿坝藏族羌族自治州小金县的明村嘉绒藏族在葬礼仪式中的"然杰"也是一种利用民族文化来凝聚亲属和强化认同，以抵御因现代化变迁而日趋松弛的亲属关系的方式。

葬礼仪式，是人生的最后一项"通过仪式"，也是人脱离世界的最后一项仪式，很多民族都十分重视葬礼仪式。"然杰"是嘉绒藏族在葬礼中的礼物交换活动。通常，来参加葬礼的亲朋好友都要带上随礼，随礼的多少反映随礼者与逝者、逝者家庭关系的远近。随礼过去主要以食品为主，如腊肉、烟酒、包子、酥油，随着社会的发展，如今的随礼主要以现金和酥油为主。葬礼一般举行三天或七天，每天都有亲朋好友来念"嘛呢"[1]，一直到下葬。在葬礼期间，逝者亲人和亲戚自己出钱准备"瓦勒达"，并按照亲疏远近排序，由亲人、亲属、邻居轮天向来帮忙念"嘛呢"的村民发放"瓦勒达"，每天发放"瓦勒达"，一直持续到逝者下葬。下葬之后，则由邻居准备"杰勒"送给逝者家属作为"慰问品"。"瓦勒达"和"杰勒"都是面馍的称呼，是发放者自己在家里做的食品，现在也常常到市场上买诸如蛋黄派、萨其马等来替代，但必须是可以吃喝的食品和饮料。送"瓦勒达"和

---

[1] "唵嘛呢叭咪吽"是藏传佛教中所称的六字真言，"嘛呢"是六字真言的第二、三个音节，念"嘛呢"在明村是念经文、咒语的统称，而不是单指念诵六字真言。明村村民因信奉本教，所以在举行大型的祭祀庆典所念诵的"嘛呢"或是村民为死者念诵的"嘛呢"，一般都是本教八字真言"唵嘛智牟耶萨列德"，当地人认为念诵八字真言有洗清脏罪、忏悔恶业、往生极乐、增加福报等功效。

"杰勒"的过程就是"然杰",用直白的汉语翻译,就是"死人的时候散(发)的东西"。

在人类学话语中,嘉绒藏族葬礼中的"然杰"仪式就是礼物交换。莫斯在《礼物》一书中对初民社会的礼物交换做过精辟的论述,认为它是总体社会关系的呈现。嘉绒藏族的礼物交换同样具有这一特征。当人们试图了解为什么要发"然杰"时,会得到各种答案,有人回答,是为了向来和你说"嘛呢"的人表达感谢;也有人回答,为了向众人交换"嘛呢";也有人说是为了"数亲戚",也就是确定亲属边界。进一步分析"然杰"的文化意义,它显然不是换"嘛呢"之类的简单互惠关系,而是强化家族共同体的凝聚力。在传统社会中,个体和单个家庭抗风险能力弱,保持家族共同体凝聚力,可达到家族共同体风险共担的目的。在今天向现代社会变迁过程中,由于经济水平提高、社会分化和个体流动性增大,亲属之间经济互助弱化、日常交往减少,家族共同体之间的紧密程度也会因此松散。每一次葬礼中的"然杰"仪式,都是对家族内部的亲属关系进行一次彻底的梳理,即"数亲戚","然杰"有时候可以成为修补家族内部已经出现的裂痕的工具。由此可见,这种以逝者为中心、以家族内部亲属关系由远及近的纵向结构的礼物流动模式,同样也是一种纵向的整合方式,对整个家族共同体的整合具有十分重要的意义。

以上我们讨论了少数民族现代化进程中文化适应的五个个案,这五个个案颇具典型性,昆明石林县月湖村的彝族村民是在现代企业制度的规训下积极适应现代化的模式。大理双廊镇大建旁村的白族村民是在经济利益的驱动下主动改变自我融入现代化的模式。西双版纳克木人卡咪村卡咪人则是在抵制现代化中不由自主地被现代化改造的模式。而湖南靖州县东林村的侗族村民,则拿起传统文化的武器,去应对现代化给他们带来的生存困境。生活在四川阿坝地区的嘉绒藏族村民则是一如既往地坚守民族传统文化,但是他们不是维持礼俗社会,而是用传统文化来应对现代化对家庭关系带来的新挑战。这些问题的探讨，是极有学术价值的。

本书所选择的这五个个案，是从云南大学民族学与社会学学院民族学专业和少数民族经济专业硕士研究生毕业论文中选择出来的五篇优秀硕士论文所讨论的学术问题。这五篇论文的作者，都对自己所研究的对象进行了大量深入的田野调查，并利用自己所学到的专业知识进行"深描"，在理论上进行较为深入的探讨。虽然他们的研究在不少方面尚不成熟，理论探究也有待进一步深入，但是这些鲜活的个案及其文中所提出讨论的问题是值得人们深思的，他们所进行的理论思考也是具有学术价值的。今天，我们将其结集出版，目的是把这些鲜活的个案以及同学们对少数民族现代化进程中文化适应问题的理论分析呈现给大家，以引起民族学研究者对相关问题的进一步思考。

从传统农民到花卉产业工人的现代化转变
——以石林县月湖村花卉公司雇工为个案

作　　者：韩雨伦　云南大学民族学与社会学学院 2015 级少数民族经济专业硕士研究生

指导教师：张锦鹏

引 言

（一）选题缘由

小学时，每天下午放学，妈妈都骑着自行车来到学校接笔者，再驮着笔者去菜市场买菜。不时看鲜花价格便宜、品质不错，也会买上一把回家，玫瑰、百合、夜来香……插在家中的花瓶里，散发出沁人心脾的芳香。昆明便宜的鲜花、独具特色的鲜花饼，成了笔者成长中的独特记忆，笔者也把它们视为家乡的一张令人骄傲的名片。

云南昆明及其周边地区，是世界上最适宜鲜切花种植的地区之一。然而，昆明鲜切花种植的历史仅有30余年，规模化种植的时间也不过20年，但是其发展势头迅猛，市场规模也在不断扩大。2016年7月，云南大学田野调查"暑期学校"的讲座嘉宾吴琪老师，介绍了美国作家艾米·斯图尔特的《鲜花帝国：鲜花育种、栽培与售卖的秘密》一书，以及自己将要开展的关于云南鲜花种植、拍卖、分销的调查计划。[1] 当笔者跟随暑期学校的一个调查组来到昆明市远郊石林县的月湖村开展田野调查时，发现在这个距离昆明斗南花卉市场90多千米的彝族撒尼人村落，也布局有一个规模近万亩（1亩≈666.67平方米）的花卉产业园区——云南石林锦苑花卉产业园，此地按规划将建设成

---

[1] 调查成果参见吴琪：《芳香与权力：鲜花全球产业链调查》，《三联生活周刊》2016年第42期，第30—73页。

为亚洲最大的花卉产业基地。

鲜花是一种要进入拍卖市场、依据标准化的等级划分来确定不同等级售价的农业商品。相比于稻谷、蔬菜、烤烟等农作物，鲜花在种植过程中的精细化要求更高。公司化的经营模式，更对于鲜花种植过程中的浇水、施肥、农药喷洒等工作，其剂量、时间点都有严格规定。然而，进入花卉公司工作的雇工，大都是原本种植稻谷、蔬菜、烤烟等作物的农民。长期自主完成生产经营、没有被管理制度约束的传统农民，进入花卉公司成为雇工、成为各项生产环节的产业工人，他们在时间观念、生产标准上都有很大的随机性，与管理者的生产要求不能契合。在一些地方性的民族传统节庆、祭祀活动中，以及在农村的红事、白事中需要亲戚、邻里之间帮工换工时，请假的过程更容易让村民的传统生活方式与企业现代化的管理制度之间发生冲突。

花卉公司于2008年开始进入月湖村征地，2009年底开始有村民进入花卉公司工作。花卉公司在月湖村存在已近10年。近10年的时间里，一些村民适应了花卉公司的生产方式、管理制度，一直在花卉公司工作，生活方式有所调整，个体也发生了现代化转变；也不断有外地人进入花卉公司，参与管理、传授技术、共同劳动；还有月湖村村民熟练掌握了花卉种植的技术、流程，伴随花卉生产基地的拓展，去了外地工作。

一个现代化的花卉企业进入传统少数民族村寨，它所带来的不仅是资金和先进的技术，还有一整套现代企业管理制度。花卉公司在发展生产、促进农民增收的同时，也通过现代化的生产方式、管理制度，推动着雇工个体实现现代化。因此，笔者关注的重点，放在这个花卉产业园区内的生产状况、花卉公司的管理制度，以及在其中做工的雇工群体的生产、生活状况等。

笔者就此提出疑问，在村庄多样化的生计选择之下，这些村民为什么会选择进入花卉公司工作？花卉公司又是如何推动专业化农业劳动者形成的？现代化的生产方式、管理制度，使成为雇工的村民生产、生活发生了怎样的改变？现代化的观念是如何"嵌入"到花农的生产生活中的？在现代化的发展模式进入村庄的现状下，笔者也在探讨实现乡村振兴和人的全面发展的可能及方向。

（二）田野调查经历

美国作家艾米·斯图尔特曾出版《鲜花帝国：鲜花育种、栽培与售卖的秘密》一书。艾米·斯图尔特是美国加州的一位园艺主，她通过走访调查，记录了当代鲜切花工业化大生产的状况。从荷兰到厄瓜多尔到美国，艾米·斯图尔特的调查反映了全球性的花卉产业链。昆明也是全球性花卉产业链中一个重要的种植、拍卖、分销中心。当笔者随后跟随陈学礼老师来到石林县月湖村的调查点时，了解到这个距离昆明斗南花卉拍卖市场90多千米的彝族撒尼人村落，也布局有一个规划面积近万亩的花卉产业园区。这个花卉产业园区的生产状况，以及在其中做工的月湖村村民的生产、生活状况，很快引起了笔者的关注。

这次跟随陈学礼老师以及一批"暑期学校"学员在月湖村调查的12天时间里，我们对于月湖村的宗教文化、婚丧习俗、生计状况、民族民间艺术、市场交易活动、古树名木保护等问题都进行了详细的调查。在不断的讨论交流之后，笔者将对花卉生产关注的重点放在月湖村彝族雇工的传统生活方式和花卉公司现代化管理制度之间的冲突与调适上，开始思考公司如何更好地来进行管理、雇工如何更好地来实现调适。笔者也在思考，本科学习阶段的管理学视角和研究生阶段的人类学视角，对于这样一个问题，在考虑上有怎样的差异。不过，现代化的发展模式进入村庄，已经成为事实，而且这是社会发展一种不可避免的趋势。那么，笔者希望探讨使企业的发展和村民的发展实现双赢的可能。

2016年9月，笔者向导师提交了调查成果《就地就业中的对撞——月湖村彝族雇工的传统生活方式与企业现代化管理制度间的冲突与调适》。还以此文章，获得了参加中国民族学学会2016年学术年会的机会。同时，在与导师的交流探讨中，确定将这个现实意义很强的选题作为自己的硕士毕业论文选题。由于第一次的调查中访谈到的人物，如离开了花卉公司去开烧烤店的李花[1]、一直想等着结婚之后去广东打工的李福，以及一些老年人对于公司管理制度的抱怨，让笔者觉得，雇工对于花卉公司的生产方式、管理制度有着许许多多的不适应。

2017年2月，笔者再一次到月湖村进行田野调查时，听村民讲起在笔者到来的前几天，在月湖村这里的花卉公司工作过的张翔，带了10多个人一起去海南。那边有一个新的花卉基地投产，要招收熟练工人，待遇还挺高。但是更多的信息，因为笔者无法接触到当事人，还不能够了解。这次半个月的田野调查，笔者接触到了从周边的北大村、绿水塘村等地坐车来的雇工，同时还与园区的人事主管彭主任进行了交流。这段时间里，笔者还参与了月湖村的祭山神仪式。而这段时间，也正处于情人节前夕的花卉大生产阶段，笔者对于村寨民俗、公司的生产安排等也有了更直接的了解。

2017年6月，当获知这一批去海南种花的雇工已经回到了村里，笔者又一次到月湖村进行田野调查。这一次的调查，不仅接触到了张翔、张欢等几位去海南工作的花卉工人，还与月湖村这里的花卉公司的职业介绍人钱兴、用自家田地种花的普华、从圭山开车来做工的一群人进行了交流访谈。他们拥有特殊的身份，已经不是只从属某一花卉生产部门。他们的经历，使我能够对于花卉生产的研究做出更多的延展。

---

[1] 本文中涉及的个案人物均为化名。

这次的调查，笔者收获很大，尤其是这次接触到的很多调查对象，他们向笔者传递的信息使笔者做出了新的思考。例如，对李花这样，进入了花卉公司之后又出来的村民进一步了解。笔者发现，李花并非不愿意接受规训，只不过是因为家庭有更好的经济条件，使她能够灵活就业，而不需要被花卉公司的工作束缚。那些做点保洁工作而不追求绩效收入的雇工，也是家里拥有较好的经济基础。此外，像张翔、张欢这样，在花卉公司经过系统培训所拥有的工作技能，使他们能够永久地从事花卉产业工作，同时不断地提升着自己的技能和资历。所以，笔者在查阅相关文献，并与导师讨论之后，认识到"适应"是这些雇工自身行为调整的方向，并且笔者用"现代化转变"来解释雇工对于现代化花卉生产方式和管理制度的适应。

在几次田野调查过程中，笔者与月湖村村民都有良好的接触。尤其笔者和曾经做过村支书的"二叔"一家建立了密切关系，去参加他的儿子的婚礼还有他家的杀猪饭时，也向村民了解了月湖村的生产生活。

笔者认为，虽然花卉公司在月湖村的租地、管理制度也有很多不合理的地方，但是，现代化的花卉公司进入月湖村，确实是增加了村民收入，同时也塑造了专业化的劳动者，还是应该以积极的态度来看待花卉公司这个项目。几次田野调查的经历，让笔者拥有了较为充分的认识。对于研究花卉公司的雇工，他们由传统农民向花卉产业工人发生的转变，积累了丰富的材料。

一、月湖村与花卉公司

小村庄与大市场的连接,在这个全球化时代表现得更为明显。在花卉生产由昆明呈贡向周边地区转移的过程中,自然生态良好、交通条件便利的村庄自然容易受到花卉公司的青睐。一个传统的"撒尼村寨"月湖村,与一个专业化的花卉公司,因为花卉市场的扩大和生产基地的拓展,连接到了一起。

(一)"撒尼村寨"月湖村[1]

位于昆明市东部石林彝族自治县的月湖村,是一个彝族支系撒尼人聚居的行政村。月湖行政村由大寨子、小寨子、猪站村3个自然村组成,分为6个村民小组,撒尼人在月湖村人口中所占比例将近90%。2016年底的统计数据显示,月湖村人口达2 268人,劳动力人口为1 590人。

1. 月湖村的自然环境

石林县城距离昆明市区80多千米,月湖村隶属石林县石林街道办事处,位于县城东北方向20多千米处,村委会距离石林景区入口17

---

[1] 本文有关月湖村的调查数据来源于云南数字乡村网《石林彝族自治县石林街道办事处月湖村委会2016年调查表》,http://www.ynszxc.gov.cn/S1/S2/S130/S132/S60570/RL/2016.shtml,并经调查核实。

千米、昆石高速入口 14 千米。月湖村西面临近连接昆明市与红河哈尼族彝族自治州的一条二级公路——九石阿旅游专线[1]，从原北大村乡（现改制为石林街道办事处）通往陆良县召夸镇的一条乡镇道路——北召公路穿村而过。东北面的一个天然岩溶湖泊——月湖，水域面积达 4 400 余亩。

月湖村正因月湖而得名。月湖村在明代成化年间（1465—1487）形成村落，在历史上曾有过革温村、哑巴山、耀宝山等称呼。20 世纪 50 年代，时任云南省副省长的张冲在考察月湖村水利资源时，根据村东北面这个水域面积 4 400 多亩的月牙形状湖泊，把村名改成了月湖村。作为一个强烈依附土地的农耕民族，彝族撒尼人具有很强的生态保护观念。月湖村不仅有一汪碧水，也有很好的生态植被，整个村子掩映在成百株有着上百年历史的"公鸡树"（黄连木）和麻栎树中。村子周围也有数片保存相对完好的山林——位于村中心被村子包围的密枝[2]林，水管所附近的小松林、山松坡、老羊山等。如此良好的生态环境，与月湖人民的生产生活、宗教文化，以及现代行政管理措施都是分不开的。[3]

月湖村也因月湖而得福。月湖是整个石林县最大的一个岩溶湖泊，月湖及其南面分布的 40 多个小水塘，为农业生产提供了充沛的灌溉水源。聚居在月湖周围的撒尼人，依托这一重要自然资源进行生产劳动，月湖水资源的变化对于月湖村村民的生产生活至关重要。同时由于月湖周边地势起伏较小，并且气候宜人，造就了月湖村良好的农业生产

---

1. 这里的"九石阿"指的是昆明市宜良县的九乡景区、石林县的石林景区，以及红河州泸西县的阿庐古洞 3 个旅游景点。
2. "密枝"是撒尼语的音译，"密"即"地"，"枝"指"跳"或"钱"。该词一般不单独使用，常与其他词汇一起表达特定含义，如"密枝林""密枝神""密枝节"等。这些术语，与石林地区彝族撒尼人的日常生活，尤其是宗教生活联系密切。撒尼人每年都会在密枝林中举行祭祀密枝神的仪式，以祈求密枝神护佑村里的人畜和庄稼。
3. 陈学礼等：《石林县月湖村宗教文化调查》，载赵德光主编《21 世纪石林村寨调查之月湖卷》，昆明：云南民族出版社，2004 年，第 4 页。

条件。直到 20 世纪末,水稻一直是月湖村种植的主要农作物,现今在撒尼人的一些祭祀活动中,也一直把稻谷作为祭品。而最近 20 多年,受政府政策的推动,村民为了获得更好的经济收益,开始种植烤烟、青豆、辣椒等经济作物。

2. 月湖村的历史沿革

月湖村自明代成化年间开始形成村落。直至清代光绪年间的 400 余年间,从石林、陆良、昆明陆续有 10 余个家族迁至月湖村定居。(表1[1])大家无论来自何地,都共饮月湖一汪碧水,在这片土地辛勤劳作、繁衍生息。现在月湖村的各个家族,在月湖村定居的时间都在 100 年以上,而且各个家族之间一直也相互通婚,村民之间有着密切的亲缘关系。

表1 月湖村各家族概况简表

民族	姓氏	来源地	迁来时间
彝族(撒尼人)	张姓	陆良"日乃底"	明代成化年间
	普姓	糯衣下寨	明末清初
		天生关	清代光绪年间
	李姓	糯衣下寨	清代康熙年间
		雨胜村	清代道光年间
	高姓	圭山祖莫村	明代嘉靖年间
	潘姓	糯黑村	清代光绪年间
	姜姓	陆良	明代
	毕姓	弥勒腻黑村	明代嘉靖年间
	昂姓	舍波村	清代道光年间

---

1 陈学礼等:《石林县月湖村宗教文化调查》,载赵德光主编《21世纪石林村寨调查之月湖卷》,昆明:云南民族出版社,2004年,第5页。

续表

民族	姓氏	来源地	迁来时间
汉族	尹姓	昆明太和街	明代万历年间
	瓦姓	乐尔村	清代光绪年间
	李姓	陆良	清代光绪年间

张姓家族在明代成化年间，就从"日乃底"来到月湖，在此建村落业。到了万历年间（1573—1620），张姓家族凿通了20丈隧道一条、建筑1.8丈石闸一道，开挖水沟12.5千米，引流分灌、开垦挖沟，使荒芜草地300多亩成了水田，可以栽秧插稻，月湖村民也能够吃上大米饭了。[1] 之后陆续来到月湖定居的各个家族，与张姓家族一起开垦荒地、共同劳作，让大家共同过上美好生活。大家栽种水稻、玉米、土豆，还会栽种一些荞麦、红薯、萝卜、蔬菜等，一部分家庭也开始通过养鸡、养羊、捕鱼、织布、刺绣来贴补和维持经济支出。

中华人民共和国成立后，月湖村相继进行了土地改革、人民公社化运动等，在生产关系不断变革的同时，农业生产水平也得到了一定程度的发展，建成了水管站、降压站，开始使用脱壳机、抽水机、电动排灌设备等。改革开放之后，农业生产的自主化程度得到了提高，一些生产大户开始购买拖拉机、小汽车等。不过在月湖村，外出务工的村民一直不多。最近10多年，随着土地流转政策的宽松，以及市场生产对于专业化、商品化的需要，相继有太阳能光伏发电厂、采石场、花卉公司进入月湖村，在月湖村征地、租地。这些企业在为村民提供大量就地就业机会、促进增收致富的同时，也深刻改变着月湖村的社会文化。

---

[1] 陈学礼等：《石林县月湖村宗教文化调查》，载赵德光主编《21世纪石林村寨调查之月湖卷》，昆明：云南民族出版社，2004年，第160页。

3. 月湖村的民族文化

因为民族文化保存较好、特色鲜明,月湖村成了"云南民族文化生态村"建设项目的实施村落。月湖村村民能歌善舞,村民自发组织的文艺队有近20支。他们以大三弦、小三弦、笛子、口弦、月琴等乐器,在农活之余进行舞蹈排练。在撒尼人的婚礼中、葬礼上、多个民族节日上,都能够看到不同文艺队的轮番表演。一些村民还被招募到石林景区为游客进行表演,既是娱乐身心,也获得了不错的劳动报酬。月湖村老年协会文艺队的负责人普照光,不仅带领文艺队参加多项比赛获得荣誉,他还是昆明市级非物质文化遗产传承人、民间工艺大师,是知名的彝族大三弦制作匠人。

而月湖村的妇女大都有着高超的刺绣技艺,在她们的衣服上、包头上、挎包上,刺绣技艺表现得淋漓尽致。跳舞时、节日时、参加婚礼时,她们都会穿上漂亮的撒尼服装、戴上包头。村里还有三位妇女专门缝制民族风的刺绣手包、一位妇女缝制背儿带,这些都是按照外面的民族工艺品公司要求,进行订单式生产的。男性现今穿的民族服装则比较简单,大多只是穿一件开衫的对襟麻布褂或是火草布褂子,里面穿着现代的衬衣、立领衫。

在月湖村,撒尼人的婚礼、葬礼,以及为出生满月的小孩举行的"祝米客"等仪式,都蕴含着丰富的文化意蕴。但在月湖村最引人注目的,还是每年定期举行、祭祀各方神灵的8次集体性的宗教祭祀活动。[1] 正月十五的祭山神，山神组[2]代表全村许愿，祈愿村寨人寿年丰。农历二月第一个龙日要祭龙、三月的第一个龙日要祭白龙、四月的第一个蛇日要求雨、五月的第一个马日要接雨，连续4个月的祭祀活动都与雨水有关，风调雨顺正是庄稼丰收最重要的自然条件。而农历六月二十三的"库恩哈扎"、六月二十四的烧火把，是因为这段时间正逢稻谷灌浆打苞，丰收在望，到田间地头烧火把是为了祈求庄稼不遭受虫害，而到了撒尼人最重要、最隆重的祭祀密枝神的冬月里，一年中主要的生产活动已经完成。举行祭祀密枝神的仪式，既是庆祝丰收，感谢密枝神带来了种子和粮食；也是预祝来年风调雨顺、人畜兴旺，能够有好的收成。这些仪式活动中，又尤以农历正月十五日的祭山神、六月二十五日在火把节之后的喊魂，以及冬月第一个属鼠日的密枝节最为隆重，全村人都会参与。而斗牛、摔跤等撒尼人的节日活动，则深受年轻人喜爱。

月湖村自然生态与文化生态共存，民间祭祀和水乡文化共荣，构成了一个典型的撒尼传统文化特色村寨。

4. 月湖村的传统生计

自村寨形成以来，月湖村就一直是一个以农业种植为生计方式的撒尼人聚居村落。改革开放以来，随着商品经济的发展、家庭联产承

---

1 陈学礼等：《石林县月湖村宗教文化调查》，载赵德光主编《21世纪石林村寨调查之月湖卷》，昆明：云南民族出版社，2004年，第5页。

2 月湖村两个重大的祭祀活动——祭山神和密枝节，分别由山神组和密枝组负责，两个组的成员选择有一定程序。无论是山神组成员还是密枝组成员，都只由村里的成年男性担任，从1~5个村民小组中，每个小组选出2人共10人组成。要成为山神组和密枝组的成员，首先，必须是月湖村村民；其次，其所在家庭必须是三代或是四代同堂，上两代或三代的夫妻双双健在；最后，其所在的家庭在过去一年内，没有人畜、猫狗死去。无论是汉族家庭还是撒尼家庭，只要符合上述条件的成年男性，就可以被推举为山神组成员，而要成为密枝组成员则必须要是撒尼成年男性。并且，要成为密枝组的成员还需要经过毕摩主持的严格的卜选程序。此外，山神组还会主持祭龙和库恩哈扎的仪式，密枝组则要主持祭白龙、求雨和接雨的仪式。

包责任制实施之后土地私有制的确立,以及一些村民外出务工为村庄带来了新观念。人们为获得更高的生产收益,开始种植烤烟、青豆、辣椒等经济作物。20世纪90年代以来,随着九石阿公路、昆石高速公路等交通线路的开通,月湖村与外界的联系大大加强,人员、物资、信息的交换日益频繁。进入21世纪,由于自然环境和社会环境的影响,水稻逐渐退出了人们的视线,而烤烟的种植面积则逐年增加。最近10余年,烤烟经济都是月湖村的主导经济,同时很多村民会到附近的花卉公司、大理石采石场打工。

月湖村村民一般从正月十五之后开始劳动,到农历十月结束一年的主要农业生产。在正月和二月,主要是为春耕生产做准备,如育苗、犁地、上粪等。从清明到夏至是一年中农活最为繁忙的季节,需要插秧、栽烟、点玉米等。而农历五月、六月间,则主要是照料之前栽种的庄稼,包括施肥、浇水、杀虫、除杂草等。从六月末起,大多数人家的主要工作是收烟叶和烤烟叶。到了九月还要收玉米,把玉米编成串,挂在房前屋后、树杈上晒干,再磨成饲料储藏(表2)。[1]

表2 月湖村主要农作物生产农事简表

时间＼作物	烤烟	玉米	水稻	辣椒
一月	整地、盖膜、积肥运肥			

---

[1] 李翠玲:《少数民族工业化过程中的时间冲突——以一个云南彝族撒尼村寨为例》,《北方民族大学学报(哲学社会科学版)》2013年第4期。

续表

时间＼作物	烤烟	玉米	水稻	辣椒
二月	撒种育苗	土地整理打底肥（氮、磷、钾）	二月底三月初整理土地（刨田、除草、耕地）	
三月	犁地、翻地、整理、底肥、盖膜		浸种育秧	三月底四月初撒种育苗、播前暴晒两天左右
四月	装营养袋长至5~8厘米，移栽，同片区域统一20~25天追肥，35~40天揭膜	四月底五月初播种，播前晒种	四月下旬播秧，最迟不超过五月底，立夏之前	四月底五月初移栽
五月		田间管理：膝盖高时压肥、结苞时候再压肥	田间管理：移栽后1~2星期，除杂草、防病虫害、防鸟雀、牲畜，追肥	田间管理
六月				
七月	从植株根部开始采摘，不清洗烤5~7天，中间不能熄火，根据烟叶颜色决定火候大小			
八月		八月下旬开始收获	抽穗、保持较薄水层、追肥	
九月	整理烟叶，国庆前完成交付	玉米收完		

续表

作物 时间	烤烟	玉米	水稻	辣椒
十月	休耕	把玉米编成串，晒干，研磨成饲料	成熟、收割	成熟、最晚在十月底全部收完
十一月	休耕			
十二月				

（二）专业化花卉公司进入月湖村

月湖村所具有的优越的农业种植条件和便利的交通条件，受到了花卉企业的青睐。云南锦苑花卉产业股份有限公司在月湖村征地、租地，并引入"公司+农户"的经营模式组织生产。作为外来的开发者，花卉公司的进入将月湖村这个小型地方社区与全球化时代的花卉产业发展联系到了一起。

1. 花卉市场的扩大与生产基地的拓展

花卉产业是当代云南最具特色的朝阳产业之一，对经济社会发展具有巨大的促进作用。30多年的发展也使得云南的花卉产业具备一定规模，"云花"品牌在中国及周边国家的影响力逐步增强。花卉产品能够满足人们对于更高更好生活品质的追求，花卉在人们的日常生活、社会交往、礼仪庆典等个体和集体活动中的使用越来越广泛。花卉用途的日益广泛，推动着花卉消费频率的增长，成了推动花卉产业蓬勃发展的动力。2016年，昆明斗南鲜切花交易中心的鲜切花交易量近60

亿枝，云南花卉的种植面积达到132.5万亩，总产值为463.7亿元。[1]

最近20年，花卉产业一直是昆明市重要的农业支柱产业，生产面积每年递增近20%，市场销售产值每年递增近40%。[2] 然而，作为对品质要求较高的鲜切花，60%都是由散户种植，简单的种植方式使得云南花卉在市场中缺乏竞争力。因此政府部门一直在推动花卉的规模化、标准化、设施化生产。同时，伴随原有的种植地区呈贡进行新城开发建设，一方面大量农业用地被征占；另一方面土地租金持续上涨，因此花卉的种植开始向晋宁、安宁、宜良等区域转移，甚至更远的嵩明、石林、弥勒等地区，也受到了花卉企业的青睐。

成立于1995年的云南锦苑花卉产业股份有限公司，目前是云南省最大的集鲜切花生产、品种研发和推广、采后处理、销售于一体的花卉企业。作为云南省"农业产业化经营省级龙头企业"，公司拥有"研发—种苗培育—鲜切花种植基地—采后处理及冷链运输—国际国内终端直销"的完整产业链。[3] 公司现有石林、安宁两个鲜切花种植基地，晋宁的鲜切花种植基地也于2016年4月开始建设。公司控股昆明（斗南）国际花卉拍卖交易中心，还在普洱有咖啡的种植和交易业务。子公司锦科花卉工程研究中心，负责花卉品种的引进和研发工作，还有锦苑博才职业培训学校承担花卉种植、花艺培训的课程，以及负责进出口物流的子公司等。

云南锦苑花卉产业园作为石林县政府的招商引资项目，于2008年12月在月湖村和老挖村之间开工建设，规划建设规模10 000亩。花卉生产基地由呈贡向石林拓展，正是伴随花卉市场需求扩大的需要。

---

[1] 王淑娟：《云南鲜切花产量连续23年全国第一，总产值463.7亿元》，《云南农业》2017年第5期。
[2] 万红敏：《昆明市花卉产业发展现状及策略研究》，南京农业大学2013年硕士学位论文。
[3] 昆明锦苑花卉产业有限责任公司官方网站［EB/OL］. http：//www.kjflower.com.cn。

2. 外来的开发者与变迁的月湖村

石林锦苑花卉产业园在 2008 年开工建设时，征地面积 2 000 余亩。包含办公楼、展示大厅、包装车间和仓库的生产核心区，是通过征地的方式完全获得土地产权的，这部分土地之前是月湖村的集体土地。其余用于花卉种植的土地，以及后期建设的花卉公司员工生活区等，是 2009 年以后通过向月湖村、老挖村村民租赁的方式获得经营权的，并签订了 30 年的租赁合同。截止到 2018 年 2 月，石林锦苑花卉产业园已经在月湖村和老挖村收储了近 10 000 亩土地，建成了具有花卉生产、展示、包装、储藏、品种培育等完整产业链的花卉产业园区。

目前已建成的花卉产业园，其西边临近九石阿旅游专线，公路边园区入口距昆石高速入口仅 13 千米，距昆明斗南花卉拍卖交易中心 90 多千米，距昆明长水国际机场也仅 100 余千米。便利的交通，为花卉的保鲜和运输提供了良好的条件。而产业园的北边，紧挨着月湖村，月湖村第六村民小组的田地几乎全被花卉公司租赁。花卉产业园与两个村之间并无人为界限，但是园区内设置了不少岗亭，有保安值班、巡逻。

就地方政府的考虑来看，花卉作为云南省的一个特色产业，具有巨大的市场潜力。在月湖村引入花卉公司项目，还能够引导村民由烤烟种植转向花卉种植。更为重要的是，花卉产业园区的建设，不仅能够使当地村民通过耕地的征收、租赁获得收入，告别"靠天吃饭"的生活，还可以将失地农民、剩余劳动力转移到园区进行就地就业。这样既解决了他们的生计困难，提供了再就业的渠道，同时也增加了他们的收入。不仅如此，花卉公司也计划为不同年龄的村民提供就业岗位，中老年村民可以到花卉生产园区种植花卉，年轻村民可以到园区的包装车间、公司的运输队，以及到"彝乡花海"旅游风情小镇中的餐厅、酒店、民俗展示中心等从事服务业工作。

村民也认为，把土地租给花卉公司，虽然租金的确比较低，但是，土地的收益权还是属于自己，待 30 年之后收回还是能够让子孙后代有谋生的来源。可以说，这些土地作为基本农田的性质没有改变，仅是由龙头企业主导，进行规模化、产业化的农业生产经营。

但是，在这个过程中，农民的身份却发生了变化。他们由自主进行生产的农民，转变成了受企业雇用的工人，不再能够自由地安排生产，要受到公司在时间、工作量等方面的约束。技术人员对于生产标准的要求，更是让种了几十年地的中老年村民觉得观念上受到冲击。此外，村民要想参加一些本村的节日活动、祭祀仪式、歌舞娱乐，或是去为亲戚家的红事、白事帮工，以及去参加婚礼、葬礼、满月宴等社交活动，都要比以前更难协调时间。时间的约束、技术的约束，以及花卉公司进入引发的对于月湖村村民思想观念的冲击，都在以一种在地化的、潜移默化的方式，推动着月湖村村民的生产生活方式迈入现代化。

小　结

本节中，笔者对于月湖村和花卉公司两个研究地点进行了介绍，作为深入分析花卉公司雇工所发生转变的背景材料。月湖村是位于昆明市石林县的一个传统的"撒尼村寨"，这里自然生态条件优越、民族文化特色鲜明。2008 年底，通过政府的招商引资，一个规划面积近万亩的花卉产业园区在月湖村开工建设。

一个专业化的花卉公司进入月湖村，是伴随花卉市场需求的扩大及种植基地的转移。而这个外来的开发者进入月湖村，引发了月湖村社会文化的剧烈变迁。一是花卉公司的征地和租地，引发了月湖村村民的生计方式和经济状况出现了新变化；二是花卉公司所采取的生产方式和管理制度，则直接地把月湖村和村民推上了现代化的快车道。

二、月湖村村民的生计状况

花卉公司的征地和租地，使月湖村村民的生计方式和经济状况出现了新的变化。面对土地使用权的变迁、生计方式的多元，月湖村村民也将重新衡量自身情况及家庭条件，对未来的生存和发展做出不同选择。

（一）月湖村土地使用权的变迁

最近 10 多年，相继有大理石采石场、太阳能光伏发电厂、花卉公司等厂区，作为地方政府的重点招商引资项目，在月湖村所属的北召公路沿线建成。这些规模化、专业化的企业，征收或是租赁了一些村庄的集体土地、农民的自有耕地。

在太阳能光伏发电厂和花卉公司的两次征地、租地之后，月湖村村民的土地使用权出现了以下三种情况。

一是土地被太阳能光伏发电厂征收，一次性获得了 30 万元到 80 万元不等的赔偿。位于月湖村西北面的土地，由于石头较多，肥力不强、水分下渗严重，村民大都只种些玉米、土豆等收益不高的作物。一家国有企业下属的太阳能光伏发电厂，于 2006 年在这边建厂办公，相继征收了数千亩月湖村西北面的土地。在这边有田地的村民，根据土地面积，在获得 30 万元到 80 万元不等的赔偿后，也永久失去了在这片土地耕种的权利。获得赔偿款的村民，用这笔钱翻修了房子、购买了汽车，改善了生活条件。以前月湖村村民只是种些玉米、土豆、烤烟等农作物，各家之间经济状况差异不大。而太阳能光伏发电厂的这次征地，则使村民之间的经济状况产生了很大差异。直到现在，都还能在同一条巷道里看到贴着瓷砖、外墙华丽的砖房，与破旧的土坯房相对而立。

二是土地被花卉公司租用，当时每年可以获得460元/亩的租金。2008年底在月湖村进行租地的锦苑花卉公司，是一家民营企业，它的出价相对太阳能光伏发电厂要低。位于月湖村西南边长塘子、光塘子周围的土地，是月湖村肥力最好的土地。在地方政府的强力推动以及企业对村民就业保障的承诺下，花卉公司与村委会和村民代表商妥了租赁的费用与年限：租期30年，租价460元/亩/年，每次付给5年租金，每5年租金上涨5%。同时，月湖村的村民只要愿意，都可以到花卉公司来做工。花卉公司还承诺每逢春节、重阳节等节日，为月湖村70岁以上的老年人发放礼品和慰问金。

三是村庄内部仍然保留土地使用权。农民的生活离不开土地，种地便是他们最普遍的谋生方法。"直接靠农业来谋生的人，是黏着在土地上的。"[1] 在光伏发电厂征地初期，被征地的村民会有一种得了实惠、占了便宜的感觉，觉得一下子得到了一大笔赔偿款，可以用来翻修房子、改善生活。而且外来的企业为他们许下了就业保障的承诺，他们对于自己将来的生活也觉得并非没有保障。这些在村子西北边的外围有田地的村民，着实让村里人羡慕、眼红。

农民本身是有强烈的土地保护意识的，但是当面对外力介入侵占耕地时，农民的经济理性便会凸显出来：只要对征地或租地的补偿满

---

[1] 费孝通：《乡土中国》，北京：北京大学出版社，2012年，第2页。

意,农民就不会去反对。[1] 征地、租地,意味着村民们放弃了耕种土地的权利,相比以前农活量有所减少,同时务工收入相比种地还更为稳定,所以绝大多数村民都接纳了这种现状的改变。

可是后来,随着花卉公司低价租地,以及市场物价的飞速上涨,并且,那些得到太阳能光伏发电厂征地款的村民很快就将钱花得剩得不多了。村民们逐渐意识到,失去土地的生活让人不安。村民们表示,相较于征地,更愿意土地被租出去,"毕竟30年之后土地还能够被收回来,那么子孙后代还能够有生存的保障"。土地被村民看作生存发展的基础,自己种地相较于去帮人打工,时间安排更为自由灵活。并且,国家的惠农政策也能够使大家获得满意的收入。因此,掌握着土地使用权的村民,有土地就去经营土地,是他们当中绝大多数人的生计选择。

(二) 月湖村村民的生计方式选择

土地使用权的变迁,直接影响着月湖村村民生计方式的变迁,村民的生计方式出现了多样的选择。

农民离不开土地,拥有土地经营权的就会去经营土地,在月湖村栽种的主要是蔬菜和烤烟。而土地经营权被流转的那些村民,大多数选择了就地就业,很多人去花卉公司打工,通过付出劳动力而获得定额收入。还有一些村民,他们对于花卉公司的收入不满意,选择到采石场打工。另一些村民,可能是不适应花卉公司的管理制度,但是他们有资源、有闲钱,寻求灵活的经营方式,便选择在村里开个小卖部、早点铺,做点小生意。

---

[1] 梅东海:《社会转型期的中国农民土地意识——浙、鄂、渝三地调查报告》,《中国农村观察》2007年第1期。

1. 自产自销的菜农

在月湖村,种植蔬菜也有一定规模,其中以种植辣椒和青豆为多。虽然种植辣椒、青豆的村民觉得,自己种菜不像那些种烟的,"需要去与烟站的人'攀关系'拿合同""收购定级也要'拉关系'",而自己种菜"生产的自主性相对要大一些"。但是据笔者了解,月湖村中种菜的村民是在烤烟的交售中不占有社会资本的。他们要么是年轻时出去务工,到了30多岁回村里来种田,分不到种烟的合同了;要么是属于村里的小家族,与村委会、烟站的工作人员没有密切的关系,觉得种烟拿不到合同、卖不上价,所以选择了种菜。在他们看来,自己选择栽种的作物,生产相对自由灵活一些,售卖也可以自主选择。

个案1

40岁出头的普兴,他家有将近20亩田地,是月湖村的一户种植专业户。他说自己夫妻俩2016年种了6 500棵辣椒以及一些青豆,再加上家中鸡笼不间断饲养着20多只鸡,每年全家的纯收入在10万元左右。

普兴被月湖村村民戏称为"跤王",他以前是从事专业摔跤的运动员,也是月湖村在改革开放后第一个走出去、在外生活过的人。普兴在20世纪90年代初,就由摔跤教练选拔,进入昆明市体育学校进行训练。1996年,20岁的普兴和宁夏摔跤队签约,成为职业运动员,代表宁夏摔跤队参加全国比赛。在那之后,普兴的户口也被转到了宁夏,并在宁夏生活了12年。直到2008年,32岁的普兴退役,得到了6.5万元的安置费,回到了月湖村。普兴正是那种月湖村种烟初期在外面打拼,后来回来种田了,但分不到烤烟合同,便选择种菜的。

普兴的老婆是由亲戚介绍的,也是月湖村人,并且跟着他在宁夏生活过几年。两口子都见识比较广,思维活络,挺有经济头脑。就像普兴与笔者聊天时一直在强调的,"人应该去适应社会,而不能是让社会来适应人"。他还兴致勃勃地带着笔者到楼顶阳台,去看他从花卉公司学来的"漂浮农业"[1]。

普兴坦言,自己两口子在田地里劳动非常辛苦。种出来的辣椒、青豆,有时候附近的北大村集市上,收购站的出价不合适,两口子还会开车拉到石林县城、宜良县城去卖,凌晨三四点就需要从家出发。而且,自己因为年轻时候摔跤,腰肌劳损严重,汽车都是由媳妇开,好在媳妇也能干。由于普兴家的田地都是位于村子内部,在被太阳能光伏发电厂、花卉公司征占土地的村子外围区域都没有田地,因此普兴家的收入来源一直都是靠种田,收入随着市场价格波动而有所变化。相较那些因为征地而暴富的村民来说,他家的经济状况相对平稳。普兴家依靠勤劳致富,就他家的房子、车子和两个孩子的受教育情况来看,在村中也算是比较富实的。

对于种菜的这部分村民来说,生产得自己安排、自己寻找门道,销售也得要自己寻找出路。自己要管种植,又要管把东西卖出去才有钱,其中的烦事不少,价格波动也大,每一年的收入也不稳定。所以,在花卉公司做工的那些村民也便觉得,"去做工的话,钱要比种地来得把稳,生活也要规律些"。还会觉得,"市场波动价格出现变化,公司能承担风险"。

2. 订单生产的烟农

从1987年开始,云南逐步开始对烟叶实行合同收购制度。合同的

---

[1] 普兴所称的"漂浮农业"是指漂浮育苗方法,是将装有轻质育苗基质的泡沫穴盘漂浮于水面上,种子播于基质中,秧苗在育苗基质中扎根生长,并能从基质和水床中吸收水分和养分的育苗方法。

定制，使烟草公司便于掌握种植数量，根据烟农的种植面积准备生产物资。同时，还做到了让烟农持卡交售，稳定了收购秩序。1992年，合同收购制度被《中华人民共和国烟草专卖法》以法律形式进行规定："烟草公司或者其委托单位应当与烟叶种植者签订烟叶收购合同。烟叶收购合同应当约定烟叶种植面积、烟叶收购价格。"[1] 烟农按照烟草公司的订单分配生产，与烟草公司签订合同的程序一般是：先了解村民的种烟意向，在育苗期间与烟农草签合同，到移栽前签订正式合同。同时，在交售完成后，烟草公司会来核对烟农对合同的履行情况。直到20世纪末，在政府的大力推动之下，烤烟才取代水稻、玉米，成了月湖村种植的最主要的农作物。

售出烤烟，是月湖村许多纯农业家庭最主要的收入来源。种植烤烟虽然投入多、费工夫，但是相对于种植蔬菜或是打工，收入要高一些。村民与烟草公司及收购站会签订烟草收购合同，按照合同约定的数量进行种植，到交售时要"卖够"相应的数量。村民一方面需要完成育苗、架棚的工序，移栽、覆膜、施肥打药等中耕管理步骤，同时采烤、理烟、交付的步骤也都需要自行按照生产周期完成。种烟有烟草公司和烤烟技术员的指导，同时村民也是你家跟着我家去种烟。在月湖村，拥有土地经营权的村民中，种烤烟的占到七成。种烤烟的村民自建有烤烟房，村里也有集中的烤烟厂房，而到收薄膜、烤烟的时候，烟站的工作人员也会直接来到村里定级、称重、付款。按照订单种植烤烟，按照烟站的要求安排一年中的生产，村民的生产生活也大体有节令可循。在月湖村，种烟还是有相当规模的。

无论是栽种烤烟还是栽种其他作物，都免不了要"看天吃饭"。2017年即是一个撒尼人所称的"火鸡年"，而这一年的雨季直至6月中旬才到来，也更印证了传统历法里"火鸡年要干旱"的说法。到雨

---

[1] 代燕春：《国家意志与农民能动性：农业商品化下的云南烟叶》，云南大学2013年博士学位论文。

季来临前,村民已经补种了3次玉米。对于烟站在6月上旬就要求村民完成揭膜培土的工作,烤烟种植户也是多有抱怨,认为没有塑料膜的保护,在干旱的天气下水分流失更快,影响烟叶品质。烟农的担心有一定道理,不过,烟叶的品质、定级,仍全是凭肉眼、凭经验判断的,同时也跟收购、定级的人有关。定级的情况会直接关系到烟农的收入,也关系着烟站的利益。不同的人定级有差异,不同的日期去定级有差异,为了让烟卖上价还要拉关系……更不必说不同的年份,烟草行业的整体行情、种植规模的差异,导致种烟不仅费力,更得操心,收入还充满着很多的不确定性。而种辣椒、青豆也是烦心事不少,价格波动大,收入也是充满很多的不确定性。

所以,在花卉公司做工的村民会觉得,"去做工的话钱要来得把稳"。那些被征了地获得一大笔赔偿款的村民觉得,"虽然征了地自己是拿到一大笔赔偿款。但是这钱只出不进,只会越来越少。如果不出来找事做,每个月有点进账的话,家里的开支也是难得维持"。还是存在着种地的觉得打工的生活自主性不如他们,打工的觉得种地的生活稳定性不如他们。

3. 采石场高收入、高风险的抉择

钱兴在村中经营着一个做缝补、纺织的门面,她也算得上是月湖村的一个职业介绍人。一次笔者与她闲聊时,她讲起几天前,锦苑花卉的何总请她帮忙介绍几个打药的男工,还得要"勤快一点""不要整天喝酒的"。钱兴说道:"又勤快又不喝酒的,都去采石场干活了,一天至少可以拿150块。谁还会去花卉公司,工资那么低。"

诚然,二三十岁的年轻人,可以通过学习大货车驾驶、挖掘机操作去采石场工作,危险性相对较小,收入也不错。而四五十岁的中年人,他们作业的岗位则主要是钻孔、爆破、采装、分解、装车等,一天至少也能拿到150元的工钱,但是不仅工作比较危险,而且由于作

业环境粉尘大、噪声大，非常容易患上尘肺病、噪声聋等。钱兴也认同说："采石场的工作确实是危险大的。但是自己家里田地少，花卉公司给的钱又少，想要多挣点钱就只能选择去采石场了。"

这些去采石场工作的村民也知道在那里工作的危险性。一位50多岁的男性村民便向笔者说道，在幼儿园放寒假、暑假的时候，自己就在家带孙女，不去采石场了："做一段时间歇一段时间嘛！毕竟在那做活计对身体伤害大！"也有中年村民认为，相比于种田，去采石场打工"钱来得稳定"；相比于去花卉公司，"自然是工资高"。确实，去采石场打工的村民，都有着踏实、勤劳、不爱喝酒的品质，为了让家庭、子女获得更好的生活保障、教育保障，他们选择了这份收入高，同时风险也大的工作。

4. 做点小生意的村民

个案2

村民李花在花卉公司开始经营的2009年底，就进入花卉公司的包装车间工作。那年她24岁，年初生了孩子。当时的基本工资是750元每月，每天工作8小时，每个月最多能休息4天，加班按小时发放加班工资。李花在花卉公司干了不到一年就离职了，此后在月湖小学斜对面租下了一间铺面卖烧烤。现在烧烤摊的房租是每年1 800元，李花每年的收入，与在花卉公司做包花工的村民相比也差不多。但是李花觉得，自己离开花卉公司，主要是因为公司在时间和工作量上管理死板，并且自己孩子还小也需要多花时间照顾，而且自己干农活也不麻利，所以选择在村里做点小生意。

那些房子在村中干道边的村民，或是经营小卖部，或是经营早点铺，也是他们收入的主要来源。他们的小卖部大多由家中的老人或者是家庭主妇看守。月湖小学、待客处、村委会、卫生所，这几个地标都在月湖村内的干道北召公路上，而小卖部和早点铺都在这几个地标附近。全村共有12家小卖部和3家早点铺，其中一家早点铺还兼营马肉饭食的生意，此外村里还有两家化肥专营店。而小卖部主要出售的东西，有日用品、零食、糖、盐、酒等，其中有6家有烟草专卖许可，还有卖药品、粮油的。有一家小卖部还是中国移动的业务受理点，一家小卖部在家中还养着鸡苗，铺子前面则摆放着鸡笼，卖鸡给村民。

大约10年前，这些开小卖部的人家都是要自己去石林县城进货，或是家里有亲戚在石林县城有渠道帮忙进货。一家小卖部的大儿子在1995年左右就进入石林县供销社，现今他家的货品也是所有小卖部中最齐全的，除了粮油、副食、日用品外，还卖着药品、鞭炮、牛奶和酸奶等。铺子由60多岁的老两口看守，大儿子每个星期回家的时候便会开车拉货回来，铺子每个月的纯收入在3 000元以上。村里还有一家装有电脑，可以刷卡或付现交电费、话费的小卖部，而且多数时候看铺子的都是将近60岁的两口子。现在村里绝大多数的小卖部，货品都是由供货商送货上门。这些供货商开着面包车在各个村的小卖部之间流转，到每一家小卖部询问货品缺额，如果车上有货能够补上的就及时补上，车上没货的就记录下来，下一次路过时及时送货过来。村里还有两家店铺，是专门卖菜、卖肉的。北大村菜市场距离月湖村村委会大概10千米，这两家人每天早上开车去镇上的菜市场买些蔬菜、肉、蛋、豆腐回来。几家早点铺的米线、卷粉也是由他们带回来。而村民需要一些数量不多的菜品时，便会到这两家菜摊来买。

无论是烧烤摊、菜摊，还是小卖部、早点铺，都具有经营灵活的特点。如果农忙时候活计多，或者去其他村做客、走亲戚，铺子就会暂停营业。开店的时间也比较灵活，没有固定的开门、关门时间。像那家装有电脑的小卖部的普大娘就对笔者说："电脑是在县里机关单位工作的女婿给装的，还安装了交电费、话费的系统，教我们使用。家里的孙子在电脑上看视频，也教了我们怎样用。现在的电视也不好看，广告又多。在这个电脑上，想看什么自己点播就行。有时候晚上守着铺子，看着电视（视频点播节目），不知不觉就已经10点、11点了。电视好看么，小卖部就会关得晚一些，时间不固定。"可见普大婶家两口子不仅识字，接受新知识的能力也强，家里人也是很有经济头脑的。

而像早点铺、马肉馆，生意也不差。那些给采石场开货车的师傅，早上路过时也会把车停在路边来吃个早点；晚上也会时不时来马肉馆聚个餐。有一个在月湖小学对面的铺子，早上卖早点，七八点就开门做生意了。早点会卖给小学生和家长、开货车的师傅，其他村民也会时不时来吃早点，老板娘在10点多收摊关门。到了晚上8点多，她又开门卖烧烤，村里的年轻人会到这里来聚会吃烧烤。一直要到烧烤摊没有生意才关门，晚的时候会弄到凌晨一两点才能休息。还有一家早点铺的经营者说，她平日就看着这个早点铺，煮点米线、面条。没有顾客的时候，就会在缝纫机上缝包包，也是按厂家的要求订单生产的。自己干农活不麻利，家里人也不让她去城里打工。所以家里农活是老公和公公、婆婆在做，自己就看下铺子、带带孩子。

5. 进入花卉公司的花卉工人

临近九石阿公路的月湖村第六村民小组，是被花卉公司征地最多的一个村小组。该组一位村民向笔者描述了他们身边受到征地影响而转向务工的农户家庭的典型形象：中年男性到采石场打工，中年女性到花卉公司打工，家中老人种一种田地、看一看孩子，以及在村中有需要帮工换工的时候去搭把手。虽然目前，月湖村村民的生计实践形式算是比较多样，但是这个典型形象还是被视为一种理想的家庭关系和就业状态。

其实，在花卉公司就业的人群的层次还是比较广泛的。而且不仅月湖村，周边的老挖村、北大村、绿水塘村，乃至西街口镇、圭山镇、陆良县的大莫古镇，都有来到这里锦苑花卉公司打工的。月湖村村民有200多人在花卉公司打工。虽然如一位在花卉公司做工头的月湖村村民指出："花卉公司在支付工资的时候，也会时不时通过拖欠工资来营造出一种自己经营状况不好的假象。这样，工人们就不会提出涨工资的要求了。"但是，花卉公司还没有出现过长期拖欠工资的情况。在花卉公司稳定工作一段时间后，雇工对于这份工作的满意度相对是较高的。

对于农业企业而言，需要有适合各种岗位的劳动者，并将他们分布到农业生产的各个环节上。这有利于提高生产效率、提升产品品质，对于提高劳动者的熟练程度、扩大产品产量也是非常有利的。就花卉公司不同雇工所拥有的人力资本来看，公司根据个体的年龄、劳动能力、接受知识的能力、适应变化的能力等方面存在的差异，将这些雇工安排在了不同的生产部门：在种植大棚的主要是四五十岁的农民，男的、女的都有，他们都是长期耕田犁地的农民。对于这些中年农民而言，只需要对他们进行一些标准化种植的指导，一边工作一边指导监督。这一部分村民对于犁土、除草、施肥、打药等农业劳动，上手很快。而完成精细化要求相对严格的绷线，以及栽花、剪花等工作的雇工，相对年轻一些，并且在上岗之前会对他们进行系统培训。在包装车间的雇工，绝大部分是三四十岁的妇女，一些人去过石林、昆明打工，但是因为家庭、收入、劳动技能等方面的原因，目前选择来到花卉公司工作。这里能够为他们提供一份既能适应，也方便照顾家庭的工作。从事保洁工作的都是三四十岁的妇女。而维护生产设备、花卉运输这样的工作，属于技能型工种。尤其像从事运输，需要前期参加货车驾驶培训这样的投入。生产设备的维护，也需要对雇工进行系统培训，因此在这两个部门的都是二三十岁的男性。园区的保安则都是四五十岁的男性村民。

而在种植大棚、包花车间工作,以及负责设备维护的花卉工人,是花卉公司雇工中最为主要的群体。

(1)种植大棚里的花卉工人

在月湖小学对面开烧烤店的李花,也是2009年过年之后进入花卉公司的。由于不喜欢花卉公司里的工作节奏和管理方式,李花只干了一年多便出来自己开店了。

不过现在,种植大棚里的花卉工人是以四五十岁的村民为主。由于年轻人干农活不麻利,像栽苗、除草、犁地这些工作,还是长期耕田犁地的中老年农民更熟练。并且在种植大棚里,工资是以时间计算,不像包装车间里是计件工资,做得快、做得多工资便高。所以,年轻人还是更愿意到包装车间里工作。像现在在种植大棚里待的时间长的张丽、张翠,都是在公司开始经营后的一两年才进去的。年轻人在种植大棚里面待不住,做不了多久便转岗或是离职了,而这些四五十岁的中老年村民倒还待得久。只是中老年人不如年轻人时间观念强,对于他们的技术规训也相对要困难一些,公司也会觉得管理起中老年人要麻烦一些。

笔者还接触到一行20人从圭山镇过来的工人,他们是2017年过年后自己找到花卉公司来做工的。一对40岁左右的夫妻向笔者介绍说,他们一行人开了3辆面包车过来,单程三四十分钟。之前,他们各家也是种烤烟的。2014年、2015年,由于修路和建厂房,自己的田地被占了,得到了一些征地款。之后因为自己家里有面包车,跑过两年运输,载人、拉货,但是收入不稳定。因为两个孩子在上学,一个上初中,一个上小学,不可能去昆明打工。所以问到了锦苑花卉产业园,商谈了按照男工每天65元、女工每天60元支付工资。他们负责5个大棚里的花,从犁地、插苗、打药、剪花等都让他们负责,也安排了熟练工人来培训、指导他们。除了像这群人自己开车过来的,周边的一些失地农民，公司也会通过村委会去招聘，每天早晚用车接送，交通费从工资里扣除。

(2) 包花车间里的花卉工人

在石林锦苑花卉产业园的所有工种当中，包花车间里的雇工算是最为稳定，也最契合花卉公司培养目标的。包装车间的雇工绝大部分是三四十岁的女性，一些人去石林县城、昆明打过工，但是由于家庭负担或是劳动技能缺乏收入不高等原因，还是回到了村里。进入花卉公司工作的，也往往是家里田地不多以及被征占的。在包装车间里，她们能够严格按照生产要求，周而复始地从事包装工作。同时包花的计件工资制度，也使她们能够通过劳动量、劳动效率的差异令工资有所差别，这是令这些中年妇女对工作感到较为满意的原因之一。而就公司管理来说，女性尤其是这些中年妇女，比男性工人更容易管理，她们不会像那些男性工人一样喝酒、打架、不遵守纪律。

在花卉公司的包装车间里，也还有好几个十六七岁的女孩子。她们都是当年初中或中专毕业，刚来到这里不久的。因为不喜欢干农活或是干农活不麻利，所以就来流水线上工作。她们家也是在月湖村或是附近村子，远一点就骑电动车过来，每天都可以回家。不过，据那些长工说："这些年轻的小姑娘往往待不长，大多数只三四个月，长的最多待半年也不在这里干了。包花毕竟是按计件算工资，做的时间越长越熟练。这些没有家庭负担的小姑娘，不如我们这些长工能吃苦。"

(3) 负责生产设备维护的工人

1990年出生的张翔，在2009年石林锦苑花卉产业园开始经营的时候就被招聘进来了。那时候带着他做水电、灯光方面工作的师傅是一个陕西人，是花卉公司面向社会招聘来的熟练工。张翔在19岁时开始学习花卉大棚和温室里的水电、灯光维护技术，电钻、电焊等工具也都使用得非常上手。张翔说：

跟我一样20多岁开始学习这些技术的，一些人觉得花卉公司给的工资低，没有继续在花卉公司做活了，有些人不愿意离开家还一直在里面做工。我在2014年当了爸爸之后，家里的开销越来越大。到2015年过年后，我也去找工，在昭通做过电焊工作。但是，做焊工伤身体。2016年8月的时候，以前带我的那个陕西师傅问我愿不愿意去海南工作，给的工资还算可以。所以现在，我在海南也是做花卉生产的设备维护。

张翔在月湖村的花卉公司做工大概6年，不过由于年轻，同时又有技术，去哪儿都不愁找到收入不错的工作，而花卉公司也成了他们的技术培训站。

1991年出生的李福家在弥勒市的西三镇。2014年过年后由同村的介绍来到花卉公司工作，主要负责水电设备的维护，之前他在广东惠州的电子元件厂打工。由于懂一些电路、配件方面的知识，经过培训之后他上手很快。他的女朋友在花卉公司包花车间工作，他们是在花卉公司食堂吃饭认识的，比较聊得来。李福住在花卉公司的宿舍，他女朋友是月湖村人，晚上回家住，骑电动车来上班，不过互相都见过家人了。李福觉得花卉公司工资不高，对于涨工资也没抱什么期望，所以想着结婚之后和女朋友一起去沿海打工。

小 结

詹姆斯·斯科特在东南亚看到，"村民们越来越失去对土地的控制，耕种者逐渐失去对土地的使用收益权，而变为承租人或农业工资劳动者……"[1] 伴随花卉公司在月湖村的征地、租地,村民们的命运被紧紧捆绑在了花卉产业链上,也出现了如斯科特在东南亚所看到的情况。

本节介绍了花卉公司等企业的征地,使月湖村村民的土地使用权出现变迁的三种情况。土地使用权的变迁直接影响生计方式的变迁,村民可以有多元的生计方式选择。无论是种蔬菜、种烤烟,还是去采石场、做小生意,都各有其优劣。一些村民还是在权衡利弊之下,选择进入花卉公司成为雇佣劳动力,成为在流水线上进行专业化劳动的花卉工人。

---

[1] [美]詹姆斯·C. 斯科特:《农民的道义经济学:东南亚的反叛与生存》,程立显、刘建等译,南京:译林出版社,2013年,第9页。

三、花卉公司雇工对时间管理的适应

村寨时间观念的形成，与传统农业的生产需要，以及传统村寨的族群文化密切相关。农业社会的生产时间不需要被精确量化，农民对于时间的认知与劳动生产和日常生活经验相关，并且通过各种集体仪式和社交活动形成地方性的时间安排。然而，花卉行业是与时间竞争最为激烈的行业之一，整个生产过程都处在精确的划分之中。花卉公司需要在时间方面严明纪律，对雇工进行严格的时间管理。

（一）传统农业村寨的时间制度

时间制度的形成总与特定空间内的生产生活紧密联系。传统农民对于时间的认知，与其所从事的农业生产劳动及其形成的族群文化密切相关。作为传统农业村寨的月湖村，曾一直遵循着相对模糊的农业社会时间。特定的社会时间制度，也造就着村民特定的行为方式和生活态度。

1. 村寨传统的时间设置

作为一个一直以农业种植为主要生计方式的彝族撒尼人村寨，农业生产和族群文化是塑造月湖村村寨时间制度的核心要素。在月湖村，农业生产是占用村民时间最多的事项。春耕、夏种、秋收、冬藏的农事节律，成为支配社区社会生活的主轴。

前文已指出，为了保证农业生产的顺利开展，祈佑一年风调雨顺，月湖村还形成了一套与季节交替和农作物生产周期密切相关的祭祀制度，每年有八次大型的、集体性的宗教祭祀活动。包括祭龙、求雨、祭山神、火把节、祭密枝神等祭祀活动和农事节日。

村民年复一年按照农事节律安排农业生产，但是在具体的时间安排上，相对来说有一定的弹性和自主性，如遇到红事、白事便会丢下农活去帮忙，遇到要去参加舞蹈队的表演也就不去地里了，遇到天气不好就闲在家里……对于撒尼男人而言，有时候伙伴邀约着去看摔跤、斗牛，便把家里的事给搁下了，参加社交活动是巩固社会关系的良好时机。

2. 农民传统的时间安排

农业生产四季分明、循环往复、忙闲交替的特点，使得农业社会的时间相对模糊，不需要被精确量化，人们对于时间的认知更多与劳动生产和日常生活经验实践联系在一起。农业社会的时间相较于标准化的时间，显得较为模糊和随意。

以笔者住家的房东"二叔"一天的生活为例，他的时间自主性强，很不规律。尤其是现在大多数人都有了手机之后，他经常是在一通电话的呼唤之后，便去钓鱼、喝酒了。一次笔者早上9点多出门，准备去花卉公司做调查时，见他拿着一个弹弓站在路口，说是等朋友准备去打鸟，更让笔者忍俊不禁。通过他的生活作息，可以洞察一个传统农民的时间安排。

个案3

二叔是月湖村人，50岁出头，他家有田地8亩多，都是种的烤烟。大儿子已经结婚并有了孩子，在户口上已经分家，有6

多田地。不过大儿子跟着装修队做活计，并且开着面包车带带人、拉拉货，时间也比较自由。现在大儿子一家、小儿子，与二叔两口子仍吃住在一起。

在烤烟养护最忙碌的夏天，二叔一般是早上7点多起床后，去田里浇水、压肥、除杂草。吃饭时间往往会受其他村民的邀约去喝酒，笔者就跟随二叔在一家农家乐和烟站收塑料膜的人喝过酒，也在其他村民家和村干部喝过酒，承包植树工程的老板请吃饭也会把二叔叫上。二叔说，由于自己的弟弟现在当着村主任，有些应酬他也需要帮着他弟弟应付下。中午喝了酒，到下午2点左右回到家后，二叔便一觉睡到四五点钟。没有村民邀约他的时候，二叔在家吃饭也是每顿饭要喝2两白酒的。晚上聊一聊天、看看电视，一天便过去了。他说遇到别人叫他去钓鱼、野炊，或者是要去其他村吃席，便不去地里了。"天气也不好么，早晚一两天没得事。"在笔者看来，二叔应该会觉得开心、能喝酒是比种田更重要的事。

而二婶的生活则要比二叔忙碌、辛苦很多。下田要跟着二叔去，还得拌猪食、带孙女、洗衣、做饭等，很少有闲下来的时间。就时间安排来看，倒是两口子商量着安排，二叔得空时就去，没有太明确的时间计划。

二叔家两口子的性别分工也是月湖村撒尼人的性别分工，女性承担的活计、家务要多，而男性除了种田、喝酒应酬倒也没有多少事。自己种田，时间也比较自由、宽裕。大部分月湖村村民还是更接受长此以往的较为随意的、可以自由支配的时间，对于精确度量的机械化时间认同度不高。也有一些年轻人指出，他们不喜欢去打工的原因，是"不喜欢被约束"。

（二）花卉公司严格的时间管理制度

花卉行业是与时间竞争最为激烈的行业之一，鲜切花的价格在很大程度上取决于其保鲜程度。从种植大棚到销售市场，每一个环节、每一个工种，花卉公司都要进行严格的时间管理。以精确化的工业时间形成对雇工的约束，以差别化的计件工资制度达成对雇工的工作激励，使得雇工养成严格的时间纪律、具备较高的生产效率，确保公司的正常运转，并实现企业利益的最大化。

1. 工业时间引进形成时间约束

福柯指出，工薪阶层的扩大，是伴随着对于时间更细致的划分。与此同时，人们还通过不断的监督、监工的鞭策等方式确保时间使用的质量。精确、专注以及有条不紊，是有纪律之工业时间的基本优点。[1] "不使每一分钱白白花掉，也不使每一时刻被浪费掉。"[2]

就花卉公司的管理制度来说，与时间密切相关的效能管理，是其实施现代企业管理制度最关键的部分。花卉公司所种植的鲜切花，从育苗、移栽、浇水、施肥直至开花的时间周期，都处于精确的划分控制中。相对于种植大棚，包花车间的工作节奏显得更为紧张。采摘下来的鲜花，经过等级分类之后，迅速被包装成数量、长短一致的花束，运往斗南花卉交易市场。企业的生产流程及其营利性质，要求工人养成严格的时间纪律，以确保公司正常运转，并实现效益最大化。[3]

---

[1] ［法］米歇尔·福柯：《规训与惩罚：监狱的诞生》，刘北成、杨远婴译，上海：生活·读书·新知三联书店，1999年，第171页。

[2] ［法］米歇尔·福柯：《规训与惩罚：监狱的诞生》，刘北成、杨远婴译，上海：生活·读书·新知三联书店，1999年，第198页。

[3] 李翠玲：《少数民族工业化过程中的时间冲突——以一个云南彝族撒尼村寨为例》，《北方民族大学学报（哲学社会科学版）》2013年第4期。

从生产周期来看，菊花、玫瑰、康乃馨基本都是按照夏天 3 个月栽种一批花、冬天 4 个月栽种一批花接替进行种植安排。每一批花采收后，就会铲除花株，对土地简单翻整、施肥之后，又会栽种新的花苗。所以，到花卉公司里种花，便已不像自主生产时一年当中有忙有闲。尤其是在中国，花卉消费明显呈现为节庆消费的大背景下，冬季婚事、丧事相对较多用花量大，同时又有春节、情人节这些花卉消费需求旺盛的节日，因此冬天花卉公司里的活计仍是很多的。而夏天由于气温高，花卉生长周期相对较短，因此栽花、采花、包花等工作也是较为繁忙的，可以说全年的工作任务都安排得非常紧凑。每个合同工每个月可以有 4 天假期，但是休假的计划要提前告知小组长，协商进行安排。此外，请事假扣除当天工资，家中有近亲属去世享受 3 天的带薪假期、结婚享受 5 天的带薪假期，孕产期间则只能得到微乎其微的岗位层级工资。60 岁以上的雇工只能是临时工，不能享受合同工的政策，随时可能因为生产量的减少被解约，当有市场订单的时候又会随时通知他们来上工。除了工伤保险外，公司没有为他们购买其他保险。他们每个月根据上工天数确定工资，来的天数多则每天相应的薪酬就高。在工期内，每个月干满 27 天才能有每天 55 元的工资，干了 25~27 天每天工资 50 元，25 天以下每天工资 45 元。

在福柯看来，纪律就是一种积累和使用时间的机制。它通过四个方面来实现：一是把时间分解成连续的或平行的片段，每个片段都应该在规定的时间结束；二是根据一个分解计划——各种简单因素的序列——来组织这些细微过程；三是确定这些时间片段，决定每一片段的持续时间，用考核作为结束；四是制定更细致的系列，每个人都受控于一种确定其水准或等级的时间性系列。[1]

花卉公司的时间纪律，主要体现在其对于日常作息的制度性管理

---

[1] [法] 米歇尔·福柯：《规训与惩罚：监狱的诞生》，刘北成、杨远婴译，上海：生活·读书·新知三联书店，1999 年，第 177—179 页。

上。每天早上的上工时间，夏天07：30—11：30、冬天08：00—12：00；下午的上工时间，夏天15：00—19：00、冬天14：00—18：00。公司要求所有雇工每天必须准时上下班，每天早上上工前会在包花车间前面的空地上集中点名，迟到、早退都会根据其耽误的时间、发生的频率，扣工资5~30元。许多工人为了更好地把控时间，购买了手表；为了节省上班路上往返的时间，购买了摩托车、电动车。

2. 计件工资制度达成工作激励

相比于监督和惩罚，更能促进时间纪律的是计件工资制度。如果说，监督只是通过直接威慑或暴力统治而强迫工人遵守时间纪律，那么计件工资制度则是一种更巧妙的权力技术安排。它在薪酬和时间之间建立起直接关联，通过经济手段，将提高效率内化为工人的自身需求，从而使得剥削更为隐蔽。[1] 包装车间悬挂的横幅标语——"巧手扎鲜花，多劳多收获，汗水育成果"，正是把公司的计件工资制度蕴含在对包花工人的工作激励上。工人拼命加入赶工游戏中，实现对劳动和自我剥削的"同意"。[2]

计件工资制度在包花工人身上体现得最为明显。在石林锦苑花卉产业园，玫瑰花和康乃馨需要按照每20枝扎成一束进行包装。在包花车间里工作的工人，有2~3个月的实习期，需要有熟练工人对她们进行专门的培训。

在包花车间，包一束康乃馨是0.19元。一位熟练的包花工人依次进行数枝、切秆、剃叶、绑绳、套袋等步骤，完成20枝一束的康乃馨的包装至少需要1分钟。先是数齐20枝花，然后花骨朵朝下比齐，用铡刀把枝干切成长短一致的花束。接着再把枝干下端的叶子剃除一些，

---

[1] 李翠玲：《少数民族工业化过程中的时间冲突——以一个云南彝族撒尼村寨为例》，《北方民族大学学报（哲学社会科学版）》2013年第4期。

[2] ［美］迈克尔·布若威：《制造同意——垄断资本主义劳动过程的变迁》，李荣荣译，北京：商务印书馆，2008年，第86—93页。

使枝干便于吸收水分。最后再在枝干中部偏下的位置绑上橡皮筋，上半部分套上纸袋和塑料膜包装，放入盛水的桶里面。

而包一束玫瑰花的工钱是 0.45 元，工序也较为复杂。由于玫瑰花花瓣不如康乃馨那样紧凑，因此不能像康乃馨一样 20 枝一起用铡刀切秆，一次切秆只能是 5~7 枝。然后，再按照每 5 枝一层，用硬纸板隔断包装成四层，再在封口处贴上标签固定。同时，由于玫瑰茎秆带刺，需要戴上纤维手套进行操作，操作的时候没有包装康乃馨那么方便。一位熟练工人完成 20 枝一束的玫瑰花包装，至少需要 2.5 分钟。包玫瑰花要比包康乃馨更为复杂，在包花车间的工人实行定期轮换，两种花的包装工作都会从事。

在种植大棚，对于栽苗和收花的工人同样实行计件工资制度。栽一枝康乃馨花苗的工钱是 0.15 元，但是栽苗之前绷线的工序是按照工作时间来计算工钱的，并且管理人员每天会明确工作量。栽苗之前需要完成的这道"绷线"工序，是指园艺学中所称的打桩和拉网。按照标准流程，康乃馨、非洲菊、单头切花菊等鲜切花的种植，都需要完成犁土做畦、施肥、打桩、拉网、定植几项准备工作。[1] 完成犁土做畦、施肥，以及维护期的浇水、打药、除草等工作的雇工，是按照工作时间支付报酬的，合同工 65 元/天。而打桩、拉网、定植这些精细的工作，完成它们的工人相对年轻，并且公司会在上岗前对他们进行专门培训。进行犁土做畦、施肥、除草等工作的工人，只是在他们工作的时候，会进行相应的指导和监督。

此外在种植大棚，剪花也是实行计件工资制度，剪一朵花的报酬是 0.015 元。不过，由于栽花和剪花都是季节性的工作，在栽花和剪花的时候工人的工资会相比平时高。因此为了实现利益均沾，管理人员会对工人轮流实行计件工资制度，每人每月能够从事栽花和剪花的

---

1 田晓东、王艳红、孙玉蓉：《康乃馨切花基质栽培技术》，《中国园艺文摘》2012 年第 2 期。

时间都是相等的。

（三）时间管理中公司的妥协与雇工的适应

企业生产流程及其营利性质要求工人养成严格的时间纪律，但是工业化生产的时间纪律与地方社会文化之间的矛盾是不能避免的。企业一方面会依据地方时间调整生产安排，另一方面通过组织的内部管理实现矛盾的调适。一部分雇工在企业的规训下，逐渐适应现代化的时间节奏、管理方式，时间安排变得有规律；当然也有雇工因不能适应而选择离开。

1. 时间管理中的雇工博弈与公司妥协

企业的生产流程及其营利性质，要求工人养成严格的时间纪律，以确保公司的正常运转，并实现效益最大化。[1] 一旦劳动者被雇用，从任务导向型劳动向计时劳动的转变就开始了，人们的时间自由必然就将受到限制。

对于进入花卉公司工作、别人来给你发工资的花卉工人来说，不受到标准化、机械化时间的约束是不可能的。有工人就如是说："以前是给自己干活。现在给别人干活，别人给你发工资，肯定要受到些约束。"在花卉公司，每一朵鲜花从其育苗、移栽、生长，直至开花的时间，都处在精确的划分当中，而采收之后包花、运输的时间要求则更为急迫。从花朵打苞直至开放，其绽放程度也被划分为不同等级：摘早了的花开放不充分，卖不上价；摘晚了的花保鲜期会缩短，卖价也将受到影响。

而从每一天的工作安排来看，花卉公司按照规定的上工时间进行

---

[1] 李翠玲：《少数民族工业化过程中的时间冲突——以一个云南彝族撒尼村寨为例》，《北方民族大学学报（哲学社会科学版）》2013年第4期。

要求。很多村民刚开始对于到公司"上班"感到新鲜，但是很快他们便感到，所谓的"上班"就是要长时间地在狭窄的工作场所里耗着，行动受到了限制。即便是已经做完了当天的活计，也必须熬到下班时间才能够回家，很快大家就失去了对于"上班"的期待和兴趣。

但在时间管理上，公司相对人性化的是，如果是来自远处的雇工，可以和管理人员协商上工时间。如那一行圭山过来的雇工向笔者介绍，他们从圭山过来的工人有3辆面包车，夏天的上工时间是07：30—11：30、13：30—17：30。每天带着保温桶来，中午饭自己解决。公司里还有一些工人，是从周边的北大村、绿水塘、雨布宜等地招来的，每天安排车辆，早来晚回。这些工人在夏天时也是按照如上的工作时间上班。而如果是月湖村及附近的村民，一般按照公司规定的统一时间上工。

公司要求，雇员必须按时上下班，否则扣工资以示警告。在最开始的时候，由于四五十岁的工人时间观念不强，没有戴手表的习惯，手机也尚没有普及。因此，同是在月湖村的小组长要挨家挨户通知他们去上工，到了下班时间也必须等小组长通知了才可以回家。一位60多岁的种植大棚工人就向笔者坦言："花卉公司的那些小领导对于我们这些事情多的老太婆、老头也是比较头疼，因为我们请假了无论他们批不批准都不会来。而且我们经常会不能按时来上班。"花卉公司的规章制度，在这些中老年村民身上执行起来相对困难。不过笔者也了解到，花卉公司还是会寻求一些灵活的管理措施。

法国社会学家布迪厄提出了"社会资本"的概念[1]，关注到了传统的资本理论与社会关系的结合。个体所拥有的社会资本，对于引导个体行为、维系社会关系等都发挥着重要作用。在解决集体行为问题、增强生产能力、促进生产积极性方面，社会资本所具有的对于社会关

---

[1] ［法］皮埃尔·布迪厄：《文化资本与社会炼金术》，包亚明等译，上海：上海人民出版社，1999年，第202页。

系的维系作用，使它具有了区别于其他形式资本的功能。在花卉公司工作的这些工人，彼此都是通过熟人介绍来到这里工作。依托于这样的关系，管理人员会指定一些小组长，每个小组长管理五六个人，负责督促他们按时上下班、提醒他们专心工作，这些小组长每月会拿到五六十元的补贴。例如一位 50 多岁的工人向笔者提道，"自己上班要让别人来叫，自己也会不好意思，只能自己多注意点时间"。这些小组长还有一个任务，就是负责通知那些在花卉公司人手不够时过来上工的工资日结的工人，如果他们愿意，可以来上工了。毕竟这些小组长也是来自月湖村，通过他们与村民地缘、亲缘、业缘"三缘合一"的关系，而发挥联系公司管理者和月湖村村民的纽带作用。像这位村民所说："我们这群干惯了农活的农民，在田地里干活还是要比那些年轻的麻利。所以领导也就是对我们磨磨耳根、让小组长多督促我们注意时间，还是希望留住我们在花田里干活的。"就具体的执行情况来看，执行人工打卡，尺度会比机器打卡宽松得多。大部分的基层管理者都是当地人，如果只是迟到几分钟、十几分钟，或者是家里确实有事需要提前走的，小组长都会通融。

2. 传统生活方式适应现代企业制度

英国社会学家吉登斯指出，在现代性的条件下，全球都在遵循同样的计时体系。而且跨地区时间也被标准化，不同国家和不同地区的时间都能根据统一标准换算，现代性的动力机制正是派生于时间和空间的分离，及它们在形式上的重新组合。[1] 全球统一的标准化时间，在生产管理、生活使用上，逐渐战胜了各种地方性的时间，而取得主导性地位。现代时间观念的确立，对于工厂化生产实现规范、精确，使工人更加专注和有纪律性，发挥了不可替代的作用。

---

[1] [英] 安东尼·吉登斯：《现代性的后果》，田禾译，南京：译林出版社，2011 年版，第 15—16 页。

在花卉公司做工的这些村民，无论老的还是少的，逐渐也都适应了公司的时间管理。一位在花卉公司做保洁的月湖村村民就说，"每天早上起床都要上闹钟了，以前孩子在月湖小学上学的时候也不用担心他会迟到"，"干的活计也清闲，只要不是有外边的领导来参观，干一会儿歇一会儿也没有人会说你"，"每天的上班下班时间固定，作息也规律了，除了会去外村做客吃席，平常自己也没有什么事。晚上回去做饭、吃饭，吃完饭看看电视，一天也就结束了"。

从自由支配时间开展农业劳动，到进入花卉公司工作要受到公司严格的时间管理，对于雇工们来说，除了时间自由、行动自由受到限制，最大的改变还是在于对大家日常生活习惯、生活方式的改变。冬天时公司要求8点上班，7点就得起床，而早上7点半左右天才亮。如果没有交通工具，走路去花卉公司上班，天气冷不说，许多人都是打着手电筒摸黑出门。大家在没有去花卉公司上班之前，并没有精确的起床时间，都是感觉差不多得起床了才起床，更不会有上闹钟的习惯。

以前如果天气不好，大家一般就不会去地里了，但是现在无论刮风下雨，都得照样上班，不能迟到早退。以前大多数村民都是一天只吃两顿饭，早上起床后先去地里干活，10点多回来后做第一顿饭，吃完饭休息一会儿后又去地里，下午四五点回来吃第二顿饭，晚上聊天、跳舞，或是看会儿电视便去睡觉了。现在家里有人在公司里打工的，家里人都得根据上下班时间来调整生活作息，吃饭也变成了一天三顿，时间安排也变规律了。很多年轻工人为了上班方便，都买了电动车、摩托车。

不过，也不是每个人都能接受这样按部就班的程序化的生活，不少人在花卉公司工作一段时间后，仍会觉得公司管理死板、自己时间不自由，而又去做其他工作。对现代企业制度更为适应的，目前还主要是家庭稳定、孩子在外上学[1]的中年女性。而男性除了有一技之长的外，大都还对公司的管理制度适应性不强。设想一个工人被要求去完成一项明确的任务，关于他的动机，存在着几种可能：一是命令，强调权威与服从；二是交换，即这个工人是被与这项任务的绩效相连的一种奖励触动；三是习俗，这个工人完成这项任务，因为他认为这是他的职责。[2] 花卉公司的管理，显然只是促成了与工人之间的交换，通过利益来牵动他们完成任务，而不是通过习俗来使他们遵从，那么显然就不可能让大家都适应在公司的生产生活。

花卉公司在刚开始运营的时候，招收的工人男女性别比例差别不大，但是现在公司2/3以上的工人都是女性。除了女性到花卉公司上班的同时能够更好地就近照顾家庭、工资收入及劳动量更适合女性外，与女性的时间观念、纪律意识更强相关。公司管理人员对于撒尼男人嗜酒颇为反感，招工的时候都会强调"不要整天喝酒的"。而年轻的小伙子，还会出现不来上班去看斗牛、摔跤的情况。一位年轻的工头对笔者讲起，"过年那阵子，休息的4天时间都是去县城、去别个村看斗牛了"。从花卉公司减少管理成本的角度来看，显然更乐于雇用易于规训的妇女。就向现代化时间观念的迈进来看，适应现代企业制度也是相对的。

小 结

本节分别描述了传统农业村寨的时间制度、花卉公司的时间制度，

---

[1] 月湖村目前仅有公立幼儿园及小学一至三年级的教学条件，四年级及以上需要到10千米外的北大村中心学校，那边有四年级至初三的教学条件。到北大村中心学校上学后，学生在学校住校，每个星期周五下午回家，周日晚上回校。孩子住校之后，父母在时间上也少了接送及照管孩子的安排。

[2] [德] 埃克哈特·施里特：《习俗与经济》，秦海、杨煜东、张晓译，长春：长春出版社，2005年，第177页。

以此突出花卉公司时间管理的严格、工作激励的严苛。同时，对于时间管理中公司的妥协，以及雇工的适应情况，本节也进行了描述。

通过精确的工业化时间形成对雇工的约束，通过差别化的计件工资制度达成对雇工的工作激励，以此改变传统农业社会相对模糊的时间安排，使得雇工生产有纪律、有效率。面对不可避免的传统与现代间的矛盾，公司的时间制度也进行弹性调整，并且通过组织的内部管理实现调适。许多雇工也在公司持续的规训下，逐渐适应现代化的时间节奏、管理方式，时间安排变得有规律。当然也有一些雇工，因为不能适应企业的时间管理制度，选择了离开。

四、花卉公司雇工对技术要求的适应

花卉种植不仅对时间有严格的把控，其对于品质的要求也远高于蔬菜、烤烟等。鲜花要进入拍卖市场，依据标准化的等级划分来确定不同等级的售价，因此花卉公司对于花卉的生产标准也需要进行严格的规范，做出精细化的要求。

（一）传统农业的生产技术及其传承方式

传统的农业村落，其生计基础是农耕，同时在一个相对封闭的村落当中，村民们的耕种方式、栽培品种、灌溉形式等也呈现出基本相同的特征。月湖村直到20世纪末，村民们都是以水稻、玉米、土豆作为主要的农作物，家中会养猪、养鸡，用于过年过节招待客人。月湖村及其周边，有月湖和40多个小水塘，灌溉水源充沛。最早来到月湖村的张姓家族，修建了连接月湖和农田的水沟，后世人也都能吃上稻米。而种植玉米、土豆都不是很花精力、费工夫，同时也可以作为主食补充和调剂。这些主食，可以交粮纳税，多的还可以拿去集市交易。像玉米还可以给牲畜吃，晒干保存起来。村民们还会栽一些荞麦、红薯、蔬菜等供自己食用。农业生产总体上是自产自销，自己负责生产、自己进行消费的产出—收益状态。

20世纪末起，以烤烟为主的经济作物取代了传统的粮食作物，同时市场交易的便捷也使村民们的农业生产更多地追求经济利益。烤烟种植要签订收购合同，按照合同约定的面积、数量进行种植，自己安排生产过程、自己完成销售过程的自产自销状态。而那些拿不到烤烟合同、种植蔬菜的村民，自产自销的状态则体现得更为明显。他们每年自主选择栽种的品种，种出来之后还得自己拉去收购站卖掉，换得了钱，才算完成了一轮生产劳动。

村民们的耕种大多是在一年内轮作，春耕、夏种、秋收、冬藏。每年2月中旬开始春耕，早先是用牛犁地，到20世纪80年代起有了拖拉机。村委会会进行协调，协助各家农户完成犁地。春耕和秋收的时候，是劳动强度最大的时候，亲戚之间会互相帮忙。但是，这些农业生产劳动没有非常严格的时间节点。一个是看自家、亲戚家的忙闲情况；另一个是看天气情况，往往都是临时决定要去地里干什么活计。而犁田的田埂宽度、收割的茎秆位置、浇多少水等问题，村民们都是依靠经验做出判断的，标准也是比较模糊的。只有在洒农药配药水的时候，会用秤进行称量。

村里的孩子到了十二三岁，就开始到田里帮助父母完成一些辅助性的工作，从除草、挑水做起。到再大一些，也跟着父母犁地、插苗、洒药等。这种以家庭传承作为主要方式，通过代际进行传授的方式沿袭至今。村落内部的集体仪式，各家各户之间的互相帮助、交流耕种技术，为家庭传承营造了良好的氛围，农耕文化也在村落中传承下去。

当然，一些成绩好、好学的孩子，父母便不会让他们跟着到田里去种地。尤其是那种考到县城上学的，长辈更多会希望他们将来能在城里找份活计、到城里去生活。不过，交通的便捷、与外界联系交往的密切，也使得现在的年轻人有更多的生计方式选择。外出务工，在家做手工或是其他生意，甚至留在村里打工，都可以使他们获得不少于栽田种地的收入。

（二）花卉公司规范化的生产要求

通过开展职业培训，并不断强调生产标准，花卉公司促成了所招募的工人由传统农民向产业工人转变。通过规范生产标准，来强化工人的职业身份，促成其劳动能力向专业化发展，并趋于规范。提升劳动者素质形成专业化的农业劳动者，也与花卉公司提升花卉品质、实现标准化生产的目标相一致。

1. 规范生产标准强化职业身份

花卉公司在进入月湖村初期，其预设的目标是更多招募年轻工人，对他们进行标准化的工作流程培训，形成稳定的劳动力。因此，为了留住熟练工人，同时促进劳动力素质的提升，花卉公司以对生产标准的规范作为基础，将雇工工资的差异体现在岗位层级工资、工龄工资、加班工资等方面。而实行计件工资制度，只是作为一种效能激励手段。

以月湖村进入花卉公司工作的村民为例，他们当中绝大多数是合同工和临时工两类普通工人，合同工当中也有成为花卉公司基层管理者的。甚至，还有去到海南的花卉基地成为技术传授者和中层管理者的。成为花卉公司管理者的村民，在花卉公司工作的时间都在3年以上。

个案4

张翔在2009年19岁的时候进入石林锦苑花卉产业园。虽然中间他也去其他地方做过电焊工作，但是公司负责人对他的工作表现还是非常认可的。在2016年下半年，位于海南省东方市的一个花卉基地的老板需要扩大生产规模时，尚在昭通做电焊工作的张翔被引荐给了那边的老板，那边的老板给他开出了12.5元/小时的工资,并且报销他的交通费用。在那里,他还成了一个技术传递者,教给当地的黎族工人一些花卉的种植规范,以及生产设备的维护技术等。之前在石林这边的花卉基地时,他只能拿到8.5元/小时的工资,算上岗位层级工资、工龄工资,也不及去海南工作收入高。

张翔还在石林锦苑花卉产业园的时候,就参加了公司组织的培训。一是参加了电焊工作的培训,之后进入大棚、温室等设施的维护组;二是还学习了灯光、喷雾器等设备的维护技术,能够全面地参与大棚、温室的维护工作。在昆明的几家大型农业企业,晨农集团、锦苑花卉、英茂花卉等,都会一起组织安排相关技术工人进行培训和技术提升,并制定了一整套的行业工作规范。

张翔的表姐张欢向笔者坦诚地介绍说:"锦苑公司的管理确实是严格的,但是锦苑公司平台大,能够接触到的、学习到的东西更多。"张欢还介绍说,在培训期间,公司组织大家去过斗南花卉拍卖中心、安宁八街的玫瑰基地、嵩明的晨农蔬菜种植基地。

对于种植大棚里的工人,其中不少都是长期耕田种地的农民,但是也会对他们进行标准化种植的培训。一位在种植大棚负责打药的50多岁的男工人告诉笔者:"公司里面配备了电子秤,给哪种花打药、多大面积的花田,要放多少药、配多少水,都必须是在小组长的指导下,用电子秤称重的,不能凭感觉。"

从种植大棚外的一块生产管理警示牌(图1)可以看出,公司对于生产过程的规范、监控,也是责任到人、到具体方案、到具体处理时间的。

云南锦苑花卉产业股份有限公司
切花大棚生产管理警示牌

填写日期：2017 年 2 月 5 日　　棚号：G3#　　管理员：刀琼芬

项目		虫害	病害	水分	其他
发生状况		局部红蜘蛛危害	各病害不明显	棚头、棚尾水分不足处	
计划处理方案	措施	机器喷雾与人工打药		滴管补水与人工浇水相结合	
	日期	自发现状况，5~6天一次		根据天气状况与土壤湿度定期补水	
	原因	每天11:30以前及15:00以后		每天补水时间为上午7:30至下午5:00	
警示等级		局部中等		一般	
责任人		程友波		程友波、李秀仙	
实际处理方案	措施	机器喷雾与人工打药相结合		滴管补水与人工浇水相结合	
	日期	5~6天一次规律性防治		根据天气状况与土壤湿度定期补水	
	原因	每次用药时间为上午11:30以前、下午3:00以后		上午7:30至下午5:00	

图 1　生产管理警示牌

图 2　拉网及栽种工艺示意图

在栽花的时候,对于面积、间隔的规范,也有着尺度上的标准。菊花、康乃馨等切花花束,为使其茎秆挺拔,需要拉网进行支撑(图2)。各角落支撑起150厘米的木桩,分隔出10厘米×10厘米的网格,一般隔成8孔的网格。一位负责栽苗的40多岁的女工人还向笔者比画着,她说:"我才到大棚里面来种花的时候,公司给我们这些要做'绷线'(拉网支撑这道程序)的工人,都发了(锄刃)10厘米长的锄头。要求每一次'绷线',都要用锄头(锄刃)来量着。"这位女工人说:"这样的比画要一直弄三四个月,然后小组长才允许丢开锄头凭感觉拉网。到那个时候么,心里也都有谱了。"

像已经成为中层管理者和技术传授者的张翔,讲起这些生产标准来,更是头头是道。在海南,张翔负责教授从当地招来的工人花卉种植的规范、各项技术要求。海南的种植基地在黎族聚居的山区,张翔还表示。"那些黎族村民也是喜欢喝酒,工作态度也是很马虎。"至于为什么花商会到海南来种花,他说:"云南冬天的气温还是相对低了,鲜切花需要的生产周期长,冬天云南种的花品质也不及海南。而在韩国、日本，冬天对于切花菊的需求都比较大。"此外，张翔还说到出口到韩国和日本的切花菊，有不同的品质标准。出口到韩国的切花菊单株在65厘米左右，品质标准没有出口到日本的严格。出口到日本的切花菊，单株长度要在90厘米左右，花期更长。花萼长度不能超过花瓣的1/2，并且如果从采摘到完成包装的时间超过1小时，叶片的黑化程度一定会被检验部门检查出来，从而作为不合格花束被退回。所以，工人大都不愿意去种日本标准的切花菊，因为不易照管，自己也很容易就被扣工资。

而在收花的时候，小组长等管理人员也会根据每一大棚中的花卉长势以及公司下达的分级数量指标，规定需要从哪一个位置剪花，剪花的花束长度需要在什么范围。但是在剪花时，不可能那么精确地衡量长度，因此到了包花工人手上，则根据剪花工人的长度分类，将每一组花束的长度达到一致。全枝长65厘米的可以作为A级花，全枝长55厘米的可以作为B级花，同时分类时还需要衡定花苞的开放程度。对于这些鲜切花进入包装车间后的采后处理流程，公司的规定也是非常严格和明确的。车间管理制度也是挂牌警示，并且直接和雇工的工资相关联（图3）。

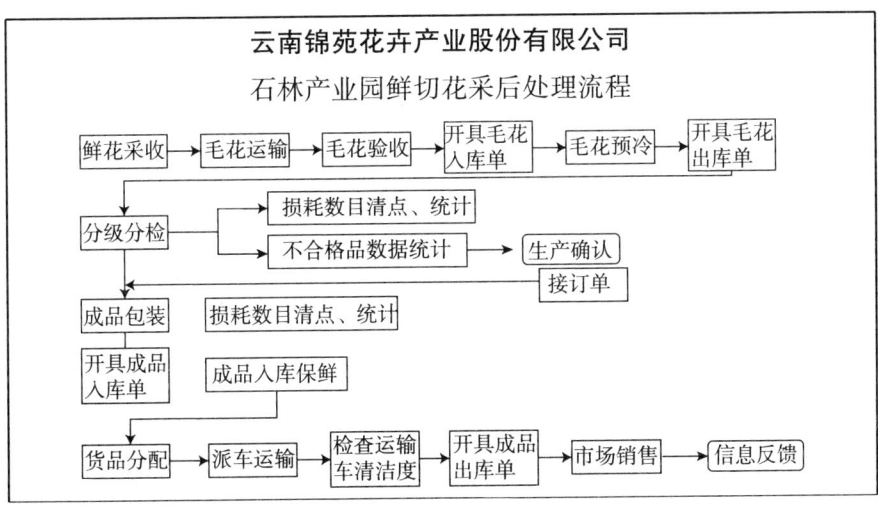

图 3 车间管理制度

云南锦苑花卉产业股份有限公司

采后处理车间管理制度（车间要求）

每天早上 8 点（上班时间由实际情况定），全体员工参加点名。

车间内不能停放任何车辆，违者每次处以 50 元罚款。

车间不能吸烟，违者每次处以 20 元罚款。

工具要摆放整齐，不能乱摆乱放，违者每次处以 5 元罚款。

包装桶要摆放整齐，规定摆放多少就摆放多少，违者每次处以 5 元罚款。

晚上下班时间必须把未包完的毛花入库，并进行垃圾清理（垃圾桶、包花桌及周边环境）。

每周必须对垃圾桶进行一次清洁和消毒。

当天的值日人员必须按要求完成任务。

图 4 处理流程和管理制度

园区里随处可见生产管理告示牌、工作程序流程图等，可见公司管理对于生产标准的严格规范。因此也便有了公司在人员安排中，不安排年纪大的从事栽花、剪花等工作，只是让他们去犁土、打药。对于小组长这样的基层管理者，公司既为他们提供一些外出参观学习的机会，同时他们也通过去管理员工得到锻炼并获得层级岗位工资的收入等，来强化他们对于标准化生产和职业身份的认同。所以，一些参加过公司系统培训的工人，即使中途又去做过其他工作，但他们觉得还是更愿意种花、包花，这份工作做得更上手。

2. 生产过程趋于规范

寒冷、干旱这样的天气异动，对于设施先进的欧洲农户来说，已经完全不会受到影响。结实的玻璃温室里，自动化的加温加湿设备可以开足马力地工作。而一代代花卉工人遵循精细化的生产标准，也是欧洲花卉立足世界市场的保证。中国的花卉工人还处于一个代际交替的阶段，中老年农民在田间地头有很熟练的劳动技能，但是按标准生产的意识不强，需要有人去监督。年轻人大都对于标准化的生产要求很认可，他们更多考虑的不是公司的生产要求是否合理得当，而是对于工作量、收入待遇考量得更多。

花卉公司在人员安排中，对于生产标准要求高的种苗、剪花、包花等，主要是40岁以下的女工，年轻男工则是让他们负责设备维护和运输工作。而四五十岁的雇工，主要是从事除杂草、犁土、打药等精细化要求不高的工作。现阶段这样的人员安排，也是出于规范生产标准的考虑。

石林锦苑花卉产业园区负责人事的彭主任向笔者分享过这样的趋势：在20世纪五六十年代，欧洲向东非地区、拉丁美洲转移花卉种植业的时候，也遇到过劳动者素质不高、标准化生产意识不强的问题。那时候这些发展中国家一方面学校教育不完善，农业劳动者受教育年限短。另一方面没有行业出口标准，种植技术也受限。虽然普遍是种植庄园，但是靠天吃饭、产量不稳定的特征也突出。在这样的情况下，来自欧洲的农场主、管理者也是通过代际分工的分式，把标准化生产要求高的剪花、包花等工作安排给年轻工人，同时也让他们参与管理中年工人，并熟悉种植车间的工作。而中年工人主要是做田间地头的工作。到了 20 世纪七八十年代，世界经济的发展使欧美国家对于鲜花的消费需求越来越大，各个环节也都安排技术熟练的能够进行标准化生产的工人进行流水线作业。到了这个时期，欧洲的花卉生产主要是做新品种培育、无土栽培、保鲜技术的改进等，而需要廉价土地和劳动力的花卉生产，已经完全转移到肯尼亚、厄瓜多尔这些国家。直到现在，这些国家也是世界上最主要的鲜切花出口国。

以此来看中国的花卉生产，同样存在这样的代际分工状况，也在此情况下促使生产标准趋于规范化。把鲜花种出品质、卖出好价钱，已经成为花卉工人的共识。尤其对于年轻人来说，教给海南的花卉工人花卉种植规范、技术，成为抢手的熟练花卉工人，也使他们更加增进对于标准化生产的认同。但是，花卉种植对于月湖村村民是新生事物，并且村民对于花卉的生产程序也过问不多，只是在被扣工资的时候才会与管理人员理论，普遍持有"既然是别人给你发工资、给公司打工，按照人家的要求去做就是了"这样的心态。正如法国农民学者孟德拉斯所说："任何进步，尽管在别处进行过实验，但仍需在每个地方接受实验。一种新事物要顺利进入具体的农业区域，首先要适应那里的具体环境。"[1] 花卉公司存在的人员流动频繁的现状，也使一些农民由于不适应而主动离开。像他们告诉笔者的"公司管理死板""花卉大棚里农药洒得太多，影响身体健康"……因此，花卉公司既要按照生产标准进行生产规范，更要根据实际情况灵活组织生产，而不是生搬硬套。

---

[1] [法] H. 孟德拉斯：《农民的终结》，李培林译，北京：社会科学文献出版社，2005 年，第 39 页。

（三）花卉公司的技术传递与雇工人力资本提升

花卉公司以规范化的生产要求，强化雇工对于职业身份的认同，按照制度要求开展生产。将雇工的生产过程，由经验式种植向精细化生产转变，让鲜花品质好、卖得起价。通过培训工人、手把手传授技术，以及参观鲜花市场等措施，使大家认同现代化的生产流程规范。这一过程，也是雇工人力资本提升的过程，同时也在促成对于农民个体现代性的培育。

1. 从经验式种植到精细化生产

花卉产业在以荷兰为代表的西欧国家稳定发展了400余年，而中国直至最近30多年才"迟到"地加入这一产业。荷兰是世界鲜切花交易规则的制定者，目前中国花卉产业为了扩大市场份额、增强全球市场竞争力，从生产种植的流程、拍卖交易的规则，到冷链保鲜技术、分级标准、定价规则等，也几乎完全向西方标准、荷兰标准看齐。在锦苑花卉公司组织下，到斗南花卉拍卖市场参观过的张欢说："看到那些公司按照标准流程种出来的花，确实要比散户种出来的花品质好、卖的价钱高，我觉得按照标准来生产还是很重要的。"

个案5

1985年出生的张欢，月湖村人，老公是招姑爷入门的，老公在采石场开货车。张欢现在在海南的花卉公司做活，那边夏天天气热，没有活计的时候，她便回到石林家里来，带带孩子，帮着父母做一做自家地里的活计。张欢从2009年到2012年，在石林锦苑花卉公司上了3年多的班，在种植大棚、包花车间都干过。张欢说，2009年过年之后，锦苑花卉公司在村里招工。那时候自己大儿子快两岁，自己从生了孩子就在家里，自己还是更喜欢打工上班，便去了。在生孩子之前，她是在昆明打工，在商场里卖衣服。张欢说："以前花卉公司、采石场没有来月湖村的时候，大家如果要做工都得到县城、到昆明去，现在有了这些厂，可以在当地就找到活计做了，也方便照顾家里，还是比较好的。"

2009年进入花卉公司之后，公司组织了一个多月的培训，从分辨种球、认识成花的品种，到犁土做畦、打桩、拉网、定植的规程，还有包花的步骤等，都进行了培训和考核。张欢说："像我们这些初中生，教我们的主要还是工作程序的规范，那些高中生、中专生还教他们病虫害防治、切花保鲜方面的内容。培训的时间更长一点。"不过张欢也说，由于花卉公司人员流动性大，后面招进去的工人，培训已经不像最开始那会儿系统、全面了。只是工人一边做，一边有小组长指导。

2012年底，张欢准备生第二个孩子，便没有去花卉公司上班了，还想着之后找其他活计做。到了2016年9月，小儿子也送幼儿园了。自己琢磨着去哪里做工的时候，听表弟张翔说，一个在海南种菊花的老板扩大生产，要招可以立即上手的熟练工。张翔是领队，要带一批石林的工人过去，海南那边的工资也比石林这边高，张欢便和家里人商量过去看看，于是又一次成了花卉工人，张欢现在回想起在花卉公司培训、工作的经历，觉得这是让自己有了一份"稳定的谋生手艺"。2017年的大年初四，他们一批10多个人就去海南了，在那边工作了3个多月，种了一批白菊和黄菊。栽苗是计件工资，一棵2毛钱。从做畦到拉网这些栽苗之前的流程也给他们算工钱，12.5元/小时。海南种的菊花销路不错，尤其是年底、清明前的时候，这个老板种的花还卖到了韩国、日本。2017年8月他们又去种两批花，到2018年清明之后才回来。张欢觉得去那边交通不方便，生活也要单调一些。不过现在两个孩子分别上小学、幼儿园了，父母也能帮忙照看，自己没有什么后顾之忧，可以去多挣点钱了。

张欢年纪轻，接受外来事物、新鲜事物快，适应能力也比较强，她算得上很认同公司要求的生产流程规范。但是那些中老年农民，却常常被一些农学科班出身的管理人员、农技人员抱怨说："这些农民文化水平太低，把娇嫩的花儿当作粗放式的农作物来养。工作态度马马虎虎，让人不可忍受。"对于管理人员这样的抱怨，中老年农民也有自己的说辞："我们种了一辈子田的，难道经验还比不上他们那些只懂书本没有实践的？""他们那些人嘴上倒是会说得很，让他们做活么，简直就是在磨洋工……"站在各自的角度看，双方的说法都不无道理。但是，花卉品质的保证，确实必须依靠规范流程和技术来获得保障。传统的经验式种植，也可以使农民获得不错的收成，但这在很大程度上依赖于风调雨顺。

中国农业本就是一种精耕细作的农业，但是当天气的难以预料、产量的不稳定、技术的日新月异与农业生产回报息息相关的时候，发展便对精耕细作提出了更高、更新的要求。打桩的高度、拉网的面积、一株苗与一株苗之间的间隔、浇水的时间和剂量、收花的时间、剪花的位置、包花时留存的花株长度、运输过程中的保鲜……甚至在玻璃温室中栽的鲜花，还要严格考虑对温度、湿度、光照的调控，对种植的精细化要求越来越高。2018年2月，笔者在石林园区见到，这里已经建起了温室大棚，准备在当年回暖后投入使用。温室大棚装备了风机、空调，还有自动浇灌系统，能够按照设定调节棚内的温度、湿度，对于技术标准的要求更高。当然，天气对棚内花苗的影响也减小了，成花品质会更好。

2. 提升雇工人力资本促进农民现代性培育

现代化问题研究专家英克尔斯认为，"工厂是培养现代性的学校"[1]。现代性的内涵极其丰富，现代化的过程也是极其复杂漫长的。英克尔斯特别强调人的工作经历对于其成为现代人的重要作用。公司在提升劳动者素质、提升雇工人力资本，以期提升花卉品质的同时，也促成对农民工人现代性的培育。

美国农业经济学家西奥多·舒尔茨认为，人力资本的积累是经济增长的源泉，人口质量的提升对于提升劳动生产率具有重要作用[2]。虽然农民也具有作为企业家的素质，不过农民在对新知识和新信息的感知、理解和采取适当行动的能力方面存在着差距。而就业机会的迁移及适应、农业技术的培训，还有对他们行动意识的规训，促成着他们人力资本的提升。以科学的方式，去拉网、定植，把握收花、剪花的时间，对温度、湿度、光照等进行严格调控，通过运用现代科学技术成果，去提升农产品的品质，提升劳动带来的收益价值。科学的生产技术，也有利于实现高效的生产管理，实现经营方式、产业模式以及个体的现代化变迁。

在笔者的调查过程中，除了张翔这个成为技术传授者，带着一批人到海南工作的花卉产业工人引人注目外，还有在村里用自家的田地种康乃馨的普华，也常被许多花卉工人提起。

个案6

普华1985年出生，读过中专。他是2008年结婚之后，在2009年进入花卉公司的，在里面做了5年多。在2014年离职的时候，他已是一个小工头了，那时候每个月的工资能比其他的合同

---

[1] [美]阿列克斯·英克尔斯、戴维·H. 史密斯：《从传统人到现代人——六个发展中国家的个人变化》，顾昕译，北京：中国人民大学出版社，1992年，第229页。

[2] [美]西奥多·W. 舒尔茨：《对人进行投资——人口质量经济学》，吴珠华等译，北京：商务印书馆，2017年，第19页。

工高500元。普华说:"我才去花卉公司的时候很年轻,他们那些时间要求、生产标准,执行起来对我也不困难。所以,没多久公司就让我管理村里这些工人上下班。工作程序、病虫害防治这些都学了,后来又学了开车之后,我主要就是在各个园区转转,联系一下建筑材料、包装材料这些的配送,也经常往斗南跑,和公司的大领导接触得也多。"

2014年6月,普华离职出来,用自家的田地种康乃馨的时候,他认为"自己还年轻,可以尝试一下,种花、包花、卖花这些流程都熟悉了,看看自己做生意能不能做成"。普华和父亲一起,凑了6万多元钱,用6亩自家的地,又租了4亩亲戚的地,在10亩两片连到一起的田地中,开始搭建塑料大棚。买薄膜、撑杆、焊材等,一家人动手花了将近两个月把大棚搭建起来。

种花一年能够赚到4万多元,这比他在花卉公司工作一年的收入多一些,不过赔进了父母、老婆几个劳动力。他在花棚旁养了一条狼狗,建了一个小平房,一家人的日常吃住都在里面。因为是在斗南花卉市场做对手交易,自己开车拉花去卖,销售情况不是那么好。不过普华说,他在斗南认识了普洱一家花店的老板,这个老板的生意做得很大,2016年一年在他这买了5000多枝康乃馨。种出来的花,质量尚可的基本都卖给了这个老板。普华说:"我自己也在通过网络,还有向生意上认识的农技师学习花卉的种植技术。我希望能够不断提升产量、提升品质,自己再开拓开拓市场,还是相信收入能够越来越高的。"

可以说,花卉公司管理中提升雇工人力资本的措施,不仅是在培育一批专业化的劳动者,促成农民个体的现代化。同时,也在促成农民个体意识、职业意识的增强,使其成为新型的专业化生产力群体。

小 结

本节中，笔者对于传统农业经验式传承的生产方式进行了介绍，对于花卉公司强调系统性和规范性的精细化生产要求进行了详细记述。以此进一步分析了从经验式种植到精细化生产的结果，是促成花卉品质的提升、雇工人力资本提升的原因。

按照技术标准进行生产，需要制度上的保障，还需要雇工对现代化生产规范的认同。公司通过建章立制，对生产标准进行严格规范，还通过不间断的技术指导，使得花卉生产过程趋于规范。而组织雇工进行培训和参观，也使雇工形成对职业身份的认同。这一系列的技术培训过程，使得雇工在择业和发展上有所受益，他们对于技术要求的适应能力也不断增强。

五、改变的农民与改变的传统农耕文化

花卉公司对于传统农民的改变牵一发而动全身,在花卉公司工作的农民收益形式改变了,时间观念更强了,生产标准对于他们的约束也越来越强。不仅如此,这一新的生计形式还改变着村民的社会网络,不断增进着他们对于外界世界的接触和了解。而作为一个少数民族村寨,花卉公司的生产模式、管理制度,对于月湖村村民传统观念的改变也是十分明显的。现代化的生活方式不断融入村民生活,村民对于村寨民俗传统的认识,也在悄然发生着改变。

(一)乡土社会网络的扩展

世代在月湖村耕田种地的村民,地缘、亲缘、业缘"三缘合一",婚姻关系、社会关系都相对简单,故土难离的情感强烈。花卉公司进入月湖村后,一方面有不少外来的人员进入公司,与月湖村村民共同劳动,扩大了村民的社会网络;另一方面更为深刻的是一些村民通过花卉行业的工作机会,走出月湖村,增进了对于外界世界的接触和了解。

1. "三缘合一"的传统社会网络

月湖村在明代成化年间形成村落,直至清代光绪年间的400余年间,从石林、陆良、昆明陆续有10余个家族迁至月湖村定居。"居住在邻近的人们感到他们有共同利益并需要协同行动,因而组成各种地域性的群体。"[1] 当遇到洪水、干旱等自然灾害的时候,大家齐心协力共同抵御;在筹办红事白事的时候,相互之间帮工帮忙;如遇经济拮据时,还可获得借款,更不必说栽田种地时相互换工及随时获得帮助。

月湖村一直是一个以农业种植为主要生计方式的村落,在历史上长期种植水稻、玉米、土豆,改革开放之后始种植烤烟等商品作物。不过月湖村村民对于外出务工没有太大兴趣,外出务工的人很少。绝大部分的劳动力人口,都是从事农业生产。

以前农村交通闭塞、出行不便,村民与外界的交往不多。因此,村民的婚姻关系大多只在本村内及与周边村子的同龄人结成,村内几个家族之间也互相都是亲戚。在月湖村,无论是彝族还是汉族,大家都会说撒尼话。嫁进来的媳妇、招进来的姑爷,在村里待上几年之后,也都能流利地与村民用撒尼话交流。以前的婚姻关系,大都只会通过亲戚关系和同学关系结成。

人们住在同一个地域,且互为亲戚,还都共同从事农业生产,这种地缘、业缘、亲缘"三缘合一"的熟人社会关系,既利于相互之间的沟通,也增进了彼此之间的信任和互惠关系。

最近10多年,当在采石场、花卉公司就可以获得就地就业的机会后,在外打工的村民也纷纷回到了村里。当问到花卉公司的雇工为何不到县城、昆明去打工时,大家给出的回答往往是"不想离家太远""不方便照顾家里""自己没有知识文化,出去打工容易被骗";当问到对于花卉公司给出的工资是否满意时,很多人都觉得"只要不拖欠工资就好""去外面做工工资高,但是花销也大"。月湖村村民对于生活环境、社会关系的认同度相对较高,对于经济收入等也没有特别高的要求,故土难离的情感特别强烈。

---

[1] 费孝通:《江村经济》,北京:北京大学出版社,2012年,第87页。

2. 日益扩大的"朋友圈"

随着花卉公司进入月湖村,不少外来人员也进入月湖村,和月湖村村民交朋友。如钱兴对笔者提到,石林花卉基地的何总前几天还请她吃饭,感谢她介绍工人来工作;张翔提到,介绍他去海南花卉基地工作的是一个陕西的师傅;而在二叔儿子的婚礼上,二叔把许多承接工程的浙江老板也请来参加。月湖村村民的"朋友圈",也是越来越广阔。

据笔者考察,在石林锦苑花卉产业园的工人,除了来自月湖村和老挖村,还有如下三种来源。

第一种是公司从周边的北大村、绿水塘、雨布宜等地招来的合同工。他们在种植大棚和包花车间工作,公司每天安排面包车接送。

第二种是从事水电、灯光等管线排布及维护,以及开着三轮摩托、面包车及货车跑运输的年轻工人。他们当中许多人来自石林县其他地方,以及陆良、弥勒、泸西等周边县市。他们去沿海地区打工,但因为家庭、收入等原因回到了云南。他们有技术,在花卉公司做工,公司也为他们提供有偿吃住。也有两口子都在花卉公司工作,并且吃住在此的。

第三种是公司里的农技人员,以及负责设备管理的师傅。这些人中有云南人,也有四川人、贵州人等,他们算得上是园区的专业技术人员。很多人在锦苑公司的时间都有 10 年以上,他们之前还在呈贡、嵩明、晋宁等地的公司的基地工作过。

在花卉公司工作的月湖村村民,以一种前所未有的姿态,去与众多来自外村、外地的人打交道。他们要与来自外村的工人在同一片花田做工,话题不免会落在孩子的学习成绩、性格、婚嫁等上。他们要与年轻的技术人员打交道,接受技术人员的技术指导,由财会人员进行绩效考核。而那些在外面当过兵、打过工的工人,还会向他们讲起在外地的所见所闻……

相比于以前的婚姻只通过亲缘关系或者学缘关系结成，并且大家都来自周边几个村子，地缘关系密切。如今婚姻关系的缔结，在地理范围上已经有所扩大，同是在花卉公司工作可以把来自不同地方的人结合到一起，并且许多人还有在不同地方生活的经历。工人也不仅仅只和说石林话、昆明话的人打交道，还和说贵州话、四川话、普通话的人打交道。一些村民也开始讲起蹩脚的普通话。当村里办婚礼、办满月宴等时，操着普通话、其他方言的外地人，成为主人家的座上客，在月湖村已经屡见不鲜。人的流动越来越快，村民不断认识新的外地人，社会网络在不断扩大，月湖村由一个熟人社会逐渐向陌生人社会转变。

3. 村民增进对外界社会的接触与了解

带自己做电焊工作的师傅是陕西人，现在的老板是黑龙江人，要去工作的地点在海南，种出来的花还要卖去韩国、日本。在年轻工人张翔的身上，我们就能够看到他所接触的东西南北不同地方的人。张翔的经历，算得上是月湖村的花卉工人深度接触外部世界的一个典型个案。

个案7

1990年出生的张翔，在2009年石林锦苑花卉产业园开始经营的时候就在此工作了。那时候带着他做水电、灯光方面工作的师傅是一个陕西人，是花卉公司面向社会招聘来的熟练工。张翔说自己在2012年结婚、2014年有了孩子之后，家里的开销越来越大，2015年的时候，他通过昆明的劳动力市场，找到了一份做电焊工的工作，去昭通工作，每个月能拿到5 000多元的工资，每个月能寄回家里不少。

2016年8月，已经回陕西老家的那个师傅还挂念着他，给他打电话，说是一个黑龙江的老板在海南种菊花。张翔也是在花卉公司工作过的，是这个师傅手把手带出来的，他问张翔愿不愿意去海南工作，还给他说了去海南工作的待遇。张翔说做电焊工对身体伤害太大，去海南的工资也尚可。9月的时候，这位黑龙江的老板给张翔买了机票，让他到海南的花卉基地看一看，张翔说这是他第一次坐飞机。张翔在海南工作了3个多月，协助老板搭建了大棚，排布了电线、水管，在年底又坐着飞机回了云南。他根据老板的需求，联系了月湖村的工人和以前的工友，一行12个人在2017年2月初从石林坐火车到广东湛江，又包车从湛江去到海南东方市的花卉基地。

作为师傅的陕西人，作为老板的黑龙江人，作为自己的下属需要去管理的海南黎族村民，不同地区的人的不同性格、不同特质，还有出口到韩国、日本的切花菊的不同品质标准，及与国内销售的花卉品质的比较，都是张翔和他的同伴们讨论的话题。以张翔为代表，一些年轻的月湖村村民也对中国不少地方的人有了前所未有的深度接触，许多年轻人又把他们的经历介绍给家人、村里人。由张翔带领，一些月湖村的村民去到海南，在那边种花。虽然几位去的月湖村村民都谈到饮食上的不适应："中午那顿有海南当地的人吃饭，食堂的菜都不放辣椒，晚上那顿才放辣椒。"但是月湖村村民仍觉得，"海南那边工资高、攒下的钱多"。而且"冬天天气好，比石林暖和"，绝大多数还是愿意继续去海南打工的。

通过在花卉公司的工作机会、通过到海南花卉基地的工作机会，以及通过花卉公司组织的到斗南花卉拍卖市场及其他农业企业参观的机会，许许多多的月湖村村民增进了与外地人、外省人的接触，增进了对外面世界的接触与了解，也越来越认同现代化的农业生产方式。

年轻人会和家里人聊起花价的波动、日益严格的鲜花品质标准,以及外地的交通情况、坐飞机坐火车的感受等。即使是在村里种田,很少到外面去的村民,也能够通过口耳相传的介绍,感受到世界日新月异的变化。

(二) 发生变化的传统民俗

社会经济的发展、生活条件的改善、与外界社会日益密切的交往,使得人们的思想观念也在发生变化。随着商品经济、现代化生产生活方式在一个传统农耕村落的推进,传统民俗的意涵、影响力也在发生变化。在这个过程中,村民们对于传统民俗的认知,也因不同家庭的生计方式、个人的思想观念而有所差异。农耕文化传统因为新的生产方式,发生着剧烈变迁。

1. 从意涵丰富到渐失功能

为了保证农业生产的顺利开展,彝族撒尼人形成了一套与季节更替和农作物生产周期相配合的祭祀制度。[1] 其中,月湖村村民对于祭山神和密枝节是最为重视的。

每年农历正月十五在山神庙举行的祭祀活动,一块光滑的大石头化身为山神,保佑着月湖村的平安祥和。山神庙是村民们许愿和还愿的地方。月湖村村民到山神庙来,所许的愿望主要包括:祈求婴孩顺利出生,保佑母子平安没有痛苦;祈求山神保佑生病的人尽快痊愈;祈求能尽快找到丢失的牛、马、羊,以及生病的牲畜能够尽快痊愈;祈求子女能够考上好学校、当官的能够晋升、做生意的能够发财等。许愿的人往往在每月的初一、初五、十五日、二十五日带上酒、米、

---

[1] 李翠玲:《少数民族工业化过程中的时间冲突——以一个云南彝族撒尼村寨为例》,《北方民族大学学报(哲学社会科学版)》2013年第4期。

水果、香烛,来到山神庙前磕头,请求山神保佑自己实现愿望。正月十五祭山神,则主要是由山神组代表全村许愿,祈求山神保佑村民的庄稼不遭水灾、旱灾,人、牛马牲口、猪鸡猫狗不得瘟疫和各种传染病等。

祭山神仪式的举行时间,公历通常是在2月里。这段时间婚礼多,又遇上春节、情人节,对于花卉行业来说是一个生产、销售的旺季。尤其当祭山神的时间遇到2月14日情人节之前鲜花的采收高峰,对于在花卉公司工作的村民来说,时间难以协调、请假也不容易。虽然女性过了十二三岁,便不可以在这一天来参加山神庙前的祭祀活动了,但是所有能来的1~5村民小组的男性没有是汉族还是撒尼族的限制。正月十五日是村民公认的一年一度最好玩、最有趣的日子。[1] 每年正月十五日的山神祭祀,山神组会去买一头黑色公猪来作为献给山神的牺牲。毕摩带领山神组成员来到山神庙,朝着代表山神的大石头磕过头后,便开始杀猪、分割猪肉,各家完成自家的祭拜后回来找山神组领取。这一天早饭过后,村里的男性村民会带上红公鸡和香烛,以及自家的男性成员和未成年的女孩,来到山神庙前。主人抱着红公鸡,一家人跟着主人,先面向山神,然后再面向各方作揖。意思是这家人把红公鸡献给山神了,祈求山神保佑家人平安、庄稼丰收。然后主人会在旁边的空地上把红公鸡杀掉,拔下翅膀上的毛,插到香炉里面。

村民还介绍说,大概是从花卉公司进驻月湖村的那一年,2008年,村里祭山神的时候,就不允许到山神庙边的树林里烧柴煮饭了,说是为了封山育林和防范火灾。"以前大家来山神庙'磕头'的时候,会先占好'窝子',在这里码起柴、点上火、搭起锅灶,然后再去拜山神、杀鸡。接着要来到摆锅的地方煮鸡、煮饭,还要把鸡头献给山神。现在么,只是在山神庙前杀鸡、把生猪肉领回去,然后回自己家

---

[1] 陈学礼等:《石林县月湖村宗教文化调查》,载赵德光主编《21世纪石林村寨调查之月湖卷》,昆明:云南民族出版社,2004年,第21页。

里去煮肉、吃肉。"不过，祭山神这一天仍然是家庭团聚、大家共同为新一年祈福庆祝的日子。女人们往往在家中准备这一天的饭菜，待男人们带着肉从山上回来，开始煮鸡、煮肉，然后就准备吃饭了。2017年2月11日祭山神的这天笔者在村里，早上10点许吃完早饭，跟随房东一家祭拜山神，下午2点多回到家里，3点多便又吃晚饭了。

祭山神活动不仅仅是在村民的集体仪式上有所变化。这些年来，一些在县城上学、在昆明打工的年轻人，在正月十五这天也不能回到村里来与家人共同祭山神、吃团圆饭。对于在花卉公司工作的村民来说，这段时间公司花多、活多，下午6点不能下班还得要加班。2017年祭山神的这一天，笔者下午6点多去到一位在种植大棚上班的工人家，一直到了晚上8点多，这位年近60岁的大妈才回家。家里人已经很早吃了晚饭，她也只能独自吃上几口这天丰盛的伙食。

个案8

张翠大概是在花卉公司经营两年之后（2011年）才到花卉公司工作的。张翠说："一开始，花卉公司都要招40岁以下的年轻人。但是很多年轻人待不住，并且他们种不来田。"由于自家拿不到烤烟合同，种点苞谷、蔬菜赚不了多少钱，也就能攒点饲料喂喂猪、喂喂鸡，有点菜自家吃吃。所以，张翠自己，还有女儿、女婿这几个劳动力，都是在给别人打工，她家的田地也不多。

关于参加村里的祭祀活动，张翠介绍道："我家姑爷还是会去的，但是田里的收成好坏，感觉和自己家关系不大了。所以，我家对这些活动没有（其他村里人）那么重视，反正不要让村里人说闲话就好。"张翠说道，像自己这样在花卉公司、在采石场打工，拿点死工资，家里也没有多少田地的人，在村里还是不少。"我们（这种情况的）是不会像那些田地多的、村里的大家族，热热闹闹地在张罗（这些祭祀活动）。"

在笔者看来，张翠对于村寨民俗的态度，和她家的生计选择、经济状况相关。张翠从小村嫁来月湖村，已经在此生活了快40年。张翠家田地少，只种着一点用于自家吃和养牲畜的苞谷与蔬菜。张翠跟着女儿住，女儿是招姑爷到月湖村的，老伴跟着儿子住，也是在月湖村。女儿在月湖小学煮饭，中午吃饭的老师、学生都比较多，晚上就只有住在学校的老师吃饭，能够回来得比较早，回家来做饭，张翠回家来就直接吃饭了。下午时，还有周末、假期的时候，女儿在家里用缝纫机打包包，这是按照订单生产的在风景区卖的民族风绣花包包。女婿在石林景区舞蹈队，他们跳的舞还专门拍了影碟的，那些楼盘开盘搞活动也会让他们去跳舞。女婿也会开车，不去跳舞的时候就会开着面包车去跑跑运输。女儿初中毕业那会儿也在石林景区的舞蹈队待过，和姑爷就是那个时候认识的。

张翠一家的三个劳动力，收入都来源于务工，基本每月都有定额工资，并且田地里只是种点自家吃的东西，市场上也可以买到自家需要的菜。所以张翠家对于村寨的集体祭祀仪式不是很重视了。

祭山神的仪式，算是月湖村春节活动的最高潮。在这个活动之后，种烤烟的村民都要犁土、压肥，忙着开始春耕生产了。然而对于在花卉公司工作的村民来说，无论是祭山神之前还是祭山神之后，他们都闲不下来。虽然活多，但是除了一天的固定工资之外，还能够拿到10元/小时的加班工资，有着一种生产欣欣向荣的景象。至于祭山神时所祈盼的来年丰收、风调雨顺，如果自家不是靠着种田的收成，而是靠着打工的工资来生活的话，倒也关系不大。

不过，祭山神的活动相对密枝节而言，对于村民的约束没有那么严格。密枝节作为撒尼人最神圣的宗教节日，祈求人畜兴旺、五谷丰登,并且禁忌更为严格。密枝节是在传统农业生产结束之后,农历冬月的第一个属鼠日举行。密枝节的最大特点是要"闲着"祭祀,所有村民都不能做活:不能下地劳动,不能纺纱织布,不能动乐器,否则将会受到密枝神的处罚。密枝神会让祭祀期间犁地的大水牛暴毙,让做活的村民流鼻血、生病。普通村民从祭密枝神起要闲3天,密枝组成员要闲7天,这是月湖村撒尼人长期以来遵守的一项传统。

笔者向花卉公司的一位负责人询问密枝节的生产安排情况,他向笔者介绍:"最开始的时候,他们村民是有人给我们说过他们要请假,有一个村举行祭祀的密枝节不能来上班。但是我们没有想到的是,到了那一天根本没有人来上班,原本以为只是有一些人或者是男工要去参加。但是,种花、收花都是要抢时间,我们也来不及去其他地方找人。村民有村民的说法,我们也有我们的说法,我们不能让自己亏钱。所以没有办法,我们还是通过与村委会、与那些能和村民说得上话的工头做了协商。一个是小组长和一些合同工,必须在下晚的时候来做上三四个小时,把日常必须要做的事情做掉;另一个是我们公司以后的生产安排,尽可能避开密枝节。在过节之前把花都采收掉,过节之后再栽种下一批花,如果市场需求大实在错不开也没办法。"

即使是这样一个折中的安排,密枝节的禁忌还是开始被打破,更不必说在外务工的人了。去到海南工作的张翔对笔者说:"要不是看朋友圈里有伙伴发的视频,我都忘了村里在过密枝节了。"当笔者问道:"密枝节还在做活不担心密枝神的诅咒吗?"张翔说:"老年人更相信这些吧!我们年轻人信则有,不信则无。尤其是跟别人打工,只能听老板给你的安排,自己怕是顾不了那么多了……"

2. 对传统民俗的认知因人而异

张翔算是一个很健谈,也能变通的人。他说道,如果过节时自己在村里的话,是会去参加祭山神、祭密枝神的。因为"自己虽然没有在种田了，但是家里人还在种田、亲戚们还在种田，我也希望他们的收成能好一些"。张翔的说法，就显得比张翠的亲和许多。毕竟集体性的祭祀活动，具有构建和强化群体认同感、维护社区的团结与和谐的功能。仪式的一个重要功能，就是促进民族凝聚力和集体仪式的形成[1]。无论是在月湖村种田还是在月湖村打工，甚至是去其他地方打工了，大家仍然是月湖村的成员。并且，祭祀也不仅仅是祈求风调雨顺、五谷丰登，就像人们有什么心愿时也会去山神庙前磕头、敬香，甚至还会带着红公鸡去敬献给山神。而请毕摩念经、发丧、喊魂等，也是村民的日常生活中必不可少的。原始宗教和传统民俗，对于村民还是有着根深蒂固的影响。

反倒是像张翠这样的中老年人把集体仪式的功能看淡了。而一位从靠近石林景区的三家村嫁过来的媳妇说："我们村小组各家都没有自己的田地了，要么是被占了，要么是被租了，没有人自己种自己的田了。大家去果园打打工、去景区打打工，收入要比自己种田时候高很多。像我爹在看守果园、给果树修修枝，我妈在景区那边扫地，每年还有土地租金。我爹我妈经常晚饭之后，手牵着手去景区那边散步，生活得多自在。在我们村，像祭山神这个活动，都不像月湖村这边要弄一整天。我们的活动就只有分分猪肉，全家人一起吃个饭。像密枝节，就只那一天搞搞仪式，之后大家就各忙各的了。而且，像石林景区这边、圭山那边，都把密枝节打造成一个旅游节日。渐渐地，这些习俗怕是会被改变得越来越多……"由于离景区近，接触游客的机会多，三家村这边的村民可谓是接触了更多现代化的生活方式，对于宗教仪式的认同也渐渐淡化。似乎风调雨顺、五谷丰登，已经与自己关系不大，有钱的话任何时候都能买到需要的粮食、蔬菜。

无论是物质、技术还是思想观念等，现代化的推进过程必然引起

---

1 [英]维克多·特纳：《仪式过程：结构与反结构》，黄剑波、柳博赟译，北京：中国人民大学出版社，2006年，第175页。

民族文化的变迁，少数民族的传统文化也因为社会交流的空前密切，受到很大的冲击。[1] 张翠、张丽这样在种植大棚工作的工人，她们现在的生计方式，突破了传统农民自产自销、精耕细作的模式，对于生产的过程开始具有效率意识、竞争意识。更不必说像张翔、张欢这些年轻人，他们对于工作、新时代的农业发展，有了新的自主意识、创新意识。

经济领域的发展和思想意识的变迁，更是冲击着传统村落的集体意识。收入来源的不同、收入水平的差距，以及现代化生产生活观念的影响，在村民对于传统民俗、集体仪式的认知上，表现得较为明显。种田种地的村民早早地张罗起节日的活动，而打工的村民则是不慌不乱，甚至觉得是去凑个热闹、挣挣面子。生计方式变得多元，思想观念也变得多元，生活方式、人际交往方式也变得多元……现代化在重新整合着人、整合着物、整合着文化，它"以前所未有的方式，把我们抛离了所有类型社会秩序的轨道，从而形成了其生活形态"。[2]

小 结

进入花卉公司务工，作为月湖村村民一种新的生计方式，对于月湖村村民的改变牵一发而动全身。本部分从社会网络和传统民俗两个方面，对月湖村发生的改变做出了比较，并进行了分析。

在传统自产自销的农耕时代，村民们的地缘、亲缘、业缘"三缘合一"，社会关系网络相对简单。而花卉公司进入月湖村之后，有一些外来人员进入月湖村，也有月湖村村民走出月湖村，社会交往的范围日渐扩大，村民对于外界世界也加深着接触和了解。

---

[1] 熊黎明：《现代化进程中的云南民族文化变迁》，《云南行政学院学报》2006年第1期。
[2] ［英］安东尼·吉登斯：《现代性的后果》，田禾译，南京：译林出版社，2011年，第128页。

花卉公司现代化的生产节奏和管理制度，使得月湖村村民对传统的农耕文化的认知出现差异。以前传统民俗具有丰富的内涵和影响力，如今依靠工资收入的家庭觉得传统民俗已经不那么重要。现代化的生产生活方式，对月湖村文化传统的影响已越来越深入。

结　语

"劳动力和土地，只不过是构成社会的人类本身和社会存在于其中的环境。将他们囊括进市场机制，就意味着使社会生存本身屈从于市场的法则。"[1] 租赁农民的土地，使他们成为雇佣工人，农民也像流水线上的工人一样，只需要负责生产环节当中的一个步骤，他们的命运也被紧紧地捆绑在了市场全球化、社会现代化的巨轮之上。从物质到技能、从生活方式到思想观念，这些雇工既成了专业化的劳动者，也成了现代化的农民，花卉公司的工作使他们的生产生活在方方面面都发生着转变。

当农业生产融入全球化的市场中，当农民成了花卉公司的雇佣工人，农民与农业生产就都必须屈从于市场的法则。对于农民而言，最为直接的表现在于，他们成了企业根据市场需求支配的劳动力，需要按照企业要求去调整生活时间，去规范劳动技能，获得自己应得的定额工资。而村民的社会关系、村落的文化活动，也将围绕企业的生产需求变化。当然在这个过程中，花卉产品的品质得到了提升，雇工个体的人力资本也得到了提升，雇工个体也在发生着迈向现代化的转变。

随着社会经济的发展、物质条件的改善，尤其是经济全球化的推进，促成着社会交往的日益便捷和密切。农民的现代性意识已大为增

1　[英] 卡尔·波兰尼:《巨变：当代政治与经济的起源》，黄树民译，北京：社会科学文献出版社，2017年，第127页。

强或正在日益觉醒，他们正经历着由传统向现代转型。[1] 但是，在地域、个体及现代性因素等诸多方面呈现出"差序格局"，标志着我国农民现代性水平的主体性尚未完全确立。[2]

在月湖村，花卉公司这类企业的出现，使农村形成一种既不同于传统的封闭的农村社会，又不脱离自然生态生造出来的现代城市社会的居间的生活方式。[3] 这种就地就业、就地现代化的路径，在促成传统农民向现代农业企业产业工人转变的同时，也丰富着农民的谋生方式和收入来源，并实现农业产品的深加工和品质的提升。加快农业现代化，将在多渠道增加农民收入；促成农民现代化，也将更好地促成产业升级和农民增收。乡村振兴、农民生活富裕，是农村发展的根本。

然而，现代化指的是由传统农业社会向现代工业社会转变的过程，它也是一个多层面、全方位的转变过程。从历史发展进程而言，现代化包括经济领域的工业化、政治领域的民主化、社会领域的城市化和价值观念的理性化，以及相互间的互动过程等。尤其对于具有个体性的人而言，这不仅包括个人行为和能力上的现代化转变，还包括在观念层面的思维、素质、需求的现代化转变。

可以说，现代化转变的最终结果，应该是实现人的全面发展。因此，企业不应当只追求生产效率、产品品质的提升，还应当丰富企业文化的内涵，促进雇工全方位的进步。雇工在经济收入和劳动技能得到提升的同时，也应当重新审视自身的传统文化，以及个体化需求的满足。

本论文以一个现代化的农业企业——石林锦苑花卉产业园，进入少数民族村寨月湖村引起的一系列变迁作为个案。公司以现代化的企业管理制度对雇工进行规训，而雇工不断进行着调适，逐渐适应和认

1　周大鸣、郭正林：《论中国乡村都市化》，《社会科学战线》1996 年第 5 期。
2　丁福兴：《中国农民现代性的自觉与培育》，《农村经济》2011 年第 3 期。
3　杨团：《就地多元化：农民现代化的一种选择》，《中国改革》2005 年第 11 期。

同企业的生产方式。这些都促成着花卉行业实现更好的发展。面对新的生产方式与传统文化之间的冲突，不同的人也在进行着自我的文化选择与实践。许多地方、许多个体，在获得现代性的同时，也能有效保持自己的地方性、传统性和民族性。在转变产业模式、提升经济收入的同时，这些雇工及月湖村也有保持自身文化独特性的必要，而不是完全屈从于市场法则。同时，现代化转变也不能单单是村民的经济收入和劳动技能得到提升，思想观念、个体需求等思维层面也需要实现转变。

当下，中国正有许许多多的少数民族村落、贫困地区村落，以这种引进优势资本、引进现代农业企业的方式，推动着农业生产现代化、农民现代化的实现。在实现农民增收致富既定目标的同时，也应当多关注农民的个体性和自我意识，促成个体实现全面的发展；也应当多关注村庄传统文化的变迁，保持传统文化的独特性。

大理双廊镇白族乡村景观变迁的
文化人类学研究

作　　者：贾超芸杉　云南大学民族学与社会学学院 2011 级
　　　　　民族学专业硕士研究生
指导教师：马翀炜

引　言

2012年8月，在一次环洱海骑行的过程中，作为游客的笔者来到了云南省大理市双廊镇大建旁村。它位于洱海东北岸，距离大理古城60多千米，是一个以白族人口为主的村落。之前在网上看到关于双廊旅游的宣传语，它引用了诗人海子的"面朝大海，春暖花开"，令人无限遐想。而当我真正骑到这里的时候，发现大建旁村俨然成了一个建筑工地，处处兴修房屋，并没有想象中的宁静。由于这里隶属大理白族自治州，各式建筑本应颇具白族特色，可在这里新盖起来的大量房屋却是一种小清新[1]式的别样风格。在村中闲逛的时候，我偶然看到墙上贴着一张名为"双廊公益论坛——一个白族村落的更新阵痛"的宣传海报，其举办时间为2012年5月。一个村庄举办这样的论坛，这里到底发生了什么，笔者开始好奇并产生疑问。同时我也发现，在大建旁村聚集着各种各样的人：一些外来人员，以艺术家、客栈老板、义工为主，他们长居于此，成了新双廊人；来这里短期旅游的人喜欢住在双廊的海景房中，跟本地人没有太多的交流；而本应强调白族建筑文化特色的地方，当地村民却将自己的白族民居拆掉，修建新式风格的民居客栈，这是最令笔者震惊的事情。

初步调查之后得知，2008年，大建旁村第一家客栈——"海地生

---

[1] 小清新，一种亚文化现象，作为一种理想的生活方式或个人憧憬的美好意境而存在，其特点是淡雅、自然、朴实、超脱、静谧等。

活"建成,这是一家国际青年旅舍,拥有8个海景床位,每床40元一晚。到2014年,大建旁村已建成54个客栈,其数量之多、建设速度之快都让人惊叹。2012年5月,"双廊公益论坛"举办之际,正是大建旁村"大建设"的时期,也是大建旁村开始感受到变革阵痛的时期。为什么痛?这其中有土地出租或买卖的各种纠纷,有盖何种样式建筑的争论,还有整个村落以及民族文化发展方向的大讨论。

云南省旅游产业发达,除去多样性的自然景观之外,25个少数民族的不同风情也是吸引游客的一大招牌。而在双廊镇大建旁村,根本不是民族特色的海景房却成了众多游客趋之若鹜的理由。

由于这里紧邻洱海,建造海景房便具有最优越的自然条件。在这个小村落里,建筑景观开始呈现出不同的风格,既有小清新式的海景客栈,也有白族传统民居改造后的民居客栈。前者多位于临近洱海的位置,后者多居于村落中心或公路旁边。而游客更加倾向于那些可以最近距离"面朝大海,春暖花开"的客栈或酒店。这便引出了我的疑问,为何在这个本可以用白族建筑特色吸引游客的地方出现了完全不同风格的小清新式建筑?这两种风格的建筑景观分别代表什么?住在里面的人们又在追求什么?白族传统建筑是否发生了变化?这两类建筑景观是否存在"对话"和"交流"?它们在哪个层面、多大程度上可以进行"交流",而这种互动在民族文化的发展中又意味着什么?这种发展给文化个体又带去何种变化?这些问题都让笔者很困惑,想要一探究竟便是这个研究的初衷,而这篇论文即是经过田野调查之后分析和思考的结果。

一、双廊镇大建旁村概况

双廊镇大建旁村隶属云南省大理白族自治州大理市。2008年之前，它只是洱海边一个普通的白族渔村。2008年旅游开发之后，此地"海景"客栈层出不穷，建筑景观呈现了多元化的样式。

（一）人文地理环境

洱海，云贵高原上的一个淡水湖泊，位于 25°35′~25°58′N、100°05′~100°17′E，地处澜沧江、金沙江和元江三大水系分水岭，属澜沧江水系。洱海北起洱源县江尾乡，南止于大理市下关镇，是云南第二大湖，也是著名的旅游风景区。近50年来，洱海水资源总量在波动中呈减少趋势，20世纪六七十年代水资源量较多，1981—1998年为偏少期，1999—2002年持续偏多4年后，又进入偏少时段[1]。从20世纪90年代开始，由于长期污染导致洱海湖水出现富营养化，1996年和2003年暴发两次大规模蓝藻，湖水的透明度从4~5米骤跌至0.5米，水质一度下降到Ⅳ类，部分湖湾水质甚至下降到劣Ⅴ类。[2] 2013年，洱海又一次暴发蓝藻。而此时，洱海和它周边的村庄已经发生了

---

[1] 黄慧君、王永平、李庆红：《洱海流域近50年气候变化特征及其对洱海水资源的影响》，《气象》2013年第39卷第4期。

[2] 李军：《一切为了高原明珠——记国家水专项"十一五"洱海项目负责人孔海南教授》，《中国环境报》2013年4月18日001版。

巨大的变化。

双廊镇大建旁行政村由大建旁、岛依旁和水长箐3个自然村组成，截至2010年，共有农户497户，人口1 739人，其中白族人口占99%。村里耕地面积330亩，林地面积5 427.5亩。[1] 大建旁村位于蛇山半岛和龟山之上。蛇山半岛，白语谓"kv deng"，直译汉意为"头蛇"，是大建旁村西南角向南海延伸的南北条形的岩山，东南西三面在海中，犹如惊蟒奔入海，蛇头逼真而故名。蛇头西北部与脖子相连处有大岩洞，为渔民季节性居之。龟山位于大建旁村东南，是绿萝山在洱滨滋生出状似乌龟的岩石山，与西面的蛇山对峙。[2]

图1　大建旁村地形图

据传姜子牙封神时云游至此，看到蛇龟二山正在靠近，认定如果这两座山靠在一起，此地必出大将。于是他问村里的一个妇人，这里有什么匠人，妇人说村里只有泥水匠、木匠，姜子牙觉得这里只出泥

1　资料来源于大建旁村委会2010年统计数据。
2　赵克恭：《双廊历史资料汇集稿》，2010年，第35页。

水匠、木匠，可惜了此风水宝地，于是一刀将两座山劈开。[1] 近代，由于"农业学大寨"时期当地人围湖造田以及环洱海公路、大丽高速公路的修建，村里的土地利用情况发生了改变，因此大建旁村龟山的头部很难看到了。

大建旁所辖的3个自然村具有各自的特点。昔日，大建旁箭竹丛生，名为"大箭塝"，"塝"，平地，意为"居住在大片箭竹丛中的平地"。[2] 村里本主庙供奉的是"鲁班"[3] 神像，男性村民多从事建筑业，鸡足山楞严塔即是村人杨秉初承建。据村里人杨福伟说，"最早是天津人被发配充军来到这里，在唐朝之前就有人来了。当时村里面主要的姓是杨姓和苏姓，而现在几乎只剩下杨姓。因为在一次打鱼的过程中，苏姓死了80多家，几乎要死绝了"。另一个自然村，岛依旁，因依附砂牛半岛而得名。清乾隆初年，大建旁杨、李二姓中从事渔业者始定居屿上。[4] 水长箐村位于绿萝山东侧，因山箐中细水长流而名。据当地的赵克恭老人说："大建旁先民在山中培植了大片果园。1958年公社化后，为了管理方便，将看守果园的人户编为一个生产队，成为一个山村。"[5]

大建旁村的土地利用状况在历史上曾发生过几次变化：很早以前有一条贯通村中南北的小河，这条河在清朝末年民国初期逐渐干涸了；村子南部有一片地，在20世纪60年代之前是一片海滩，"农业学大寨"时期，这里围湖造田形成了一片田地。现今由于修建大丽高速公路占掉了一部分村民的农田，作为补偿，这部分人便被安置到了这片田地上，俗称安置地。除去上述两处变化，大建旁村的沿海滩涂也发

---

[1] 大建旁村村民杨福伟、杨言提供。
[2] 赵克恭：《双廊历史资料汇集稿》，2010年，第7页。
[3] 鲁班，又名公输班，鲁国人，为春秋末年著名工匠，被后世尊为中国古代建筑工匠的祖师。
[4] 赵克恭：《双廊历史资料汇集稿》，2010年，第7页。
[5] 赵克恭：《双廊历史资料汇集稿》，2010年，第8页。

生了重大的改变。这里曾经是渔民打鱼时歇脚的地方,几乎没有村民住宅,零星散落的一些房屋也只是为了打鱼方便。20 世纪 90 年代,电影《五朵金花的儿女》在这里拍摄,从录像中仍可以看到当时空旷的海滩和陡峭的岩山。2003 年,政府对这里进行了规划,拆掉了不再有人居住的屋子,留下几处渔民仍在使用的房屋。随着洱海水位的逐渐下降,岩山脚下露出了较为广阔的平地。谁也未曾想到,10 年后,这里竟然发生了翻天覆地的变化。

(二) 旅游业的发展与影响

进入 21 世纪后,双廊镇大建旁村快速发展的一个重要原因便是利用了旅游开发的契机,而这一切要从一个人的到来说起。

2005 年,江苏人洪加明大学毕业,跟一些朋友在大理进行户外运动。渐渐地,他萌生了开办一家客栈的想法。于是他骑自行车走遍洱海边的每一个巷道,想要找到一个合适的地方开客栈。当他骑到双廊的时候,无意中来到了电影《五朵金花的儿女》拍摄对歌场景时的空地。"那时这里还是海滩,没有多少房子,有很多桃花树,有一种别有洞天的感觉。"[1] 于是他选择了这块地,以每年 12 000 元的价格向当地村民租了 12 年,盖起了海地生活国际青年旅舍 1 号院。[2] 当时村民四宝叔还认为这里怎么可能赚得到钱,但仅 6 年之后,这里的地价已经飙升到 300 万元。

大建旁村的耕地面积相比于双廊镇其他村来说是最少的,大部分的村民都以打鱼为生,生活较为贫困。邻近的双廊村拥有较多农田,人们的生活比较富裕。例如,位于山上的水长箐自然村村民种了梅子

---

[1] 双廊村村民三哥提供,具体姓名不知,村民都称其为三哥,自 2007 年至 2013 年春为洪加明修建客栈的总管。
[2] 村民三哥提供。

和梨，果实成熟期拿到镇上的食品加工厂进行加工，广东等地的外省人来这里拉货，一棵梅子树就能赚到三四千块钱，生活比处于洱海边的大建旁自然村要好很多。[1] 然而，"三十年河东三十年河西，大建旁村的人现在好过起来了，因为他们的地理优势很好，越来越富"[2]。水长箐的一些村民也"下山"了，他们利用祖辈在这里留下的宅基地兴修房屋。

以前，大建旁村最贵的地段是村中心和公路边，最便宜的是洱海旁。但近几年完全颠倒过来，洱海边地价最高，村中心和村路边的地价明显低了很多。截至2013年12月，大建旁村洱海边已经建成了54家客栈，地价也上升到300万元，租金攀升到了15万元一年，这些数字并非静止不动，它仍在飙升。大建旁村村民的人均年收入也从1998年的878元[3]，2008年的2264元[4]上升到2013年的4552元[5]。村产业结构从单一的渔业林业农业转为以旅游业带动其余产业发展的新型结构。

（三）建筑景观的多元化

随着旅游业的开发、客栈的兴建，双廊镇大建旁村的建筑景观呈现出多元化的样式。传统的白族民居建筑在变化，另一些风格迥异的建筑也在这里落地生根。但无论哪种样式的建筑，它们一定会将"海景"这个概念纳入自己的设计视野。围绕"洱海"，这里的建筑景观有了多样

---

1 大建旁村村民杨新廷提供。
2 双廊小学李艳春老师提供，她是双廊村人，有亲戚在大建旁村。
3 数据来源于洱源县地方志编纂委员会：《洱源年鉴1998》，昆明：云南人民出版社，1998年。
4 数据来源于大理市地方志编纂委员会：《大理市年鉴2008》，昆明：云南民族出版社，2008年。
5 数据来源于双廊镇政府2013年统计资料。

性的呈现。目前主要分为两类：一类是全部或一部分空间被作为商用的白族民居建筑或新式风格建筑；另一类是没有被开发为客栈，全部空间仍为当地居民使用的白族民居建筑。有时候判断这里的建筑是民居还是客栈的一个方法是看门上是否写有"明天到××家吃饭"的字样。这是村民办红白喜事时互相通知的一种形式，当对方不在家的时候，他们就会这样写，而这往往不能写在客栈的大门上。

第一类建筑，根据投资人和设计者的不同又可以分为四种类型：外地人投资、外地人设计的建筑；外地人投资、本地人设计的建筑；本地人投资、外地人设计的建筑；本地人投资、本地人设计的建筑。

首先是外地人投资、外地人设计的建筑，如"海云台"客栈，"等TA咖啡馆"，"海地生活"4号院、5号院等。由来自北京的建筑设计师麦子主持设计的"海云台"客栈、"等TA咖啡馆"等建筑颇具现代感、未来感，它力图打破方形房屋的结构限制，使内部结构看上去具有生长性和延伸性，模拟欧洲地中海小镇的海景房样式，形成自己的混合特色。即使是"海云台"客栈这类已经被建成白族传统民居的建筑，设计师也仅将外部的青砖和大门保留，其余从内部结构到装修进行大范围的改造。白族民居的装饰性特征只作为元素点缀在房屋的一些位置。这类建筑在双廊镇大建旁村极具前卫性。

与上述建筑相比，"海地生活"4号院、5号院等建筑类型稍显保守，平面布局与白族传统合院民居颇为相似，也有类似天井、坊的组织结构，但同时又有一些变革，例如庭院天井中会设置较大的水潭等。这类建筑以海景为设计的立足点，根据亲海的距离和面积分出了房间的等级，这从游客入住一晚的价格（1280~1680元）即可得知。此外，房屋内部装修也是此类建筑的一大亮点，力求为游客营造一种安逸、休闲、缓慢、品位高雅的入住体验，对亲近自然的诸如树枝、棉麻材料进行改造利用，同时用带有民族特色的饰品进行装饰。

图2 "海地生活"4号院内墙

图3 "海地生活"4号院天井

其次是外地人投资、本地人设计的建筑，诸如"海·恋"客栈等。这类房屋本身为新式白族民居建筑，但内部房间全部为供游客入住的商业空间，本地人并不生活于其中。这样的建筑力图将各种元素纳入自己的范围，风格混杂。它多为钢筋混凝土的砖墙式结构，突破传统民居的二层三开间形制，盖起三层楼房，有些屋顶改为平顶。仍贴青砖墙面，做木式家具。内部装修与一些外地人设计的客栈类似，如双人床四周立起4根柱子，上挂粉红色幔纱，室内放有浴缸。虽然学到了样子，但整体感觉缺乏一种气质。

再次本地人投资、外地人设计的建筑。此类客栈在大建旁村较少，如"水韵半岛"客栈。与第二类客栈相比，它的设计更加符合外地人的风格，但由于投资者是本地人，所以一些大胆的设计并未能真正实现。

最后是本地人投资、本地人设计的建筑。由于本地白族群体的复杂性，他们各自兴建的客栈建筑十分不同，主要有以下三类。

第一，由当地文化精英白族青年画家赵青、艺术家赵八旬设计的房屋。这类建筑多为商用，在双廊镇大建旁村属于中高端酒店。从外部来看，有些仍以青砖贴面，其色系以暗沉的墨绿、青灰为主，较为古朴、典雅。这类建筑代表了当地接受过他者文化教育的群体所创造出的一种本土式的高品位房屋。其建筑结构与白族传统民居相比，本质上并无大的改变，只是在建筑材料和形状设计方面采用了不同风格的样式。

图4 赵青设计的"青庐"

第二，本地白族人耗巨资兴建的具有典型传统白族风格的建筑，如"梦里水乡"客栈。这样的客栈耗资巨大，以古法修建十分宏伟的白族传统土木结构房屋。这种建筑的特点是人们从外部就能迅速感知白族民居最突出的元素。其内部装修的设计感较弱，卧室装饰较少。

第三，本地白族人盖起的新式白族民居建筑。这类建筑与前述由外地人投资、本地人设计的建筑形制类似，但房屋功能却大有不同。这类建筑一部分作为百姓自己生活的房屋，另一部分作为游客入住的房间，如"三姨的小院"客栈。这类建筑最大的特点是无论是从外部结构还是从内部装饰都在努力调和自身生活习俗与外部游客审美对空间的利用差异。这其中有妥协，也有突破和创新。而白族文化及生存于其中的个体生活都渐渐地发生了变化。

除了以上这些被部分或全部开发为客栈空间的建筑之外，另一些建筑并没有变为客栈，依旧被当地白族百姓自己使用，这些建筑根据百姓自身的生活需求以及政府的各项规划政策也在发生着变化，已有学者对其做了较为详尽的研究。

由上述多样性的建筑景观可以看出,景观变迁的背后是人们观念的变化,这些变化必然涉及当地人与外部世界在信息、技术和知识等方面的交流。在双廊镇大建旁村,同一片洱海,不同文化背景下的人对它的看法却不尽相同,当这些不同的观念相互碰撞时,许多新的事物便产生了。

二、乡村景观的想象与消费

当今时代，人们生活在一个消费社会之中。许多事物被作为商品纳入社会的经济运行体系内，景观也不例外。人们在消费景观的同时寻找一种对自身身份的构建，也是一种对差异性的追求。双廊镇大建旁村的建筑景观在几年之内发生了巨大的改变，其重要影响因素之一是游客对洱海和乡村景观的消费需求以及对此地文化的想象。这个群体来到大建旁村之后，开始在自己的建构中体验当地的景观文化。

（一）景观的消费需求

人类个体之间存在着真实的差异，世界上不存在完全相同的两个人。当代社会，个体被纳入一个相互联系的整体世界之中，每个人作为一分子存在于世界体系的某个位置之上。在全球性生产体系之下，个体差异性暂时被搁置，取而代之的是可以为一体化生产带来便利的同质性。然而，这种同质性并没有改变人类文化多样性存在的现实。人们在不同的文化环境中成长，且个人的成长境遇千差万别。就拿本文将要分析的旅游消费来说，"旅游者虽然在选择不同的旅游目的地时好像带有很大的随意性，但这种消费行为的选择除了要受到个人经济条件的制约以外，更主要的还是由他们对文化的理解以及由所面对文化的制度性规约所决定的"[1]。这也就是人们在消费时具有诸多相似乃至相同性的同时也体现出不同的文化乃至个体性差异的根本原因。

人们之所以消费，源于对某种事物的需求。传统经济学观点认为，需求并不简单是对某个具体事物使用价值的渴求，它体现的是每个个体在特定情况下的自我理性选择，而这种选择带着较强的个体性和差异性。然而，这种个体选择很多时候又被社会主流价值的选择淹没和吞噬。换句话说，需求已从个体选择转向社会供给。鲍德里亚更进一步说道，"消费的真相在于它并非一种享受功能，而是一种生产功能——并且因此，它和物质生产一样并非一种个体功能，而是即时且全面的集体功能"[2]。

现代社会，人类被"物"包围。依靠生产而获得的"物"的极大增长并不能给所有人带来经济学意义上的"财富"。另外，依靠消费获得的社会经济繁荣也并不能说明人们的生活水平有了极大提高，人与人之间趋于平等。相反，消费使得社会中的人产生了新的分离。正如鲍德里亚所说，"增长的矛盾之一是——它创造财富的同时也激发了需求。不过，两者形成的节奏并不一致——创造财富的节奏与工业经济的生产力有关，而激发需求的节奏则随社会区分逻辑的变化而变化"[3]。

消费系统实质上在生产分离和差异，这是一种"差异的工业化生产"，是"差异生产的垄断性集中化"。"垄断和差异在逻辑上是无法兼容的。它们之所以可以共存，恰恰是因为差异并不是真正的差异，它们并没有给一个人贴上独特的标签，相反它们只是表明了他对某种

1　马翀炜、陈庆德：《民族文化资本化》，北京：人民出版社，2004年，第282页。
2　[法] 让·鲍德里亚：《消费社会》，刘成富、全志刚译，南京：南京大学出版社，2008年，第60页。
3　[法] 让·鲍德里亚：《消费社会》，刘成富、全志刚译，南京：南京大学出版社，2008年，第43页。

编码的服从、他对某种变幻的价值等级的归并[1]。"在这样一种趋同的差异性之下，人们放弃了个体间真实的差别和独特性，转而生活在一种幻想的差异之中。

因此，消费还具有鲜明的符号性和想象性。它与人们的生活经验、成长经历等文化性的因素密切相关。正如学者马翀炜所说的，"选择什么进行消费除了受到资源有限性的限制之外，还会受到以往的生存方式或者说文化的重大影响"[2]。

当代社会，物不再以单个的形式出现，而是与相关事物以一整个系列的形式出现。当人们看到单个的物时，不会仅仅想到它单一的用途，而会不自觉地想到一连串与其相关的事物，自觉建构出一个具有意义的整体。随着这种思维方式被现代社会训练为惯习和常识时，物品的使用价值给人带来的满足感便让位于物品形象所带来的安全感。物品逐渐形成了可以给人们带来预期中某种快感的符号，而"我们在符号的掩护下并在否定真相的情况下生活着"[3]。人们的消费行为在很大程度上体现为运用符号来进行自以为是的差异区隔。

当代人类的消费需求在本质上是一种社会风尚引领的以追求差异为表征的趋同性追求。因此，人类对景观的消费需求也是一种经过编码对差异的趋同性追求。

"景观"一词，含有两个层面的意思：一指可视的客观风景、景色、景象等；二指主体性的展现、表演。在居依·德波的《景观社会》一书中，"景观"被用来指示当代社会的新特质，即一种被展现的图景。本文中的"景观"指双廊镇大建旁村濒临的洱海自然景观和人造的乡村建筑景观。

---

1 [法]让·鲍德里亚：《消费社会》，刘成富、全志刚译，南京：南京大学出版社，2008年，第71页。
2 马翀炜、陈庆德：《民族文化资本化》，北京：人民出版社，2004年，第87页。
3 [法]让·鲍德里亚：《消费社会》，刘成富、全志刚译，南京：南京大学出版社，2008年，第11页。

人类生于自然，长于自然。时至今日，仍有许多人类无法抵抗的自然灾害以及无法到达和理解的自然深处，这都表明人类从未脱离自然。即使人们已经建造了很多了不起的人造景观，自然景观仍无时无刻不凸显着自己的不可或缺。人与自然的不可脱离性导致人不可能忽视自然景观的存在。当人们觉得自己与自然是共生共灭的一体时，自然对于人们便有了关乎生存的价值，这表现在人们对自然的崇拜和敬畏之上。此时，自然的主要价值在于维系人类生存，而不同环境中的人有不同的生存模式，彼此对于自然景观的交换甚至是消费的可能性很小。

当代社会，人类按照自己的意愿建造了人造景观，自然景观只被极小部分地纳入造景观体系，作为一种装饰和点缀，而非构造结构本身。自然的主要价值不再是维持生存，而是向人们提供另一种不同于人造景观的别样生活方式。自然被从生产实践的对象转化为视觉观察体验的对象。对于那些想要体验不同生活的人来说，自生的自然景观便成了稀缺品，具有极大的价值。人们宁愿以金钱和时间为代价，来享受这个消费品。一部分人同自然景观的距离与他们对自然的向往之间构成了矛盾，而这又加剧了自然景观的稀缺性。

人类对自然景观的消费需求除了源于自然景观所具有的与人造景观的真实差异之外，更主要的是源于人们对"他者"的想象。

（二）想象他者的文化

洱海作为自然景观，何以成了人们的消费需求？这个问题可以换另一种说法，即洱海为什么可以成为"差异的工业化生产"的一个符号？要回答这个问题就必须去了解自然景观转化为消费性文化符号背后所依据的编码逻辑以及人们对事物进行想象的思维轨迹。

发展旅游业之前，洱海对于生活在双廊镇大建旁村的当地白族百姓来说，是生活环境的一个有机组成部分。大建旁村农田较少，许多百姓在洱海以打鱼为生。他们没有将洱海作为一个独立的奇特事物来认知，而是如同住在城市里的人对待钢筋水泥大楼的态度一样，它是生活中再平常不过却又赖以生存的事物。对于当地百姓来说，洱海的实用价值是最为重要的。

然而，城市里的人群有维持自己生存的方式，不需要依靠在洱海打鱼来谋生，因此，洱海不是这个群体生产和生活资料的来源，而是摇身一变，成了可供参观的场所，从曾经主要作为生产的空间逐渐转变为消费的空间。

洱海对于住在水泥森林里的人群是一种奇特的事物，它代表着乡村和自然，与水泥森林的环境有着真实的差异，于是"乡村和自然的神话处于技术统治力量之外并与之抗衡，驱使人们去参观——想看看它们是否还在那里"[1]。

洱海还是那个洱海，除去水资源总量等物理方面的一些变化之外，它在本质上始终就是那个云贵高原上的淡水湖泊。变化了的是与洱海相关联的一系列事物。当地百姓以自己的视角诠释并接受洱海，另一群外来者又用自己的视角去重新建构并诠释洱海。洱海与城市环境固然有着真实的差异，然而经过外来者对洱海的重新编码，它所产生的主题化差异才是真正引起人们对洱海消费的原因。

洱海，一开始出现在外来人的视野时，便以一系列具有美学意味的形象和文字深入人心，而这要得益于房地产业、旅游业以及各界名人对洱海的编码过程。

2012年，随着大理市政府"城镇上山"政策的实施以及"海东大开发"的加快进行，一时间，许多房地产商入驻洱海周边。即使是大建旁村所在的海东一边，有着许多陡峭的山石，建造房屋的成本较高，

---

[1] [英]贝拉·迪克斯：《被展示的文化——当代"可参观性"的生产》，冯悦译，北京：北京大学出版社，2012年，第115页。

推土机等大型设备仍然开了上去。两年之内，山上的各种小区、公馆已经初具规模。为了吸引消费者前来投资或者入住，房地产商最下功夫的一个部分便是广告宣传，如"洱海国际生态城"号召大家"下班来大理看海"，"密湾"让外地人"来南诏小镇休闲"等。从这些具有很强画面感和感召力的文字可以看出，它们企图告诉人们来这里居住是"审美的""无功利性"的。而实际上，从功利的角度来看，这里的房子价值不菲。更有意思的是，高昂的价格与"无功利"并不冲突，反而相互支撑，让人们对这个地方更加蠢蠢欲动。现在便以一个房地产项目——"洱海国际生态城"的宣传册为个案做一分析。

"洱海国际生态城"位于洱海的东南部，于2010年开盘。宣传册的首页是一句竖排体的语句——"功成名就后做个超然世外的隐士"，随后一页展开了对这句话的解释："这是一个快节奏的社会，开不完的会议，签不完的文件，谈不完的生意，换来丰厚财富的同时，身心愈加疲惫。于是，缓慢的、优雅的、遁世的休闲方式，成为层峰阶层所渴求的。忘掉那些名牌手提包包和私人定制家具吧，徜徉于天地山水间的那种自由和宁静，用心灵与大自然惬意地交谈，才是人生幸福的真谛。"刚看第一句话的时候，很多人会产生同感，忙碌的生活确实让人疲惫。紧接着它描绘出一种让这些疲累的人都向往的生活方式，并强调这是层峰阶层所渴求的。这样一来，所有看到这句话的人，不管是否真正处于层峰阶层，都会被这"光环"吸引。因为这句话在逻辑上是，既然有这样的需求，那么您便属于这个阶层。接下来，房地产商开始号召，忘掉那些奢侈的东西吧（推理上是消费者一定有，但实际上可能没有），与最无功利性质的山水相遇吧。

如果看到这里，消费者认为来这个地方生活如同陶渊明归园田居一般就大错特错了。不信的话，接着翻看后几页："十大配套系统只为您的一段醉美时光：半岛财富中心，大理第一个帆船俱乐部，顶级的SPA水疗会所，大理首家4D国际影院，海岸风情商业街。打造休闲度假商业，生活风情上演。包容了社交、美食、娱乐、商业、养生、休闲、运动、健身等功能的强大配套在洱海国际生态城汇聚一处，全面服务您的醉美时光。"或许没有一个人会说这是真正忘掉名牌手提包包和私人定制家具后过上的生活，这分明就是时刻怀抱名牌包包和私人定制物的生活。消费者来到这里的生活将如同他们在城市里的一样奢华，应有尽有，唯一变了的是舞台布景。在城市里，布景是钢筋水泥，而在这里却变成可欣赏的洱海。洱海成为唯一可以区分开那些消费者的事物，它变成了制造差异的符号。

如果说中国有许多优美的湖、海等自然水体，洱海在制造差异方面并没有很强优势的话，那么，洱海周边的白族文化、南诏历史则成了扩大差异的筹码：

"很多人在选择度假地的问题上十分纠结，椰岛白沙的三亚，虽美，但夏天太热；帆船之都的青岛，有趣，但冬天太冷；小桥流水的苏杭，雅致，但缺少山海资源。在中国，甚至在这个世界上，很难觅到一个完美的度假之地。而中国大理，以最纯美的山海资源，四季如春的温润天气，千年传承的南诏文化，悠闲淳朴的白族民风，荣膺世界生态名称，成为全球养生、度假甚至定居的首选胜地。"

"也许您经常出入星级酒店，也许您时常造访奢侈品专卖店，但在这里，您将体验前所未有的逛街感受，完全放下拿捏的姿态，融入白族风情中，扎染的柔，银器的润，乳扇的甜，千年南诏文化如此贴近，如此亲切。"

得天独厚的自然条件与传统手工艺所带来的时间流逝感让消费者的想象空间得到了扩展。在介绍洱海边的双廊时，洱海国际生态城的宣传册又拟了一个段公子云游的故事。

主人公之所以姓段，也是因为大理国时期这里的统治者为段氏。当他来到双廊的时候，"段公子伫立岛上，背负青山，面迎洱海。对此天赋宝地赞赏有加：既有渔田之利、舟楫之便，更拥有'风、花、雪、月'之妙景。一番陶醉，段公子要去魂牵梦绕的圣地鸡足山，也是此次行旅的最后一站，他将在那修炼神功，打开时空隧道，传送回归"。洱海及双廊在这种神话氛围中更增添了一种神秘感，它不再是单纯的自然，而是被重新诠释过的具有文化的自然。正如迪克斯所说，"今天的乡村被以人文方式神化，作为过去的废墟，具有把我们带回到古代令人向往的生活方式的价值，或者是作为未来生态观的源泉"[1]。

当代可供人们自己支配的时间及放松空间越来越少，于是房地产商将时间和空间改造为可出售的商品，来吸引消费者。洱海在房地产商的推动下被贴上了无功利的、休闲（有大量时间和空间）的标签，而这正是一大群追求差异的人所需要的。这里，有一点值得深入思考，游客所想象的"非功利"基于一定的"功利"基础，"非功利"的审美活动一定是奠定在拥有较多金钱的"功利"基础之上的。而这种来自外地人的审美活动也影响了当地人的审美知觉，为当地百姓获得所谓"功利"的物质、金钱打下了坚实的基础。

除了房地产之外，旅游业的发展也给洱海编织了其他符码。旅游过程与"认识他者"密不可分，游客对洱海的认识在很大程度上是对被编码过的他者的想象。

来到这里的外地人很容易就能看到当地白族百姓用现代化的设备在洱海打鱼，有些当地的年轻人甚至跳进洱海游泳或洗澡。然而，如果不曾来到这里，只是看网上的照片或宣传，有关洱海的认知情形就大不一样了。环洱海公路的修通使得游客的视线从海西的大理古城、喜洲、蝴蝶泉等地方转向洱海本身。政府、旅行社或一些客栈将洱海的照片放在了网上，正是这些图像信息成了诠释洱海的一个个字符。

---

1 [英]贝拉·迪克斯：《被展示的文化——当代"可参观性"的生产》，冯悦译，北京：北京大学出版社，2012年，第118页。

图 5 客栈宣传照片

通常，无人风景照片中的洱海在湛蓝的天空之下碧波荡漾，远处是连绵起伏的苍山或鸡足山支脉；又或者洱海被框在一个透明的落地玻璃窗之后，窗户里面是一张小茶座，上面放着一束插在土陶罐中的野花。近景是一张铺着白色床单的木床，上面放着一个带有民族特色纹样的抱枕或床巾。有人的风景照则包括如下情形：环洱海公路上很少有车辆来往，一群人骑着山地自行车，其中有人戴头盔、穿专业骑车服，也有人穿着便衣；有时也会出现一对情侣或一家三口骑着同一辆自行车悠然地在洱海边放松；有的照片中还会出现坐在洱海边木头凳或躺椅上的女人，她们戴墨镜、大檐帽，穿长裙，捧一本书，端一杯茶，看向洱海远方；照片里也有对当地人的描画，如当地白族百姓正在打鱼，他们站在小渔船上撒网；还有一些白族妇女穿着白粉色相间的民族服装，站在洱海边唱山歌或端着当地菜肴等游客前来品尝。

由上看出，洱海在很多时候被框在一个现代家居中常见的玻璃之内。透明的玻璃让人感觉与洱海十分接近，触手可及，这种与自然的亲近感是在都市里生活久了的人所感觉不到的。然而，亲近在这里一定是有距离的，这不是一种跳入洱海洗澡或游泳、被洱海的浪花溅湿衣服的亲近，这只是一种保持一定安全距离的视觉上的亲近。

图 6　网络上的双廊照片之一　　图 7　网络上的双廊照片之二

另外，人们对生活在洱海边群体的关注点也大有不同。当地白族百姓处于视线的边缘，如他们和渔船可能只作为某个游客以洱海借景拍照时的背景。白族百姓被模糊地呈现，他们与洱海共为一体。即使是以当地百姓为主体的照片，他们穿着的服装、手边的事物、正在从事的劳动也一定与古老、手工制作等信息相连。"落后的农业劳动和'原始的'民居成为可接受的美学意象，表现衰落，证明了时间的流逝。"[1]

除了上述这些，在旅游宣传照片中还有一个极具象征意义的标志性符号——小白桌。这张小白桌位于大建旁村"海地生活"国际青年旅舍前向洱海伸出的一个木制平台上。两张长约一米五的高脚桌并排放置，铁架上喷涂了纯白色的油漆。桌上放一两盆鲜花，通常装在土罐子里。多把高脚凳被放在桌子周围，任人组合摆放以供照相。桌子一面朝向"海地生活"国际青年旅舍，另一面朝向无边的洱海。照片中的游客以这张桌子为道具，借洱海之景摆出各种姿势。而这些照片的传播范围包括网络上的 QQ 空间、博客等社交网络以及手机上的微信朋友圈等。于是，一传十、十传百，来洱海到双廊就必有一张与小白桌的合影，一看到这张小白桌，大家就会知道这是洱海、双廊。逐渐地，游客在一张极具象征意义的"小白桌"前留影便成了具有仪式性的行为。从深层分

1　[美]温迪·J. 达比：《风景与认同——英国民族与阶级地理》，张箭飞、赵红英译，南京：译林出版社，2011 年，第 83 页。

析来看，人们追求的不单单是一张小白桌，而是由小白桌、洱海以及景观中的人所传达的一种信息。这样的一种信息在人们来之前便已存入脑中，来之后便开始对这种预想进行复制。

图8 小白桌之一

图9 小白桌之二

因此，旅游业给洱海的编码又多了两层意思，它是可以视觉亲近的，它是符合人们的想象的。

除了房地产和旅游业之外，各界名人对洱海的青睐也造成了它的与众不同。仅在双廊镇，就有杨丽萍自己的私人艺术酒店——太阳宫；白族青年画家赵青的青庐；作曲人三宝、歌手沙宝亮、演员赵薇等一批人购置的紧邻洱海的房子；画家沈见华来到这里办了农民画社，教一群白族当地人尤其是老年人画画，并且去北京办了属于他们的画展。

"一种新型的、史无前例的价值观汇聚到这一空间，其价值由于知识分子和艺术精英的阐发而不断升值。"[1] 洱海这样的湖区对于许多知识分子和艺术家是创作灵感的来源，也是标榜他们接近纯粹的艺术，远离世俗、商业、利益的一种符号，他们仅属于社会群体中的一小部分。这些艺术家赋予洱海的意义和价值对于普通消费者来说，则具有

---

[1] [美]温迪·J. 达比：《风景与认同——英国民族与阶级地理》，张箭飞、赵红英译，南京：译林出版社，2011年，第92页。

另一层面的影响。

首先，这些所谓的名人在社会群体之中属于极少数，他们在艺术追求上标榜自身的纯粹。他们的生活质量、品位水平都远远高于普通的消费者，他们的选择往往会引起人们的注意。消费者一方面追求与同等水平的其他同类的差异，而另一方面又追求与高于自己消费水平的异类的平等。这样一来，无论是凝视洱海、来到洱海，还是住在洱海，都成了许多人同时追求差异与平等的一个手段。

其次，正是这些艺术人士从自己的文学、艺术作品，乃至个体气质上给洱海增添了湖区所特有的美学价值。洱海被美化、拟人化，这种被改造过的风景体验传播到了外来者那里，潜移默化地训练了他们的眼睛和审美趣味。特定的"审美"表达了特定等级的品位。这种品位最大的特点便是丰富的幻想性和视觉性。文学艺术作品下的洱海让人最大限度地调动自身的主观能动性，越是体会到特定的美感，这个群体便越充满了身份归属感。

洱海成为人们的消费需求，即洱海成为"差异的工业化生产"的一个符号，是由于洱海借由房地产、旅游业以及艺术名人的编码过程被赋予了丰富的含义。对于游客来说，洱海在传达这样一种信息：在您未来到这里的时候，您的一切想象都是真实的，不用您花费辛苦的劳动，仅调动您的审美情趣，用眼睛便可得到洱海。而您的这种行为是没有任何功利性质的，当您在洱海边花费了大量的时间和空间时，您会在周围的人群中显得与众不同，而此时的您就是属于层峰阶层的那少部分人群。

在高尚的名义之下，不用花费过多精力，便可得到平日在城市生活中努力想要获取却时常空手而归的事物。这样的事情，何乐而不为呢？可惜的是，这样做的人永远不止你一个，刚冒出的浪花又被紧接而来的巨浪吞噬其中。对景观的消费需求不是差异的生产，而是差异的工业化生产，是对差异的垄断性、集中化的生产。

（三）在建构中体验景观

游客终于来到双廊、看到洱海了。然而，大部分的游客并不是来此欣赏那个"本真"的双廊，即不是去认识这个地方原本就存在的景观，而是开始借助自己对所谓"异文化"的想象进行创造，进一步说就是在现实中去复制并建构曾经想象中这里该有的景观并加以体验。更为有意思的还在于这些游客以是否可以在双廊还原预期中的"真实"作为体验是否深入的标准。

来双廊镇大建旁村的人员多为散客、背包客、自由行者。他们不必跟着旅行团旅游，在各方面都有较大的自主选择空间。而从他们的选择中，我们可以更好地看到他们是如何在自己建构的世界中体验景观的。

首先，从他们的穿着打扮来看，他们似乎是赶来参加一场化装舞会，人人盛装打扮，扮演自己的角色，在大建旁村及洱海这个布景之下复制并且制造属于自己的回忆。女人多戴彩色大檐帽、黑色墨镜、彩色围巾，穿及脚长裙、人字拖，还有一小部分戴少数民族样式的耳环、裹机器生产的仿手工披肩、穿带有民族元素的长裙或背带裤，背绣花大包。男人多戴黑色墨镜、穿T恤，格子短裤或宽松长裤、帆布休闲鞋。除了这些一眼即可辨别风格种类的服装之外，还有一些"混搭"。例如，一个年轻男人，上身着枣红色对开襟中山装，下身穿牛仔裤，NIKE鞋；一年轻女子，外穿黑色羽绒棉衣、牛仔裤、ADIDAS鞋，背时尚小包，里面穿一件镶有大红花的民族服装。个体对当地文化的想象以及自身对体验内容的选择在服饰上得到了初步的彰显。

另外，在装饰打扮方面，有一个不可或缺的工具，或者可以称为道具的事物——单反相机。这是一个具有较强技术含量的照相工具，它的笨重同它的成像质量一样为人津津乐道。并不是每一个背着单反相机的人在照相之前都会调好曝光率、快门速度等各项技术参数,很多人只是将其作为傻瓜相机来使用。单反相机,它在这里的象征意义远远大于它的使用意义。几千上万元的相机背在身上,如同几万元的各式项链挂在脖子上一样,它代表了财富和地位。同时,用较多的金钱换来一个在休闲时才会用到的非必需品,这完全符合人们对自身品位和当地景观的想象,这是一个可以充分消费时间和空间的地方。

其次,上文提到的小白桌也成了外来人建构体验的一个绝佳空间。人们在来到大建旁村之前,已经为网络上各种游客在小白桌前的照片魂牵梦绕。走在村里的小巷中,经常可以遇到询问小白桌位置的游客。一次,听到一群游客说:"就为这个白桌子来,怎么找了这么长时间还没有找到。"小白桌前照相的人经常爆满,有时需要"排队"才可以轮到自己。为了照相,有些游客甘愿早晨7点左右赶到这个地方,因为那时人少,他们可以尽情地按照自己的意愿完成这个重要的"仪式"。

人们在小白桌前照相,主要是为了借洱海为背景。女人们摆的姿势多有:坐在木制观景台边,双脚伸出,仰头,享受状;或坐在小白桌旁的高脚凳上,背朝相机,面朝大海;还有几个好姐妹背靠背坐;情侣拈花对视;做瑜伽的女人;咬着墨镜腿的男人……偶尔海上会有一两只打鱼的小船,游客便等小船走到自己的相框里才按下快门。人们将自己融入洱海的想象力与创造力在这个空间中得到了淋漓尽致的发挥。

小白桌所在的观景平台上,汇聚了许多"高端商务人士"该具备的精致的生活元素:当地客栈主人所养的或游客带来的宠物狗跑到这里,人们很喜欢借它们一起照相;人们拿着iPhone、单反相机不停拍照;一部分人从客栈里端出甜点或几杯鸡尾酒、红酒坐在桌边品尝。很多场景颇像电视广告中所呈现的中产阶级家庭的生活。小白桌成为一个具有标志性、纪念性的事物,不是因为它有悠久的历史或是名人的题款等，而仅仅在于它传达出的一种早已编码过的信息。

　　当然，并不是所有人都对这样的事物感兴趣。有的游客觉得很失望："这也不就是这样么，也没什么嘛。"也有一些游客来到这里却不知所措，不停地向他人询问这里到底有什么可以玩的，而很多人的回答是没什么玩的，就是看看洱海。从北京来的一家三口，二十几岁的女儿带父母来到小白桌旁，女儿拿出手机开始自拍，或者摆出各种姿势让父亲给自己拍照。母亲说："这地方有什么，太无聊了。"女儿立马回答："就是来这里发呆的。"不同的人接受了各异的知识教育、审美训练，对洱海能否产生带有美学意味的欣赏又在人们之间制造了差异。

　　游客不仅喜欢在自己的建构中体验风景，也在不自觉中对当地人产生建构式认识。双方之间的接触与互动主要集中在两个方面：交易与凝视。

　　双方进行交易的内容几乎涵盖生活中所要遇到的各个主要方面：食物（包括主餐、当地小吃、水果）；服装（主要是带有民族风情的衣服、围巾、饰品、包、鞋等）；交通工具（包括短途环海自行车、摩托车等）；住宿（包括当地人开办或当地人作为服务人员的客栈）。从中可以初步看到外来者建构的可能范围以及不同文化的生存空间。

　　双廊镇大建旁村的饭馆主要集中在村中心和公路两旁，如位于村中心村委会旁的"古镇农家""红双喜"饭店，位于村外围的公路旁的"古镇渔家""旅人酒家"等。从名字上看，就可以感到浓厚的本地氛围。进入饭馆，菜单上的菜多是外地游客未曾听说过的，如"炸乳扇""烤饵块""酱爆螺蛳""海菜芋头汤""砂锅木瓜鸡""海稍鱼"等。当地白族饭店喜欢将所有的蔬菜原料都摆放在小架子上，顾客可以直观地看到蔬菜的样子、颜色，根据自己的判断进行选择。但游客对于这些当地的成形菜品无法切实想象，只能通过店主的描述尝试去选择，有时直接依凭菜名去决定。对于当地特色菜，不经常来这里的外地人很难对其进行建构式体验，个人口味偏好在其中占据很大因素，有时甚至会出现让店家按自己习惯吃的样式炒菜的情况。然而半年之后，即2014年2月，双廊镇大建旁村的饭店有了变化，这些变动也恰好印证了前述猜想。当地店主制作了带有成形菜品图片的菜单，并将其放在饭店门口。这样一来，直观的图片为游客与当地食物的交流带来了便利，弥补了游客无法切实想象当地菜肴的缺憾。除了饭店中的菜肴之外，住宿在客栈里的游客也可以选择本客栈提供的各种菜品，这与前述略有不同。例如"海地生活"国际青年旅舍的早餐有各种选择：套餐一包括饼子煎鸡蛋和牛奶，套餐二是焖肉饵丝，套餐三包括饼子煎鸡蛋和粥。游客选择自己熟悉的食物诸如煎鸡蛋、饼子、粥等主要是为了充饥。一些人选择当地的饵丝或米线主要是为了在异地尝试自己不曾吃过的食物，而选择牛奶的人则认为这里的牛奶比城市的更加新鲜，货真价实。人们在异乡选择"正餐"食物的时候，更多的是在主动建构属于自己原本生活环境中的饮食习惯，而对于旅游当地的特色菜，他们无法用自己已有的知识进行还原，只能通过大胆的尝试去面对存在真实差异的食物。

当地的小吃摊上主要有从洱海打捞上来的小鱼小虾做成的炸串以及木瓜水、稀豆粉、凉米线、炸洋芋等，也包括外来人熟知的烧烤、油条、豆浆等。水果摊上同样呈现了本地与外地的混合：有外地人熟悉的苹果、梨、杧果，也有他们不常见的山竹、仙人掌的果实等。有趣的是，当很多游客想要在大建旁村恢复自己本有的饮食习惯时，他们发现其价格是如此昂贵：豆浆3元1碗，鸡蛋2元1个，油条2元1根，杧果10元3个，小西瓜10元1个。对于本地的诸如鱼虾炸串、仙人掌果子等，人们无法明确判断其价格是贵是贱，选择它的理由多是为了尝试一下。

除了上述小吃和水果之外，还有一些非正餐的食物颇受人们欢迎，如甜品、咖啡以及洋酒等。在属于大建旁行政村的岛依旁自然村里有一条酒吧街。著名的唐朝酒吧就位于这条街的南头，门口的液晶黑板上写着"梦回唐朝，艳遇双廊"。还有一些甜品店、咖啡馆打出了自己的招牌，如在这里您可以品尝到"失恋酒、后悔酒、失意酒"等。但并不是所有的甜品店、咖啡店都有这么高的人气。大建旁村的二牛和媳妇开了一家甜品店，室内壁画为本村杨 YZ 所画，一间十几平方米的小屋子有两面墙都画上了传统的白族山水画。他们售卖咖啡、蛋糕等，但生意并不景气，后来转手租给了外地人开咖啡馆。

从外来人在当地的饮食经历来看，人们更多的是在建构原有的饮食经验和习惯，而对于当地的食物很难进行自主建构，只能尝试着来积累经验。而人们在当地购买服装和租借交通工具时则显得更为通达谙练。

服装的交易在当地形成了两个系统：一个系统主要存在于每隔 6 天一次的双廊集市、每隔 5 天一次的挖色镇集市上，还存在于当地人自己开的小商店里。这些地方售卖的服装主要是当地百姓穿的民族服装，女性着青蓝色衣服，男性着马褂。还有一部分服装是其他镇上的生意人特意来这里售卖的"现代"一些的服装，如时尚女鞋、运动鞋、运动衣等。通常，在第一个系统里交易的双方不包括外来游客。第二个系统的销售者是当地人，消费者是外地人。其商品大多从大理下关或者昆明螺蛳湾商贸城批发而来，主要包括：经过提取民族元素而重新设计的开襟上衣、有斜襟扣的长短袖、大花长裙或垮裤；彩色仿手工披肩或围巾；民族风绣花斜肩挎包；五彩长穗耳环；布制绣花鞋等。外地人尤其是女性十分喜爱购买这些，作为自用或当作纪念品送给他人。她们在本地穿戴这些服装饰物，是为了复制自己来之前对当地的一种想象，尝试在异域扮演好自己的角色。而回到自己熟悉的环境中时，这些事物又可以成为对曾经来过的遥远他乡的一种建构性回忆。可惜的是，他们所想是他们之所建造，与当地真实的服装世界并无太多联系。

外地人除了在当地吃、穿之外，还要出行。这主要是指游客租借自行车或电动车在洱海边骑行。自行车的样式主要以山地车为主，部分原因是这样的自行车质量较好，出租车辆的当地人便于维护，节约成本。但同时也有一少部分车辆具有鲜明的特色。以"海地生活"国际青年旅舍为例，其院中摆放着 5~10 辆永久牌、凤凰牌的大号黑色自行车供出租，车辆旁边的一棵树上挂了一个牌子，写着"你好，怀念旧时光"。由于"海地生活"国际青年旅舍并非专业的出租车行，很少有人来这里租车，但是不免会有人借这样的复古自行车照相。

当地出租的电动车则呈现出另一番景象，它们的样式整齐划一，全部都是轻型车辆，前面装有圆形灯罩，把手两侧也有圆形后视镜。外来者在电视上看到的人们在海边骑行的电动车多是这个样式，同时，他们也把传媒上建构的关于海边休闲的场景氛围搬到了这里。"海月湾"客栈前出租电动车的大叔说道："他们外头来的喜欢这个样子，我们就搞了一批。"

外地人对当地的建构除了发生在交易层面之上，还集中于他们对这里的主动凝视。凝视的对象包括当地百姓的日常生活以及洱海的自然景观。

双廊镇大建旁村虽然在大力开发旅游产业，但当地百姓的生活习俗依旧真实存在，没有因为游客的到来而有过多的展示性表演。极少数的游客会深入新屋落成仪式、葬礼、婚礼、为孩子取名的当地仪式中去，多数人只是匆匆一瞥旋即按照自己的计划继续旅行。极少数参与到仪式中的人多以拍照、观察为主，偶有与当地村民的交流，也是询问有关仪式的含义。在大建旁村一个新屋落成仪式的过程中，一位中年男游客进到屋子里，端起相机快速拍摄了多张照片，收礼金的当地木匠杨师傅跟游客说："你来晚啦，刚才有好多好多镜头（落成仪式），你没拍到。"

另一种凝视针对当地村民的日常行为。现在的村民多以现代化机械进行打鱼捕捞。撒网机器被架在洱海旁边,村民划船到湖中央将网抛下,待2~4个小时过去,村民便开动机器进行收网。而这个时候轰鸣的机器声总是能吸引众多游客驻足,他们等着看渔民究竟可以打捞上多少鱼,又是否可以捕到大鱼。有一次,几位当地妇女在洱海边淘洗刚捕捞上来的带有泥沙的小银鱼,一位年轻女游客看到岸边装在竹筐里的银鱼,问当地妇女说:"这些鱼是要放生的吗?"又如,一位当地老人赶着一群羊从山上回到村里时,正巧一个女游客看到,她十分惊奇地告诉同伴:"哇,羊竟然可以自己找到家啊。"在这种对当地百姓日常行为的凝视中,游客时常感到惊讶和震惊,许多场景与他们想象中的画面并不相符,建构式体验在这里遭遇了真实性的存在。

外地人带着自己原有文化环境中的知识经验来到这里,带着对洱海审美意象所制造的差异幻想与对当地白族古老文化价值的想象,建构起一种自己所追求的生活体验。在洱海边的大建旁村,"面朝大海,春暖花开"的情侣牵手散步,背着单反相机的年轻人处处留影;与他们擦肩而过的是用背布背着孩子的白族娘娘、推着一手推车砖头的村民。他们共享着同一个环境,却在彼此的生活背景里充当着边缘性的角色,以不同的意义栖居于此,貌似最本土和最时尚的东西混居于这里。

人们对于双廊镇大建旁村及洱海的建构式体验中最重要的一部分便是入住这里的"海景房",消费湖景,在特定的时空中体验洱海所带来的集中化的差异。与此同时,大建旁村也做出了自己的回应,它的建筑语言对于洱海的表达发生了变化。

三、景观消费的乡村回应

生活在都市中的人们对于自然景观和乡村景观有着较为强烈的渴求,他们希望在遥远的他乡可以体会到"传说"中的宁静生活。这种需求通常也得到了当地乡村的积极回应。针对外地人对于本地的想象和消费需求,大建旁村形成了以"海景房"为特色的新式景观,当地白族传统民居随之发生了新的变化,白族百姓的生活也因之发生了新的变革。

(一)新式景观的形成

当地白族百姓曾经将洱海作为自己生产生活的资料来源,而外地人则将其作为审美趣味的注视对象。他们借助旅游业、房地产以及名人效应,推广了特定的注视经验,即凝视洱海,而非劳动于洱海。这种凝视依赖于湖边的住房,人们希望在一个如同自己原本生活环境一样舒适安逸的空间中用视觉体验洱海。这便离不开一个重要的概念——"海景房"。

"海景房",指滨海而建的房地产项目,它将旅游资源与房地产相结合,形成一种有别于未临水的传统房地产项目。它的起源可追溯到中世纪欧洲世袭贵族的度假城堡。这种旅游房地产在20世纪初才开始实行市场化规模经营,主要集中在法国南部地中海沿岸的海滨别墅,它吸引了欧洲、北美的贵族蜂拥而至。[1] 时至今日，海景房在世界范围内得到了迅猛的发展，它们分布在全世界的多处海岸线上，美国的棕榈滩、法国的戛纳、澳大利亚悉尼的双水湾、日本的北海道等都是为人们所向往的海景度假胜地。[2]

中国的海岸线全长为 1.8 万千米，而人均仅为 1.3 厘米，如果再把许多并不适合旅游的地方排除掉，那么，能够供人驻足、欣赏海景的地方真正算得上是稀缺资源。又由于滨海地产资源的不可再生性和不可延伸性，临海而建的房屋更是炙手可热。而位于类似的滨水资源体系旁的建筑，如滨江、滨湖、滨河、滨溪的房子也都受到了人们的追捧。

中国滨海地产的发展时间较短。早期的海景房显然与权力相关联，如一部分政府机关和单位设在北戴河和青岛的疗养院。20 世纪 90 年代初，海南兴起房地产开发热，沿海市县纷纷设立开发区，海景房开始走入人们的视线。90 年代末期，海南沿海、山东沿海、广东沿海以及广西的北海逐渐开始发展海景地产项目。我国最早的海景地产项目可以追溯到 1980 年 9 月 20 日，广东珠海的银海新村破土动工，这是刚刚成立的珠海经济特区的第一个房地产项目。[3] 21 世纪，秦皇岛、威海、烟台、青岛以及三亚等拥有旅游资源的城市开始发展集度假、旅游、休闲、居住于一体的滨海地产项目。[4] 在旅游开发过程中形成的海景房，在其起步阶段也主要针对高端市场的需求，以奢侈品的形态存在。而当时人们的旅游状态也以走马观花式观赏景点为主，这都

---

[1] 夏文桃、杨明春：《我国旅游景观房产开发研究述评》，《文史博览（理论）》2008 年第 5 期。

[2] 张景胜、卢磊、蒋德英等：《海景房：春暖花开面朝大海》，《城市住宅》2011 年第 5 期。

[3] 张景胜、卢磊、蒋德英等：《海景房：春暖花开面朝大海》，《城市住宅》2011 年第 5 期。

[4] 卢绪海：《海景房：致命的诱惑》，《城市开发》2009 年第 4 期。

使得海景房在普通大众中并不十分普及。

随着中国经济的发展,人们开始追求休闲的高品质生活,而滨海的生活模式恰巧迎合了人们的需求。于是海景房逐渐转变为普通人士的度假场所甚至是养老居所。然而,若从气候条件来看,由于中国北方沿海冬季寒冷,南方沿海要面对台风海潮,位于海岸线上的海景房并不十分适宜人居住。因此,在这样的环境条件下,若人们依旧对海景房保持痴迷状态,就不难推测,海景房并不是单纯为了满足人们的居住需求而建。对于它,人们有着其他的期望。

我国大部分人口居于内陆地区,他们希望旅游度假与原来的生活状态有所差异,而大海是和内陆差异较大的事物,能够给人们带来完全不同的感受。[1] 同时,在许多人看来,住在海景房里度假是一种有钱、有闲、有品位、热爱生活的体现。[2] 因此,"海景房"成了身份差异的区隔符号。

云南省是一个旅游大省,它以自身所独有的少数民族文化资源和优良的自然环境吸引着世界各地的人们。云南省内大小湖泊众多,最为人熟知的便属滇池、抚仙湖、洱海以及泸沽湖等。这些高原湖泊有着自己独特的生态系统,千百年来,湖边的人们逐渐掌握了与它相处的各种模式。双廊镇大建旁村的村民曾经以打鱼为生,洱海边的房子多作为打鱼休息时用。旅游开发之前,这里交通不便,较为闭塞,洱海边的地价是全村最低的地方,村里的建筑多以白族传统民居为主。旅游开发之后,由于洱海周边的自然资源如同欧洲地中海沿岸一般,港湾多、风浪少,还有一些小岛,有发展海景房的潜力,因此洱海边的土地变为全村最贵的一块,村里的建筑也围绕"洱海"呈现出多元的景观。

---

1 康会欣、邹臣臣:《海景房是一种奢侈品——访长青投资集团有限公司副总裁韩涛》,《大众理财顾问》2010年第9期。
2 卢绪海:《海景房:致命的诱惑》,《城市开发》2009年第4期。

消费者来到双廊镇大建旁村不仅想凝视洱海，更想在一个自己心仪的空间之内体验"面朝大海，春暖花开"的生活方式。这就对此地的"海景房"有了更深一层的要求：不仅要有可以视觉亲近洱海的地理位置，更要有符合这种文艺、休闲气息的内部装修。以下分别以3个外地人设计的海景客栈为例来进行分析。

首先是"海地生活"4号院，这幢建在洱海边大块基石之上的二层合院式空间可谓目前大建旁村房价最高的一幢。每个房间每晚1 280~1 680元，靠近洱海边的4间房屋为1 680元一晚，而离洱海稍远一些的则为1 280元一晚。整幢建筑只设有一个带密码锁的入口，所有进到4号院的人必须在门边的按键锁上输入正确的密码才有可能进入其中，其余人均不得入内。靠近洱海边的房屋设有一个观景露台。平台用钢化玻璃围成一个一米多高的半封闭空间，铺设木制地板。上方一顶麻质布料太阳伞，下设两张白色流线型椅子和一张小桌。旁边放置一个白色浴缸，从浴缸的角度望去，没有任何物体阻碍视线。观景露台和内部房间只隔着一张玻璃门。离门最近的家具便是一张双人床，铺好的床面放置有带民族元素的床巾和抱枕。床边的木桌子上是一个SONY牌平板播放器，用来播放对"海地生活"的介绍。床边放有用麻布袋子装的CROCS牌拖鞋。床正对面是一台电视，旁边竖着一杆树枝，上挂两支晾衣架，树干被作为衣架来使用。电视机右边小桌上是一台高档CD音乐播放器，旁边放着一台高档饮水机并配有一桶4L农夫山泉矿泉水。电视机左边的桌子上放置两瓶红酒、一套高档开瓶器、一架竹编灯套台灯、两包苦荞茶、两包咖啡、两个驱蚊灯、两个青花纹样杯子、一张外国人开设的SPA按摩名片、一本麻布封皮做成的双廊旅游信息手册。手册里有环游洱海图、大理旅游指南。用图片形式告知游客可以在这里徒步、登山、打海边桌球、摘果子、攀岩、游泳、赶集、海边发呆、跳水、篝火晚会、寿米厨房聚餐、划皮艇（非禁渔期）、听海地之声、看海边演唱会、观火烧云、坐海地发呆、海上观日出、环海、搞怪摄影、来听TA的演唱会、寻找一个人的风景。同时它提供了在海地和双廊吃、住、行、玩的各种信息，推荐游客询问前台当地的赶集时间，同时可以参观这里的各种客栈等。还设置了"海地红酒会"，即消费红酒满300元或500元，即可获得各种优惠。最后，不忘加一句"当然你也可以什么也不做，就只待在这里看书发呆，面朝大海，春暖花开"。除了观景露台和卧室之外，卫生间也是一个被精心设计的空间。卫生间内部用粗糙石头材质贴满墙面，防滑且有亲近自然的感觉。同时摆放有高株绿色植物一盆、旧式雕花长条板凳一个。洗手池旁放有"原生态竹牙刷""云南白药牙膏"等，如果游客使用它需要付费，即进行二次消费。淋浴旁边放置的洗发液沐浴液也不同于普通客栈，这里提供的是价格较贵的牌子货。

同为"海地生活"高端酒店系列的5号院，在装修材质上做了更加讲究的设计。室内出现了石头、木板、大理石、土房墙面等多种自然材质的混搭，整体更加接近自然状态。外部墙面全部做成了像土墼房一样的草筋墙样式，在粉灰中掺杂了杂草。但跟老房子不同的地方在于，它的里面是砖头，只是在外面粉了一层类似草筋墙的东西。

在"海地生活"高端酒店系列当中，无论每个房间的具体设计有何差异，不可缺少的一个什物便是浴缸。浴缸摆放位置各异，有的摆在观景露台上，有的摆在房间内加盖起来的木制台中间。浴缸的朝向总是使人躺在其中恰好可以无遮拦地看到窗外的洱海。在这里做保洁工作的村民小P说，放在屋子外边的那些浴缸，一般不会有人在里面洗澡，因为蚊子太多。那种嵌在台子里的浴缸，像他们这里装死人的棺材一样不好看。

曾是"海地生活"总管家的当地人三哥说，当时投资人给4号院房子定价时，他和其他村民觉得这种房子顶多680元一晚，估计也没有人住，结果现在价格飙到1 280元一晚，还是有很多人住。而5号院试营业期间的房价是1 280元，正式营业期间将达到1 680元。三哥觉得2008年时,"海地生活"1号院按照国际青年旅舍的模式盖房,就想盖出一种家的感觉,后来为了盈利,都盖成了高档一点的住房。小P说"海地生活"以后再盖住房就不会盖床位房了,原本是床位房的2号院现在也改成了标准间。

来自北京的设计师小麦主持设计的"海云台"客栈,其外部是当地人已经盖好的白族风格建筑,青砖贴面,配豪华的有厦大门,但他认为这样的外部设计并不好看。他觉得白族建筑在这个时期应该有它新的发展,而不是一味抄袭模仿过去。因此他在实践上更加大胆地对当地白族民居建筑进行了创新利用。他将建筑内部的一侧青砖贴面的墙面刷成了白色并且添了一角红色,让人感觉到建筑的生命。这个设计曾经遭到了投资人的反对,直到他大胆地画出来时,投资人才觉得好看并且赞同这种设计。小麦对外地人运用民族元素进行装修有自己的看法。他觉得搞设计的人一般都是一些精英,是懂这些文化元素的人。有些东西当地人已经十分习惯了,他们不知道那是自己的特点,所以不会运用。而外地人从旁观者的角度来看,会觉得这个东西是特色,于是运用得很到位,在房屋中运用一些古旧的东西,通常可以使房屋内部有平衡感,有灵魂。设计师小麦同"海地生活"的主人一样,都是从国外学习了一些设计灵感,应用在大建旁村的建筑之上。小麦在设计"海云台"客栈时运用的一些技术和灵感是从希腊爱琴海学过来的,如希腊墙和房内斜摆的树木。他认为外国人喜欢面朝大海,但是中国人喜欢天井式地把自己围起来,中国人在传统设计中也有水,但是都是小桥流水人家。外国人喜欢粗蛮的大海,是另一种风格。在一间海景房内,"海云台"客栈的投资人喜欢把沙发摆到靠墙的位置,背对窗户,面朝床,但是小麦将位置进行调整,让人们看到了大海。

"袅袅客栈"的老板是四川人,他开设了一家装修公司,2010年以4万元每年的价格向房东租地18年,2012年开始兴修客栈,至2013年8月仍在进行装修,其内部装修的细节之处将民族元素发挥得淋漓尽致。建筑工人小余说这个房子是法式建筑，木头多，土建很快，但内部装修十分缓慢。房屋内部多采用古旧的木家具，包括条案、窗框、门框等，每个房间的门牌号也用木头精心雕花而成。主人将带民族元素的物品进行了功能创新：在酒吧区域上方设置了一个悬空顶棚，以两根较粗的木头作为横向主干，其余细小木头竖向搭在两根主干上并用麻绳捆绑，木头空隙处搭上瓦片，而房屋顶端用古建筑的圆形门把手作为支架，麻绳系于此，连接并固定整个悬空顶棚。除此之外，房屋内多有古旧造型的台灯，卧床四角也竖起了4根木柱，上面可以挂幔帐等。洗手池是淡绿色镶花圆形，水管呈暗金色，梳妆镜的边框同洗手池呈相同风格。屋外墙面是粗糙的水泥砂质颗粒，仅涂一层白色粉灰，房屋连廊的栅栏被刷为天蓝色。小余说："房子里用老的东西就是要让客人有新鲜感，全是新的或者全是旧的就不好玩儿了。"当地村民三哥就说道："现在是农村效仿城市，城市效仿农村。原来村子里很多老的东西让城里人收走了。"

当问及小余，客栈主人为什么不选择盖当地样式的房子时，他说"因为他们不会盖那种，当地的房屋样式主要是靠本地木匠，一般人不会盖"。关于这个问题，三哥有更深层的看法："外地人不去建造本地风格的房子是因为外地老板主要是为了挣钱，他恨不得建设越快越好，同时成本越低越好。外地人就租了十几年，想着盖完赶紧赚钱，自己也不准备住。本地建筑耗时而且成本高，于是很少有外地老板愿意做这种样式的建筑。他们请外面的设计师，或自己本身就是设计师，来对这里的海景房进行设计。村子里的木匠、泥水匠不是很多，如果请人不一定能请到，而外地工人又不会做这种样式的建筑。本地人自己做客栈，他们想着即使客栈不能赚太多钱，最起码也可以自己住。自己住的话就要多花一点时间，多花一点钱也不怕。"在大建旁村，"澜庭别院"客栈和"半岛63"客栈都是提前就盖好的白族传统房屋，外地投资人来到这里才将房屋买下来。"半岛63"客栈的那幢房子本是当地人建造好了两层供自己住，是典型的白族传统风格。后来外地人来租，又多做了两间房屋。另有一些客栈的大门是传统有厦大门，是当地人要求外地人建造的，因为几十年之后，这些房子归当地房东所有。

关于建筑成本的问题，也有人认为实际算下来，外地人建的客栈要比本地的贵。四宝叔说其原因在于外地人盖客栈时请设计师老是来回换，拆了建、建了拆，结果很多客栈要耗时多年，至少两年，最后成本算下来还比本地人盖的青砖瓦面贵。而本地人盖的客栈，图纸都在脑子里，很顺畅地就能盖出来。

游客对于客栈的建筑成本并不关心，他们更加感兴趣的是客栈的装修风格。许多游客更愿意住在外地人开的客栈里，他们认为本地人的客栈风格总是有点俗气，没法提升审美趣味和品位。也有游客认为住在海边不一定好，那只不过是一种身份的象征。等这里的客栈都建好，客栈价格一定会出现很大差异，靠海边的一定会贵，很多情侣和有钱人都会选择住在那里，而散客有可能就住在其他本地人开的旅馆里了。

综上，大建旁村的新式景观以"洱海"作为设计的出发点，创新地运用了带有民族元素的事物。在这些外地人兴修的客栈内部，民族风的各式装饰品被放置在各个空间。虽然猛一看，其整体传达出一种朴素的、回归大自然的审美趣味，但事实上这些事物并不那么普通，从价格上看，这样的东西已经算得上是奢侈品了。在这样的空间布局及装饰风格中，人们建构的不仅仅是一种回归大自然、看似无功利的隐居田园生活，更是一种区别于当地白族百姓、都市人群的另一种生活。游客来到这里用一种相对较高的代价换取了看似无功利、追求自然的生活，这种生活一定要面朝大海、安静、无人打扰，而不是面朝大海，较为辛苦地打鱼、开饭店等。

（二）民居建筑的变化

双廊镇大建旁村民居建筑的变化主要包括两大方面：一是宅基地的变化，二是传统民居建筑的革新。首先来看村里宅基地的变化情况。

大建旁行政村目前共有 495 户居民，曾经被分为 5 个生产队。二队曾拥有南诏风情岛，但当时的洱源县委书记将其以 500 万元的价格卖给了下关的大运旅行社发展旅游，种在岛上的苞谷也随之被挖掉了。四队，即现在的岛依旁自然村，曾是原来的渔业队，他们没有耕地，目前全村村民享受城镇低保，每人每月 165 元。五队曾是为了守护果园而组成的一个生产队，即现在的水长箐自然村。据 2013 年 5 月大建旁村村委会的统计资料，水长箐自然村目前拥有 33 户居民。他们曾经与宾川人共同用水，后来起了争执，2013 年政府才给水长箐村通了自来水。

大建旁自然村的土地曾有过几次较大的变化，这种变化主要发生在小河岸边、海边滩地、安置地三个地方：原先有一条贯通村里南北的小河，其范围相当于从如今的"紫云庄园"客栈到"古井别院"客栈，它在清朝末年民国初期的时候消失了；村里海边的滩地在很长一段时间内都没有什么变化，电影《五朵金花的儿女》中的赛歌场面便是在洱海边如今"海地生活"前的空地拍摄的，从录像中可以看到当时这里几乎没有房子，海滩边都是细砂，直到旅游开发时才建起了大批的房子；村子最南边的安置地原来是海滩，"农业学大寨"时期，人们围湖造田，形成了农田，近几年修大丽高速时，公路经过的农田人家又被安排到了这块安置地上。以下是村子里的宅基地在变化过程中所引起的村民生活变化的两个个案。

个案 1

杨 XT 老人的儿子开办的"聚友缘"客栈位于村中心的位置，

这片地是1988年包产到户分土地的时候跟村里换来的。当时他们家的所在地要归公做良田，于是村里给他们换到了村中心的土地上。老人的家曾在岛依旁村，后来他的父亲做生意赚钱盖起了现在的房子。他的大儿子现在有7分地，其中4分地是2010年花20万元买来的。老人说当时觉得用这些钱做别的事情，一下子就做完了，但是买块地，还是有保障的。老人在自家农田上本来有一座房子，但被算作违法建筑。他托别人照了照片，分别是拆前一组和拆后一组。拆前在农田上有一座房子，周围种着柳树，还有一口井、一块菜地、一艘游船，而拆后房子没了，柳树没了，菜地没了，井被填了，游船没了。老人认为，房子违法，可以拆，可是井没了，菜地没了，也没给赔钱，这个就不可以了，他想找镇政府说说理，"如果光说，他们可能不信，我有照片他们就没得说了"。他说："村里很多农田因为修公路铁路被占用，有些给补偿了，有些没给。"村里修了这条公路后，人们才开始买公路边的地兴建房子。

个案2

村民杨W的房子因为政府修建大丽公路而被拆掉，原先他的房子有两层，每一层300多平方米，加起来总共有700多平方米。政府给他的拆迁条件是补偿40万元，而他想要两块宅基地。政府要派出所的人跟他做工作，但派出所的人跟他是好朋友，也不好办。他还笑说，自己在家的外墙上贴了四个大字，"还我家园"，还引起了副市长的注意。

原先大建旁自然村最贵的地段位于路边，交通方便，如现在"三姨的小院"客栈所在地，其男主人原来是生产队队长，女主人曾经是计生委主任。其次贵的是村中心的地方，如杨XT老人的儿子兴建的

"聚友缘"客栈所在地。当时最便宜的便是洱海边了。但现在地价出现了大逆转,洱海边最贵,其次是路边,最后是村中心。靠近洱海边的土地以前可以用二三十万元买下来,但现在涨到300万元都不止,且不可以随意买卖。

水长箐村民的祖辈在大建旁自然村也拥有宅基地。以前山下靠打鱼为生,"不好活",而山上种的梅子树、梨树经济效益较好,于是人们都愿住在山上。但最近几年来山上经济效益下降,山下村里的经济发展较快,一部分村民便下山来在祖辈的宅基地上盖房开饭店、做烧烤。

个案3

村里人四宝叔说目前洱海边的地已经差不多租完了。湖边目前有"海地生活""半月拖蓝""澜庭别院""水韵半岛""半岛63""梦里水乡"等54家客栈,其中只有"水韵半岛"和"梦里水乡"等21家客栈是本地人开的客栈。四宝叔曾以每年1万元的价格将自己位于洱海边的地租给了"海地生活"的老板,租期为12年。2008年开业的时候,四宝叔还觉得这里怎么可能赚钱,但6年之后,这个客栈几乎成了大建旁村生意最火爆的地方,这是他几年之前万万没有想到的。现在,四宝叔也和他的弟弟正在修建两家客栈。

个案4

饭店老板小杨的房子位于"海地生活"国际青年旅舍背后的山上,地理位置高于村中其他地方,视野很好,可以看见远处的洱海。他曾经以每年4 000元的价格租给了"海地生活"老板洪加明盖客栈,共租了12年。本来已经开始做木活了,但是近两年投资人资金周转不过来,房屋现在还被荒废着,但租金已经涨到了12万元每年，房屋前的一大片空地的租金现在也涨到了每年60万元。小杨现在很后悔，觉得当初租亏了。他说自己问过律师，如果这样荒废下去的话，他是可以要回来的。

过去，洱海边地价低是因为村民不愿在此处盖房，一到冬天，风大浪大不好住；晚上睡觉海浪声音大，也不舒服；同时，洱海边离村口有一定距离，盖房子时需要靠人力背砖，导致成本增加；而洱海边空地旁有一大片岩山，以前有些想不开的人从此处跳入洱海，一些夭折的小孩子也被放在洱海边的大石头上。村民觉得沿海地方阴气森森，白天在这里挑水打鱼，一到天黑便赶紧回到村里[1]；同时村里小孩子多，大人怕总在海边玩有危险。由此，村里人不愿意在洱海边盖房子，地价自然也十分低。

随着旅游业的发展，村里的土地买卖和出租制度也越来越严格。村中规定宅基地不允许买卖给有城市户口的外来人，但是本村的人之间可以互相买卖。于是出现了这种情况，本村人A买了本村人B的地，A又跟外来人C签了一份协议，转给C。这样，实际上C不仅有使用权，也有所有权。"水韵半岛"客栈旁边有两间空置民居，村里人说这里的两栋房子都卖给了一个外地人，外地人又卖给了英国人。后来，其中涉事的部分人坐牢了。

除了土地尤其是宅基地的变化之外，大建旁村的民居建筑也发生了很大的变化。白族民居大多集中在以村公所为中心的两边，这些房屋大多很安静，只有正在建新房的地方十分嘈杂。双廊镇大建旁村的一部分民居改建成了民居客栈，在传统住宅空间之外又增添了供游客住宿的商业空间。

传统白族民居大致可分为山地、平坝两个类型。山地民居继承了本土建筑的特点，以井干式、干栏式的结构为主；平坝民居受汉族民

---

[1] 大建旁村村民洁萍提供。

居的影响,以抬梁式、穿斗式布局为主。[1] 双廊镇大建旁村位于蛇山和龟山之间的一条狭长坝子上,其民居的传统形式也如其他平坝白族民居。

白族民居的传统平面布局形式有独坊布局、两坊布局(包括一向两坊、两向两坊)、三坊一照壁、四合五天井、六合同春等。"坊"是白族民居中三开间两层楼的建筑结构。

白族民居以庭院天井为中心来组织平面,成为以家庭为单位组成的封闭式院落。在儒家伦理观念影响下,房屋强调中轴对称,体现以父权为中心的家庭结构。

其次,在房屋取向上,以正房作为平面布局定位的依据,取向朝东。其具体原因在于大理等地常年吹西南风和西风,建房需背风而建;同时,此地山脉多为南北走向,正房多西靠山峦,朝东而建;建房民俗中有"正房要有靠山,才坐得起人家"一说,故大理白族民居多面向东边而建。[2] 因大理白族多居住于横断山区,横断山脉为南北走向,故正房多西靠山峦,朝东而建。双廊地区位于洱海东部,东靠山峦,西朝洱海,故一些房屋也向西而建。

白族民居功能划分明确,"以正房为例:底层明间用作堂屋,是招待客人及家庭议事的地方,室内摆设亦有固定模式,后墙挂中堂(寿星图或喜图),下设供桌,供桌前置八仙桌一张,太师椅两把,为主人招待客人之处,左右板壁前则各有椿凳一条,

图10 白族有厦大门

---

[1] 寸云激:《白族的建筑与文化》,昆明:云南人民出版社,2011年,第44页。
[2] 寸云激:《白族的建筑与文化》,昆明:云南人民出版社,2011年,第56—57页。

为家中小辈坐处。两旁次间为卧室，右侧是老人的寝所，左侧俗称'新娘房'，是新婚夫妇燕居之处……"[1] "堂屋、老人房的使用基本固定，新娘房则谁结婚谁住，按长幼之顺序轮换。最后与父母住在正房的一定是幼子……父母去世后，正房则多为长子承袭。如家中有女儿，即使已出嫁，也要将南楼空出一间，供其回娘家时用。厨房常设于西北角耳房，因南方五行属火，故此举有避火烛之意……二楼多做储存粮食、杂物之用而不住人，因佛台、祖坛多设于此，一方面人神殊途，另一方面也是为了保持洁净。"[2]

除此之外，白族传统民居中的门、天井以及照壁都有一定的规制。

白族的大门分为有厦和无厦两大类。有厦大门历史悠久，普通百姓多采用"一滴水"（"滴水"即瓦屋面）的简单结构，官宦人家则以"三滴水"为主。无厦大门产生于清末民初，较为简单，多见于商贾人家。根据风水之法，以东北方为最吉，白族民居的大门一般开于东北角。

白族民居的庭院天井多有采光、通风、排水、晾晒农作物、休闲等作用。漏角天井位于主房或下房两侧，主要供厨房等杂用，使得生活空间与辅助空间相分离。

白族的照壁与汉族影壁墙有所不同，"瓦面多采用庑殿顶的形式……檐下饰框格……壁墙两端砌砖柱，下条为勒脚石……或题写'苍洱毓秀'等四个遒劲的大字，成为表达吉祥寓意、传达家声之所在。在白族合院式民居的布局中，照壁除了能维护平面规整、增强院内光线外，同时还起着分隔建筑空间、增强和丰富空间层次的作用"[3]。

白族民居的装饰手法也是一大特色。主要包括木雕、石雕、彩绘、泥塑和砖瓦拼饰等。其中，"木雕主要运用于门窗、梁柱、雀替等部位；石雕主要运用于大门、柱础等部位；彩绘主要运用于墙面、照壁、

---

[1] 寸云激：《白族的建筑与文化》，昆明：云南人民出版社，2011年，第48—49页。
[2] 寸云激：《白族的建筑与文化》，昆明：云南人民出版社，2011年，第58页。
[3] 寸云激：《白族的建筑与文化》，昆明：云南人民出版社，2011年，第51页。

望板等部位；泥塑主要运用于山尖、大门等部位；砖瓦拼饰主要运用于墙面、地面等部位"[1]。装饰的题材大致可分为动物、植物、器物、人物、图案、文字等几大类，且多种纹样都具备各自的象征意义。

以下以两个当地人修建的客栈"三姨的小院"和"海·恋客栈"为例，考察白族民居在作为纯商业空间与商用家用空间时，对于白族传统建筑语言的革新与保留。

在建筑中，内部装修是可以较快改变的，然而结构却是很难革新的。白族传统民居的堂屋有很重要的布局讲究。这个空间是专门办红白喜事的，尤其是白事，棺材一定要放在正中间的地方。与一层堂屋对应的二层空间摆放祖宗牌位，厕所也不能对着堂屋。

个案 5

杨 XT 老人的家是村里最古老的几座白族民居建筑之一，是较为典型的白族传统合院式民居，一主两耳，主房一层包括六个房间，厅堂在最中间，楼上有牌位。他每天早晨起来都去二层上一炷香，为母亲、父亲和奶奶。他的大儿子开的"聚友缘"客栈，虽然二层还没有摆牌位，但那个位置仍然是空着的。当地人三哥说，"苦了一辈子，就这最后一天要好好享受了。但是现在新盖的房子根本不会注重这些，尽量多放房间，厅堂上面弄厕所什么的，像什么话"。

当本地白族人要建成商用与家用并存的民居客栈时，对于结构的革新便需要审慎地考虑。木匠杨师傅是大建旁的村干部，前述"海·恋客栈"的主人便是请杨师傅去做的木工。政府为了保护白族建筑而发给这些当地基层干部每人一套《新式民居建筑范例》，书上对传统建筑的形制和规格做了极尽详细的图释和解说。

---

[1] 寸云激：《白族的建筑与文化》，昆明：云南人民出版社，2011 年，第 69 页。

个案6

杨师傅自家开办的"三姨的小院"是一个民居客栈，包括自家的居住空间和供游客住宿的商用空间。一层堂屋两侧的屋子有主次之分，左侧卧室为大，主要给结婚的儿子住，右边给结了婚的女儿住，老两口住主房旁边的耳房。一层堂屋后侧摆放了电视机、组合音响、茶几和沙发，作为招待宾客的公共空间。堂屋前半部分的右侧放置一台电脑，用于游客入住登记，左侧则是上楼的楼梯，楼梯下部空间则设置为一个公用卫生间。堂屋正上方的二层摆放了牌位，左右两侧各一个标间，内带卫生间。堂屋正上方的三层是一个床位房，摆设4张单人床，不设置卫生间。旁边则是一个带有卫生间的标间。

有关堂屋，对于完全是商业性质的客栈，它们不需要这种神圣空间，不必考虑这么多的文化意涵，全为游客而做，从房屋结构到内部装修完全考虑游客的需要。而对于当地白族村民来说，在举办葬礼的时候，堂屋又被称为"停尸房"，这是一个神圣的空间，本地人自己经营的民居客栈必须要考虑自己的文化与游客需求的结合。在以后遇到葬礼的时候，如何停放棺材是一个需要考虑的问题。用三哥的话说就是"反正到时候把东西挪一挪挡一挡应该就可以了"。这样的空间在此不是由长宽高构成的一个立体的物理空间，而是用于表达当地文化深层价值的空间。这个空间之内要摆放何种事物，如何摆放，空间之外的其他事物又该如何相应安排，都体现出一种通过空间结构来表达特定文化逻辑的习惯。而文化逻辑通常包括当地人的宇宙观、世界观、伦理道德观等。当地白族人对葬礼的重视和对牌位的敬重深刻地体现了人们"慎终追远"的观念，即要慎重地办理父母丧事，虔诚地祭祀远代祖先。白族民居的堂屋空间是一个房屋的中心，由此展开对称的结构布局，在一家中心的正上方摆放祖先牌位，体现的是一种对祖先的敬畏、崇拜。祖先位于全家的中心之上，其次才是一家之主，再其次才是家庭的其他成员。这种家庭内部的等级观念和伦理道德观念深刻地体现在白族民居建筑的内部结构之上。如果说葬礼渐渐不用将棺材摆在最重要的堂屋的话，那么客栈的结构或许会发生变化，可能更利于它们的突破性变化。同样，如果民居客栈的结构依旧继续保持下去，也会对当地传统葬礼的保留起到一些作用。

当地人依据自己的风俗，用对称却突出中心的做法来盖客栈。在不能改变建筑结构的情况下，若想满足外地游客的需求，只有加强外部和内部的装修才可以更好地发展。

"海·恋客栈"是由双廊中学的一位老师出租地皮，昆明附近的一个人投资兴修的。客栈有三层楼高，结构属于新式白族民居，"一主一耳"。一、二层是钢筋混凝土结构，第三层是木椽，瓦顶，冬暖夏凉。

关于客栈的高度，之前政府规定只能建两层半，也就是8米多高。但剩下的半层对于客栈来说没法充分利用。人们想多开几间屋子，于是都盖三层，而且有的除了整三层，还要加盖一个屋顶。屋顶上有空地，可以架太阳能热水器。村子里刚开始建设客栈的时候，外地人建的客栈，顶部都是平台，可供晾衣服和观景，但后来政府对客栈样式有了规定，客栈必须是斜的屋檐顶，要保持白族风格。于是为了看星星和采光，这些斜屋顶大多开了天窗。

"海·恋客栈"的屋顶是钢架结构，而非传统的木结构，它比木结构的屋顶便宜。黑色钢架上铺青瓦，瓦多用水泥制作，一片0.8元，师傅们铺一平方米60元。老屋子的屋顶不一样，都是用石灰瓦做成的，容易漏水而且当时的价格较贵。为了省钱，也为了不漏水，每间房屋的上面采用大一点的蝴蝶瓦铺成。

笔者详细观看了杨师傅给柱体装饰，即贴青砖的整个过程。柱子宽 22 厘米，先要在柱体上方的墙体上打两颗钉子，这两颗钉子分别位于柱子的左右两侧约 5 厘米处，这个距离是留给砂浆和瓦面的空间。钉好钉子之后，每颗钉子分别拴有一根白色细线，长度直到地面，先将第一根线放到地上，用砖块压好。之后再拿一个上面是木条、下面是锥体铁砣、中间是白线的工具，在已拉好的白线的对面做垂直校正。保证第一根白线垂直之后，其他 3 根白线依据彼此，最终拉好 4 根垂直的白线。这之后便开始贴瓦面，每一行贴一块半青砖，青砖两侧都要拿切割机打成斜面，用以粘贴。瓦面背后用稠一点的砂浆贴面，接缝处用细的水泥糯糊缝。如此这般，一块块拼上去。柱体的其中一面还要做花饰。杨师傅从 15 岁开始在宾川跟着师傅学做工，现在回到双廊这边帮着做活。他说这些青砖都是从宾川那里拉来的，因为这种砖是河泥做的，而宾川的河泥比较好。有一些红砖是从下关拉来的。青砖一块 1.1 元，而师傅铺好一块给 4 元钱。一天时间，他贴了有 90~100 元青砖，还有一个花饰。他说这样贴一根柱子大致可以赚 200 元。青砖铺下来的成本比较高，外面建的客栈一般不铺，而本地人的一般都会铺，有的也会铺成瓷砖。村里一位年长的泥水匠认为很多外地人不贴青砖，一个是因为有一些人投资了之后，已经无力再花更多的钱去做这些事情，还有一些是因为他们只租十几年，过后就不用这些房了，所以不想投资那么多，还有一些是因为不喜欢。老泥水匠说现在是用切割机弄青砖，用水泥糊起来，显得十分细致，不像以前粗糙，他自己贴青砖一块 5 元，铺一平方米 200 元。

现有民居客栈多数只注重外部的装饰，其内部装修情况不尽如人意。客栈开了天窗，将房屋窗子加大，努力使屋子面朝洱海。但室内墙壁却是平滑的白墙，一台电视机、一张双人床，卫生间内铺着瓷砖、放置普通的牙膏牙刷以及没有设计感可言的梳妆镜。整体感觉如同城市中的普通旅馆和招待所。而这种内部装修带来的结果是外地人并不愿意去住，客栈的房间价格也卖得并不高。

个案 7

　　在洱海边上，紧临"海地生活"有一家当地人盖的客栈，当初村里的一位村民为其取名"弓家岛客栈"，因此地盛产弓鱼之故，但最后主人取名为"梦里水乡"。它的标间和大床房都是每晚 240~300 元，最贵的是三层海景房，480 元一晚。村里的老泥水匠说，洱海周围的旧式建筑，应该属"梦里水乡"最高了，一般只有寺庙才盖那么高。村民杨 YZ 说如果是自己盖，一定不会是他们那样，有点俗气了，把白族最古老的建筑风格破坏了。尽管它的外部样式确实很霸气，但内部设计感弱了很多。相比于临海的其他客栈，这里的房间价格低了许多，也并没有像其他客栈一样被预订完。

当地人小杨觉得本地客栈的价格之所以卖不上去，就在于他们缺少了一种感觉和风格，少有的几家靠海边的本地人开的客栈，因为地理位置稍微卖得贵了一些。"小池塘"客栈的老板娘跟他说，如果他想开客栈的话，最好找一个外地设计师帮他设计。本地人就是按照自己的风格来设计，再怎么设计，总是设计不出外地人想要的风格。有意思的是，一个当地老泥水匠说"小池塘"他们家的二、三层楼，只弄了砖头，喷了一点漆就算弄完了，他觉得他们是偷工减料。

一些当地人也在效仿外地人开办的客栈风格。例如"老渔港"这家本地客栈完全仿照他旁边的外地客栈"春暖花开"所建。这让"春暖花开"的老板娘很是生气。

除了当地百姓自行建造的客栈之外，当地的文化精英诸如赵青、赵八旬等人根据自己的理念设计了风格较为独特的高端酒店。而外地设计师小麦对于他们所设计的"太阳宫""青庐""粉四酒店"有着自己的看法。他认为赵青设计的"太阳宫"得益于依山傍水的态势，其实整体结构还是一个凹字形，只不过是在前面加了一个拱形门。

"粉四酒店"的建筑还是方正的,主人赵八旬接受了一些外面的教育,将窗户设计成拱门形状。小麦说有老人告诉他双廊的人是从安徽迁过来的,以前徽派建筑里,石块是有钱人盖房选用的材料,是一种身份、地位、财富的象征,普通人家才用木制建筑。当地文化精英赵青和赵八旬所设计的"太阳宫"和"粉四酒店"都以石头为材质,这并没有能够摆脱传统思想。

关于建筑风格,各方人士发出了不同的声音:很多游客喜欢住外地人设计的客栈;村里的文化人杨 YZ 却力图坚持让这里的白族文化发出声音;木匠杨师傅看到了民族建筑的新式发展,内部还按城市里的标准做,外边贴青砖做木窗,保持基本风格;外地设计师小麦觉得这里的建筑应该有它新的发展,当地人弄的新式白族建筑不伦不类。

最值得注意的一点是,关于民族文化的东西:外地人将其元素提炼,作为装饰点缀在客栈的每个细节之处,使人可以感受到房屋的设计感和文化内涵。本地人把民族文化的东西早已内涵于自己的建筑结构之中,通过强调中心对称、祖宗牌位等来呈现当地人心中的宇宙秩序和人伦纲常,而这通常不能被游客迅速地感知和体验。

(三)村民生活的变化

旅游的发展以及乡村景观的变化也带来了当地人生活的多元化,这尤其体现在当地百姓的生计方式不再局限于打鱼、耕地、种果树等传统的谋生领域方面,而是在其他方面有了新的拓展。

大建旁村村委会前面有一个早点摊,主要卖油条、豆浆、鸡蛋和白粥。一个村里女人坐在带有黑色皮革和不锈钢扶手的椅子上。她面前的大油锅很新,锅下是圆柱形小煤炉,里面放置三块蜂窝煤,连着鼓风机,鼓风机靠电来带动,电线是从村委会里接出来的。女人炸油条的技法还不够娴熟,看上去有点笨拙。她很在乎外来人的看法,会问人们是否好吃，很有礼貌。这里的豆浆应该不是兑水出来的，喝到最后的时候，还有很多豆渣。有两个操着东北口音的中年女游客走到这里，说："你们这里不怎么吃油条吧，我们那里吃得多"，随即买了两根边走边吃。这里的早点较贵，豆浆3元一碗，鸡蛋两元一个，油条两元一根。很多本村人也来这里买早点，有许多是要赶去客栈上班的人，他们买则会便宜一半。2013年6月时，村里只有一家卖油条、豆浆、白粥的早点摊。2013年12月时，已经有至少两家开始卖相同的早点。村委会前卖早点的地方中午之后便让位于水果摊了。

卖水果的小摊三三两两地散布在村里小路边。水果有大提子、仙人掌果实、芭蕉、桃子、梨、杧果、甜角、苹果等。2012年8月时，水果全部论斤卖，大提子8元一市斤，芭蕉也是同样的价钱。2013年6月时，一部分水果已经不再按斤称卖，而是按个数卖：苹果10元4个，杧果10元3个，山竹10元5个。每当有游客说贵的时候，一些当地妇女会说其他人如果按斤称的话，缺斤短两，还不如她这样卖。她们说这些水果都是从村后山上背下来的，每两天上去背一次。但村里老人告诉我现在卖水果的人都是从下关水果批发市场买进，不是本地产，本地山上只生产梨、梅子和苞谷等。

除了卖早点、水果之外，村里还有一些人卖虾饼、小鱼炸串等。卖这些小吃的小摊摆放比较一致。条条大鱼、串串小鱼，还有面粉裹着的虾串、虾饼。这些东西都提前炸好，围成一圈，摆放在盘子上，客人来买的时候再适度炸一下。所有的水果摊、虾饼摊从外观上、卖品上都很一致。2013年6月，正值每年洱海的禁渔时期，但是村里的人依然在打鱼，捞洱海的小银鱼。村里人说，平时游客吃的小鱼虾，都是从洱海打捞上来的。他们早晨四五点就下海，算是偷偷地打捞。有时村口清晨的集市上会看到长约30厘米、重10多斤的大鱼。邻村的小伙子说，当地的小银鱼、大头鱼晒干之后，小银鱼以70元一市斤的价格包装起来一袋袋卖到昆明和外省，而本地饭店里的鱼则是从湖南湖北按吨数运来的，一斤才两三元钱。

有个邻村的小伙子 2012 年买了一辆价值 7 万元的商务车，车前边拴了一块红布，是从本主庙里请来的。他每次从大建旁村拉 6 个人去古城或者下关，包一趟车 180 元。2013 年 6 月时，他一般在下午 3 点半之后才有生意，因为从双廊去下关的班车这个时候便没有了，但是仍然有旅客想要出去。有时人太多，班车不够坐了，但是游客又很着急，就可以选择坐他的车了。2014 年 2 月时，班车最晚一班已延至下午 5 点半。有时也会看到小面包车拉着客人来到双廊，司机赵师傅是大理古城人，2013 年开始经常拉客来双廊。他说双廊就是有个海景，人们去那就是住，双廊的地理位置好。邻村小伙子说，"在双廊，他们下关的人不敢拉人走，因为双廊的人不让"。同样，他们在火车站拉人的话，别人也不让，但他们还是会在大理古城拉游客的。

在下关和双廊之间往返的班车每半个小时来一次，村口设置了候车点，由村里的一个老大妈来看守。大建旁村候车点的看守人是杨 XT 老人的堂妹，班车公司给她一个月 1000 多元的工资来这个小候车点上班，帮忙拉客，可以让班车挣钱。2013 年时，她每天早晨 6 点上班，下午 3 点半下班，家里开了"在水一方"客栈。她和开车拉客的小伙子都提到同样一个问题，就是游客对他们的不信任，总是觉得他们要的钱多。

当班车和包车增加的同时，来双廊镇旅游的私家车也在增加，与之相应的一个后果是村里停车场的增加和相对匮乏。在路边有大块平地的人家，有的没有选择建客栈，而是盖了停车场。2013 年五一节的时候，村里堵车，停车场不够用，而当时正好学生放假，于是政府安排车辆停在学校的操场上。

旅游业的发展更带动了村里相关配套设施的出现，如在双廊镇上新开的大理旅游集团散客接待中心双廊形象店；大理民航售票处指定查询代订点。还有很多有关建筑的商店，如沙土水泥商店、窗帘商店。

小摊上也开始卖围裙、袖套这一类服务行业所需的东西。

随着双廊镇旅游业的快速发展，当地开始出现各种新问题。在双廊镇，手续齐全的客栈只有二十几家，目前真正有营业执照的只有34家。2013年1月至6月，只有1家去江尾工商局办理客栈营业所需的手续。工作人员说双廊有很多家客栈都是无证经营，现在政府又开始查消防证、排污证等，把所有证都办下来的客栈还是很少的。

相应地，双廊镇政府也逐步出台了各项管理和整治条例。例如《大理市环境保护局关于在双廊镇开展污染物排放治理的公告》，这份公告发于2012年12月22日，这让人想起当时网上吵得沸沸扬扬的关于杨丽萍在双廊房屋的排污问题。类似的告示还有大理市人民政府于2012年12月16日颁发的《大理市人民政府关于开展双廊镇取缔违法违规建筑综合整治旅游环境的通告》。这里面主要强调的就是非法占用农用地、非法转让、倒卖土地使用权等是属于违法行为的。除此之外，当地政府还对新建房屋的样式进行了规定，"双廊为民服务中心"门口贴着的一张宣传单上，其第四部分"国土和村镇规划建设服务窗口"中有一条建设许可是：建设房屋必须符合田园风光保护和白族民居建筑风格。

从整体上来看，过去的双廊与如今的双廊已是不可同日而语，经济的迅猛发展与政治的持续变化都让所有人看在眼里。一个地方的文化变迁最终还要落实到个体人的生活变革之上，考察私人生活的变化，可以更加真实地感受到双廊镇大建旁村的发展情况。

个案8

杨W，1983年生，大建旁村人。高中毕业后，去西藏当了5年兵，退伍后又在上关交警中队当了7年警察。之后，他回来村里开了一家名为"水天一食"的小饭馆，位于"海地生活"5号院旁边，紧邻洱海。这片地有人曾想用600万元买下，也有人想要以一年 17 万元的价格租下，他都没有答应。2012 年 7 月，杨 W 请了两三个外村人来店里帮忙，据他说，半年时间，这个小饭店就挣了 10 万块钱。夏天可以在这里烧烤，生意很好，但是冬天晚上太冷，来的人比较少。据村里其他人说，杨 W 的饭店由于建在洱海边的滩地上，属于违法建筑。

2013 年 5 月又见到他的时候，"水天一食"饭店已经被迫拆掉了。杨 W 本来想用 2 万一年租下他们家旁边的一大块海滩搞点烧烤，让游客也可以在这里喝啤酒、游泳，但是对方不想租，想自己做。再旁边的一块地，其主人同意租给他，但是杨 W 觉得离自己的这块地有点远，不好搞，就没有租下。于是，杨 W 一家人依旧在自己的地盘（原来的"水天一食"饭店所在地）架上机器打鱼。早晨 6 点出海撒网，撒下去要等两个多小时才拉起来。他们家不像别人家将打上来的小银鱼晾干再售卖，而是直接卖湿的鱼给别人，一网可以卖两三千块钱。他觉得打鱼不辛苦，比卖东西容易，因为现在都是机械化了。收网时，机器两边的滚轮一点点往上拉绳子，人站在湖水中，将网子最底下的泥沙在洱海里洗掉，最后再收网捞鱼回来。杨 W 说打鱼的网早晚不一样，早晨是要打湖底的鱼，傍晚是用另一种网，打浅层表层的鱼。禁海期人们一般都在湖边打，而开海期间，人们一般都在湖心打。下雨的时候鱼比较好打，而如果几天不下雨，则渔网的收成便不怎么样。当地新式景观的形成以及旅游业的开发，并未使当地传统的渔业生产方式消失。虽然一部分村里人盖起了客栈，不再打鱼，但另一部分并未能开客栈的村民仍然以打鱼为生。

再一次见到杨 W 的时候是 2013 年 7 月，那天他捕了几条大鱼。他说旁边这家最近在海滩摆烧烤，看来生意很不错，如果可以的话，他就暂时不打鱼了，也开始摆烧烤，做起来。过了几天，杨 W 的那片地又重新摆起了他的"水天一食"。这次不一样，他们没有搭房子，只是把冰柜搬来，还用铁皮板围起来一个空间，在里面放着炒菜的锅碗瓢盆，支了两张帐篷，一为让人换泳衣，二为自己晚上睡在里面。最有意思的是他摆了两张像"海地生活"前面一样的小白桌。在他小白桌边照相的人越来越多，停留下来吃饭的人也就多了起来。有时来的人多，一晚上可以赚两三千块钱。而旁边那家烧烤因为有个直接延伸进洱海的海滩，所以生意更好。在烧烤摊摆起一段时间之后，杨 W 就去双廊镇派出所上班了，他说游客多，经常有人打架，烧烤的地方就交给了他的家人来经营。

现如今，杨 W 经常用微信软件在朋友圈里发关于自己"水天一食"的照片。其个性签名是"为我的海地水天一食而努力。很荣幸成为你的白族第一朋友"。

短短一年时间，杨 W 家主要的谋生方式变换了三次，从开饭店到打鱼再到卖烧烤。从表层来看，这种变化是随游客的喜好和当地政府的政策来变动的，但其根本原因还在于经济利益的驱使。更为重要的是，从中可以清楚地看到，旅游业的发展并未使当地打鱼这种谋生方式消失。当打鱼赚的钱较做其他事情赚的钱更多时，人们仍会选择打鱼。同时也可以了解到，当地沿洱海地段的地价和景观的变化确确实实影响到了当地村民的生活。

个案 9

杨 Y，"古镇农家"饭店老板，26 岁。他和朋友曾经在昆明待过半年，打工为生。当时大建旁村的平均工资是 50 元一天，他们在昆明打工的工资是 90 元一天。那时他每天打两份工，一份在白天，一份在晚上，晚上的那份工是端 2 个小时咖啡挣 20 元，很苦很累。2009 年，村里旅游业刚开始发展，他和朋友也回到村里。刚回来的时候,他曾经给"海地生活"的老板帮忙,老板本来想让他带游客,一个月给他800元让他学英语,但后来也就不了了之。由于杨Y跟"海地生活"1号院的房东是亲戚,因此他们交谈比较多。杨Y觉得当时来村里的人都要去邻村玉几岛吃饭,本村十分缺少饭店,于是他想要开一个饭店。但他的父母认为他还没有结婚,不想让他开,于是他没有成为村里第一家开饭店的人。现在他如愿以偿,开了"古镇农家"饭店,生意很好。而他的同村朋友在双廊镇政府打了三份工:森林防火、公路管理、村里协警。还有一份工是在杨丽萍的私人艺术酒店上夜班,一个月1000多块钱。

杨Y在自家老房子的基础上扩展了空间,一部分用作饭店,一部分用作住家。据他说他们家、杨YZ家,还有一家,是村里最老的3所房子。他自己负责端菜写菜单,请了一个朋友做厨师。他认为游客里北京、上海等地的人素质较高,而四川和深圳的人素质最差,后两个地方的人觉得自己花钱来这里吃饭,就有权利把各种垃圾扔在地上。

杨Y说现在村里打鱼的人还很多,有一些人只能靠这个为生。在海边的人可以开客栈,在村中心的人可以开饭馆。但很多村民的家里没有这么优越的地理位置,依旧只能靠打鱼为生。这也是禁海期间,依然有那么多人打鱼的原因。杨Y说自己饭店里的鱼一部分是外面买来的,还有一部分是从山上的一个坝里捞来的,不过一般不敢去捞。

像杨Y一样的年轻人多有过一段在外打工的经历,自从自家的村子开始快速发展之后,多数年轻人都选择回到大建旁村,或开饭店,或开客栈,或在村中盖房,或在村中客栈打工。年轻人的"回归"带来的不仅是村中劳动力的重新充实,更使得社会结构变得完整起来。

同时，年轻人同外界交流的能力使他们获得了不同于长辈的观念，这又会给未来大建旁村的几代人带去深远的影响。

个案10

洁P，女，30岁出头，大建旁村人。2013年6月才来"海地生活"打工，之前一年多，她和几个好姐妹都在"澜庭别院"客栈打工，一个月工资1200元，她们想让老板涨到1500元，但老板说她们每天的工作量又不大，不需要涨工资。洁P认为她们每天做客房工作其实很累，抱着被子跑上跑下。如果做快了，老板觉得她们工作量不大，工作时间也没那么长；如果做慢了，老板又嫌她们太慢，这让她们很为难，老板娘总是看不起她们这些来打扫卫生的，洁P和另一个姐妹就辞职离开了。辞职前跟她们在一起打扫卫生的是两个住在江尾镇的年长一点的妇女，每天6点多就要坐车来这里。这两个妇女本来在江尾那里打鱼，但后来就来双廊镇打工了，钱虽然赚得没有那么多，但至少干净一点。虽然她们也觉得工资不高，但是怕离开"澜庭别院"就没有别的去处了，只好待在那里。洁P认为这里客栈那么多，这里不做那里也有得做，就离开了。

洁P认为"海地生活"的老板很好，不仅加班给钱，有伙食补助，还有每月50元的饮料补助。她说"其实钱不重要，关键是感到老板看得起自己，关心自己就好了"。2013年6月时，她每月有5天休假时间，一般是上班5~6天休息1天。6月都要在"海地生活"5号院打扫卫生，每天早晨来上班时都要在打卡器里录入指纹报到。这里目前除了她，其余都是外村来的妇女。她说来村里打工的外村人很多，但是他们大建旁村的人不多，因为打鱼还是赚的多一点，村里客栈的客房工作人员的工资在每月1300元到1500元。

洁 P 的丈夫杨 FW，是村委会的干部，现在负责林业还有洱海滩地管理。在新一次领导班子的选举中，他的票数最高，但他不想做领导。洁 P 说他们这个村太麻烦，不好当领导，因为有钱人太多了。杨 FW 现在没事儿跑跑小三轮，接送客人从大建旁村到玉几岛或者红山本主庙，每位 5 元钱，有时会免费。他一天能挣一两百，人多的时候挣的更多。洁 P 说他们两口子 2011 年的时候还在打鱼，她觉得打鱼没有那么辛苦，有时赚的很多，一两个小时就能赚 500 元，有时能赚上千元，最多的时候一个月赚了 13 000 元。现在打鱼的人越少，鱼越贵。以前 6、7 月份，每天晚上七八点以后，她和丈夫就要出海打鱼，打一晚上，11 点左右收工，平常打个一两百斤可以赚五六百元，打上来的小鱼虾一市斤三块五毛钱。打鱼的时期内，洁 P 每天早晨还得早起去"澜庭别院"上班，只有在客人没有退房的时候抓紧时间睡一会儿。

洁 P 的丈夫杨 FW 有一个大哥和一个大姐，大哥本来是一个医生，生了一场大病只好在家待着。杨 FW 的姐姐今年 44 岁，离婚，有一个 20 岁左右的儿子。她在下关做水果生意，已有 20 余年。她的父亲过去曾在南诏风情岛上搬石头，但是由于炸药问题，炸伤了脚。她的妈妈也生了大病，从 2006 年开始每年去鸡足山拜佛之后，才慢慢好转。洁 P 丈夫的姐姐小的时候有兄弟几个，本来也想去上学，但是家里太穷，重男轻女，于是她没有上成。直到她十几岁的时候跟老师申请，才去上了小学一年级，当时她是班里最高、年龄最大的人。后来由于家里父母出了事情，得了大病，没有人可以去煮饭照顾老人，于是她又退学了。小的时候，父亲是泥水匠，她也去工地上帮着搅拌糊在墙上的浆，那时不同于现在的水泥浆，他们都要上山去割草，回来切成一小段一小段拌在泥浆里。她说有时中午别人休息的时候，父亲就在一边帮她把泥浆都弄好，担心她累。后来她开始去卖大米，每天早晨四五点就要起床，走到现在双廊镇上魁阁的地方。那里原来有个码头，她坐船去洱海对岸的喜洲卖大米，每次卖几块钱。她说那时别人就夸她很聪明，有经济头脑，她也是村子最早出去外面闯荡的姑娘。2013年，她生病后回到大建旁村待了两个月。本想回来边养病边打工，给客栈打扫卫生，但是客栈老板想要年轻一点的。她的前夫是位于山上的伙山村人，当时她准备把户口迁到伙山村，但她的大哥说："大建旁这个地方迟早要发展，还是不要迁出去的好。"所以她现在依然保留着大建旁村的户口，这次回来她也想办手续，买一块宅基地，有七八分。她说幸亏离婚之后没有分到房子，要不然肯定也分不到宅基地。至于宅基地上盖什么，她还没想清楚。

洁P是大建旁村一个较为具有代表性的年轻妇女。她曾经和家人一起以打鱼为生，后来开始在客栈做工。虽然在客栈做工所挣的工资并不比打鱼多，但这些年轻妇女认为这样的工作要干净很多，并且更加稳定和有保障。洁P丈夫的姐姐又是另外一类女性。她在早些年就离开村子出去做小生意，挣钱较多。近几年想回来村子客栈做工，但由于年纪较大，客栈并不愿聘用。从这两类女性的身上可以看到，随着当地"海景房"客栈的发展，女性的观念和生活也发生了很大的变化。

个案11

杨XT，1955年生，大建旁村兽医。老人的大儿子现在除了开客栈、种菜，还开车接送游客。二儿子主要是开车，他拥有从码头到南诏风情岛的接送船的股份，随着游客的增多，每年能有几万元的分红。老人觉得这里的风景已经不好了，原来海边有海滩，洱海里脏的东西经过海浪一拍打就到了岸上，洱海里的水都能吃，现在围起来了，洱海都有一些臭了，更不能吃了。山上风景也被新修的公路铁路破坏了。"原来这里又有气候，又有风景。现在这里只有气候，没有风景了，都被破坏了。"他觉得以后来这个地方的游客会越来越少，因为人们来过就不来了。农田捕鱼这样的生计都没有了，只有山上的山林，子孙后代可怎么办？老人说他去看过海边的海景房，觉得很没有意思。

老人每逢赶集都会去双廊镇集市给人们买下的猪打预防针。有的卖主说原来来买猪的双廊人很多，但是现在他们大多开客栈了，一个是嫌不卫生了，还有一个是没地方了，所以很少有人来买了。而住在山上的伙山村的人买这些猪回去，大部分还是用来喂大然后再卖。

杨 XT 老人与村里其他的老人一样，目前的生活主要就是去本主庙里的老年协会所在地打麻将，他们对于自己村子里的变化多是一种惋惜的态度，觉得过去的很美的风景已经被破坏完了。

个案 12

"三姨的小院"主人家原来在比较靠村中心的地方，后来买了地才搬到现在的公路边，门前的这条路修了有 15 年。他们家 2008 年的时候还在喂牛，后来才盖成现在的民居客栈。夫妇两人原来打鱼，吃完晚饭去到洱海里，第二天早晨才回来，很是辛苦。他们觉得打鱼相对挣的多，只是不稳定。男主人说："以前没觉得这里气候和风景好，就觉得从小都是这么住的，没感觉，更没有旅游的概念。后来外地人来了之后，开了客栈，人们才逐渐意识到自己这里的风景好。""游客来就住几天，体会一下心情。"男主人原来是大建旁村村民小组的组长，后来由于纠纷太多，工作难做，于是请辞了。女主人原是计生委主任，也请辞了。

村子里的社会结构在发生着变动,包括社会阶层的上下流动。原来拥有路边和村中心土地的人家在村中是占有优势资源的,而现如今发生了变化,原来拥有最劣等资源,即拥有海边土地的人家现在却成了村子里较为富裕的人家。从此个案中也可以看出,在村中担任一定职务对于当地的一些村民来说,其意义已经不同于从前了。

个案13

"海月湾"客栈旁有一家并没有挂牌子的民居建筑,主人是泥水匠,家里的青砖都是自己贴上去的,大门也是自己盖的。他们家的地本来是在现在环海公路边上,那里的农田被占了之后,政府给批了宅基地在现在的这个地方,即安置地,但比原来少了110平方米。本来说一亩地要给3万元的补偿,但是现在还没有到位。他们家的房子是两层半,也就是整两层,加一个瓦屋顶。他说3年前,政府管得很严,只能盖这么高。可是最近这两年管不住了,他家旁边的"旭宝庭院"就盖了四层半。他并没有给自家的客栈起名字,因为家里总共才四间房,平时游客少的时候,基本没有什么人会来这里住,只有游客特别多的时候,找不到住的地方,才会来他家里住。

这样的客栈在大建旁村较少,但仍然存在。从中可以清楚地看到,客栈规模的大小、是否运用互联网技术在网络上进行宣传,深刻地影响着当地村民的经济利益和发展前景。

个案14

杨YZ是大建旁村少有的对本地文化熟知的人,他家是目前全村最老的一幢房子,有146年历史。他热爱摄影,也是记者,保留了许多关于古老双廊的照片资料。据他自己说,他应该是拥有旧时双廊照片资料最多的一个人。他与在这里的画家赵青是好朋友，也曾给杨丽萍拍过许多照片。他正在改建自己的家，但不是要建成客栈，而是一个具有文艺气息休闲的地方。说到赵青，杨YZ认为这个人可以把很多像垃圾一样的东西变得价值连城，比如说沉船木，现在就卖得很贵。这种船很多是打鱼露底了之后沉到洱海下面的，时间越长越值钱，结果现在有些人还专门让船沉下去，等它升值。这些所谓文化人的审美趣味给村里带来了一些影响，有时他们的一个理念就让很多东西的价值得到了提升。当初他在这里建造的"青庐"和"太阳宫"，其眼光影响到了别人，并且让这个村庄几乎发生了翻天覆地的变化。杨YZ也说他觉得现在这些地方都被破坏完了，越来越商业化，人与人之间也都是利益关系了。

村中的文化精英属于极少数，他们对于本村文化的传承和变化具有更高的敏感性，杨YZ就是其中之一。他们在保护和发展当地文化的夹缝中试图寻找一条他们认为更加合理的道路。

个案15

一个康海村（双廊镇所辖的一个村）卖凉皮的妇女觉得这里的风景被破坏完了，开发对当地人的好处不多。他们家的房子不靠近海边，没有开客栈。她以前也曾在南诏风情岛卖凉粉，当时那里的人只租给外地人摊位，不让本地人卖。她还说原来他们康海村的海边都有插秧的水田。她觉得康海村的人最倒霉，因为他们不靠海，没开几家客栈。这里的水都被污染了，有的井打上来的水已经不能喝了，洱海边的水也都臭了。"老渔港"客栈那边的水已经被污染了，影响到了他们的入住人数。大建旁村新盖的客栈都会弄一个化粪池，但是没有玉几岛弄得好。玉几岛那边由政府统一出资管理，每家都会连一根管子，将管子连到一个大的化粪池，用作农家肥。

从海潮河村来到这里打工的女人说他们那里靠着海，但是有一条环海路，即使盖海景房也没有大建旁这里安静，她不知道他们村能不能发展旅游业。她觉得大建旁因为靠着海滩，发展海景房比较好，但是现在来的人太多，垃圾多，太脏了，他们村比这里干净很多。海潮河村目前还没有人盖客栈，但是已经有四川人来这里买地了，50万元一亩。她们家也有一片很好的地，现在种着葡萄，还没有卖。

相对于周边的村庄来说，大建旁村靠近洱海的土地最多，因此"海景"客栈在此处发展最为迅猛。周边村庄的妇女也纷纷来到大建旁村打工。邻村打工使得村庄的劳动力有了新的整合，也使得村民的生活有了新的变化。

通过这些众生相，我们可以看到双廊镇大建旁村更加生动的一面。从过去到现在，村民的生计模式、生活方式发生了很大的转变，更重要的是人们对于生活的理解也不同于以前。生活不再是单调的打鱼、喂牛、看电视、打麻将，而是有了更多的与他者接触的机会。而在与他人和异文化相遇的过程中，人们也瞥见了自身生活的多重可能性。

四、多元文化相遇的意义

当今世界，人们越来越意识到自己的生活方式不是唯一，自己所持有的文化也不是绝对。世界上的文化异彩纷呈，其多样性令人目不暇接。多元文化相遇时，在碰撞中便会生出许多新的事物，而这些事物所引发的整个社会和文化的变化是人们需要仔细考察与认真思考的。当"海景房"与双廊当地的白族传统民居相遇时，它所带来的便是当地景观文化的资本化，社会结构的延续与转型以及文化生存空间的扩展与变化。

（一）景观文化的资本化

"景观"一词的含义有多个层面，其最基本的一层便是指可视的客观风景、景色、景象等。"景观文化"在此基础上加入了"文化"的意涵，即景观是文化的结果或者说景观是文化的符号象征。对景观文化的理解就是从特定的文化背景之下去理解可视风景。

双廊镇大建旁村曾经是一个濒临洱海的渔村，人们以打鱼作为主要的生计方式。如今，许多外地人来到这个村庄，为的是看一眼洱海，或者住在海景房中体验别样的生活。大建旁村及洱海合为一体，共同成为一个被展示的空间。其景观文化包括两个实体：洱海和乡村。

洱海是吸引众多游客在双廊镇大建旁村驻足的重要原因之一，但它绝不仅仅是作为一处单纯的自然景观而引起注意，它所暗含的文化意味才是让人流连忘返的真正原因。正如迪克斯所说，"没有所谓的抛开中介体验自然，我们既然是文化的一部分，就已经为自然附上了沉甸甸的文化价值"[1]。

对本地人来说，洱海一直是他们生产生活资料的重要来源，这从一年一度的"开海节"中便可得知。"开海节"期间，人们要举行"祭海神仪式"，包括迎南诏海神、进献贡品、海神巡海、洱海放生、划船比赛等。近几年，随着旅游业的发展，节日内容又加入了传统渔业技能及水上活动的展示。无论是从物质层面还是从精神层面，洱海都是当地人生活中不可缺少的一部分，在具有实用性的同时也带有一定的神圣性。

对于外地人来说，洱海的文化意味则是另一种面貌，它被赋予更加人性化的面孔，象征着有大量时间和空间的高品位生活。人们借用"面朝大海，春暖花开"来形容对这种生活的向往，是一种对自然的文化赋予。人们从照片里、窗户旁、"文化眼镜"里注视洱海，而这种审美角度逐渐成为一种习惯。除了视觉之外，人们更要求以洱海为基点，住在海景房中享受多感官的空间体验。

与此同时，"景观文化"的另一个实体——乡村，也被不同的人群赋予不同的象征意义。

对村民来说，大建旁村是属于自己的生活空间。他们拥有自己的村委会、集市、本主庙、魁阁、小学、公墓等"必需配置"，也拥有客栈、停车场、路灯、候车点、排污系统等发展旅游业的基础设施。这种空间如同许多城市游客平日的居住地一样真实存在。

然而对于外地人来说，大建旁村却被罩上了一层朦胧的"乡村"色彩。它被作为现代都市人逃离繁忙工作的出口，也被作为人们怀念

---

[1] ［英］贝拉·迪克斯：《被展示的文化——当代"可参观性"的生产》，冯悦译，北京：北京大学出版社，2012年，第122页。

故土、寻找精神家园的寄托。于是,"乡村就被构造为'景观',在充满浪漫主义的注视下,它被传统地视作治疗都市现代性的药方"[1]。

正是都市人对于洱海和乡村有着不同于当地人的理解,使得双廊的景观在新的语境中有了全新的含义,这也为它在市场体系中取得新的位置并产生价值奠定了基础。根据当时双廊镇政府的预测,2013年全年,包括大建旁村在内的整个双廊镇接待国内外游客170万人,旅游总收入达1.21亿元,同比增长10%。[2] 而前来此地的游客,除了旅游团成员之外,其余散客基本都要入住村子兴修的客栈,尤其是海景房客栈。由此可以清楚地知道,这里的"景观文化"确确实实地参与到市场经济的运行之中并影响了整个社会的发展。

现在要提出的是,在旅游业的推动下,这种充满多义性的"景观"为何能够参与到市场体系中进行运作?亦即,这种"景观文化"为何能够"资本化"?

旅游业能够成为一种普遍的社会现象有诸多原因,其发生背景是社会生产力的提高带来了物质的极大丰富。然而与此同时,社会当中的一部分人想用一种方式来反抗自身作为工具性被安排的生活,而这种方式即是后来兴起的旅游。这种摆脱平日单调的生产组织生活,进入看似处于前工业时代的地区体验的心理,在当前的中国人中十分常见。中国少数民族地区旅游资源丰富,不仅有多样的自然景观,还有众多的民族文化资源,这些都不同于平日生活在都市中的人们所处的自然环境和文化体验,这使得少数民族地区的旅游产品具备了极强的个性,有着吸引非少数民族地区游客的潜力。随着当代社会由依靠生产进行发展转向依靠消费来带动发展,现代旅游业也逐步地被纳入这个体系之中,并遵循市场经济中生产、消费的逻辑而生存。因此,对

---

[1] [英]贝拉·迪克斯:《被展示的文化——当代"可参观性"的生产》,冯悦译,北京:北京大学出版社,2012年,第2页。
[2] 数据来源于双廊镇政府2013年统计资料。

旅游产品的消费也如同对其他商品的消费一样，成了构建社会关系、体现自身身份的手段。

少数民族地区的"民族文化"作为一种生产要素进入市场竞争当中，利用得当的话，会为当地人带来新的发展契机。因此，许多地方的人开始有意地突出自身特色，将自己特有的文化展示给外人。奇怪的是，大建旁村本是一个以白族人口为主的村落，可它并没有像洱海西岸的大理古城、喜洲等地利用"白族文化"的招牌来发展自身。相反，它得以让自己的生存发生巨大变化的要素却是"景观文化"。

某个事物作为一个要素进入市场经济的运行当中，一定有它可供"他者"解读和理解的地方，而这一方面依赖于持有此事物的人对其进行的适应性改造，另一方面依赖于解读它的他者的"文化"背景。二者相互作用，此事物才可以在市场中找到自己存在和发展的位置。

曾经，大建旁村村民对当地的风景，尤其是洱海，并未觉得有何特殊之处，直到旅游开发之后，村民才逐渐意识到当地的风景竟然如此受欢迎，"景观文化"竟然可以给自己带来这么大的收益。因此，大建旁村的"景观文化"在很大程度上根植于外地人对此地"洱海"和"乡村"两个景观主体的解读。但这绝不能简单理解为人们对一些纯粹自然景观和"农家乐"的固有印象，更不可以认为人们对此景观的向往仅仅是一种亲近自然的放松旅行。果真如此的话，大建旁村水涨船高的房价、地价以及高端奢华项目的入驻就难以解释了。

来到大建旁村的外地人多有都市生活背景，这从他们的穿着以及无处不在的单反相机可以略知一二。生活在都市中的人对自然和乡村这类的景观有着不同于本来就生活在如此空间中的当地人的理解。

首先，从表层来看，都市的人们生活在钢筋水泥铸成的森林之中，奉行着丛林法则，在工业时间之下过着既单调又统一的生活。一部分人急于逃离这种紧张忙碌的生活。另外，很多在乡村长大的人想要逃离乡村，进入大都市寻找新的生存机会。但有意思的是，都市里的一部分人却正好相反,想要逃离都市,来到乡村。他们将乡村想象为拥有纯净大自然、田园风光、质朴村民的地方,并且将都市人们丢失的一些高尚品质都赋予其中,乡村生活的层次在都市人群的想象中被提升了。这就造成了克朗所说的一种分离,"这种分离形成了一个虚构的地理环境,那里的各种形象会撩起人们对那个遥远的地方的向往,而这种不能满足的需要或'空缺'可以通过某一产品来弥补"[1]。这一产品即是对时间和空间的打包售卖,使其成为一个特殊的稀缺产品。都市里的人拿着金钱来到这里,乡村成了供人们体验的文化消费产品。

其次,洱海和乡村共同构成的景观意象还是都市里的人制造个性和差异的重要手段。如果说对乡村的美好想象体现了一部分都市人对自身生活的反抗和不认可,那么洱海及其附带的海景房则让这群人又找到了新的身份感和归属感。

想象一下,当所有人都在为生存奔波劳累的时候,一个人却可以悠闲地坐在洱海边消耗着大量看似无用的时间和空间。住在海景房中凝视洱海则更好地说明了人们对于休闲时间和空间成为产品的欣然接受。对于这些人来说,这是需要多么大的资金支持,似乎只有绝对有钱的人才可以享受这样的优越生活。这种体验可以给观光者带来较强的身份优越感,即使是短暂的一天也好,它可以给人以都市生活中难以获得的满足感。在都市生活中被磨灭的个性在这个地方又有了重新出现的机会,游客拍完照后发送到网络让朋友看到即是证明,他们在告知自己与同类人的差异。人们试图在这样的自然布景之下彰显自己被压抑的个性,然而,这种个性是有限的,也是经过编码的。归根结底,这还是一种随大流的共性。

以上两点是洱海和大建旁村共同组成为一个整体景观而进入市场成为消费对象的重要原因,这与外地人,尤其是都市人以自身文化背景对

---

[1] [英]迈克·克朗:《文化地理学》,杨淑华、宋慧敏译,南京:南京大学出版社,2005年,第126页。

它进行的解读密不可分。如果没有对于都市生活的逃离欲望、对田园风光的美好想象以及对身份重新定位的追求，洱海和大建旁村的"景观文化"便难以如鱼得水地在市场环境中找到那个最适合自己的位置。

在分析过"景观文化资本化"的原因之后，还有两个问题值得深入思考，即景观与权力的问题以及都市人在乡村建构高端生活的问题。

许多人喜欢说"自然面前，人人平等"。这句话乍听上去很正确，可实则不然。自然并非抽象的自然，自然总是由特定的地方所组成。一些自然景观在人类的操弄下与权力产生了联系，此处仍以本书中的洱海为例。都市里的人群通常没有属于自己的土地，社会中大部分的资源获取要通过自身的努力。在大建旁村，人们通过对洱海的视觉占有，间接获得了虚幻占有土地和社会资源的感觉。"主流文化就是通过命名、制图、测量和居住这类权力施为，跨越地理和阶级的距离，将空间殖民化。"[1]

从理论上讲，洱海是属于全人类的。所有住在双廊大建旁村的人和来此地游玩的外地人都可以无偿观看与享受这里的湖景。但实际上，由于海景房的设置，洱海风景被分割成了支离破碎的片段。大建旁村弯曲的海岸线上挤满了各式海景房，其中一些客栈并不允许所有人进入，而是设置了密码锁，唯有购买了海景房至少一天享用权的游客才得以进入。洱海边海景房的价格一般都比靠近村中心的房屋的贵，有的甚至达到1 000~2 000元一晚。这样一来，唯有极少数人才可以享用这样的海景房，也只有极少数人才能在特定区域内看到毫无阻挡、无人干扰的洱海景色。如果未能住进靠近洱海边的海景房中，还有一个选择即入住虽然靠近村里，但位于山头、地势较高的客栈中。这里虽不能近距离地贴近洱海、倾听海浪的声音，却能看到更加广阔和遥远的景色。这样的客栈的价格相对低一些，但总体来说仍很高。同时，

---

[1] [美]温迪·J. 达比：《风景与认同——英国民族与阶级地理》，张箭飞、赵红英译，南京：译林出版社，2011年，第50页。

山上空间资源有限，即使是从平地加盖高层的客栈也为极少数，所以能欣赏到广阔洱海景色的人也不算多数。因此，看似开放的景色实际上排除了很大一部分人，对它的追求实际上形成了一种垄断。而海景房的价格之贵不是它自身所发出的信息，而是一种人为的建构。对风景的消费暗含了对权力的掌握，在表层的经济行为之下隐藏着深刻的资源博弈规则。

另外，乡村景观在游客的镜头下成了权力的施展对象。人们在来之前就对此地有了一定的想象，当真正来到大建旁村的时候，只要遇到符合自己预期的事物，便会觉得自己的知识渊博，同时觉得这种异域的生活方式是可以通过视觉或镜头轻易捕捉的。所有带有古老、白族、手工标签的事物都被纳入游客的预知范围和相机镜头中，如果能遇到婚礼、葬礼等各种当地习俗是再好不过的了。这也催生了盲目支持保护传统文化的人群。他们将文化分为传统和现代，认为传统的事物就需要保护起来，任何对它的破坏行为都是不能容忍的，尤其是因商业利益引发的破坏。虽然在一些地方，不恰当的开发行为确实导致了破坏，但在双廊镇大建旁村，更多的是改变和发展。那些痛心传统事物改变的人其实缺乏发展的动态眼光，并没有看到所谓的"传统文化"也是经过历史上不断地融合与变化才发展至今的，今日的改变也将成为未来意义上的"传统"。正因为缺乏这种认识，这个群体总是以高尚的"传统维护者"的形象希望将他们的观念强加给当地人，想让当地的景观按照自己心中"传统"的形象保持下去，而实际上这种做法恰恰阻碍了当地的经济、文化、社会的发展，让传统文化难以发展，而非焕然新生。

除了景观与权力的问题之外，由"景观文化的资本化"引申出来的另一个问题同样值得人细细思考，即都市人在乡村构建高端生活的问题。这个问题的提出源于田野调查中与游客交谈时生出的疑惑。

一群都市人吟着诗人海子的诗句："从明天起，做一个幸福的人。

喂马，劈柴，周游世界。从明天起，关心粮食和蔬菜。我有一所房子，面朝大海，春暖花开。"他们看似向往简单的生活，而来到双廊镇大建旁村却过着越发奢侈的生活：红酒、西餐、单反相机、高价海景房，应有尽有，为什么？在当代中国乡村人口向都市流动的大背景之下，为什么有这样一群人会选择流动到乡村，更关键的是，为什么他们在乡村构建一种高端而不是简单的生活？

  来到此地的都市人对乡村进行了另一番建构，赋予其并不存在的"乌托邦"色彩。他们根据自己的一厢情愿去模仿乡村生活，有些人将这种模仿转变为商品进行出售。可事实上，这种乡村生活早已名不副实，它应该被称作"成功人士的高品质生活"。因为，"支撑乡村、别墅和别墅生活方式的财富的真正来源不再完全由农业劳动提供，还由包括贸易、商业甚至工业在内的其他产业提供"[1]。真正过着乡村生活的人将自己的土地出租，以供这些都市人休闲来获利。例如双廊的一个关于高端生活的规划——预计总投资额 4 亿元的大理论坛双廊度假酒店项目即将开发，以"颐养生命、传承文化、分享智慧、歌颂淳美"为开发理念，规划"酒店综合服务、艺术家村、休憩养生"三大功能区，旨在创造国际化高端休闲养生度假环境。这些高调打造的"乡村"，就其实质来讲是一种象征符号、文化资本，它与我们通常所理解的乡村有很大差别，在这里它实际上代表着一种高端的生活，这种符号资本转化为真正的资本。

（二）社会结构的延续与转型

  正如在思考大都市的社会结构时不能只考虑常住人口而忽视流动人口一样，在考察乡村的社会结构时也应如此，不仅要看长居于此的

---

1 [美] 温迪·J. 达比：《风景与认同——英国民族与阶级地理》，张箭飞、赵红英译，南京：译林出版社，2011 年，第 20 页。

当地人，更要看作为一个群体不断流入流出的外地人。

旅游开发之前，双廊镇大建旁村人与人之间的关系结构较为单一，一家和另一家总是或远或近地可以攀上亲戚，整个社会是一个熟人社会。而旅游开发之后，社会的结构以及人与人之间的关系发生了变化：村民内部原有的熟人关系仍在延续；来到这里的外地人，虽然其中的大部分人并不会长居于此，但作为一个群体，他们已被作为社会结构中的一个重要部分，使得当地社会的整体结构产生了变化；同时，外来的人群也对村民内部的关系结构产生影响，使之发生了深刻的转型。

当地社会结构原本就有一套自己的模式，即便是旅游开发之后，原有的社会间相互依赖的关系也并没有被完全截断，但这种关系开始变得松散。

在婚嫁、丧葬、新屋落成、给孩子取名等众多仪式中，本村的人依旧要互相请客，如果要请的客人不在家，会在大门上写上"明天到××家吃饭"的字样。仪式中的帮工通常也是轮流交换。如果某一家在遇到仪式的时候，有一家未被邀请或被邀请但是没有来的话，等下次后者举办仪式的时候，前者有时便不会去参加或帮工。从这里可以看出，村子里人际关系的亲疏远近一方面依赖于既定的亲属关系，另一方面更加依赖于共同经历的村子里的各项事务。旅游开发之后，当地人新修的客栈不断建成，新屋落成仪式也每隔一段时间就要举行。仪式中最重要的一环便是房屋的木匠和泥水匠用鸡在新屋的柱子上点穴以辟邪。木匠和泥水匠的地位在当地社会结构中变得更加重要。

随着旅游业的发展，来到双廊镇大建旁村的人主要分为三种：游客、客栈老板和艺术家。这三个群体以游客的人数居多，且流动性强。后两者属于阶段性流动群体，也有的选择长居于此。

游客通常不会与当地人产生较为深层的关系，但会对当地人的社会关系产生影响。他们来到这里享受洱海及其带来的休闲生活，与当地人的交流多在交易层面，如在当地饭馆点菜，在街边小摊买水果、特色小吃，在当地购买有民族特色的饰品，向当地人租自行车或电动车环洱海骑行等。有时游客也会向当地人问路，或者在聊天中询问当地的情况和民风民俗的含义。很多游客虽然素不相识，但住在一个客栈或恰巧在某个地点一起游玩时，会交流彼此对当地的感受。他们会互相推荐自己认为好吃的餐馆和好住的客栈，也会讨论自己觉得并不满意的食物和旅店。而当游客结束旅行时，一部分人会在网上撰写攻略以供将要前去的人参考，也有人会跟朋友力荐此地值得去吃的餐馆和入住的客栈。得到推荐和热捧的饭店或客栈会获得较好的经济收益。村里人也会很快地互传哪家生意更好，游客喜欢哪家，哪家生意不怎么样，游客总是抱怨等，作为谈资。这种名声会使村里人对彼此的看法发生一些变化，他们通常对那些可以卖出高价钱的本地客栈和生意很好的饭店表示一定程度的佩服。

  游客之外，与当地人发生密切交流的要算从外地来到这里投资开客栈的人了。大建旁村的土地不得向外地人转卖，只能通过租的方式让外地人利用。10年前，第一批外地人来到大建旁村，他们以极低的租金租了洱海边的土地兴修客栈。当时，拥有洱海边土地的人在村里并不算富裕之人，突如其来的一笔资金让这些人暂时阔绰了起来，而其代价是失去了此地十几年的使用权以及翻倍的经济收益。随后的几年之中，更多的外地人携带大笔资金来到大建旁村想要租一块地开客栈。这些外地人通常会在村里先看好自己想要的位置，再寻找一位当地人帮忙联系土地所有人，而这位当地人有时就成了土地所有人和外地人签合同时的第三方证人。这样一来，第三方和土地所有人之间的关系不仅局限于原来村里的亲戚或朋友关系，由于外地租借人的加入，三方在经济利益的驱使下形成了一个新的法定关系，当地二人的关系也被纳入经济利益和法定效力的层面。

  值得注意的一点是，这些外地客栈老板除了在租土地和签协议时与当地人发生密切的关系并影响到当地社会关系之外，在其他层面，他们一般不与当地人产生更加深层次的接触。例如在当地人盖的客栈举办新屋落成仪式时，就在旁边客栈里的外地人一般不会主动参与到隔壁的仪式中去。他们与本地人的关系仅限于经济层面。那些更多的属于当地社会传统层面的事务，外地人则很少参与。

除了客栈老板，在客栈之中生存的另一类外地人即是来这里做义工或打工的外地年轻人。这些年轻人的年龄通常在20岁到30岁，他们没有选择留在城市生存，而是选择一个自己喜欢的地方打工，等赚到足够的资金或找到了下一个自己想去的地方时，他们才会继续出发。通常，待在这些地方打工的时间被这群年轻人称为"间隔年"，他们期望在间隔年中思考自己想要的生活。这群年轻人适应力极强，他们喜欢与当地人交流并做朋友，因为这正是他们来到此地积极寻求的目标之一。由于许多当地人，尤其是妇女、年轻人也在客栈打工，不知不觉中，双方互相认识并产生了交流，当地人接受了外地年轻人带来的一些新的想法。尤其是当地的一些年轻人突然发现原来自己从小长大的地方受到这么多外地年轻人的喜欢，何不就在此地凭借自身努力和自己家的资源开一间饭店或一个客栈。于是，大建旁村许多的年轻人留在村子里，给自己和家庭，也间接地给村子保存了极大的人力资源和创造价值的潜力。这使得大建旁村并没有像中国其他一些农村出现严重的"空巢老人"现象，而是给社会的发展和内部稳定打下了坚实基础。

除了游客、客栈老板、外地年轻打工者之外，来此地的艺术家也是一群可以对当地社会关系产生少许影响的人。沈见华是一名画家，他在双廊创办了中国第一个少数民族画社，他让当地一名有才的年轻人赵定龙做了社长，也教当地一些上了年纪的白族妇女作画。这些老人找到了一项新的娱乐活动，她们的画曾经被送至北京举办了展览。

由上可以看出，外地人融入当地社会的方式并不是传统的婚嫁等熟人社会常用的方式，而是从其他层面进入并深刻影响了当地社会关系的发展。外来的经济行为、思想意识使得本地社会结构走上了属于自己的道路。虽然外地人并没有固定的个体形象，但作为一个群体，他们确实参与到了当地村子的社会结构关系之中。

外地人带来的更广范围、更深层次的客栈开发，给当地的社会结构带来了更深刻的影响，尤其是土地的出租和客栈的开发使得当地原本的社会秩序产生了变化。

原本村里最好的地皮位于村中心和公路两边，被分到洱海边土地的人多少有些不情愿，因为村里很少会有人认为这是一片好地方。风大浪大又不好睡觉，盖房子的成本也太高。2007年，洱海边的一块地被租了下来。村民发现原来村里最不值钱的地竟然可以租出这样高的价钱（虽然当时的租金一年只有几千元不到1万元），原来不怎么富裕的人竟然一下拥有了一大笔资金。自此之后，洱海边的土地一块块被陆续出租出去，而拥有洱海边土地的人也一个接一个地富了起来。

出租了地不久之后，村民又发现来的游客越来越多，地价和租金都开始上涨，而自己当初一下子租给外地人十几年，又签了合同，如今后悔也来不及。当初在洱海边还保留有土地或者靠村中心的一部分被外地人看中的土地的主人，此时不再想把土地出租给外地人，而是想双方合作或者自己盖客栈。这群人同以前出租土地的村民就不同了，他们掌握在自己手中的不再是固定的资金，而是有升值空间的土地和继续进行再生产的客栈。

这样一来，村里的人变为两大部分：持有客栈（与外地人合作或者自己兴建客栈）的人和未持有客栈的人。后一部分人的生计转变成以下几种选择：卖水果，卖小吃，开饭店、超市、服装店、药店、建材店等各种商店，在客栈打工，在工地打工（包括木匠、泥水匠等），包车接送游客，三轮机动车接送游客，打鱼，在山上种果树，在政府部门上班等。这后三种生计方式是村里一直就有并且延续至今的，变化在于人员数量的多少和具体人员的变动。而前面的多种生计方式是此地自从开发旅游业之后才出现的可供村民谋生的新方式。

对于持有客栈的这个群体来说，其内部又出现了分化，社会结构变得更加松散。客栈的地理位置、互联网技术、客栈的风格是影响其分化的三个最重要的原因。

第一，客栈所在的地理位置是否可以让人看见洱海，这是决定一个客栈是否可以卖出好价钱的重要因素之一。往往可以看到哪怕是一角洱海的客栈都可以让游客心甘情愿地掏翻倍的钱入住。通常，每一家的地理位置是多年前就已分配下来的，以前被嫌弃的洱海边的地现在却恰好是让主人最为满意的地方。除非某一家人资金十分充足，可以根据自己的意愿同本村的人协商买地，用经济行为改变自己的资源价值。否则，一个人在当前这个时期所能占据的社会资源的广度只能基于之前自己在村中的社会资源。有意思的是，之前占有所谓较"次"资源的村民，现在摇身一变，拥有了村里最好的土地资源。

第二，互联网技术的引入也使得持有客栈的群体内部产生了分化。许多外地游客喜欢来双廊之前就在网络上将房间预订好，而且根据本文分析也可得知，网络上对洱海、双廊以及客栈本身的文字和图片宣传，都是让游客对双廊心驰神往的重要原因。因此，在网络上拥有自己客栈的图片和介绍的私人网站，可以使更多的游客慕名而来，自己的房价可以抬得更高一些。

2013年6月，大建旁村大部分本地人兴修的客栈都没有属于自己的网络宣传，只能等没有提前订房的游客亲自来到当地时才有生意。更有甚者，由于房间不足，没有网络宣传，甚至连客栈的名字都没有取。因此只能在旅游旺季游客爆满，有许多没有预订房间的人来找房子住时，这种客栈才可以分一杯羹。网络宣传的匮乏确实使得一部分开了客栈却又无力宣传的人被迫处于利益链的末梢。

2013年12月，这里又有了新的变化，很多当地人开的客栈在网络上有了宣传，但这不同于外地人自己设计的网站、网页，而是在艺龙网等酒店预订的网站上所做的宣传。他们把自己的客栈名称、简介、房间报价放在网络上之后，原先作为末梢的状况有了很大的改善。首先，放在酒店预订网上之后，房价可以上涨一些。其次，客栈经常处于房源满客的状态，不再像以前只能等待没有地方可去的游客的到来。当地客栈的网络宣传多是找村里会用网络的人帮忙弄的，这些人尤以年轻人为主。网络技术的重要性在双廊开发旅游之后日益凸显出来，而村里掌握网络技术的年轻人此时受到了人们的极大重视。目前，村里人自己弄的网络宣传仅限于在预订酒店的网络上报价，而非设计专属自己的网页。可以大胆推测，当旅游进一步发展，村里几乎所有客栈都有网上预订功能的时候，一些客栈为了加大利益差距，或许会找人帮忙设计自己的网站，又由于竞争机制，更多的网站也会这样做。如此一来，村里擅长网络技术的年轻人会受到越来越多的重视，而这也会带动村里人，尤其是年长一些的中年人提高网络应用能力。

无线网络在大建旁村几乎全村覆盖，这要得益于每家客栈为了满足游客需求而做的努力。网络在这里不仅仅是一种技术手段，它更是连接大建旁村与外部世界的重要媒介。大建旁村的优势在于洱海和乡村景观，而这种对游客的视觉传达恰好需要利用网络这个可以大量传播图像信息的载体。在网络世界，双廊镇大建旁村的人、社会和文化被各种人以自己的视角呈现。这个渔村社会不再是一个较为单一的个体，而是参与到了更加广阔的世界当中。

第三，从本地人开办的客栈的风格也可以看出它们本已具有的分化，以及新近出现的转型趋势。本地人开办的客栈，按其风格主要分为两类：本土型和模仿型。本土型，又分为两类。第一类是当地普通百姓自己设计并兴建的，其风格与当地传统的白族民居建筑相似：一层设堂屋，二层对应空间放置牌位；青砖贴面，木制窗户。有的为了使游客可以欣赏洱海，将窗户加大。内部放置一张或两张普通的床，室内装修没有很强的设计感，顶多放置两个绣有民族元素纹样的枕头。这类客栈多是民居客栈,即当地居民家用空间和为旅客开辟的商用空间处在同幢房屋之内的客栈。第二类是当地文化精英所设计的客栈。这类客栈通常成了当地的高级会所或者高端酒店。而此类酒店的突出特征是既保留当地的传统结构、装修特点,又对结构和装修进行了创新与改进。与本土型不同的另一大类是模仿型。其模仿对象是外地人设计的客栈。这类客栈多不是民居客栈,而是纯粹的商业客栈,因此它摆脱了许多限制。尤其是其内部装修都在努力效仿外地人的设计。例如在窗边放置浴缸,床边的柱子上挂起帷幔等。由于其建筑整体风格和内部结构并没有摆脱中规中矩的本地设计,模仿外地人设计中的元素时,"生硬"地将其纳入一个狭小方正的空间,未免有些牵强。

从对客栈的风格这样一种粗略的分类来看,其体现的是当地社会结构的延续。本就是当地文化精英的一些人,他们所设计出来的事物,其品位在全村该是最高的。一部分木匠或是学校老师,其文化水平、知识构成相对丰富,接受新事物并进行模仿的能力也高于一般人,其客栈的类型自然体现了一种模仿的特征。而当地另一些木匠或是普通人,他们熟悉本地房子的建造办法,习惯如法炮制。当知道游客喜欢看洱海,也比较好奇当地的民俗之后,用最简单的办法来回应这种需求,而非用更加精致的设计来改造自己的风格。社会中的各个群体以前从事不同的劳动分工,他们并没有在生产领域的某一个方面有共同的作为。旅游开发后,所有具备资金和地理优势的人共同被推进了"生产"客栈的领域当中。对同一件事物的不同处理态度便体现了社会结构分化的事实,这种事实在"客栈"发展的推动下更加鲜明地呈现了出来。

(三)文化生存空间的扩展与变化

文化常被作为相互分离的容器来看待,在一些学者看来,它是有明确边界的实体，不同文化的交流便成了打破边界的过程。一些学者将文化定义为具有共同空间范围的特性集合，它被想象成整体并受该空间的束缚；另一些学者认为文化不再被看作物质活动的结果，而是那些活动产生的原因。不再是符号产生于人们的行为方式，相反是符号可以明确地规定人们恰当的行为方式。[1] 迈克·克朗认为："文化是容器的想法强调了文化内部的纯净度（好像流传下来的一种实质），以及对此加以维持的文化间的分界线。不过，文化时常会存在一些物质的和符号的联系。它们意味着我们不能单单将文化看作有分界的实体，也不能单是看重于这些实体间的差别。我们应该着重研究文化间的区分是如何建立的，而这些区分又是怎样掩盖了文化之间的相似之处以及文化间物质和符号的关联。"[2]

　　文化的生存确实依赖于一定地理界限之内的空间，但它并不被此空间束缚，成为与世隔绝、独立发展的一个文化实体。文化的生存以其不断发展作为重要支撑，而发展又需要与异文化的交流和沟通作为手段。双廊镇大建旁村虽然在旅游开发之前，交通较为闭塞，但这并未使其文化与外地其他文化隔绝。据村里老人说，唐代以前就有人移居此地，后来由于明清政府开垦边疆的政策以及军事战争的影响，中原人所携带的包含技术在内的文化也"移居"至此。旅游开发前所能看到的双廊当地的文化已是经过不断与异文化交流的结果。其建筑景观更是融合了中原四合院的形制，再结合本地的地理环境、气候条件后形成了当地新的三坊一照壁的白族建筑。因此，本节所说的文化生存空间的扩展与变化，其立意不在于说明当地的文化本来按照自己的传统有条不紊地发展着，旅游开发之后，其文化实体才被打破，才开始同外界交流，发生巨大的变化。实际上，当地的文化生存空间一直

1　[英]迈克·克朗：《文化地理学》，杨淑华、宋慧敏译，南京：南京大学出版社，2005年，第150页。

2　[英]迈克·克朗：《文化地理学》，杨淑华、宋慧敏译，南京：南京大学出版社，2005年，第156页。

处于不断地变动之中，从来没有停止过。只不过旅游开发之后，它的扩展与变化又有了新的形式，人们的生活也有了以前不曾出现过的变化。而我们要分析的便是这些新形式和新生活的特点及其出现的原因。

双廊镇的旅游开发不仅给当地人带来了一大笔资金，更给当地带来了一大批外地人和他们身后的文化。双方相遇的后果不能仅理解为外地人对当地人的影响及后者的回应，更应该看到的是双方存在相互影响，彼此所携带的文化不是"侵略与被侵略"的关系，而是一种相互交融、彼此渗透的关系。

外地人来到双廊镇大建旁村，他们尝试构建自己喜欢的生活。一部分外地人租下海边的土地，盖起符合自己审美趣味的"海景房"客栈。另一部分外地人来到这里入住自己心仪的"海景房"，享受几日梦寐以求的生活。这种审美趣味和生活方式是大建旁村的村民之前所不曾具备的。旅游开发前，村民都喜欢住在离洱海较远的地方，如以村委会为中心的一大片土地上，或者公路两边的空地上。他们对洱海没有特殊的审美需求，只是在打鱼或游泳、洗澡时才会与洱海有近距离接触。迪克斯说道："将事物转化为可被参观、可被观赏的将延续其生命，不仅可以为他者充当展示，也可以为自己用作文化/教育的资源。"[1] 洱海在外地人的参与下，从一个单纯作为当地人生产生活资料的来源转变为可供观赏的审美对象。当地人开始意识到自己所居住的环境中原来有一个要素的价值如此之高。"来自外来文化的物品只要能在新的文化制度中找到自己的位置，也就完全有可能成为构筑那个制度的一个文化要素。"[2]

除此之外，外地人带来的文化影响还存在于其他细节方面。首先来看在外地人开的客栈这个空间内发生的一些变化：这些客栈的管家

---

[1] ［英］贝拉·迪克斯：《被展示的文化——当代"可参观性"的生产》，冯悦译，北京：北京大学出版社，2012年，第15页。
[2] 马翀炜、陈庆德：《民族文化资本化》，北京：人民出版社，2004年，第278页。

通常是一个外地人，他被投资人安排到客栈管理日常事务。在平日开会、做决定或批评员工的时候，他采用的即是都市里的一套运行办法，尤其是类似于"朝九晚五"的生活作息时间也影响到了村里人的生活时间安排。另外，外地人开的客栈之内，尤其是公共空间，通常会放一些音乐，而这些音乐的种类各异，很少会放当地人熟知的歌曲。这样一来，整日在其中工作的当地人在不知不觉中听到这些音乐，慢慢地跟唱起来。有很大一部分外地游客喜欢在客栈内部吃西餐、喝洋酒，这通常需要投资人在外地找到一个会做这些食物且愿意来这个地方的人，有时即使找到了，这些人也会待一段时间之后便离开。要使客栈营业顺利进行，则需要当地人学会这类食物的做法。原来是外地人为游客做比萨、果汁、调酒，现在已经变为本地人来做这些东西。可见异文化中的一些事物已经被吸收到了当地的个体之中。

另外一些文化影响的细节也可以从当地个体的身上看出来。例如有一些当地男性开始穿着冲锋衣。冲锋衣通常是一些外地人到非都市的地方休闲、放松乃至探险、徒步时穿的一种衣服。很多来到双廊镇的外地游客都会穿这种衣服。当地一些男性，而非女性个体也开始穿着这种衣服，表明了一种对异文化服饰的接受。又如当地很多男性的手机都装有微信软件，这是一款可以即时发送文字、声音、图像等信息的工具，彼此可以通过扫描二维码、同时摇一下手机、添加微信号等留下联系方式。这款软件更重要的功能是可以搜到周围的陌生人群，只要用微信向对方打声招呼，面对面的陌生人也可以迅速联系上彼此。这款软件在外地人之间极为流行，它方便了人们联系彼此，更方便了与陌生人的相识。想要继续保持联系的人不再是留下手机号码，而是互相加为微信好友。这种交友方式也深刻地影响到了当地人与外地人交流的方式。

尽管外地人及其所携带的文化因子不断地深入当地村民的生活方式之中，然而，这绝不仅仅是单向的影响，当地人的一些生活方式也同样在逐渐地深入外地人的行为当中。当地人对外地人影响最深刻的当属饮食这一人类最基本的需求，而饮食在一个文化规则中又十分稳固。不同于去旅游景区走马观花的快速游览，游客更想在双廊入住海景房。这样，游客便需要考虑至少一到两天的饮食该如何解决的问题。双廊镇大建旁村的食物主要分为两类：西餐和当地饮食，且后者居多。来到此地的游客几乎都要吃至少一顿当地的正餐。从用餐习惯到食材、口味、名称等都是外地游客无法根据自己原有的知识进行想象的。例如在大建旁村，游客习惯将米饭装在木桶或大盆里，再用很小的碗盛饭吃。每一份菜的容量都大于外地游客平日所吃菜的分量。吃青菜的时候习惯再配一份有干辣椒面、蒜、葱等的蘸水，游客由于并不知道这种吃法，常常困惑于这份蘸水的存在。另外，还有一些游客不曾见过的蔬菜、不了解的吃法、没有听过的名字。游客只有在真正品尝过食物之后，才会慢慢记住每一道菜的名字，下次再点菜的时候不至于狼狈不堪。由于外地游客在当地只居住短暂的几天，当地饮食对其的影响只存在几天。而长期居住在此的外地人，尤其是来这里打工的年轻人，他们则受到了较大的影响。客栈里会提供一些当地的菜品，这些外地人每日会学当地人背着小箩筐去集市上买菜，还向当地村民学习如何做特色菜。他们也喜欢参与当地人家举办的各种仪式，与当地的人成为朋友。这个群体在大建旁村的人数并不多，但从这些长期居住于此的外地人身上确实可以看到当地文化在他们身上所产生的影响。

从本地村民的角度出发，旅游开发之后，他们遇到了一个以前不曾知道的事物——"海景房"。如果说"海景房"的进入使得当地村民的生活发生了巨大的变化，那在当地村民自己开办的民居客栈之中，一样可以看到当地人是如何将这个新事物纳入自己的文化体系当中的。"海景房"在当地村民的理解中即是外地游客想住在房间里看洱海。前文已经详细阐述过，白族传统民居中最重要的结构便是中心对称，且堂屋布局、二层牌位的摆放、周边空间的功能都有一定的讲究。而这种讲究从根本上来说体现了当地的伦理道德观念、祖先崇拜、婚丧嫁娶以及宇宙观等文化深层的要素。当经营客栈成为本地村民谋生的一种手段之后,其必然会影响到村民的生活方式,也会缓慢地使个人生活发生变革。"海景房"的深层要求绝不仅仅是能观看洱海而已,它的宗旨在于让游客可以在房间有一种接近自然、放松、无拘无束的生活体验。这需要的是更加开放的建筑结构以及更加精致、富有设计感的内部装修。由于当地文化的价值观很难快速改变,因此其房屋整体结构短时期之内也难以进行大刀阔斧的改革。当地百姓已经在努力尝试让房屋内部的装修更加符合游客的需求。由于他们在之前的生活中并没有遇到过这样的问题,因此现在遇到之后,其解决办法多是向外地人所设计的客栈内部装修学习并进行模仿。随着时间的推移,应该还会有更加细致的模仿出现,而当模仿阶段过后,或许真正结合本地特色并融入"海景房"特质的房屋会逐渐出现。正如有学者指出:"当代史的结果会出现一大批处于文化'之间'的人,以及由跨区域和跨文化联系创造出的、不是根源于同一文化的'非家常'生活方式的'第三空间'。创造力和生命力可能就发生在不同文化空间的并置、变化和联系之中,以及相对立的文化景观的相互覆盖之中"。[1] 而这正是文化生存空间扩展与变化的深层解释。

多元文化在双廊镇大建旁村的相遇体现的是一种地方性知识与异文化的碰撞。碰撞给当地人的生活和文化带来的必然是改变。原有的知识系统是人们在长期的实践中总结出来的,它被用来处理当时当地的人与自然、人与人之间的关系。与异文化相遇的时候,仅仅用自己过去的知识体系去理解异文化以及双方碰撞所产生的问题,显然是远远不够的。尤其当经济行为成了连接地方文化与异文化的中介时,对异文化的了解和对自然状况的把握则显得更加重要。

---

1 [英]迈克·克朗:《文化地理学》,杨淑华、宋慧敏译,南京:南京大学出版社,2005年,第162页。

回到本文一开始提出的问题，即为什么双廊本地的白族村庄利用外地人带来的"海景房"发展自身，而非像云南其他一些少数民族地区利用自身的民族特色来吸引外地人形成文化个性来发展自身？经过一系列调查和思考之后，这个问题可以得到一个初步的回答。

提出这个问题，源于这样一种视角：一方面，双廊本地的文化是那些具有明显特色的诸如白族服饰、白族建筑等文化事项，这些事物是本地特有的，在当地延续多年而未有大的变动，直到近些年旅游开发后，这些事物才发生了极大的变化，当地的传统文化遭到了一定程度的"排斥"，其生存空间被压缩到了一角。另一方面，在这种视角之下村民认为洱海及海景房等属于外地人所特有的文化，他们将这个新鲜事物带到双廊，并利用它进行盈利，这使得当地的文化没有展现的平台，不像云南其他依靠非物质文化遗产或本地民俗发展自身的地方，使得民族文化有了新的延续生命的机会。在双廊，"海景房"是主角，而当地的民族文化是配角。

实质上，这种认识是肤浅的、静止的、想当然的，它不具备发展的和求实的眼光。对此问题的真正理解应该是动态的、发展的。

首先，文化不是一个固定不变的实体，也不是与异文化相互隔离的容器。它的不断发展依赖于与异文化的相遇、交流以及融合。双廊本地的文化并不是始终保持自己纯正的"血统"，在旅游开发之后才开始与他者接触。事实上，它的发展就与每一次的与异文化的碰撞相关。国家政策、军事战争曾给这里带来一大批外地人，他们在生计方式、建筑技术上不断融合，相互吸引，共同进步。而现在，旅游开发的新契机又一次给这里带来一大批外地人以及他们的理念、技术等。不同于以前，这次带来了"海景房"这个新鲜事物。而这个新鲜事物的出现足以使双廊在发展的道路上继续向前迈进崭新的一大步。

其次，当地的文化并没有被"排斥"，其生存空间也并没有被压缩到一角。换句话说，当地的文化没有躲在一边顾影自怜，而是广纳他者，在交叉中形成了新的自我。如果说一些民族地区在"发明传统"或"挖掘传统"的基础上，使得自身文化有了展示的平台，从而为自身的发展赢得了机会。那么双廊地区在利用洱海及海景房为自己赢得发展机会的同时，更为当地文化的延续创造了健康的环境。当地的生活、习俗在发生变化，然而这种变化并不是因为展演的形式被迫发生了变化，而是更为自然地进行着改变。人们所看到的当地百姓生活也更加真实，虽然这很多时候并没有符合游客的心意，让他们看到他们想要的"真实"，然而这种自然的呈现也给了游客更多了解并认识当地文化的机会。

再次，利用洱海及海景房进行发展并不能简单地理解为利用外地人的文化因素来发展当地的文化。从本质上来说，这样的发展同那些利用自身民族特色开发旅游的发展是一致的。洱海也是当地文化中的一个重要因素，它作为物质文化的一个重要组成部分使得当地人可以有维持生存的依靠。现在，洱海依然是人们维持生计的重要来源，只不过这时的洱海作为一个文化要素进入新的语境，产生了更加巨大的价值。在新语境下，洱海得到了更多外地人的青睐，因为它符合这个群体对美好生活的想象。而当地人也做出了一定的调适，即建造了可供体验的"海景房"。虽然最初兴修"海景房"的是外地人，但越来越多的本地人也开始建造自己的客栈，这充分说明了本地人没有生硬地将"海景房"看作外来物，而是发现它的新价值，并积极地纳入自己的文化之中予以利用。洱海，同其他所谓的民族文化事物一样，作为当地文化原有的事项，进入新的语境，产生了新的价值。正如学者马翀炜等所说："'越是民族的就越是世界的'，民族文化确实因其特色、因其向世人展示了一种独特的可能的生活方式而可能获得世界性的关注，但不可否认的是一旦这些文化'走向世界'，由'脱域'（离开原来的语境）到'入域'（进入新的语境），就不再可能还是原有文化了，新的语境会毫不留情地赋予它新的意义而使其不再全然是原有的民族文化。"[1] 从另一个方面来说，并不一定所有的民族地区都应走利用民族文化特色进行开发的发展道路，试想，如果洱海进入新的语境，发生了变化，能为当地带来更大的价值和更合适的发展机遇，为什么非要强求属于本民族的其他看似有特色的事物来取代它，来进行发展呢？

最后，海景房不是异文化的专利事物，既然它已经融入双廊本地的发展当中，成了本地人新的生计方式，嵌合在双廊社会的运行机制当中，并作为一个重要的文化因子在发生着深远的作用，那么，它就应该被视为双廊当地文化中的一个事物。虽然目前看来，当地人对它的掌握并不那么驾轻就熟，但随着时间的推移和经济的发展，当地人对海景房的掌握将如同他们现在对白族民居的掌握一样轻车熟路。或许几百年之后，外地人再来到双廊时，会说，这就是他们的白族传统建筑——海景房。我们虽不能具体地描述未来几十年双廊的乡村景观究竟还会发生什么变化，但至少可以肯定，这条使得当地人生活发生变化的革新道路将会是异常精彩的。

结　语

双廊镇大建旁村的景观变迁以及村民生活的变化是当今中国经济社会转型时期的一个缩影，这种转型依靠着人们对当地景观的重新理解。

都市人群具有逃离城市生活的欲望、对田园生活的美好向往以及对身份重新定位的追求，而洱海和乡村景观恰好满足了他们的需求。外地人兴修的"海景房"客栈以及本地人修建的民居客栈，成了都市人群满足想象的载体。因此，双廊的景观在新的文化解读下，通过人们对它的适应性改造，在市场经济体系中找到了新的位置，在当地的经济发展中扮演着重要角色。

---

[1] 马翀炜、陈庆德：《民族文化资本化》，北京：人民出版社，2004年，第42页。

在都市人群内部，人们通过对不同位置的"海景房"客栈的消费，区分出了不同的权力等级。同时更可看出，自然景观和乡村景观在都市人群的想象中成了高端生活的象征符号。

在乡村社会内部，随着旅游业的发展，是否经营客栈、是否运用互联网技术、客栈地理位置离洱海远近、客栈的风格是否符合游客想象，这些都成了当地社会内部分化的重要因素。又由于外地的游客、客栈老板、义工和艺术家持续不断地进入双廊，这些人从各个层面影响了当地社会关系的发展。在这样的变化过程中，当地的社会结构在延续的过程中开始变得松散，并且逐步形成了一种新的社会结构。

当地文化在与外来文化的相遇和交流中不断发展，旅游开发之后，又出现了新的交融方式，对"海景房"、景观的消费成了异文化交流的中介。当地村民将"海景房"逐步纳入自身的文化体系之中，为当地社会的发展提供了新的生存空间。

因此，都市人群对自然景观和乡村景观的想象通常是无功利的、审美的，但对于它的体验是建立在功利的经济基础之上的。乡村人群在接受了当地景观无功利的审美趣味之后，为都市人群提供体验空间时也为自身获取经济利益打下了基础。都市人群和乡村人群在对彼此的想象中相遇，想象的偏差有时使得彼此并不能真正在同一个点上很好地对接。由于各类人群文化背景的差异，彼此基于想象的无缝对接或许永远也无法真正实现。既然良好的对接可以让双方获得共赢，那么努力去构建这种对接也是很有意义的。

布朗族卡咪人扶贫安居工程的
文化适应研究

作　者：田丽娟　云南大学民族学与社会学学院2013级民族学
　　　　专业硕士研究生
指导教师：段红云

引 言

（一）研究缘起

初知克木人，是听导师说起 2009 年克木人与莽人这两个群体被识别归并为布朗族，与此同时国家投入大量资金帮扶克木人与莽人的事情。当时我对克木人还比较陌生，我怀着对克木人的好奇开始从文献中了解这个群体。

克木人包括克木和卡咪两个支系，与汉文史籍中的"百濮"有渊源关系。克木人跨境而居，境外主要分布在东南亚各国，在欧美也有少量分布。老挝的克木人最多，有 50 多万人，称克木人，是老挝第二大民族。在中国境内，克木人主要分布在云南省西双版纳傣族自治州景洪市嘎洒镇和勐腊县境内，大部分村寨与老挝毗邻。中华人民共和国成立以前，克木人住在山上，主要从事刀耕火种的游耕农业。中华人民共和国成立后，克木人社会的发展变迁便与国家紧密相连。1955 年，克木人居住区被列为"直接过渡区"，直接过渡到社会主义初级阶段。[1] 20 世纪六七十年代，在党和政府的帮助下，多数克木人从山区迁到河谷平坝边沿，开田种水稻和旱地，从此固耕定居。[2] 2008 年，

---

[1] 云南省编辑组：《布朗族社会历史调查（三）》，昆明：云南人民出版社，1986 年，第 101 页。

[2] 王国祥：《西双版纳雨林中的克木人》，昆明：云南教育出版社，2009 年，第 116 页。

国家开始制定与实施为期三年的综合扶贫克木人项目，并把克木人识别归并为布朗族。

作为人口较少的群体，在国家政策的导向下，克木人社会发生了几次大的变迁。特别是 2008 年国家综合扶贫项目的实施，克木人社会发生了较大的变化，民居是最直观的体现。安居工程以整村推进的方式进行，统一推平地基，重新规划寨子的布局，最终安居房整齐排列在道路两边，克木人的村寨结构和民居都发生了较大的变化。

安居工程实施前，克木人民居变迁是缓慢而平稳的，不管是受自然环境和社会环境影响，还是与外界接触主动吸收优秀文化，都是村民自发主动选择的结果，是在遵循自我传统基础上的一种渐进式的改变。而安居工程，是以政府为主导，以项目为抓手，克木人共同参与完成的一种突变式的变革。安居工程等大规模扶贫工程的实施，大幅度提升了克木人的居住、交通、通信、水利等基础设施水平，改善了克木人的生存环境，这一方面增强了他们的国家认同感，在与邻近国家的比较中也增强了他们作为中国一员的自豪感；另一方面克木人的文化传统和社会结构也发生着变迁，由此他们是否过上了幸福的安居生活也引人思考。

根据文献梳理，关注卡咪人社会文化的专门研究较少，只是被零星碎片地囊括在克木人研究话语中。本研究以克木人卡咪支系为研究对象，以国家扶贫安居工程项目为切入点，倾听卡咪人对安居工程实施的记忆与表达，在卡咪人被动接受与主动形塑所共同导致的变迁中，透视卡咪人传统文化与社会结构，阐释卡咪人文化适应策略。以此个案来反思国家民居政策与边境地区人口较少民族的文化与地方性知识关系。

(二) 田野点概况

1. 卡咪村概况

卡咪村隶属云南省勐腊县勐伴镇回落村委会,是一个自然村落,坐落在县城东北部与老挝接壤的边境地区。勐伴镇位于北纬21°37′至21°58′,东经101°34′至101°46′,距离勐腊县38千米,途中18千米处是望天树景区,是一个半山区边境镇,也是一个以瑶族、傣族、哈尼族为主多民族聚居的乡镇。

回落村辖12个村民小组,村委会坐落在傣族龙嘎村,居住着瑶族、哈尼族、汉族、傣族、卡咪人等,是以瑶族和哈尼族为主体的行政村(图1)。各个村寨沿着012乡道和龙嘎河排列,坐落在山脚或山腰上。据2015年统计,回落村有609户,2 894人。其中,瑶族226户,1 070人,分布在回怀、上回落、下回落、盘山、桃子箐5个寨子;哈尼族197户,967人,分布在象朵牙、纳秀、茅草山、纳丁4个寨子;汉族22户,95人,居住在落水洞村;傣族68户,360人,居住在龙嘎村;布朗族卡咪人78户,348人,居住在卡咪村,卡咪村小组另有外来打工的民居18户,54人。[1]

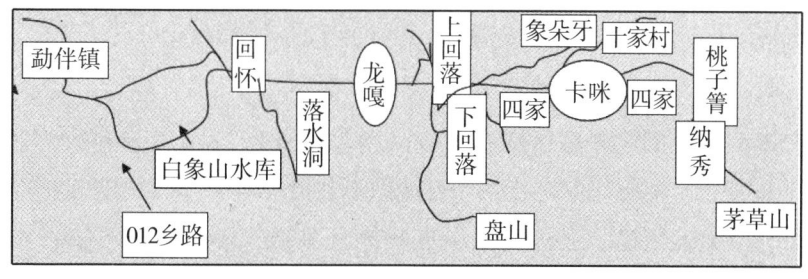

图1 回落村所辖自然村寨区位

---

[1] 数据来自回落村委会统计。

(1) 地理环境

卡咪村依傍在山脚下，坐落在绵长的山谷中。民居一排排沿着村中水泥大道依次排开，两层木制干栏房盖着蓝色或红色的连锁瓦片。道路两侧栽种着桃子、李子、杧果、栀子等树种，每隔一段距离竖立着白色的路灯，路灯上戴着太阳能电池帽。寨子前方和后方都是苍翠的原始森林，前方属于国家级自然保护区，连接望天树与南贡山。后方方圆94千米至国境线一带山林分别为集体林和自然保护区。乡村公路从寨中穿过，小河在寨子脚下流淌，乡路和河流呈东北—西南方向延展。乡村公路一头通往老挝，另一头通往回落村委会和勐伴镇。龙嘎河从东北向西南方向奔流，是南腊河的源头。寨子脚下田地沿河舒展，山林烟雾缭绕，水流潺潺，风景如画。

卡咪村旧称"回爱村"，依"回爱河"而得名，回爱河源于山上，从寨中穿过，是龙嘎河的支流。"回爱"是傣语名，意思是关卡山箐。卡咪村距离回落村委会5.4千米，距离勐伴镇政府15千米。与国境线20号界碑处相距8千米，同老挝丰沙里省本塞（本怒）县一个比族村寨临近。村寨往里与瑶族桃子箐寨子、哈尼族寨子纳秀、茅草山相近，往外与山脚下的瑶族寨子上回落、下回落连成一条线。全村共78户348人。卡咪寨属于热带湿润季风气候，一年分为旱季和雨季，年平均气温20℃，年降水量在1700毫米以上，雨水充沛。

寨子后方半山腰上住着10户人家，称"十家村"，这10户人家在半山腰平地上搭建平房，左右两排，连接在一起。这10户村民为哈尼族，老家在云南省思茅市倚乡镇云盘山村。2004年，四川老板承包卡咪人的山地种植橡胶，他们跟随四川老板来到这里管理橡胶林，签约管理30年，一户管理100亩左右的橡胶林，出售的胶水三七分成，老板七他们三。此外，他们每个月有650元的工资，作为生活补贴。他们向卡咪寨人租种了田地，每户人家租种两三亩地，种植水稻、玉米、菜等。卡咪村左边居住着4户人家，右侧公路边居住着4户人家，称

"四家村"。这18户人家在行政上属于卡咪村小组，归卡咪村小组管辖，他们与卡咪人关系紧密，和卡咪人称兄道弟，建立了深厚的友情。平日串门以酒肉相待，把酒言欢，卡咪人年节邀请他们参加。

（2）生计方式

卡咪寨以农业为生，种植水田，经营山地。水田面积有345亩左右，位于龙嘎河两边，大部分为卡咪人20世纪50年代搬迁至山脚下时开垦的，每年5月至9月种植水稻。2009年开始，每年10月至来年4月种植辣椒、五季豆、南瓜等经济作物，发展冬季农业。山地面积约8 000亩，一些村民家有一两百亩山地，少的也有五六十亩。山地位于寨子左侧半山腰上，距离较远的有七八千米，是卡咪人以前住在山上，从事刀耕火种农业留下来的"懒火地"。村民在山地上分别种植砂仁约3 600亩，芭蕉约1 200亩，甘蔗约160亩，橡胶约2 157亩，2015年开始在芭蕉地里混种坚果。[1] 此外，人们遵循传统，在山地上种植山谷（旱谷）、芋头、山药等，过节祭祀时用。

农闲的时候，女人们常去集体林或自然保护区的山林中寻找菌类、药材、竹笋、蜂蜜等，野生红菌、药材、雨林蜂蜜直接售卖给收购的商人或者收购的村民家，竹笋分为苦笋和甜笋，主要是自家食用。卡咪人喜欢吃鱼且擅长捕鱼，捕鱼是卡咪人传统的生计方式之一。平日里各个年龄段的人都喜欢去河里捕捉鱼类，当地有一种特别的捕鱼方法，即三五个人来到小河中，用石头、泥巴逆着河流围成一个弧形，用白色薄膜盖住，这样就可以把鱼堵住了，故称为"堵鱼"。此外，人们逆河而上，腰上挂着小竹篓，手持捕鱼工具漏斗，翻开石头用漏斗舀，可捕捉到小白鱼、水蜈蚣、小虾等。以前卡咪人吃鱼直接在河边架石烧火，用芭蕉叶包烧而食，现在主要带回家，锅炒和包烧并存。夏天夜幕降临，女人、小孩打着电筒，腰系竹篓，去寨子脚下的田地里捉知了、青蛙，拔去知了的翅膀后直接在锅中轻炒或油炸。

1　数据来自2015年回落村委会统计。

近年来，卡咪人商业意识不断加强。如今寨子里面有 6 个小卖部，3 家村民利用在公路边的优越地理位置，在原来的木制干栏房屋后面新搭建了一间水泥房或木房，在水泥路边售卖货物，早上做早点卖米粉。在一定程度上，村民还形成了竞争意识，商店里的东西越来越齐全。卡咪人没有形成赶集的传统，每天早上两三个菜老板把货车停在小卖部前摆卖菜，隔三岔五也会有商人来寨子里卖衣服、生活用品、家居用品等。夏季有些人家栽种的桃子等水果熟了，主人便采摘下来拿到水泥路边售卖。每到摘砂仁或过年的时候，村子里会有五六户人家在村中大道上卖烧烤。

2. 南欠村概况

南欠村隶属勐腊县尚勇镇曼庄村委会，距离曼庄村委会 7 千米，距离尚勇镇镇政府 27 千米。曼庄村委会在县城与镇政府中间位置，距离尚勇镇镇政府所在地 24 千米，距勐腊县 20 千米。全程为柏油路，交通方便，是一个以傣族为主，兼有哈尼族、拉祜族、布朗族（卡咪人）、汉族居住的行政村（图 2）。

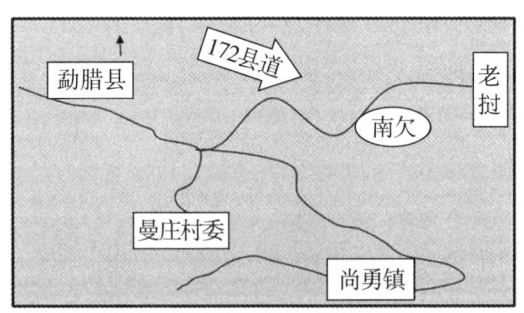

图 2　曼庄村委会和南欠村区位图

南欠村与卡咪寨地理环境相似，坐落在山脚下，寨子前后树林苍翠，前方是集体林和橡胶树，寨后属自然保护区。南欠河从寨子脚下流过，是南腊河的支流，柏油公路穿越寨子通往老挝，为172县道，途中有边防部队驻扎。进入老挝的第一寨子便是巴卡寨，是哈尼族聚集的寨子。南欠村得名于"南欠河"，是傣语名，即野花椒河，因为村寨坐落在长满野花椒树的河边，故名。南欠村背面山腰上是沙沟寨，有十几户人居住，他们来自云南省文山州，是布依族，1997年来到这里租地种植橡胶，与老板签协议四六分成，老板六他们四。他们与南欠村村民往来频繁，每逢南欠村红白喜事，他们都会参加。

个案1

沙沟寨第一户人家姓罗，他说："我们祖宗在贵州，我们在清朝的时候从贵州迁到文山，1997年的时候，西双版纳有老板叫我们去种植橡胶，听说种橡胶挣钱多，我们就来到这里。我们在这里租种橡胶，橡胶地是南欠村的。我们家种植100多亩，一年有18万元的收入，四六分成算收入，老板六我们四，我们一年挣四五万元。我们户口都还在文山老家，没迁过来。我们和南欠是一起的，他们结婚、盖房子、死人我们都会去的。他们过红花节的时候，我们也去看节目。"

南欠村海拔400米，属于热带季风气候，一年分为旱季与雨季，年平均气温24℃，年降水量1 650毫米。适合种植橡胶、水稻等作物。南欠村耕地面积362亩，其中田209亩、地153亩。南欠村20世纪80年代开始种植橡胶，如今有387亩，是经济收入的主要来源。南欠村是克木人扶贫示范村，交通便捷。

卡咪与南欠两寨相距约70千米，卡咪寨地理位置比南欠村略高，相对气温低几摄氏度。自建寨以来，两寨相互通婚，结成了复杂的亲缘关系网络，相互之间经常走动，在日常生活中探望亲人、相互帮工较为频繁，每逢上新房、结婚、丧礼、新米节、红花节等节庆仪式，对方都会前往参加。

卡咪和南欠两寨卡咪人一致认定他们是一个群体，是兄弟寨子。在族群层面上，两寨保持着一致的认同取向。近年来，两寨经济发展水平有了差距，彼此之间产生隔阂，同一族群内部认同出现了变化。卡咪寨村民觉得现在南欠村人瞧不起他们，南欠村村民觉得卡咪寨更为落后、偏僻。同一族群内部认同差异的产生根源于两寨经济发展水平的差异。

一、卡咪人的历史源流与民居演变

（一）族称和分布

克木人自称克木（或格木）[khmu]，意思是"人""人民"。历史上克木人有多种他称，当地傣族称克木人为"卡克木""卡送""卡"，含有奴仆、被统治者等贬义；汉族称克木人为"岔满""插满"；当地哈尼族和瑶族称克木人为克木。克木人有克木和卡咪两大支系，根据历史来源不同，克木支系分为克木泐、克木老、克木交三种，克木泐指的是世代居住在西双版纳本土的克木人；克木老指的是先辈从老挝迁过来的克木人；克木交指的是来自古交趾（今越南北部）的克木人。

卡咪人自称布兴[buxing]，意思是"人"。当地傣族称卡咪人为"卡比"[khabit]，意思是能爬树摘果子的人，"比"含有摘、掐的意思[1]；汉族称卡咪人为"克米"；克木人称卡咪人为"卡米"。卡咪人称克木人为"达迈"，"达迈"是克木人中不同支系的人的相互称呼，意为兄弟。如今当地傣族、汉族、瑶族、哈尼族等民族都称他们为卡

---

[1] 据多个卡咪老人讲述，"卡比"是傣族对卡咪人的称呼，卡咪由卡比演变而来。相传很久以前，傣族官员来到卡咪人居住的地方，看见山上有棵结满了果子的树，便要求当地人把野果摘下来，由于树木高大难以攀爬，其他民族都摘不下来，最终只有卡咪人的祖先把果子摘下来了，傣族官员很高兴，就称呼他们"卡比"，"比"指的是摘、掐的动作。

咪人，他们自己也随周边民族称呼自己。

克木人跨境而居，主要分布在中国与中南半岛各国，在欧美也有少量分布。在中南半岛主要分布在老挝、越南、泰国、缅甸、柬埔寨等国，总人口约70万。其中，老挝的克木人最多，共500 975人，是老挝第二大民族，大部分居住在老挝中部和北部的琅南塔省、琅勃拉邦省、丰沙里省等地；越南有56 542人，分布在奠边富省、森拉省等地；泰国有31 403人，主要分布在泰国北部的难府、清莱府和帕夭府，少量分布在泰国中部；缅甸有100多人，居住在缅老边境。此外，美、法等欧美国家有8 000多人，是1975年以前从老挝移民过去的。[1]

在中国，克木人分布在西双版纳傣族自治州勐腊县南部和景洪市西部的19个自然村落。克木支系在勐腊县集中在南部4镇6个村委会10个自然村，它们分别是勐腊镇的曼迈、曼岗，勐捧镇的曼种、回吉、回伞，勐满镇的曼暖演、曼蚌索，尚勇镇的王四龙、东洋、中南西。曼迈、曼种、回吉三个寨子属于克木泐，其余属于克木老。勐腊克木人寨子集中在澜沧江支流南腊河和南木窝河两岸的台地上，从地图上看其地理位置基本上连成一片，与老挝毗邻。

景洪市克木人分布在嘎洒镇3个村委会7个自然村，分别是曼达村委会的曼波一组、曼波二组，曼迈村委会的曼回笼、曼萝金、曼香班、曼咪，曼典村委会的曼吕，属于克木交。卡咪支系分布在勐腊县勐伴镇回落村委会卡咪和勐腊县尚勇镇曼庄村委会南欠两个自然村落，两寨人口具体分布情况如表1所示。

---

[1] 戴庆厦、朱艳华：《琅南塔克木语浊塞音、浊塞擦音的死灰复燃》，《语言研究》2012年第1期，第117页。

表1 2015年卡咪支系人口统计表

寨子	卡咪村	南欠村	合计
户数	79	68	147
人口	348	292	640

资料来源：卡咪村村主任和南欠村村主任，2015年10月。

（二）卡咪人历史源流

从史料、语言、文化习俗等方面建构克木人历史渊源及其演变过程以及傣族对克木人的统治，这是一种客位的历史，它未必客观与完整，但无疑展示了克木人的历史演变和社会面貌的图景。此外，至今仍有一套口传历史流传在克木人社会中，这是一种主位的历史，通过口耳相传的方式，诉说自身的来源和过去。克木人是口传历史承载的主体，在传承与表达中诠释了自身对历史的认识与理解。

1. 文本中的历史

克木人地处偏远的边疆地区，没有自己的文字，历史记载十分有限，即便有也未能对其文化和变迁进行翔实的考察。克木人在历史上的迁徙、分化与融合、分布区域的叠合变更，使得其历史演变错综复杂。有关学者从语言学、民族学、历史学、宗教学着手探究克木人的族源及其发展历程，简略勾勒克木人的历史发展脉络。目前，学术界普遍认为克木人源于"百濮"族群，最早居住在云南省南部、西南部与老挝、缅甸交界的广大地区内。经长期发展、变迁，逐渐形成孟高棉语族的诸民族。也有学者认为分布在老挝和东南亚其他国家的克木人是克木人群体的一个延伸，自有文字记载以来，克木人已经是当地的土著了，克木人在小范围内经常有局部的迁徙和多向性的穿插移动。但是，在他们形成单独的族群共同体后，其分布地域基本上没有太大的改变。克木人受傣族压迫而流亡,可能只是从坝区向山区的局部迁徙。[1]

公元 10~11 世纪,傣族先民部落——金齿百夷的势力崛起,征服并统治了这一地区的其他民族。

据老傣文《泐史》载,公元 1180 年,傣族首领叭真"入主勐泐,战胜附近各部落,建立仁景龙金殿国",统治了西双版纳地区。《元史·地理志·威楚路》记载:"威远州,其川有六,昔朴、和泥二蛮所居……其后为金齿百夷酋阿只步夺其地。"《镇源府志》载:"古西南极边地,濮、洛杂蛮所居,唐时南诏蒙氏为银生府之地,其后金齿白夷夺之,宋时大理段氏莫能复。"朴、濮即是佤、德昂、布朗、克木、卡咪等孟高棉语族群的先民。在金齿百夷的强大压力下,包括克木人先民在内的一部分孟高棉语族的民族向南迁徙到老挝北部,在以后漫长的历史时期中,这些克木人中又有一些逐渐移居到越南、泰国,形成了今天克木人在东南亚的分布状况。[2]

傣族统治时期,傣族召片领中华人民共和国成立前云南省西双版纳地区的最高封建领主和统治者把西双版纳山区划分为 12 个郡,派家臣波朗管山区各郡,"波"意为父,"朗"是览,即拴牲口的绳索。傣族领主加封克木头人为"乍""先",通过波朗,领主把土地交由村寨头人划分给各户耕种,土地属于村寨公有,各户对分得的土地具有相对定期的使用权和占有权,若某户迁出村寨,必须将土地转让给亲戚或者交还给村寨,再由头人分给地少的农户耕种;若是全寨迁走,则把土地交还给代表领主的波朗。

克木人必须为傣族领主服各种劳役,每年每户出一人帮波朗栽秧、割谷、种棉花、盖房、围篱笆、割茅草等,每年还要给领主纳贡赋,平时猎获野兽必须给领主献一腿。除劳役和贡赋外,卡咪人还要到领

---

[1] 何平、罗圣荣:《克木人的形成与早期历史》,《思想战线》2008 年第 2 期,第 24 页。
[2] 刘稚:《克木人源流考》,《东南亚南亚研究》1984 年第 3 期,第 28—30 页。

主家做家务，做傣族的家奴，给领主搭晒台、挑水、舂米、扫马厩等，5天一轮。有的克木寨子是召勐的专业寨，如克木人曼种寨每年每户去5天，给勐捧召勐养象，或用象拉柴火、驮盐巴，还有吹号寨、哭丧寨等。如果某户不去帮工，需出钱偿还。克木人有谚语道："买水吃、买路走、买地坐；死了，还要买土盖脸。"反映了克木人受傣族领主的残酷剥削。

中华人民共和国成立前，克木人社会处于原始农村公社阶段，村寨是由若干氏族组成的地域组织，村寨有两个头人、一个世袭的巫师。头人对内管理生产环节和社会秩序，对外交涉，巫师主持祭祀和治疗仪式。氏族是社会的基本单位，同一氏族的人集体进行生产、生活、祭祀等，村寨有公有的墓地和寨神园地，各户的宅地、畜禽属于农户私有。卡咪人生产水平低下，缺少生产生活必需品，他们通常用自己做的竹篾桌、竹凳子，自己种的棉花，从山林中找的木柴、野生菌、捕猎的动物，自己养的小猪小狗等到平坝地区与傣族交换他们所需的衣物、铁器、盐巴等。

克木人生活艰难，用与傣族交换来的土锅做饭，用三块石头竖起支锅，或者用竹筒做饭菜、烧开水，普遍用葫芦当碗，用竹筒背水。平时赤脚，雨天穿简易的竹屐或者木屐，大部分人家常年缺粮，有的人给傣族当长工。[1] 在傣族的统治下，克木人在生产生活上受傣族影响较深，取名、服饰及住房与傣族相似，取傣名、成年人会说傣族话、着傣装。

2. 卡咪人口述的历史

卡咪人用神话故事来解说自身的起源和兴衰历史，神话故事世代传承，至今在卡咪人社会中男女老少皆熟知。南欠村YJ，18岁，父亲

---

[1] 王国祥：《西双版纳雨林中的克木人》，昆明：云南教育出版社，2009年，第196—197页。

是湖南人，母亲是卡咪人，从小和外公外婆住一起，他清晰地记得卡咪人的神话故事，他说："从小外婆就给我们讲这些，天天讲，现在都还记得。"卡咪人的历史记忆包括口传神话故事和村寨迁徙及发展两个方面。

(1) 口述神话故事

卡咪人的神话故事包括起源神话、卡咪与克木分家、文字丢失、卡咪人强盛时期的情况等，这是卡咪人与克木人共同分享的历史记忆。

卡咪人有自身来源的神话传说。相传在很久以前，发生了一场巨大的洪灾，世间只剩下兄妹两人。兄妹两人只好分别去寻求配偶，找了很久也找不到其他人，最后他们在一只长着长尾巴、红色眼睛、绿色尾巴的"德哥"鸟的启示下，结为夫妻。妹妹怀孕9年后生下一个大葫芦，一天，两人去山上劳作回家，听见屋里有人的声音，却没有看见人，两人依声音仔细观察，得知声音是从葫芦里传来的，两人非常好奇，先用尖木棍在葫芦上钻了个洞，走出来的是汉族，所以汉族最聪明，会制造转动的机器；然后又将木棍磨成斧口凿葫芦，走出来的是傣族，因此傣族的犁头像斧口，会犁水田、种水稻；最后木棍凿秃了，两人将木棍放到火上烧再戳葫芦，克木人、爱尼人、瑶族、布朗族等从葫芦里出来，因为他们出来时身上沾染了木棍上的炭灰，所以他们的肤色比较黑。

卡咪人说本来他们也有文字，以前神仙给各个民族都分了文字，卡咪人把文字写在牛皮上，傣族、汉族把文字写在纸上。各个民族拿着自己的文字回家，途中要过一条河，卡咪人怕牛皮被河水冲走，就把牛皮烧吃了，这样文字就刻在他们的心中。

传说克木人有过繁荣强盛的时期，据附近傣族村寨的老人讲，如今的勐腊地区是古代克木人的聚居区域。历史上克木人曾在天峰山建立过自己的城池，并以磨歇盐井为经济中心辖周围近百华里，有百十个村寨，有金殿12座，下设四大山寨主，为四大文官，还设四大将军。兵勇都有咒符、咒语和文身,据说刀枪不入。他们开井熬盐,在盐井一带形成了大集市,十分富有,据说连鸡圈的门都是用银子做的。曾远用滚石、近用弩箭打败了召勐交(越南王)的入侵。

克木人说他们变成傣族土司的家奴是因为上了土司的当。据说傣族土司因打不过克木人,就将公主送给克木首领为妻,约定3年一次,由克木首领与傣族土司轮流设宴,起初傣族土司送女儿带大量金银首饰赴宴,订立友好盟约,麻痹了克木人,事隔3年,傣族土司请克木首领及文武百官赴宴,暗设陷阱。入席前,请克木人将武器挂在勾勾上,勾勾是一种吊杆,一转动,就将弓弩、长矛、刀剑等武器送入鱼塘中去了。入席间,将克木人灌醉,把他们推进鱼塘中闷死。个别人逃命回去告知其首领被杀,克木百姓只好向南边老挝方向逃走。只有一对夫妇,一早到山沟捕鱼,捕得小鱼及螃蟹,放进锅中煮,水煮沸,鱼变白了,螃蟹越煮越红,夫妻俩认为没熟,耽误了吃饭时间,未去赴宴,也没逃跑,最后沦为傣族土司的奴隶。逃往境外的克木人又迁回来一部分,形成了"克木老""克木泐""克木交"之分。[1] 今天卡咪说自己祖先本来很厉害,刀枪不入,比傣族还要厉害。

卡咪和南欠两个寨子至今还流传着卡咪和克木两兄弟分开的故事。卡咪和克木本来是两兄弟,克木是哥哥,卡咪是弟弟,共同居住在一座山上,以狩猎采集为生。有一天,哥哥克木猎到一头大象,分了一半给弟弟卡咪,大象毛细肉多,卡咪背也背不完。一天,弟弟卡咪捕到一头豪猪,同样分给了哥哥克木一半。豪猪毛粗肉少,哥哥克木看见豪猪肉后,心想豪猪毛比大象毛粗好几倍,肉肯定比大象的肉还要多,怎么分给我的肉才这么一点。哥哥克木于是对弟弟卡咪产生了怀疑,觉得弟弟卡咪自私便吵了起来。最终,弟弟从山上搬到了山脚,两兄弟从此分开。

---

[1] 云南省编辑组:《布朗族社会历史调查》,昆明:云南人民出版社,1986年,第103—105页。

卡咪人的神话故事是他们对自身历史的记忆，体现了克木人与傣族及其他山地民族、卡咪人与克木人之间的关系，卡咪人建构的历史记忆强调他们与周围的强势民族傣族、汉族是一样的，他们是从一个葫芦里出来的，克木人皮肤黑是因为沾了木棍上的黑灰。神把他们和傣族、汉族同样对待，给克木人分文字，他们还有令自己骄傲的强盛时期，这是他们对自身来源和历史的理解。卡咪和克木本是同胞兄弟，今天克木与卡咪的语言虽有点差别，但就族源来讲，双方都公认彼此是兄弟。有关氏族图腾的传说大同小异，生产水平、生活方式、婚姻习俗也接近[1]。

（2）村寨迁徙及发展

卡咪人村寨有两次较大的迁徙。第一次是从老挝迁到中国，在半山腰上建寨，以刀耕火种的生产方式种植"懒火地"，这是一次自发式的迁徙。迁到中国后卡咪人的村寨也不断变化，或合并或分寨，存在小规模的移动。第二次是从山上迁到山谷平地，开田建房，开始固耕定居，这是一次外力引导的迁移。中华人民共和国成立后，国家进入卡咪人社会中，主导着卡咪人社会发展。卡咪人对村寨迁移和国家进入有自身的记忆与表达。

据卡咪人说，中国的卡咪人是1941年从老挝迁来的，搬迁之前居住在老挝北部丰沙里省纳列勐勒村，当时老挝被法国人占领，沦为法国人的殖民地，卡咪人遭遇法国人的剥削，为了逃离法国人的压迫，于1941年偷偷迁徙到了中国一侧。

个案2

卡咪寨98岁老人YKD曾在老挝当兵，他说："法国人当时欺压我们，不顾我们死活，死了也见不着妻子儿女，无可奈何我们才从老挝迁过来，过来的只有七八户人家，我们住在山上面，砍

---

[1] 高立士：《克木人的社会历史初探》，《云南社会科学》1996年第5期，第66页。

树种'懒火地',种南瓜、旱谷（山谷）、芋头、山药等。"

迁来后卡咪人村寨也经过几次较为复杂的分寨与合并,据卡咪老人记忆,大致有三次较为清晰的路线。他们最开始先到龙嘎河上游居住,后从龙嘎河上游迁徙到回温河上游,最后从回温河上游迁到回爱河上游。如今卡咪寨的山地都在寨子往老挝方向去的山坡上,在龙嘎河上游地区,可见卡咪人最开始迁来时居住在龙嘎河上游山上,开垦山地。

中华人民共和国成立后,国家加强了对边疆地区的管辖,政府人员和解放军先后进入卡咪寨,给卡咪人做思想工作,动员卡咪人迁到平坝地区,组织人民开荒造田,向卡咪人宣传国家意识。1958年卡咪人迁出山林,在回爱河下游山谷地区定居,告别了刀耕火种的"懒火地"生产方式,据说解放军在卡咪寨驻扎两年多,协助卡咪人开田种稻、盖房子等,寨子以回爱河取名为回爱村,回爱是傣语,为关卡山箐之意。后来又改村名为卡咪村。

个案3

80岁老人BYJ说："总共来了三次,第一次来了五六个人,他们拿针线过来的;第二次来了两个,他们是医生,当时路不通,用马驮药进来,给我们打预防针;第三次解放军来了,这次来的人最多,我叔叔在乡政府当文书,他带着解放军进来,他们动员我们搬下来,说山里不好,搬在路边河边,公路通了小娃好读书。本来说要我们搬去勐伴那边,当时我们村有十七八家,你不同意我不同意（有些人不同意）,最后决定从回爱河上面搬下来了。"

个案4

YKD老人说："当时不让我们种山谷,实在不行才能种,解放军给我们讲这个时代是毛主席领导的,我们老百姓要靠自己双手干活。"

此时,卡咪人从游耕轮歇农业转换为定耕农业,由种植旱地转向主要耕种水田,开始饲养耕牛。南欠村从老挝迁来之初也几经搬迁,和傣族人混居一段时间,最后才搬迁到现在所处的位置。南欠村以南欠河而得名,据说以前南欠河边上长满了野花椒,河水都变辣了,就取河名为南欠河,为"野花椒河""辣水河"之意。

个案5

南欠村78岁村民BW老人说:"我们53(1953)年的时候在曼扎龙,58(1958)年的时候部队又把我们迁到井刚跟傣族住在一起,不像傣族有田,我们没有田只有旱谷地,饭不够吃。62(1962)年的时候,工作队动员,我们从井刚搬到南欠,我们65(1965)年的时候开始开田。"

20世纪50年代至70年代,卡咪人经历了互助组、合作社、人民公社的历史过程,新的区、乡、村等行政组织制度取代了傣族封建领主制和卡咪人氏族长老制。在人民公社时期,生产队长成为村寨农事生产的组织者和领导者,卡咪人对这段时间的记忆就是集体劳作,领工分换口粮,吃大锅饭,等等。这一时期,卡咪人的传统风俗、民间宗教等传统被归为"四旧"而终止,红花节和新米节、房屋门楣和柱子上悬挂的辟邪器物"达寮"以及一些驱鬼治病的仪式都被强令禁止。具有时代属性的文化事项进入卡咪寨,国家意识强势渗入卡咪人的社会文化之中,使得卡咪人民族文化不断与主流文化趋同。这一时期,卡咪村和南欠村的部分村民又迁徙到老挝,直到20世纪80年代才回来。

20世纪80年代，卡咪人分田到户，村民各自新开垦水田，他们的传统风俗、民间宗教开始恢复。调整产业结构，种植甘蔗、茶树、砂仁、芭蕉等经济作物，改变了单一种植谷物的生产格局。南欠村因为与国有农场紧邻，其海拔比卡咪村低，在国有农场的带动下，20世纪80年代开始在山地上种植橡胶，因此南欠村村民的经济收入得到较大的提升，他们的生活得到大幅度改善。卡咪村在2000年以后才开始种植橡胶，且种植面积不大，导致卡咪村村民与南欠村村民的经济生活水平逐渐有了差距。2000年以后，农业机械取代了牛耕，牛在卡咪人的生产生活中消失。

个案6

卡咪寨村民MYF说："南欠村人比我们有钱，是因为他们比我们先种植橡胶，他们村海拔比我们村低，那个时候说我们这边海拔高不能种植橡胶，现在又可以种了。"

个案7

卡咪寨村民BYL说："我们最近几年才种植橡胶，有些人家的橡胶树都还小，不能割胶。以前南欠村种植橡胶的时候，我们这边也想种的，但是有人说我们这边海拔太高了，不能种植橡胶，现在又种得好好的。种植橡胶后，南欠村人比我们有钱了，也看不起我们了，我们知道他们看不起我们，觉得我们比他们穷。"

个案8

南欠村村民MGJ说："卡咪村那边很远，比我们这里高，房子不像我们现在这么平，他们讲话的声调和我们也有点不一样，他们说话更像娃娃讲话。"说着她便学了起来，周围的村民顿时齐声大笑。接着她说："卡咪村还有一个人没穿衣服呢。"后又多次听南欠村村民说卡咪寨有一个人没穿衣服的事,这已经成为南欠村村民向外人诉说的新鲜事。卡咪村不穿衣服的男子有30多岁,据卡咪寨村民说他很小的时候穿衣服,后来生了一场病后就不穿衣服了,一穿衣服就会生病,直到现在。卡咪村村民并没有觉得他与众不同,都说他每天和大家一样干农活,除了不穿衣服外和平常人没有什么不同。

中华人民共和国成立以后,卡咪人的社会变迁与国家紧密联系在一起。从卡咪人的发展历程看,国家政策主导着卡咪人的发展,卡咪人的经济水平不断提高,他们的生产方式、生活方式和思想观念也在不断受主流文化影响,而不仅仅是受当地强势民族傣族的影响。

(三) 卡咪人的民居演变

1. 民居演变

民居与自然地理环境和生产力发展水平相适应。克木人过去经济不发达,多住在四壁着地的低矮简陋的地棚中。地棚用几根龙竹做梁、柱、檩,四周用竹笆围拢,上覆山草编的草排,为单层、平脊、人字形厦。地棚为长方形,从柴扉进去就是过道,火塘在过道上。过道把内间分为两个部分:左侧,靠门口空处是客人临时的住处,靠内一间是父母的起居室,最里边一间供家神神龛,供奉家神这一间有后门,老人死亡后从此门运出遗体;过道右侧全为子女住处,用篾笆分隔。左侧的起卧间用竹材搭起一个平台高出地面40~50厘米,以隔离地面的潮湿,人在平台上就地而卧。[1]

在卡咪人的记忆中,他们在山上居住的时候,房子为"树杈房",树杈房是一种木桩式干栏建筑。78岁的YKD老人说:"我们住在山上

---

[1] 王国祥:《西双版纳雨林中的克木人》,昆明:云南教育出版社,2009年,第133页。

的时候，房子用树杈搭建，盖冬叶或者茅草。"据卡咪人描述，树杈房是用几根竹柱或树杈支撑下空，在竹柱或者树杈上用竹条铺成平台，上围竹壁，屋顶成坡形，盖冬叶或茅草。房屋无窗户，较为简陋，光线从屋顶和竹壁中穿过屋内，屋内有火塘，是做饭、休息、活动之处。全家人睡在一间卧室中，外人不能进入。祖先神龛用竹块搭建，立于房子卧室的柱上，房子四周插"四根达寮"，房子的立柱和门楣上分别悬挂着"方形达寮"和"九层达寮"，用于辟邪驱鬼。

比"树杈房"更先进的是木桩房，即木桩式干栏房。建造木桩房只需要一两天的时间，且易于拆除，适应卡咪人刀耕火种的游耕生计方式。搬迁下来前，每年阴历一、二月，卡咪人会同氏族亲属相邀去砍伐树木，放在地上暴晒4个月，将树木晒干用木头搭建简易的木桩房。

木桩式干栏房在卡咪人仪式中仍然可以见到。在南欠村，3个老人为患病幼儿举行了一场治疗仪式，在仪式开始前，3个老人先用竹篾交叉编制四个面积较小的"达寮"和一个面积较大的"达寮"，然后用竹块制作成一个类似于木桩式干栏房样式的小房子。他们先把竹块一端平均剖3块做立柱支撑下空，在立柱中间部位用竹块相间交错铺成一个楼板，上用细竹条交叉围成竹壁，屋顶斜伸成坡形。接着3个老人破竹或和稀泥制作模拟的物体，举行仪式的主人家也来帮忙，竹制模拟物包括1个太阳、1个月亮、4个点火用具、4只眼睛、12个扁担，刀、鱼等；用稀泥捏成的模拟物有人、大象、马、牛、鸟等。最后在模拟的房子楼板上铺一层芭蕉叶，把所有模拟的物体放在里面，先放竹制物品，泥制物置于上面，最后放一点烟草与树叶。在仪式过程中，老人手拿一只小鸡，念完祈祷词后，把小鸡扔出去，直到小鸡的头朝向前方为止。仪式举行完后，主人把"达寮"和竹楼一起放在河边。通过鸡魂引路，把房子与物体带给祖先，模拟的木桩式干栏房代表卡咪祖先的住所，模拟房子和物品再现了卡咪人祖先生活的场景。

除受地理环境和生产力发展水平影响外,卡咪人的住屋受傣族民居影响较大,过去有一部分克木人住单顶竹楼,与傣族竹楼相似但也有不同,傣族竹楼是正方形,克木人的竹楼是长方形。克木人的竹楼底层离地面仅10余厘米,比傣族竹楼低矮。竹楼是一种用若干立柱支撑的下空、上围竹壁的干栏房,屋顶平脊,盖棕叶或茅草(草排),屋顶两端饰交叉形的角状物。房屋山墙用竹(木)条拼成图案或彩绘,房屋山墙尖端悬一条雕花板;下部为坡形,屋顶正面上部为两线垂直,中下部向两边斜伸,整个屋顶像孔明的帽子。竹楼分两层,上层住人,下层关鸡、猪,放置农具柴火。从梯上楼,门外是走廊,直通阳台,门内是一间大居室分成两半;一半置火塘,是做饭、活动、休息和客人下榻处;一半为主人全家卧室。据称,昔日傣族土司蓄意侮辱克木人,不许他们用篾笆或木板遮隔寝室,所以父母和子女的睡处一溜儿都无隔断。[1]

卡咪人搬迁到山谷平地后,在政府的帮助下,建房定居,为干栏式竹楼,覆盖茅草或稻草,用竹块铺楼板,比傣族竹楼矮小简陋。竹楼由数根木柱支撑下空,分上下两层,下层无墙壁,楼梯用粗树干砍成,无转角。上层楼板和墙壁用竹子剖开压平而做,无窗户,屋顶为单斜面或者双斜面,盖冬叶或稻草。卡咪人称原来的房子为茅草房,竹子做的楼板很有弹性,小孩在上面玩耍,有时候还会掉到一楼。卡咪人立于房子四周的"达寮"和悬挂在门楣上与立柱上的"达寮"因被归为"四旧"而取消。

20世纪80年代,卡咪寨出现瓦顶木楼,而且越来越先进,多数为单顶式的,也出现了双顶转角式的,或三顶加转角式的。80年代,几个四川木匠和湖南瓦匠进入卡咪寨,在卡咪寨盖木楼瓦房,四川木匠修建干栏木楼,湖南瓦匠在寨子建窑烧瓦,以5分钱一片出售。据说1987年

---

[1] 王国祥:《西双版纳雨林中的克木人》,昆明:云南教育出版社,2009年,第134页。

卡咪寨已经有两三家瓦顶木楼[1]，木楼比竹楼宽敞，有300平方米，此时火塘依然存在，房屋周边有竹篱笆围拢的菜地，前后有杧果树、芭蕉树等。楼梯口立柱上的"方形达寮"和上层门楣上的"九层达寮"恢复，房子四周的"达寮"却逐渐消失。室内的传统布局有所改变，家庭成员的卧室开始分隔，家中开始出现现代电器、家具等。

2004年至2005年，有些人家盖石棉瓦房，石棉瓦是政府对卡咪人扶贫赠送的，给贫穷的卡咪人一户100片石棉瓦，卡咪寨茅草房逐渐消失。2008年以前，卡咪寨未出现钢筋水泥房，木楼穿斗瓦房、石棉瓦房、少数茅草房并存，南欠寨则出现了少量的钢筋水泥房。

卡咪人的传统民居与地理环境和生产力发展水平相适应，民居内部布局和安排与其传统文化有关，木桩式干栏树杈房适应其刀耕火种的游耕生产方式，其文化因素决定了地棚、竹楼的内部安排。傣族统治时期，傣族民居建筑对卡咪人的住屋影响很大。中华人民共和国成立后，卡咪人的建筑受国家政策和主流文化的影响，其民居经历了竹楼茅草房、木楼穿斗瓦房、石棉瓦房、钢筋水泥房几个阶段，前三种房屋的形态和结构无本质差别，只是建材和屋顶有所不同。

2. 建房习俗

（1）建房时间与选址

卡咪人盖房须选日子，卡咪人认为在每年四五月的月初盖新房比较好，一般会选择初五或初六动工，六、七、八三个月不结婚不盖房。

个案9

老人BGJ说："四月和五月树木刚换新叶，六月树木就落叶了，五月盖新房是最好的，六月至八月，我们这经常下雨，河流

---

[1] 数据来自卡咪村村民BYJ，2015年5月。

涨大水，河里有龙，我们是看不见龙的，砍树要从河边经过，龙见着了对我们不好，所以这三个月不建房。"

建房之前，须选择地基，卡咪人通过占卜看卦来判断地基的好坏，占卜有两种方式。

一种方式是请占卜师傅在地基上用木棍画一个圆圈，在圆圈的中间立一根木桩，然后再挖一个洞，占卜师傅用手从盛有米的竹筒中抓一把米放在洞里，开始念咒语："要是这个地方人居住不平安，养鸡、牛、猪也不顺利的话，米粒就会被蚂蚁等动物移动，否则就不动。"念毕，占卜师傅用石头盖住洞口，隔一天去看米粒是否移动，以此来判断地基的好坏。以前卡咪人搬寨子也是用这种办法。

个案10

老人YGJ说："以前老人说，我们寨子本来要搬到勐伴镇南卡那边，用这种方法看卦后，见着有麂子死掉，就不敢搬到那边了。"

另一种方式是用分米粒来判断凶吉，占卜师傅从竹筒里随便抓一把米粒，每次取出两粒，看最后剩下的是一颗米粒还是一对米粒，连续两次，如果两次分米粒最后剩下的都是一对米粒或者一颗米粒就代表可以建房，如果不对称就得另寻地基。

卡咪人传统盖房看日子和选地基的习俗与当地的生态环境和生活规则相协调。卡咪人居住在热带雨林中，热带雨林一年分为雨季与旱季，每年的六月开始进入雨季，雨季期间降水量很大，热带雨林地区雨量充沛、非常潮湿，不利于砍树盖房子。卡咪人五月开始耕种，九月过完新米节开始收割谷子，农事繁忙。十二月卡咪人过红花节，十二月至次年五月，是热带雨林的旱季，气候相对干燥，人们时间充裕，适合盖房。

（2）盖新房

卡咪人建盖新房必须得让祖先知道，拆旧房时，需要择一吉日祭拜祖先，之后才开始建新房。卡咪人建房采取村寨互助的形式，一家建房，全寨相助，每家出一人帮忙。建房前，克木人需要上山选树做"杯"——梁，对"杯"用酒祷告："'杯'啊你是一家的主心骨，跟我顺顺畅畅回家吧，不要卡在路上，不要伤着人！"人们用藤条拴住"杯"的一头往家里拖。"杯"是不能抬的，须拖。等候在村口的妇女向"杯"和拖"杯"的人泼水，以求清洁平安。上山砍伐木料时，第一天只能砍一棵树，代表男性祖先，第二天又砍一棵树，代表女性祖先，第三天后就可以多砍了。这两棵树为房子的中柱，代表男性祖先的柱子称为"稍召"（王子柱），代表女性祖先的柱子称为"稍朗"（公主柱）。建房时，在代表男性祖先和女性祖先的柱子上分别挂一块红布、一块白布，两柱腰上捆一棵芭蕉树，以求吉利。两根柱子在房子后面靠墙的位置，两柱之间，是家中最年长者的下榻之处，此处是屋内最尊贵的地方，在老人卧榻上方，连接两根柱子的横梁为祖先的栖息处。[1]

（3）上新房仪式

新房落成，主人和全村人都要欢庆一番，正式迁入新房之前，要举行上新房仪式，宴请远近亲朋，时间一般为当天的12点至14点。上新房前，要举行祭祖驱鬼仪式，老人先上楼，其他人不能进去，老人拿着一个碗，碗里装着水和一枚银币，一张树叶包五根蜡条折起、一张树叶包四根蜡条折起放在碗里，老人一边嘴里念念有词，一边用蜡条在房子的四周柱子上洒水，意在把家里面不好的扫出去。接着在房子外面四个角落洒水，把房子外面不好的东西扫走。

---

[1] 王国祥：《西双版纳雨林中的克木人》，昆明：云南教育出版社，2009年，第135—137页。

接着室外鸣枪四声，现在是放鞭炮，告知可以进入新房，上新房仪式正式开始。房主人身背火药枪、长刀、挂包，包内装着银钱、凿子等物，手提酒筒，端酒杯，在楼梯前洒酒奠地，大声问："我们从很远的地方来，没有地方住，这房子盖好了吗？我们可以来这里住下吗？"楼上的老人答："没有盖好，不能上来。"主人上一级楼梯祭酒，又如是问，老人做同样回答。主人上第二级楼梯，祭酒后又问，连问三遍后，楼上老人回答："房子盖好了，既然你们家没地方住了，那就请进来吧。住在这里，你们一定会兴旺、发达的，全家老少身体健康，子子孙孙兴旺发达，养猪猪肥，养牛牛壮，粮食丰收。"[1] 据说这三问是问祖先的，只有祖先同意了，才能在新房里居住，楼上老人是祖先的替身。老人说完这些后表示祖先同意，才将门打开。

主人上楼进入新房，女主人和儿媳妇拿三脚架、饭甑子、山谷等紧跟其后，村民搬运主人家什最后进入。主人进屋后，从包里取出一把凿子，在代表男性祖先或者女性祖先的柱子上，猛凿三下钉稳凿子，把挂包挂在凿子上。女主人把三脚架放在火塘上面，点燃火。男主人在火塘边杀一只母鸡和一只公鸡，把鸡血滴在火塘的周围，用饭甑子把饭蒸熟，男主人摆上饭菜和肉食祭祀祖先，祭品放在老人卧室两根柱子之间的横梁上。最后在房子一楼和二楼架起竹篾桌，摆好饭菜，宴请宾客。

前来祝贺的客人，以前一般是送一斤旱谷、一斤烟草、一斤米酒等实物，亲戚送的相对多一些。现在前来的客人通常是拿着请帖送钱，大多数给 100~200 元不等，亲缘关系近的自然给的更多一些。

个案 11

2015 年 4 月 23 日，农历三月初五，YXK 家举行上新房仪式。

---

[1] 李成武：《克木人——中国西南边疆一个跨境族群》，北京：中央民族大学出版社，2006 年，第 125 页。

YXK嫁给勐海佤族，在卡咪寨居住，房子建在她父母家旁边。

"上新房当天，我们家杀了一头黑母猪，寨子里每户人家来了一两个人。上新房那天，我爸爸拿着一个碗和九根蜡条，碗里装着水，在新房里面的墙角边洒水，嘴巴念词，又在房子外周围洒水念词。我们邻居也会在房子周围洒水念词，把房子里面和外面不好的赶走。接着外面点燃鞭炮，我和我三妹的大女儿先进去，我背着布包，布包里面装着衣物，拿着蒸饭的饭甑子、三脚架。我奶奶、妈妈、妹妹随后，她们各自拿着锅、被子等，再后面就是亲戚拿生活用品进屋。进屋后我把三脚架放在火塘上面，把饭甑子放在火塘边，背包里面的东西不能挂，两天之后才能挂起。我爸爸开始杀鸡，在火塘边杀一只公鸡和一只母鸡，把鸡血滴在火塘四周，我在火塘上烧火，用甑子蒸饭，然后我爸爸用饭菜祭祀祖先。仪式完成后，开始宴请大家吃饭。上新房一般是在中午举行，亲戚朋友送礼，一般送100~300元，有的专门送辣酒、被子、碗等，就不送钱了。"

卡咪人的建房从看日子、选地基、砍木料到上新房仪式形成了一套传统习俗，与傣族建房习俗有相似的地方也有不同之处。如今卡咪人建房习俗也变得简约化和现代化，有些传统的建房习俗细节已经被忽略，普遍使用请帖，送礼从实物转向金钱，等等。

二、国家扶贫安居工程及实施

（一）国家扶贫克木人背景

国家扶贫克木人有社会背景和政策背景。地处中国西南边疆地区的克木人经济和社会发展面临诸多问题，新形势下国家的民族政策和社会主义新农村建设给克木人发展带来了福音，国家扶持克木人就是在这两者基础上促成的，使得克木人继从山上搬迁到平坝地区后发生了一次剧烈的社会变迁。

1. 克木人社会背景

1950年以前，克木人尚处于原始社会末期，未出现土地私有、买卖、租佃、债利、雇工剥削等关系，阶级分化不明显。村寨稀疏，除走亲戚外与邻近民族很少交往，长期过着游耕生活，以旱谷、豆类和薯类等旱地作物为主食，生活艰辛。1956年民主改革时，克木人居住区被列为"直接过渡区"，通过互助合作、发展生产，直接过渡到社会主义初级阶段。20世纪70年代，在党和政府的帮助下，多数克木人从山区迁到河谷平坝边缘，挖沟开田，种植旱谷和水稻，从此开始了农耕定居的生活。

改革开放以来，相对于克木人自身过去的状况来说，克木人聚居区经济有了较快的发展，克木人的生活发生了较大的变化，住房条件有了很大改善，生产和生活方式明显进步。但是由于克木人聚集区多处于中国边疆地区，主要聚居在边境沿线，其中有7个村寨与老挝接壤，5个村寨临近边境线。交通运输不便，通信广播不灵，与国内其他民族交流较少，反而与老挝的克木人联系更多。生产力水平不高，克木人聚居区内部经济社会发展不平衡，各个克木人村寨之间发展也不平衡，如卡咪寨比南欠村更贫穷。克木人经济和社会发展面临诸多问题。

据当地政府部门调查，克木人村寨发展面临较多问题，主要表现在以下几个方面。

基础设施建设薄弱。克木人村寨大多交通运输不方便，90%的村寨没有进村水泥路，雨季村内道路泥泞，加之牲畜的踩踏，行路困难；克木人村寨还面临饮水困难；农田水利设施、农业技术等滞后。

社会事业发展缓慢。克木人19个村寨没有卫生室或诊所，无法满足群众治病的需要，虽然实行农村合作医疗制度，但要住院才能得到相应的补贴，因此克木人患病后，小病一般都在家熬着或请巫师退鬼求神，大病才到医院。19个村寨没有文化室，群众文化生活匮乏。此外，大多数村寨的教学点教室年久失修，存在安全隐患。

基础教育落后。据2008年统计，西双版纳州克木人文盲、半文盲人口617人，占全州克木人总人口的19.5%。19个村寨中，45岁以上的基本不识汉字；18岁至45岁的青壮年劳动力绝大部分只有小学二三年级文化，具有大专文化程度的5人、高中文化程度的11人、初中文化程度的115人、小学文化程度的1 184人。

贫困面较大。据当地有关部门介绍，贫困的克木人主要分布在边境的尚勇镇和勐伴镇的卡咪村。至2008年，克木人尚有1/4的农户缺粮，贫困人口有150户605人，占克木人总人口的19.1%；总贫困人口1 353人，占总人数的41%。[1]

---

[1] 西双版纳人民政府：《西双版纳州克木人经济社会发展情况报告》，2008年8月15日。

人才培养较少。2007年全州克木人只有15个人参加工作，其中干部4人（包括国家公务员3人、事业编制人员1人，有科级以上的干部）、教师5人、医务人员2人、工人4人。参加工作的人数是总人口的0.47%。

民族传统文化遗失严重，缺乏保护。克木人固有的传统思维模式根深蒂固，在一定程度上与现代的文化、科技以及商业意识等相背离。[1]

身份认同混乱。由于我国56个民族中没有克木人这个民族，在办理二代居民身份证时，电脑无法识别。有些基层派出所为图省事，就随意把克木人归为布朗族、哈尼族、傣族等办理二代居民身份证，造成了克木人民族身份的混乱，引起了群众的不满，有的拒绝办理身份证，甚至有部分群众准备集体上访。身份证无法办理，给群众的出行、读书、外出打工、就业等带来了严重影响，也给公安部门的户籍管理带来了麻烦。[2] 由于克木人没有确定民族成分，并且居住分散，大杂居、小聚集，因而享受不到人口较少民族整村推进政策。县向州、州向省已逐级递交了《西双版纳州人民政府关于将克木人归属为布朗族的请示》，建议省向中央请示，尽快将克木人确定为布朗族。如此将便于开展克木人各项工作，可以采取整村推进政策，开展综合扶贫。[3]

2. 新阶段的国家民族政策

国家政策在克木人扶贫中起到了重要的作用，改革开放30年来，国家发展到了一个新的阶段，"共同团结奋斗，共同繁荣发展"成为21世纪新阶段民族工作的主题。2008年，在中央的关心下，云南省政府、省委将克木人纳入"兴滇富民"工程予以扶持，国家的关注让克

---

1 来源于政府文件，西双版纳州民族宗教事务局：《西双版纳州克木人经济社会发展问题情况汇报》，2007年10月20日，勐腊县民族宗教事务局2007年9月14日调查材料。
2 《景洪市克木人经济社会发展问题报告》，2007年9月26日。
3 勐腊县人民政府：《勐腊县克木人经济社会发展问题调研报告》，2007年9月17日。

木人迎来了新的福音。此后，国务院、云南省、西双版纳自治州、景洪市、勐腊县有关部门组成工作组，深入克木人寨子，转达国家领导人的关怀，并且开展调研工作。2008年2月18日，国务院联合调查组第一组，来到卡咪村，访问卡咪村低保户、贫困户的生产生活情况。第二组在勐腊县南欠村和中南西村调研。[1] 经过各级政府部门多次的实地调研，云南省省长提出了扶持克木人的各项要求。

西双版纳自治州成立了扶持克木人经济社会发展协调领导机构，制订综合帮扶措施，编制了《云南省西双版纳傣族自治州扶持克木人发展规划》（2008—2010年），获得国家及云南省有关部门的批准，公开选拔招录了20名克木人和傣族、哈尼族、基诺族等族农村少数民族大学毕业生，组成扶持克木人发展工作队，2008年4月初已经进驻19个克木人村寨开展工作。2008年6月26日扶持克木人发展项目开工启动仪式在景洪市嘎洒镇曼迈村委会曼咪小组举行，标志正式全面进入扶持克木人发展项目实施阶段。项目总投资1.6亿元。所扶持的发展项目主要包括通达工程、通电工程、安居工程、基本农田建设、教育工程、卫生工程、文化广电工程、科技和产业扶贫工程、生态建设工程、整村推进和民生保障，受益克木人近4 000人，周边直接受益5 000多人。[2]

从国家领导人批示、多次调研、制定政策、组成工作队，国家在扶持克木人中起到了主导作用。安居工程是国家扶持克木人的一个项

---

[1] 《就克木人生产生活情况 国务院联合调查组到我州调研》，《西双版纳报》2008年2月21日第1版。

[2] 赵汝碧：《克木人经济社会发展将大提速》，《云南日报》2008年6月25日第1版；钱国俊、张巍江：《我州启动扶持克木人发展项目》，《西双版纳报》2008年6月28日第1版；西双版纳州扶贫办、西双版纳州民族宗教事务局、西双版纳州发展和改革委员会：《云南省西双版纳傣族自治州扶持克木人发展规划》（2008—2010年）；王永刚：《我省全面启动扶持莽人克木人发展项目》，《云南日报》2008年5月12日第1版；云南省人民政府文件：《云南省人民政府关于扶持莽人克木人发展的实施意见》，云政发〔2008〕111号。

目。据官方公布数据，截至2009年12月底，克木人综合扶贫计划已累计投入资金11 555.58万元，其中安居工程投入项目资金有831万元。[1]

（二）安居工程实施

安居工程即改造民居，它是一项直观的且与当地人生活密切相关的扶持项目。不同村寨安居工程规划与实施不一致，安居工程的规划、表述与调整，是在与卡咪人互动中完成的。安居工程在卡咪和南欠两个卡咪人寨子都是以整村推进的方式实施，重新规划村寨布局。

1. 安居工程的规划与调整

安居工程实施前，卡咪村的房屋主要是木制穿斗瓦房与石棉瓦房，以及少量的茅草房，尚有部分危房存在。只有一条沙石路通往镇上，路面狭窄，坑洼不平，晴通雨阻。村内道路泥泞，牲畜自由活动，下雨天，村民活动不便。卡咪村村民咪温香说："以前只要一下雨，上面全是泥巴和水，我们都不好上去。"据政府调查，卡咪寨是克木人寨子中最贫困的寨子。

在勐腊县政府2008年8月制定的规划中，村庄建设规划是"修建挡墙、平整土地，对现有民房重新布局，把民居住屋分布在小溪东西两侧，并在中间小溪东侧修建公共文化娱乐活动场所；投资64万元就地改造建设8户农户住房，并统一住房规格、样式（保留克木人房屋建筑风格）和占地使用面积；投资38万元铺设村内水泥道路670米；投资11万元，在村道两旁种植花草树木，进行绿化美化，并安装路灯，实现亮化；自来水、排水排污、电力路线、有线电视线路、互联

---

[1] 西双版纳州克木人发展协调领导小组办公室：《西双版纳州2008至2012年扶持克木人发展工作总结》，2013年11月5日。

网线路和消防等设施建设要符合有关规定"。[1]

2008年9月,勐腊县政府人员进入卡咪寨,向卡咪人表述各个部门负责的三年扶持项目计划。安居工程主要由扶贫办负责,计划就地改造民居8户,分两年实施,2008年完成5户,每户补助8万元,资金计40万元;2009年完成3户,资金计24万元。整村推进分两年实施,2008年完成350米主干道的道路硬化,2009年完成村内道路硬化,资金18万元。卡咪人听取了政府人员的实施计划,表达自身的利益诉求,就民居改造项目提出了几点建议:要求城建部门按照图纸规划,对需拆迁的房屋给予明确的界定;农户在进行房舍改造时,建造房舍的木材由农业部门按照相关规定给予统一办理,要求按照规划统一推平住房宅基地。最后卡咪人与政府在互动中达成一致。

2. 安居工程的实施

2008年下半年,安居工程以整村推进的方式在卡咪寨实施,政府计划两年时间完工。城建部门按照图纸规划,对卡咪寨进行重新布局,安排村民住屋分布在回爱河东西两侧。卡咪寨所有的村民拆除旧屋,搬迁到寨子脚下龙嘎河边的平地上,用拆除的旧木料搭建简陋的石棉瓦平房作为临时住处。政府雇工人把原先的卡咪寨地基推平,当时勐伴镇请勐海傣族师傅盖房屋,用40万元购买12.5万连锁瓦片,连锁瓦片为红色或者蓝色,平均发送到每户人家,房子建好之后政府给每户人家3万元的盖工费。村里的残疾人等无劳动能力的人群,政府扶持5 000元,买旧料盖新房。

村民内部自行商定选择地基,先在林业局申请砍伐证,然后在自

---

[1] 勐腊县委、勐腊县人民政府、农村工作委员会办公室:《勐腊县克木人村寨社会主义新农村建设 勐伴镇卡咪村发展规划(2008—2012)》,2008年8月,第6页。《勐腊县交通局等十家单位对接勐伴镇回落村委会卡咪克木人村扶贫项目》,《勐腊交通简报》2008年9月4日。

然保护区或者集体林中砍伐木料。改料师傅多是从红河来的农民工，多数村民付不起改料费用，后向政府申请贷款付改料费用。政府原计划用两年的时间完成80%的安居工程建设，由于卡咪人的临时住处临近龙嘎河，雨季降水量大，河流涨水临时住屋有被淹没的危险。在村民相互帮忙相互协作的情况下提前完工，2009年5月村民全部搬进新建安居房中。

图3 安居工程建盖的新居屋顶

图4 安居工程建设的卡咪寨新村

民居改造完成，卡咪寨的村容村貌焕然一新，新盖的安居房屋顶呈红色或者蓝色，民居一排排整齐延伸，户与户之间十分紧凑，村中一条条水泥路把寨子连成一个整体。安居房的样式和风格与原先的住屋基本一致，勐海傣族师傅盖的房子与之前也有不一致的地方。例如，之前的房子楼梯是长方形，无转角，现在卡咪寨民居大部分都是有转角的楼梯；屋顶统一盖红色或者蓝色的穿斗瓦，屋脊装饰着彩色孔雀，等等。安居工程的实施，使卡咪村寨的格局和形貌发生了直观的变化。

（三）卡咪人的记忆与表达

村民对安居工程的实践有自身的表达，他们至今对安居工程实施记忆犹新。扶持规划实施前，卡咪寨村主任和老支书几次被叫去县城开座谈会，政府部门向他们了解卡咪寨子情况，同时向他们表达扶持的计划。国务院调查组和当地政府部门组成的调查队也先后来到卡咪寨子，调研卡咪寨子实际情况。政府部门来到卡咪寨子表述三年扶持计划时，卡咪人的心情是高兴的，对于民居改造，当地村民要求按照原来的住屋样式改造，统一推平住房地基，对拆迁房屋给予明确界定，木料砍伐权统一办理，等等，愿意出力积极主动配合各项工程的实施。

对于安居工程实施过程，大多数村民用劳累和紧张形容他们当时的处境，有的甚至表示不满。安居工程实施时，卡咪人正忙于砍甘蔗、收芭蕉等农活。虽然政府计划用两年时间完工，但是他们担心龙嘎河夏季发洪水，淹没他们的临时住地，便加快了速度，连夜去山上砍伐木料，全家老小不管白天黑夜，日夜劳累相互帮忙，用半年的时间盖好了所有的房子，村民无不说那段时间非常辛苦。

个案12

卡咪村村民BJY说："那个时候，白天一早起来全家人去砍甘蔗，一直到下午五六点才回家，吃过饭后，老人留在家中喂养牲畜。晚上7点左右，我和媳妇一起去集体林中砍树，用手电筒照明，一直到凌晨一两点才回到家，有时第二天才回到家。"

卡咪村村民MYL说："盖房子的时候，我们害怕发洪水，大家相互帮忙砍树，整天都忙不完，不管白天晚上，白天收割谷子、甘蔗、芭蕉，晚上去砍树，非常辛苦，那一年的红花节也随便过了。"

如今令村民担忧的是，以前盖房需要把新砍伐的木料晾晒数日后才使用，安居房建盖时，村民砍伐木料匆忙，木料没来得及晾晒就使用了，安居房的木料大多是没有经过晾晒的新木，这不合卡咪人传统的建房习俗。在村民的意识中，没有晾晒的木料使用时间不长，而且不利于人们的身体健康。此外，因为时间紧迫，砍伐木料需要劳动力，有些人家就用自己原来的木料盖新房。

个案 13

村民 YP 说："还是感谢党和国家对我们寨子的扶贫，生活条件和生活习惯这些方面大大提高。但是这个项目做得很不到位。像盖这些房子，大部分还是老百姓自己出力，自己找人盖，全村老少十一二点还在找木料，政府就是给了地基和瓦片了。而且这些木料盖房子的时候还不干，晒干后会变形，下雨刮风还要到处找楔子来加固加紧，不然房子会晃动。"

村民 MYL 说："当时时间紧迫，我们家又没有哥哥弟弟，只有我们几姊妹，没人去山上砍木料，新砍的木料也没有时间晾晒，对我们身体不好，使用时间也不会长，我们家就用以前的木料盖这个房子了，现在我们家房子一楼比别人家的要矮。"

民居改造完工后，村民又面临新的问题。村子统一覆盖连锁瓦片改变了村子黑色穿斗瓦房、石棉瓦房、茅草房并存的局面，然而，这种瓦片却给村民带来了麻烦。原来连锁瓦片与当地气候不和谐，使得夏季安居房二楼非常闷热，并且容易被热带雨林中的大风吹落，卡咪寨多户民居的连锁瓦片都曾被风吹掉。村民在表达现在的境况时，把现在与过去进行比较，借用过去的记忆来说明现在，村民抱怨现在的瓦片没有黑色穿斗瓦好，甚至连石棉瓦都赶不上，认为黑色穿斗瓦才是最凉快最通风的瓦片。

个案 14

卡咪村村民 MHX 说："现在的房子比我们以前的房子热很多，夏天白天二楼都不能住人，现在这个瓦片好看但是不实用，还不如以前的黑瓦好……这种瓦片不稳固，容易被风吹落，有一年夏天吹大风，我们家那边那个位置的瓦片被吹掉了。"

卡咪村村民BYJ说："现在的房子很热，还不如以前的石棉瓦呢，又容易被风吹掉。"

南欠村村民BGJ说："现在盖的这个房子有点热，这个瓦赶不上以前的黑瓦，不过比石棉瓦要好一点，老挝那边还要盖铁皮呢，他们那边条件好的少。"

此外，卡咪寨和南欠村都缺乏宅基地。卡咪人有分家的习俗，据笔者调查，卡咪人20世纪40年代从老挝搬迁到中国一侧至今已经发展出五六代人，一户人家分化出了十几户。卡咪和南欠两寨都处于山脚下，两寨新分出的家庭缺乏盖房的宅基地。2015年，南欠村村主任BWJ和政府上报宅基地缺乏问题，希望政府再次推平寨子前方集体林，供新分出家庭居住，但是迟迟未能得到审批。

个案15

南欠村村民BGJ说："现在是没有地基了，听村主任说政府又要把河对面那块地推平，新分出去的家庭就住在那边。"

卡咪村村民BJX说："现在是没有盖房子的地方了，推平的地基全部被占完了，当时计划寨子右边为盖房的储备地基，可土地还没有被推平。"

随着卡咪人代际继替，村寨户数增多、规模变大成为村子发展的自然规律。安居工程对民居和村寨的改造是否只是临时状态，村民自己也不是很清楚，大部分村民期望着政府再一次来为他们推平地基，再盖新房。

安居工程的实施，使得南欠和卡咪两个寨子的村容村貌发生了变化，卡咪人寨子的隔壁寨子甚至整个乡镇都知道国家扶持克木人的事情，他人的表述最直接的就是"政府对他们好，给他们盖新房子，他们现在富裕得很"。作为扶持对象，卡咪人对于安居工程有他们自身的表达，紧张、劳累、抱怨以及困惑是卡咪人真切的感受，他们以主位的视角表达了他们关注的方面与情感。

三、安居工程实施过程中卡咪人的文化适应

安居工程即改造民居，解决卡咪人的住房问题。在卡咪和南欠两个寨子，安居工程以整村推进的方式进行，寨子重新规划布局，不仅民居重建，民居格局也发生了变化。安居房的样式与建筑风格基本上与之前的一致，安居房的物理空间布局和超自然空间布局延续了传统，有深远的意义。民居格局在分化中重新组合，村民内部自行商定选择地基。在安居房的重新选择过程中，姻亲和血亲是把户与户连接在一起的纽带，亲属之间互为邻里，卡咪人的图腾姓氏也起着聚集民居的作用，卡咪人的文化规则和社会结构在民居重组中隐形运作。安居房空间布局的延续与民居格局的重新组合，体现了卡咪人运用传统文化规则适应安居工程的策略。

（一）安居房空间布局的延续及意义

卡咪人民居既是人居住的物理空间，也是祖先灵魂居住的超自然空间，具有双重属性。安居房的空间布局包括了物理空间布局与超自然空间布局两个方面，卡咪人安居房空间布局背后有着深远的文化意义。

1. 安居房的物理空间布局

由于历史上长期受傣族土司的统治，卡咪人在生产、生活上受傣

族影响较深，住房与傣族相似，为两层木制干栏式建筑。新建的安居房延续了传统房子的样式与风格，并且使全寨住屋的面积与材质趋于一致，其物理空间布局基本上延续传统风格，但也发生了细微的变化。

政府扶贫新建的安居房呈方形，约200平方米，分上下两层，上层住人，下层用数根木柱架空，没有围墙，中间是用铁皮或者木板做成的仓库，地板没有铺设，以泥成地，卡咪寨仅有一户人家铺设成水泥地板。下层养牲畜、堆放物品。圈养的牲畜主要为鸡、鸭，猪圈全都建在村寨四周或者房子对面，有些家庭已经把鸡圈、鸭圈建立在房子旁边。堆放的物品可以分为几类：有镰刀、砍刀、背篓、锄头、用于收割山谷（旱谷）的传统农具等生产农具；有打米机、割草机、打谷机、播种机等机械；有拖拉机、摩托车、私家车等交通工具，有的住屋下搁置好几辆拖拉机和摩托车；有玉米、南瓜、五季豆等农产品，此外还有整齐堆放的柴火。一楼也是卡咪人聊天、休息的场所。平日里，人们常聚在某一家下层角落闲谈，村民在下层悬挂着吊铺，或在泥巴地上铺几块木板，用于家人午后睡觉、乘凉。

二楼距离地面2米左右，以木板或铁皮为四壁，屋顶为双斜面的连锁瓦片盖成。一楼左侧有楼梯通二楼，有转角。有些家庭在二楼楼梯口处安置了木门，仅一户人家在楼梯转角处安置了铁架。二楼包括了里屋与外屋，外屋外侧无墙壁，用木板遮挡，铁皮向外斜伸，宽敞明亮，直通晒台。招待客人吃饭一般都在外屋，左邻右舍来串门也通常在外屋，外屋是比较自由的休息场所。卡咪寨有一半的家庭已经在晒台上建造了卫生间，卫生间为钢筋水泥结构，里外贴上瓷砖，上面安装太阳能，里面有喷头可洗澡冲凉，外有洗漱台。其余家庭在晒台安装着自来水管，在住屋外通道两边用蓝色铁皮搭建浴室，其上安装太阳能，铁皮卫浴较前者简陋。

里屋由客厅、卧室、火塘三部分组成。从门进入，便来到客厅。卧室在其右侧，客厅和卧室之间用木板隔开，设有房门，有1~3间。

有些家庭则同居一室，房内用布帘隔开，全家睡里面。有些家庭人口较多，卧室不够，便在里屋客厅左侧摆放床位，亦用布帘遮住。有的则在外屋楼梯口边上用木板隔开一间为卧室，为家中年轻人居住。卧室的安排有一定规则，不管是同居客一室还是分隔几间，都是老人睡处靠内，以年龄大小依次从内到外编排。客厅四周放有家具和电器，如衣柜、电冰箱、饮水机、电饭煲等。客厅正前方摆放电视机，电视机前方地板上铺设凉席，晚上一家老小通常坐在凉席上看电视。

客厅的左边靠近外屋的一角是火塘，从门出来到达晒台。与大多数农村一样，有火塘就有三脚架，在火塘上方吊着一个方形竹篾笆编成的"烘台"，卡咪人在火塘边做饭、取暖、做包烧等，烘台上可放置谷种、熏肉等，火塘边放着饭甑子、碗柜、竹凳子、竹篾桌子等，卡咪人用的饭甑子为长方形，用于蒸糯米饭和山谷。平时家人在火塘边就餐。卡咪寨每户人家都保留着火塘，而南欠寨一些人家的火塘已经消失，在屋内建灶台。

安居房的样式仍然为二层木制干栏房，木材是主要的建房材料。在潮湿炎热的平坝地区，木制干栏房可以防潮、通风，还可以防御蛇、虫、野兽的侵害，顺应了当地自然环境特征。

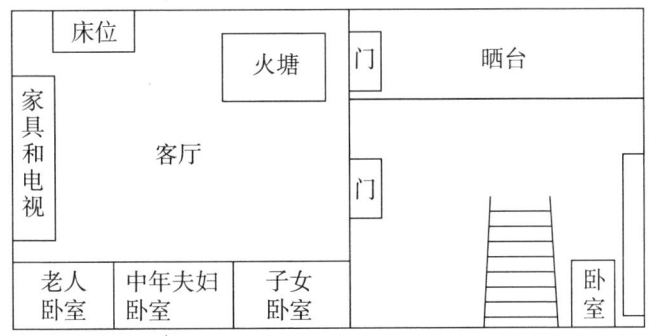

图 5 安居房二层平面图

2. 安居房的超自然空间布局

卡咪人住屋不仅是人们居住和活动的物理空间，还是庇护人们灵魂和安顿祖先的超自然空间。卡咪人通过世代文化积累的经验，利用"方形达寮""圆形达寮""九层达寮""神龛""火塘"等文化事项，开辟了超自然和超现实空间，表现了卡咪人对生命和宇宙的认识。

达寮曾一度在"破四旧、立四新"中被视为封建迷信而被取消。改革开放后，达寮重新出现在卡咪人的仪式和民居中。面对疾病、死亡、生活异常、社会危机等现象时，人们采取的行动往往符合当地人的文化传统，卡咪人的传统文化开始恢复。2008年安居工程强势嵌入，卡咪人表现出具有主体能动性的文化调适，在安居房中重置火塘、神龛、达寮等，以使强势嵌入的新文化元素与其传统文化元素尽可能整合起来。

安居工程改变了以前卡咪人民居自然错落分布的局面，民居之间的距离变得狭窄。安居房看似整齐排列，据当地人说，实际上每一家的房子朝向会有微小的差别。如今安居房外面四周达寮基本上已经消失，只有在某些仪式中才会出现。这种达寮位于房外四个角落，它是用四根竹篾条交叉编制成方形，插在屋外泥巴地里。在卡咪人的意识中，房子周围的达寮具有隔离的作用，可以抵挡外界肉眼不可见的恶鬼入侵，以免其迫害一楼的牲畜和二楼的家人与祖先。

（1）达寮

达寮在傣族、德昂族、布朗族、佤族族、基诺族、拉祜族等民族文化中出现，有学者认为达寮起源于傣族，在傣族原始宗教的神坛上具有十分古老的历史，而周边地区的少数民族之所以也用"达寮"，是傣族原始宗教文化向周边民族扩张和渗透的结果。[1] 达寮有许多种类，不同的民族它的具体名目、形状、功能各异。卡咪人表现在民居

---

[1] 朱德普：《傣族神器"达寮"及其影响——〈古代傣族原始宗教文化向山区渗透探析〉续篇》，《中央民族大学学报》1995年第1期。

上的达寮包括"圆形达寮"和"九层达寮"两种。不管卡咪人的达寮是否源于傣族，如今它已经嵌入卡咪人的社会中，成为他们传统文化的一部分，卡咪人对于民居中的达寮有他们自己的解释和理解。

卡咪人称达寮为"躲料"（duo liao），用竹篾条交叉编制而成，具有巨大的神力，用于驱鬼辟邪。在卡咪人治疗、葬礼、节庆等仪式场合，都少不了这种神秘的物件。在卡咪和南欠两个寨子，安居房楼梯口右侧木柱柱腰上系着一个"圆形达寮"，在二楼外屋门楣或者里屋门楣上挂着一个"九层达寮"，这两种达寮均由自家的老人编制，出现在不同的场合。

①圆形达寮

"圆形达寮"是用6根竹篾交叉编制成网状物，大致呈六边形，其外围由茅草环绕，上面搁置茄子叶、橄榄果叶子、辣椒等，用竹条绑在住屋一层楼梯口的木柱上。圆形达寮在两种场合出现：其一是卡咪人每年过新米节的时候需编制圆形达寮；其二是村子有人去世时每家人需编制圆形达寮。

新米节是卡咪人传统的节日，历史上卡咪人在山上种植山谷（旱谷），每年山谷成熟时要过新米节，举行一系列仪式之后才能收割谷子。虽然卡咪人现在主要种植水稻，但是有的在山地上有的在山谷平地上种着或多或少的旱谷，用于传统的节日和仪式。卡咪人的新米节在傣历十二月十六日（或初三等吉日），公历9月，一般为3天，第一天家中女主人去地里收割谷子，女主人来到旱谷地，在田间四周插达寮，搭建拱门，防止恶鬼进入损坏粮食，口念祈祷语，手拔旱谷。回到家中，把新米炒熟，烘干脱壳，放在芭蕉叶上。

家中年长的老人破竹编制圆形达寮，在编制时念念有词，祈求祖先保佑，五谷丰登。编好固定在楼梯口木柱上，有的村民把原来的丢弃，有的村民直接覆盖在旧的上面，再用茅草绕达寮一圈。当天下午，主人宰杀一只作为牺牲的鸡，摆上煮熟的新米，放一碗米酒，在老人卧室里向家神供奉，告知祖先谷子已成熟，可以先品尝新米了，供奉时主人念念有词，希望家神保佑家里谷子丰收，防止野兽野鬼践踏。所有的稻谷收割回家后，家人要把新鲜的辣椒、茄子叶子、橄榄果叶子搁置在达寮上面。

从新米节的整个仪式过程中，可以看出新米节编制圆形达寮主要是为了保护即将收割的粮食，阻止恶鬼进屋破坏，并且祈求粮食丰收。缠绕的辣椒和茄子叶子、橄榄果叶子都具有多子的共性，卡咪人把其放在当地社会文化中理解。

个案16

老人 BWX 说："新米节编制达寮是为了保护家里的粮食不让鸭子鬼进来，如果不编达寮，鸭子鬼会吃掉家里的粮食，每年谷子丰收的时候，把谷子收回谷仓之后，就在达寮上放辣椒、茄子叶子、橄榄果叶子，祈祷来年丰收，因为辣椒、茄子、橄榄果结的果子多，意味着谷子也会多。"

卡咪人运用交感巫术祈祷谷子丰收，多子树叶代表稻谷，多子比喻谷子丰收，体现了卡咪人祖先思维模式的直观性特点。

编制圆形达寮还出现在村子有人去世的情况下，与新米节不一样的是，无须在达寮上搁置辣椒、茄子叶、橄榄果叶。若村子有人去世，每家人都会编制达寮，因为在卡咪人的观念中，人一去世，就会转化为家人以外全寨人恐惧和敬畏的对象，全家人必须整夜守候，以防止猫、狗等动物跃过尸体。他们相信，一旦此类事情发生，尸体会自动跳跃起来，亡魂就会化为老虎吃人或化为鬼送肉，危及他人生命。因此，人死编制达寮，是为了避免鬼魂进入危害家人。

个案 17

老人 MYL 说:"人死后会变成鬼,鬼会拿肉给我们吃,一家一家送,这对我们家人不好。我们是看不见鬼的,我们害怕鬼会进到家里,就编达寮不让鬼进来,鬼看见达寮就不敢进来了。"

②九层达寮

"九层达寮"制作较为烦琐,它由九层竹篾叠合编制而成,每一层由 4 根竹篾交叉成四边形,中间有孔,把稻草反手搓成长绳,穿过叠合在一起的九层小达寮,悬挂在门楣两端。在卡咪和南欠两寨,九层达寮大部分家庭悬挂在二楼里屋门楣上,少数家庭悬挂在二楼外屋楼梯口处门楣上。九层达寮体形虽然与一般达寮大小相仿,但九层似乎显示它有不凡的力量,悬挂于二楼里屋或外屋门楣上,意味着它比圆形达寮有更重要的作用。至于为什么是九层,卡咪人多是回答九层力量大,因为它是祖先流传下来的,等等。

个案 18

卡咪寨老人 BYJ 说:"这是我们祖宗流传下来的,祖先做成九层我们也做九层,它有很大的力量,比外面更重要,可以不让恶鬼进来,保护我们和祖先都平安无事。"

九层达寮在两种场合编制:一种是新房落成时,家中老人编制九层达寮,悬挂于门楣上,用于驱鬼辟邪,保佑家人。另一种是在卡咪人红花节仪式中。

红花节是卡咪人一年中最隆重的节日,当地人也叫"过老年",它是卡咪人在一年结束时集体祭祀祖先的节日,因祭祀祖先时放一种红色的鸡冠花,故名之。卡咪人叫红花节,克木人称为玛格勒节,叫法不一,实质内容并无大的差别。红花节在每年傣历二月的十六或初三,相当于公历12月20日左右,每个寨子过节日期不固定,过节前由村主任和村子老年协会商定过节日期。据调查,2005年以前,南欠和卡咪村村民以及老挝亲属互相庆祝节日,2005年以后,两个卡咪人寨子和克木人寨子一起过节,参与到彼此的节日中。近几年,全部克木人寨子联合起来,以寨子为单位轮流做东。

以前卡咪人过红花节是以氏族为单位,村子由若干氏族组成,每一氏族的长子这一支系主祭氏族家神,供奉氏族家神的只有一户人家,这一户的男性家长是氏族唯一主祭人。过去分为小祭和大祭,小祭两年一次,大祭三年一次,同一氏族聚集在一起,同寨其他氏族也被邀请参加,共庆五天五夜。祭祀时主祭户杀猪宰牛,前一天从山上带回芋头、红薯、木薯、毛薯、山药、红花,这在祭祀祖先时必不可少,红芋头、木薯等不到红花节不可带回家。主祭户编制九层达寮,挂在里屋或者外屋门楣,标志不准外人和鬼魂进入。

如今卡咪人过红花节是以寨子为单位,不区分氏族,节日当天全寨人一起祭祀祖先,每个小组成员分工合作。此外,每家人也在自己家中祭祀,制作九层达寮,有的人把原来门楣上的拆掉,有的人直接重叠在原来的达寮上面。红花节制作九层达寮,是为了避免祭祀时鬼魂和外人进入,同时红花节意味着新的一年快要到来,重新编制具有强大力量的九层达寮可以避免新的一年鬼魂进入,保佑家人和祖先。

(2) 神龛

卡咪人的神龛位于家中年长者的卧室中,屋内有一根代表男性祖先的中柱和一根代表女性祖先的中柱,横梁连接着两根柱子,在老人卧榻上方用竹块交叉成一个正方形平台,其上放置两个竹筒做水杯,是已故祖先的栖身之所,死去的人与活着的人共居在房屋中。卡咪人的卧室按照年纪依次排序,由年龄大小从内到外安排,最里间是家中年长者卧榻之处,也是祖先栖息地,此处为尊位,外人不能进入,也不能窥视,自家人包括亲家和姑爷可以进入,除此之外,哪怕是同寨子里的人也不能进去或者窥视。卡咪人认为外人窥视死去祖先的灵魂会对活着的家人不利。笔者刚进入南欠村时，所在的住户全家人睡一大间，卧室没有分隔，当时不知道卡咪人的这个习俗，准备走进他们卧室时，被主人家的女儿拦住了，她似乎有些严肃地告诉笔者不能进去，哪怕看一下也不行。在笔者访谈其他住户时，也出现过类似的情况。

个案19

老人BYJ说："我们家去世的人都在里面，我阿爹阿妈也在里面，他们死了以后，我们从坟地把他们叫回来了，养在家里面，不像你们汉族，养在山里面。外人不能进去，万一你进去，祖先认不得你，就怪罪家里面的人，说'这个人认不得，好像没见过，怎么没有给我们说'，祖先怪罪我们就会使我们家里人生病。"

在卡咪人的观念中，人是由躯体和灵魂构成的，人死是躯体的死亡，灵魂变为鬼魂依旧存在，人死埋葬后家人要给死者"献饭"（向死者供奉）5天，一天三顿。第五天家人把死者的鬼魂召回到长者卧室祖先栖息的地方，由生者供养，代代相传，坟墓从此弃之不顾，任凭风吹雨打。

祖先及代表祖先灵魂的神龛具有神圣性和威严性，供奉逝去家人灵魂是在世人的义务，每逢节庆和疾病时会供奉并安抚祖先的灵魂，祈求保佑，不让外面的野鬼和外人进入，以免祖先怪罪，对活着的家人不利。卡咪人祭祀祖先通常由家中最年长的男主人完成，家中没有年长的男主人，则由年长的女性代替祭祀。卡咪人过新米节，炒熟的第一碗新米先献祭祖先，用冬叶包着稻穗放在竹台上，给祖先食用后才能收割谷子。卡咪人过红花节，用冬叶包着红花放在竹台上，用蒸熟的山药、芋头、木薯、红薯、南瓜、冬瓜等祭献祖先后才能食用，玉米成熟后也要先把玉米煮熟献祭祖先，才能收割。

平日里卡咪人喝酒之前，先在竹篾桌边缘倒一点，然后在地上倒一点，同时口中念祝词，倒在桌子上表示献祭给祖先，倒在地上表示献祭给地下的神灵。

（3）火塘

卡咪寨子每户人家都有火塘，火塘位于上层里屋左前方，其里置三脚架，上方吊竹编烘台。火塘取暖、烹饪、祛湿等实用作用不言而喻，以前卡咪人住在山上，女人在火塘边上生小孩，生小孩的头七天必须睡在火塘边。卡咪人平常喜欢做包烧食物，一种是野味用芭蕉叶包着烧烤，一种是糯米或肉类用竹筒包烧，火塘为其提供了方便。卡咪人上新房，主人先拿三脚架进屋，随后在火塘边杀鸡，把鸡血滴在火塘四周，可见火塘及三脚架在卡咪人社会中的重要作用。火塘及三脚架具有神圣性，并形成了相关的禁忌，人们不可以随便敲三脚架，卡咪人认为敲三脚架会惊着祖先的灵魂，对家人不好。

3. 卡咪人的信仰和空间观

达寮、神龛、火塘等相关文化事项在安居房中出现，是卡咪人运用传统文化主动适应国家主导的安居工程的表现，与卡咪人的信仰和空间观有关系。

卡咪人信仰万物有灵，称灵魂为"神曼"（shen man），认为人是由躯体和灵魂组成的，人死只是躯体的死亡，灵魂变为鬼魂继续存在，由家人引进住屋中供养。卡咪人把整个宇宙分为人界与鬼界，神还未出现在他们的观念世界里，人与鬼成为他们生命宇宙的两极[1]。达寮显示了人们文化适应的智慧，它开辟了超自然和超现实空间，其驱鬼辟邪的力量是在历代文化积累经验中形成的，保佑屋内家人的灵魂和

1　张宁：《克木人丧葬礼仪文化解析》，《民族研究》1998年第6期，第39—41页。

祖先魂。卡咪人称鬼为"皮"（pi），鬼魂作为超自然力量有好坏之分，祖先灵魂和恶鬼具有相对性，死者的魂魄被自家人视为祖先供奉，在别的家庭看来它是恶鬼魂，所以死人时村民编制"圆形达寮"避免别人家死者的魂魄进入。自然界中有黑鸭子鬼等恶鬼，新米节时编制达寮，阻止黑鸭子鬼进入破坏家中粮食。卡咪人祖先的灵魂与生者继续联系在一起，存在权利与义务的传承体系，对于非正常死亡的孤魂野鬼则被排除在权利与义务关系之外。

卡咪人把生产生活中的种种遭遇与魂和鬼联系在一起，因敬畏产生了招魂祭鬼的动机，以图粮食富足、人畜平安。卡咪人认为情绪失控或生病是人灵魂走失或者恶鬼附身所致，"拴线"和"放鬼"分别是卡咪人把魂叫回来和把恶鬼驱赶出去的仪式。

卡咪社会普遍存在"拴线"仪式，拴线是把附着于生者的魂叫回来，或者安定生者的魂。如今卡咪人接受现代医疗体系的治疗和举行"拴线"仪式并行不悖。卡咪人"栓线"仪式的主体可以是人也可以不是人。在卡咪人耕种机械化以前，耕完田地后要给牛"拴线"，卡咪人购买摩托车，当天要给摩托车"拴线"。结婚、丧葬、新生儿诞生、过生日、出远门、送客人、生病、情绪失控等情况都要举行"拴线"仪式，"拴线"仪式场面有大有小，程序大体上一致。2015年5月，卡咪寨一农户家摩托车被盗，几天之后农户家举行了一场较隆重的"拴线"仪式，下面对仪式的过程进行描述与分析。

个案20

2015年5月7日晚上村民BWB家摩托车被盗，寨子4个治安人员在晚上12点左右抓获偷车贼，但摩托车没有找着。5月8日早上，村民不像平日里一样去地里劳作，而是在村道路边小卖部前面、桥上、住屋底楼等公共场合相互议论前一晚上发生的事情。村领导打电话后，勐伴镇派出所公安把偷车贼带走。

摩托车是村民BWB 8天前花6 000块钱从勐伴镇购买的,当天他给摩托车举行了简单的"拴线"仪式,把摩托车的魂拴住,祈求平安。摩托车丢失后,他先后去附近寨子与老挝找摩托车。BWB的老婆待在家里,没有去忙农务。她告诉笔者:"这几天头痛,身体不舒服,不想去地里干劳动,没心思。"几日后BWB没有找到摩托车,在失望和疲惫中,他们决定举行一次叫魂仪式。他老婆说:"可怜自己的老公,决定举行一次拴线仪式。"

5月12日早上,BWB通知亲戚举行拴线仪式。中午12点,来了几个亲戚朋友帮忙做饭。鸡、糯米饭和白线是卡咪人拴线仪式过程中的必需物品,重要的拴线仪式还要杀黑猪。他们比较重视此次拴线仪式,杀了一头小黑猪和一只鸡。下午5点左右,亲戚陆续到达,总共来了50人左右。主人把自家编制的竹篾桌放在客厅中间,在桌子上平铺4张芭蕉叶,其上放一个小瓷盆和一个空碗,边上放一双筷子、一把小勺、一个酒杯。瓷盆里铺着一张芭蕉叶,装着煮熟的鸡,鸡脚已经被砍断,鸡肝和一团糯米饭放在鸡边上,白线搭在鸡上面。一切准备就绪后,村民走进客厅,往空碗里放钱,有10元、20元、50元不等。男人们围竹篾桌而坐,女人们坐在外围靠门的一侧,老人和年轻人分开,BWB夫妇坐在桌前。

卡咪人拴线仪式的主持人一般由家族中男性长者充当,主持人熟知仪式的整个程序,在仪式中扮演领导的角色。拴线仪式具有神圣性、严肃性。仪式开始时,整个场面安静下来,坐在BWB右边的主持人在瓷盆里取出一点鸡肝和糯米饭黏在一块,分成两半,起身站立,一只手按在BWB的头上,一只手按在他的右肩上,同时念念有词。坐在竹篾桌边上的人包括BWB夫妇跟着主持人把手伸向竹篾桌,人们轻声念叨,在屋里形成"嗡嗡"的回响,场面十分壮观,使人大开眼界。念毕,主持人坐下,人们即把手收回。BWB从瓷盆中拿一点鸡肝和糯米饭黏在一起吃掉。

紧接着，主持人先用两根白线拴在BWB的两只手腕上，再取两根白线拴在他老婆的两只手腕上，接着屋里的人依次为BWB夫妇双手拴线，人们边拴线边念叨祝词，直到备的白线拴完为止。不一会儿，两人手腕上缠满了数十根白线。线拴完后，人们纷纷坐下。BWB夫妇先是手背朝上，主持人开始用折起的冬叶蘸一点酒杯里的酒，顺着两人的手由上到下拭擦，做了几次重复的动作后，再手心朝上。主持人重新把冬叶折起蘸上酒，再蘸一下鸡肉，顺着两人的手由下到上拭擦，几次重复的动作完成后，主持人把酒杯递给BWB，他抿一口，接着他老婆抿一口。最后，主持人用双手把装着钱的碗递给BWB的老婆，口中念念有词，他老婆双手接着碗，待主持人念毕她把碗拿到了卧室。此时，仪式接近了尾声。

仪式完毕后，开始宴请前来拴线的亲戚。整个场面由安静变得喧闹起来，BWB夫妇也参与其中，在表达和倾听的过程中，紧张的情绪得到舒缓。人们从结构中被释放出来，仍然要回到结构之中，而他们经历的交融，已经为此时的交融重新注入了活力。

仪式建立在信仰之上，在卡咪人社会中，"拴线"仪式能够得到长期保留，源于他们对灵魂的信仰。BWB夫妇焦躁不安、心神不定，在他们潜意识中觉得这是一个不好的兆头，他们的魂魄离开了身体，只有通过一次"拴线"仪式，把魂魄叫回来，他们才心安，才能进行正常的生产活动。主持人说："他难过，他的魂跑掉了，拴线就是解他的困，把他的魂叫回来，有了危机才拴线。"在仪式过程中，主持人拿着蘸着酒的冬叶先是顺着BWB夫妇手背由上到下反复拭擦，之后又沿着两人手心由下到上拭擦几次。主持人说："第一次是把不好的东西放出去，第二次是把好的东西收回，把魂叫进来，把魂稳定下来。"仪式中，在场的所有人同时把手伸向竹篾桌，念叨着祝福的话语，仿佛他们在把自己的力量源源不断地输入当事人体内，众人一起协助把当事人的魂魄叫回来，仪式主体的心理得到了慰藉。"拴线"仪式就是卡咪人灵魂信仰的一次实践。

"放鬼"是卡咪人传统的治病仪式，通过放鬼把附着于身体中的恶鬼驱赶出去。恶鬼具有相对性，死人的灵魂对家人来说是祖先魂，对别的家庭来说则是恶鬼。早夭的婴儿、非正常死亡以及死在村外的人的魂魄也会转为恶鬼。自然界中也存在各种恶鬼，如黑鸭子鬼等。若村民出现久病不愈或者找不到病因的情况，就会被认为其是恶鬼附身，需要举行"放鬼"仪式。卡咪寨周边的瑶族寨子和哈尼族寨子村民常前来请卡咪巫师"特魔"（te mo）放鬼。

个案21

卡咪村老人BGD今年78岁，他会放鬼，由他父亲传授，闻名周边寨子。卡咪寨周边的瑶族寨子和哈尼族寨子有人罹患重病，在医院久病不愈时，就会请老人放鬼治疗。

2015年10月10日，盘山瑶族寨子一年轻男子和一中年男子来到老人家中，其中一人递给老人一支烟，开始了他们的对话。

年轻男子："有个事想请求您帮忙。"

老人："做什么事，我能帮什么忙？"

年轻男子："我家爹患病快一个月了，想请您看看是怎么回事。"

老人："去医院了没有，害着病去医院看。"

年轻男子："在景洪医院、昆明医院都看了，就是找不到原因，我爹整天都睡不得，肚子这里一直抽筋、颤抖。"

老人："哦，你们后天来吧，拿9根蜡条、一块黑布、一碗米、一杯酒、一个鸡蛋、1500块钱过来，不要告诉别人你们来过这里，不然就没有效果了，你们后天再过来我给你们药。" 1500 块钱是老人的放鬼费用，其余是仪式用品。

两天后年轻男子按照老人说的带来了仪式用品，放在竹篾桌上，一张冬叶包着4根蜡条，一张冬叶包着5根蜡条，把鸡蛋放在米上面，老人在里屋一边念念有词一边做仪式。仪式完成后，老人给年轻男子一种草药带回去。据老人说，有人想整他父亲，就在他父亲身上做了鬼。放鬼不能让做鬼的人知道，不然老人自己就会遭殃。

拴线与放鬼仪式建立在灵魂与鬼魂信仰基础之上，"由鬼灵界定的他世秩序是对现世秩序的重要补充，从而形成一个完整的关于人类生命的宇宙观"。今天，卡咪人社会有了很大的发展，现代医疗体系越来越发达，但是面对现代医疗无法解决的困惑或遭遇时，超自然与超现实力量仍然发挥作用，超自然世界是卡咪人生活中不可或缺的一部分，"鬼作为超现实的力量和观念依然以不同方式存续着，鬼的文化生态也在各种社会调整中不断寻求着新的形式和新的平衡"[1]。由此拴线、放鬼仪式继续存在，民居中的达寮、神龛、火塘等在民居中得以体现，显示了卡咪人的文化适应和智慧。

（二）安居房格局的分化与整合

安居工程整村推进的方式打乱了南欠和卡咪两个寨子原有的民居分布格局，大部分村民住屋不在原来的位置，村民左邻右舍发生变化。安居工程实施后民居的安排不是政府行为，而是村民内部各自选择的结果，村民依据其社会文化规则进行选择，适应外在强势势力嵌入，

---

[1] 张小军：《驯鬼年代：鬼与节的文化生态学思考》，《民俗研究》2013年第3期，第89页。

卡咪人民居在分化中重新整合。

1. 安居房格局分化

卡咪人民居格局的分化有安居工程实施导致的分化和分家导致的分化两种，安居工程造成的民居格局分化是外在强势势力嵌入的结果，具有短暂性。分家导致的民居格局分化是卡咪人内部自然分化的表现，具有延续性，它是一个渐变的过程。追溯卡咪人过去的分家结构，可从中探析卡咪人的分家法则。如今两个卡咪人寨子都面临宅基地缺乏问题，透过卡咪人分家原则，可预见卡咪和南欠两个寨子的面貌格局将继续发生变迁。

（1）安居工程导致的分化

安居工程实施以前，南欠和卡咪两个寨子是自然形成的村落，民居错落有致，自由分布。民居四周有菜地和鱼塘，杧果树、黑心树、凤尾竹等生长在民居前后，村中道路泥泞。政府扶贫采用整村推进的模式，重新统一规划布局村寨结构，推平村寨地基，村民重新选择住屋的地理位置，大部分家庭住址已经不是原来的地点，即使在原来位置的家庭，其邻里已经改变。民居格局在安居工程实施中发生分化，安居工程导致的民居格局变化是大规模的突变。

新建安居房一排排整齐地沿着道路排开，屋与屋之间十分紧凑，几条水泥大道纵横，路灯站立，相互贯通，使安居房连成一片，村寨面貌发生了较大的变化。

（2）分家导致的自然分化

分家指的是已婚兄弟间通过分割生计和财产，从原有的大家庭中分离出去的状态和过程。门户的另立是一个独立的新的家庭的产生，也就是家庭再生产的表现。费孝通在《生育制度》中用三角形结构形容新家庭的建立，配偶和子女构成三角形的三点，这三角结构只是暂时结构，子女要和另外两点结成新的三角形，这并不是原有三角形的意外结局，而是构成这三角形的最终目的[1]。卡咪人婚后分家需要新建民居，分家导致的民居格局分化是一个渐变的过程。

①分家过程

20世纪50年代，卡咪人从山腰搬迁到山脚下，在河谷地带建寨。建寨初期，南欠和卡咪两寨都只有十几户村民。经过近70年的发展，如今两个村寨规模已经壮大到六七十户，2015年底，卡咪寨有79户，南欠寨有68户。两个寨子户数的增多是寨子的自然增长，源于卡咪人分家的传统，到目前为止还没有外地人迁徙到寨子定居，也基本上不存在村民搬迁到县城甚至更远的城市居住的现象。分家是卡咪人社会中约定俗成的现象，除了家中一个儿子（或女儿）在原来的家中居住养育父母外，其他子女结婚后便从本家中分出去，另立门户，自成一家。因此核心家庭和主干家庭构成卡咪人两种家庭类型，并且核心家庭居多。

下面以卡咪寨某一家族的分家过程为例，展示20世纪40年代卡咪人从老挝来到中国至今户数增多、寨子壮大的过程。

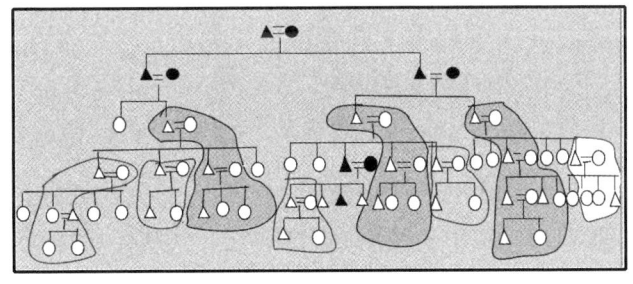

图6　BYJ家族系谱图

BYJ今年71岁，20世纪40年代他爷爷带着他父亲和叔叔（如今都已去世，图6中用黑色的三角形表示）从中老交界的老挝

1　费孝通：《生育制度》，天津：天津人民出版社，1981年，第126页。

一侧的本勒村来到中国，他父亲和叔叔分家后发展出 B 和 C 两个支系。如今 BYJ 属于 B 这个支系中年纪最长的男性，他有一个姐姐，其父亲在世时和他住一起。BYJ 结婚后有三个儿子和一个女儿，大儿子和二儿子结婚后先后从家中分出去，另立门户，分别建立了核心家庭，小儿子和他住在一起，负责养老。其小儿子有两个女儿和一个儿子，都尚未成家，家庭模式为主干家庭。最左边为 BYJ 的大儿子家，他有四个女儿。大女儿嫁给勐海佤族人，但住在村子，成立一户人家。二女儿负责养老，和 BYJ 的大儿子住在一起，有两女，尚小。三女儿嫁在本村。BYJ 的二儿子有一儿一女，其儿子未婚。如今 B 这个支系从一户发展到 4 户，包括 2 户三世同堂的主干家庭和 2 户核心家庭（在图 6 中已经圈出）。

BYJ 的叔叔发展出 C 这个支系，BYJ 叔叔有两个儿子，分家后其内部形成 d 和 e 两个分支。BYJ 叔叔的大儿子为 d 这个支系年纪最长的男性，有三个儿子和两个女儿，大儿子和二儿子结婚后分家，另立门户。小儿子负责养老，小儿子有一儿两女，由于儿子在读大学经常在外面，所以大女儿跟他们住在一起，目前其大女儿养有两个女孩，其家庭模式为四世同堂的主干家庭模式。大儿子由于疾病已经去世，有四个儿子，大儿子已经结婚，有一儿一女，二儿子去世，三儿子被南欠亲戚领养，小儿子未婚但有自己的房子和土地。其二儿子有一儿一女，尚未婚。支系 d 形成 4 户人家，包括 1 户四世同堂的主干家庭和 2 户核心家庭（在图中已圈出），其中有 1 户只有 1 人，其未婚但是拥有自己独立的房子和土地。

BYJ 叔叔的小儿子为 e 这个支系年龄最长的人，有四女两男，大儿子结婚后分家建立起核心家庭，目前有三女一男。小儿子负责养老，有两男一女，其大儿子已经结婚，有一男一女，没有分家跟随其父母居住在一起，小儿子未婚，其家庭为四世同堂的主干家庭模式。支系 e 形成两户人家，包括 1 户四世同堂家庭和 1 户核心家庭（在图中已圈出）。

从 BYJ 家族分家过程可以看出，卡咪人从老挝来到中国至今已有五六代人。村民通过分家另立门户，历经半个多世纪，这个家族由一户人家分化壮大成 11 户，并且形成了 3 个小的分支，BYJ 家族是卡咪寨子人口较多的一个家族。据卡咪人回忆，两寨从老挝迁来时才六七户，在山脚建寨初期也才 10 多户，通过如上分家，寨子户数增多、规模壮大，民居格局也在逐渐分化。

②财产分配

卡咪人分家包括分居盖新房和财产分配，村民建新房首先要选择地基。一般情况下，亲属之间喜欢聚集在一起，但是随着户数增多不得不扩大范围，盖房子常选择在自家的菜地、池塘、耕地等空地上。新房子一般是在父母和兄弟姐妹以及亲戚朋友的帮助下建成。卡咪寨村民山地较多，由卡咪人在山上种植"懒火地"时开垦，一家有山地七八十亩，少的有二三十亩，多的有一两百亩。水田由卡咪人搬迁到山脚下后沿河开垦，是卡咪人生存的根基，少的人家有三四亩，多的有十多亩。村民在山地里种植橡胶、芭蕉、甘蔗等经济作物，在林地里种植砂仁，是村民主要的收入来源，冬季种植辣椒、无筋豆、南瓜等，构成村民收入的一部分。村民分家自然涉及水田、耕地、山地等财产的分割。

一般情况下家中小儿子分的财产相对多一些，原因是最小的儿子需要赡养父母，其他儿子则会分得等同的财产。若某男子娶的是本村姑娘，女方父母会赠送适当的水田和林地，自己也会开垦一些地耕种。因此就算除小儿子之外的其他儿子分得等同的财产，但最终拥有的财产数量也会有差别。

BYJ 有 3 个儿子，大儿子和二儿子已经分家，三儿子负责养老。大儿子分家时，有水田共 9.5 亩，父母分给 6 亩水田，他娶了本村姑娘，丈母娘分给 3.5 亩。拥有山地 43 亩林地，其中芭蕉地 6 亩，橡胶地 37 亩，在芭蕉地种植坚果树 50 棵。拥有砂仁地约 50 亩，砂仁属灌木，生在乔木丛林及阴凉处，种植面积不纳入山地面积之中。二儿子媳妇来自老挝本勒村，分家后水田共有9.1亩，父母分给6亩，自己开垦了3.1亩。有山地24亩，其中芭蕉地有5亩、橡胶地有19亩，在芭蕉地中种植坚果树200棵。砂仁地大约20亩。三儿子家有水田11亩，他娶了本村姑娘，自家有7亩水田，丈母娘赠送4亩。有山地83亩，其中橡胶地63亩、芭蕉地20亩，在芭蕉地混种坚果树350棵。砂仁地约50亩。

从表2可知，卡咪人分家财产并不是平均分配的，特别体现在林地面积的差异上，养老的小儿子家的林地面积总共有83亩，大儿子家总共有43亩，二儿子家总共有24亩。而水田面积差异不大，若妻子是本村的还会收到女方父母的赠送。

表2　卡咪村BYJ三个儿子的财产情况

儿子	水田	山地		砂仁地
		芭蕉地；混种坚果树数量	橡胶地	
大儿子	9.5亩（6+3.5）	6亩；50棵	37亩	约50亩
二儿子	9.1亩（6+3.1）	5亩；200棵	19亩	约20亩
三儿子（养老）	11亩（7+4）	20亩；350棵	63亩	约50亩

有些村民结婚后会新开垦田地，特别在20世纪80年代初期公社实行家庭联产承包制包产到户后，村民纷纷自觉开垦属于自家的田地，使得在这以前分家的兄弟之间的田地财产也不一致。南欠村村民BGJ1980年结婚，1980—1982年在妻子家上门两年，上门结束后1983年分家了，弟弟BWJ和父母居住。BGJ分家时有2亩水田，40亩橡胶地，约3亩砂仁地。组建家庭后，他丈母娘赠给他2亩田，此外他又在河边平地上新开了3亩田地。

村民也有不跟随小儿子居住的例外,村老书记有两个儿子、一个女儿,三个孩子都已经成家,他和大儿子住在一起。小儿子 YP 从昆明职业学院毕业后在卓嘎完小教体育,寒暑假回家帮忙干农活,他自己有 20 亩左右的甘蔗地。也有跟小儿子住后转向跟其他儿子住的情况。岩糯家爷爷奶奶本来和他叔叔居住,后来因为他爷爷奶奶和婶婶有矛盾,现在和他父母居住。

卡咪寨有不少多女无子的家庭,其中一女赡养父母,其余的女儿也会在寨子定居,至今有湖南人、四川人、勐海佤族人、文山苗族人等入赘卡咪寨。若一女在寨子居住,其父母给予的财产不单有水田,还包括橡胶地、芭蕉地、砂仁地等山地。多女在村子定居现象与卡咪人婚俗规则及其认知观念的深层内涵有关,丰富的山地资源为其提供了基础。村民有足够的土地资源分配给其女儿,她们就有了在村子立足的基础。其女家庭居住在寨子里,又给村民生产劳动带来了劳动力。

BXK 家有四个女儿,前三个女儿 M1、M2、M3 已结婚,最小的还在读书,三个女儿都居住在寨子里。大女儿 M1 嫁给了勐海佤族人,在寨子定居。二女儿 M2 嫁给南欠卡咪人,负责养老,和父母住在一起。三女儿 M3 嫁在本村。从表 3 可知,BXK 分给 M1 水田 3 亩、林地 10 亩,全部种植橡胶。M2 和 BXK 居住在一起,继承家中的财产,田地较多。有水田 9.5 亩,林地 33 亩,种植橡胶 27 亩、芭蕉 6 亩,在芭蕉地里混种坚果树 50 棵,砂仁地有 50 亩。M3 嫁在本村,因男方没有兄弟,财产没有被分割,其田地面积较多,所以 BXK 没有给她分田地。

表 3　村民 BXK 三个女儿分家情况

女儿	水田	林地			砂仁地
		橡胶	芭蕉	混种坚果树	
大女儿 M1	3 亩	10 亩	0	0	0

续表

女儿	水田	林地			砂仁地
		橡胶	芭蕉	混种坚果树	
二女儿M2（养老）	9.5亩	27亩	6亩	50棵	50亩
三女儿M3	0	0	0	0	0

在多女家庭，赡养父母的女子田地较多，其余在本村定居的女子家庭，视其具体情况而定，若嫁在本村，男方田地较多，就不再分田地。嫁在村外但在本村定居的女子，其父母会适当地分给她水田和林地，解决其生活问题，让她们有在村子立足的根基。

③社会联系

分出去另立门户的家庭与父母之家在日常生活中有着密切的天然联系，各种社会规则与社会义务把他们联系在一起，分出去的家庭之间、分出去的家庭与未分出去的家庭之间在文化上有关联，彼此还存在优先经济合作的义务。

卡咪人大面积种植橡胶、芭蕉、砂仁、甘蔗等经济作物，需要较多的劳动力。在日常生产劳动中，普遍存在几家人一起在地里干活的现象，人多可以提高劳动效率。当地人把这种相互帮忙劳作的过程称为"帮工"，它不同于"还工"，首先帮忙干活是无偿的，它实质上是劳动力的交换，并且通常是一家人出动，村民不会计量哪家人多或哪家人少的问题。其次帮工大多发生在兄弟姐妹之间，即分家与分家、分家与本家之间的帮忙劳作，这种劳动关系比较随意。一家有诸如收芭蕉、砍甘蔗之类的农活，其兄弟姐妹家常会自觉来帮忙，在村民的意识里不存在"还工"的概念，还工强调的是相互帮忙次数的同等性，帮工是持续不计次数的，它的发生基于需要和亲属之间的社会义务。

帮工不需要特地准备丰盛的饭菜来招待帮忙的人，只需要提供一顿午饭。早上，村民在自家吃一点糯米饭或在村商铺吃完米线后来到主人家的地里，或早或迟每家人到达的时间不一样，来帮忙的家庭比主人家先到地里也是常事。主人带上做午饭的食材到地里，中午歇息的时候大伙儿一起在地棚里做饭，下午干完农活各自回到各自的家中，主人不再提供晚饭。

个案 22

村民 BWJ 家 2015 年 5 月 20 日收芭蕉，早上 6 点钟吃过糯米饭后，BWJ 开拖拉机带着他老婆和大女儿，半个小时后到芭蕉地里。BWJ 大哥的大女儿一家和二女儿一家已经在地里开始劳动，不久 BWJ 二哥一家人也来帮忙，总共到场的有 10 人，有的砍芭蕉树，有的头顶背篓背芭蕉，有的用扁担挑，大约中午 12 点钟完工，大伙儿一起回家。

村民 BJX 家 2015 年 5 月 23 日种玉米，早上 BJX 和他老婆、女儿及女婿带上中午做饭的材料，一起来到地里，他弟弟、他老婆的妹妹和妹夫也来帮忙，总共有 8 个人干活。在中午的时候，他们在玉米地旁边的地棚里做饭休息，在地上铺上芭蕉叶子，把做好的饭菜放在上面，一起围着吃饭，吃完饭后在地棚里休息一会儿，下午继续干，干完后各自回到家中。

卡咪人分家并另立门户已经是一种约定俗成的现象，当问及为什么要分家的时候，村民都会回答分家是自然而然的事情，时间到了该分就要分，分家就得选地基盖房。如 78 岁村民 YGJ 所说："树大分叉，人大分家嘛。"有些村民会说出分家的某些好处，如干栏式楼房可容纳的人有限，需要建新房为新成立的家庭居住，分家也可以避免妯娌、兄弟之间的矛盾，等等。

随着时间的推移，经过世代分家的累积，卡咪人寨子户数增多将是村寨发展的自然规律,因此村寨面积、村寨规模不断扩大将是村寨变迁的趋势。安居工程结束后,村子如有分家新建房屋则可向政府申请补贴,由村民自己建房购置瓦片,政府补贴2.02万元。2010年至2015年卡咪寨新增的7户民居建在原先推平地基的空地上,房子格局、瓦片材质都与安居房一致。

由于分家另立门户习俗,两寨推平的地基已经占满,卡咪和南欠两寨村民面临建房地基缺乏的问题。目前两寨平整排列,以后随着分家选地基盖房子的人增多,民居格局是否又会回到安居工程之前的状态,不得而知。由分家导致的寨子规模扩大,寨子将发生新的变迁,民居格局面临新的分化。

2. 安居房格局的整合

村寨民居在分化中重新组合,安居房的重组不是由政府行为决定,而是由村民自行选择。村民之间互相协商,以交换土地、免费赠送等方式达成共识。在南欠村,安居房盖好之后,先抽签,再私下里相互交换。

个案23

南欠村村主任BJB说:"2008年到2010年我们总共盖了60户房子,地基推好后,每家来一个人抽签,大家相互换抽到的地基,现在基本上亲戚家都住在一起,我们家对面那家是我老婆的妹妹家,她家本来抽到那边了,后来和别人家换到这里。以前我们房子都在上面一点,朝向路那边,现在朝向山。"

卡咪村村民MYF说:"我们家以前在桥那边,这里以前是我家鱼塘,我们家就选择这里了。"

卡咪村村民MW说:"我们家现在的位置是我亲家给的,亲家住在我家旁边,现在这里是亲家和其他人交换来的地基。当时不肯换,还差点吵架了,后来说好话才给换的。"

卡咪村村主任 BJX 说:"我们家以前住在桥下面,以前这里只有我丈母娘一家,现在丈母娘家住在我家旁边,她家没有变,我们当时选了这里,和丈母娘家挨在一起。我兄弟家就在这公路上边。"

安居房的重组过程中,姻亲和血亲是把户与户连接在一起的纽带。就小范围来说,亲属互为左邻右舍,把范围逐渐放大,村子中同为一个家族的人又选择聚集在某一块区域。解释安居房格局重组过程不得不探析卡咪人的亲属关系和氏族结构。

(1) 亲属关系

卡咪寨村民的左右邻居大多为自己的子女家庭或兄弟姐妹家庭,若村民有女儿嫁在本村或者其女嫁在外面但在寨子定居,其女儿家庭大都优先选择和其住屋挨着,形成左邻右舍。一男子娶的是本村姑娘,他就会优先选择和他丈母娘家挨在一起,而没有和自己父母家或兄弟姐妹家挨着。

中华人民共和国成立以前,卡咪人实行民族内婚和氏族外婚制,基本上不与别的民族通婚。通婚范围限制在本村的不同氏族之间、卡咪和南欠两寨之间以及中国境内卡咪人与老挝卡咪人之间。改革开放以前,很少有人进入偏远的卡咪人寨子,1965 年卡咪寨村民 MYF 与汉族人结婚。1965 年卡咪生产队村民 MYF 在勐腊义务修建公路,认识了姓周的汉族人,后两人结婚,MYF 丈夫在她家做上门女婿。20 世纪 80 年代,四川木匠和湖南瓦匠最早进入卡咪寨,帮助卡咪人修建干栏木楼,最后有三个四川人和两个湖南人娶卡咪姑娘,并入赘在卡咪寨子中。之后,也有个别卡咪姑娘嫁到四川、湖南等地。近年来,卡咪人与其他民族通婚的情况逐渐增多,卡咪寨子出现了年轻的克木人、瑶族、哈尼族、汉族媳妇,也有卡咪姑娘嫁给汉族、傣族、哈尼族、瑶族、苗族、佤族、克木人等。

虽然民族内婚的习俗已被打破,但从民族之间通婚的情况看,存在一种不平衡的通婚现象。例如,卡咪姑娘嫁给傣族男子的现象普遍存在,傣族姑娘却很少嫁给卡咪男子;当地哈尼族、瑶族姑娘嫁进卡咪寨子,但卡咪姑娘却很少嫁入瑶族、哈尼族寨子。有文山苗族人、勐海布朗族人、重庆人等年轻男子入赘卡咪在寨子,卡咪男子与老挝卡咪女子通婚的情况仍然比较多,据统计,卡咪寨有 26 个从老挝嫁过来的媳妇[1]。

民族内婚仍然是年青一代卡咪人普遍存在的婚姻形式,在卡咪人社会里,婚姻习俗有一套传统的规则。首先是氏族外婚制,即通婚是发生在卡咪人族群内不同氏族之间,同一氏族人不许通婚。卡咪人寨子里有若干图腾姓氏,同一图腾姓氏的人属于同一家族,由同一个祖先发展而来,彼此被视为有着亲缘关系,因而就被排除在可供选择的婚恋对象之外。据老人说,若不遵守氏族内婚的禁令或者男女一方跟别人偷情,就会被村民视为猪狗,并受神灵惩罚。双方执意要通婚者必须举行一种特殊的仪式,以示惩罚。举行仪式时,男女中间放置一个猪槽,他们四肢着地学猪爬,假装到槽里吃糠,此时老人口中念念有词,念完用斧头朝两人中间劈去,将猪槽里的糠分成两半,表示男女的亲缘关系已断,可以通婚。这种赎罪仪式在克木人社会中也存在,学者称其为"同槽吃食"仪式。[2] 其次盛行单向姑舅表婚的通婚规约,即姑家之子可娶舅家之女为妻,而舅家之子与姑家之女则不许通婚。

"上门"是卡咪人社会中普遍存在的婚俗,以前男子结婚后需要先在妻子家居住三四年才回到自己家中,现在卡咪人实际上门时间基本上为半年到一年,结婚之前两家父母商定具体的上门时间,一般视

---

[1] 数据来自回落村委会统计。
[2] 王国祥:《克木人——中国西南边疆一个跨境族群》,昆明:云南教育出版社,2009 年,第 139 页。

双方家庭的劳动力状况和经济状况而定。若男方父母不按照女方要求，在女方同意的情况下，得用礼金作为补偿，赎回女方预定的上门时间，一般为一年3 000元。如女方家提出的上门时间为3年，男方父母请求降为1年，若女方父母同意，男方需要按照一年大约6 000元作为补偿。在上门期间男子作为女方家一员，参与女方家及其亲戚的各项生产劳作。若女方家只有一个女儿，则终身从妻居，赡养女方父母；若村民有多个女儿没有儿子，则多个女儿在寨子定居。寨子的村规民约规定，若男女双方都是本寨子的人，结婚时需要给村里的老年协会500元，若男女有一方来自寨子外面，需要给村里的老年协会1 000元，用于调解诸如吵架、夫妻不和等家庭矛盾。

从以上可知，改革开放后卡咪人通婚圈的范围扩大，与别的民族通婚增多，但是族内婚仍然是卡咪人常见的婚姻形式，寨子内部不同家族年轻人之间婚配比较普遍。族内婚要求的聘礼较低，但上门后仍然对女方父母负有一定的责任与义务，家中无子多女的村民，更是支持多女在村子定居，村民之间关系复杂，大多数兄弟姐妹都住在一个村。从小范围看安居房分布格局，一村民住屋和他子女住屋位于一排，若一男子娶的是本村姑娘，则会倾向和女方父母居住在一排。安居房的左邻右舍都是彼此的兄弟姐妹家庭。

（2）图腾姓氏

卡咪人姓氏与名字受傣族影响，与傣族相似，未婚男子都姓岩，未婚女子都姓依，女子结婚生子后改姓咪，男子改姓波，即在第一个孩子名字前面加上波或者咪，表示他孩子的爸爸或她孩子的妈妈之意。如某男性村民家第一个孩子叫依尖香，其他人就称呼他为波尖香，称他妻子为咪尖香，就是尖香的爸爸或妈妈的意思。在他们的户口簿和身份证上面大多数是结婚之前的名字，也有少数写的是结婚后的名字。

实际上，卡咪人同克木人一样有自己的图腾姓氏。中华人民共和国成立前，克木人（卡咪人）尚处在原始农村公社阶段，保留着很多氏族社会的遗迹，村寨是由若干个氏族组成的地缘性组织[1]。每个氏族都有自己崇拜的图腾，并以图腾作为氏族的姓氏标志，图腾物是氏族名称也是氏族成员的姓氏。勐腊、景洪克木人（包括卡咪人）至今有18个氏族，在这18个氏族中，以动物命名的有16个，以植物命名的有两个。如虎氏、青猺氏、猴氏、松鼠氏、马鬃蛇氏、秧鸡氏、水獭猫氏、犀鸟氏、小米雀氏、细白花氏、象尾蕨氏等。每个图腾姓氏都有自己的图腾禁忌和图腾传说，同一姓氏的成员是一个血亲集团，禁止通婚。图腾姓氏按照性别传递，实行子随父姓、女随母姓的双轨亲属制度，因此，一个家庭中至少由两个氏族组成[2]。

据调查，卡咪人的图腾姓氏与克木人略为不同，卡咪寨有8个图腾姓氏集团和一个卡老族，这8个姓氏为该姓（比兴该）、福姓（比得布）、工姓（比布公）、葛姓（比得葛）、滚姓（比斯滚）、列姓（比车列）、李姓（比更李）、高姓（比得高），[3] 卡老人自称姓勐西勐伴。每个姓氏都有相关的图腾起源传说和图腾禁忌，卡咪人的姓氏传递特点与克木人不同，是随父姓不随母姓的单线传递。如果母亲是一个姓，孩子随父亲一个姓，孩子的妻子又是一个姓，那么家庭中就有三个姓存在[4]。如今大部分人对本氏族图腾起源传说的记忆已经有些模糊，各个姓氏都说："我们氏族人不吃老虎肉、蛇肉等等，吃了牙齿会烂、会掉，手会脱皮会烂，肚子会痛，严重的还会死掉。"在卡咪寨，只有个别姓氏的老人能够清楚地记得自己的图腾传说。

1　颜思久：《克木人村社和氏族制遗迹初探》，《云南社会科学》1983年第1期，第66页。
2　高立士：《克木人的图腾崇拜与氏族外婚》，《思想战线》1986年第2期，第44—45页。
3　括号内为卡咪语汉译。
4　王国祥：《西双版纳雨林中的克木人》，昆明：云南教育出版社，2009年，第101页。

个案 24

  比如该姓的人不能吃不能摸野鸡、蜗牛、海豹，不然手会脱皮，牙齿会掉，最后死去。

  相传姓该家族的祖先是一个男孤儿，无亲无故，打小自力更生。男孩有一天在野外射猎捕杀了一只野鸡，挂在家中的厨房晾晒以备日后食用。男孩早出晚归，有天回家时发现家中的一切家务活都被处理得妥妥当当，男孩感到非常吃惊。之后的每一天都是如此，于是男孩下定决心要探个究竟，他想出了一个法子，早上假装出门但在半路时悄悄地返回到家里把自己藏起来。傍晚时分，让他目瞪口呆的一幕出现在眼前，厨房里晾晒的野鸡化身为一个漂亮的女子，女子帮他做家务，将家中的一切收拾得整齐有序后，女子便不见踪影。第二天傍晚，女子又出现，男子用箩筐套住那女子，女子没有挣扎之意且愿意留下来，最终两人结成良缘。夫妻二人生一子，一家人同甘共苦、其乐融融。好景不长，一天两人吵架，男子说话到伤心处，妻子一怒之下化身为野鸡飞上枝头，男子正当气头上伸手拿起弓箭，一箭射过去正中女子的身体，野鸡身负重伤飞过男子头顶时，血液滴落在男子的眼睛里，之后男子双眼失明，最终失去了生命。男子临终前告诫自己的儿子："我们家族从今往后不能碰野鸡，也不能食其肉。如违反者，身体会溃烂，乃至生命终结。"（来自该姓家族 BWKL 老人口述，当地大学生 YN 翻译）

  卡咪寨子有一家族比较特殊，他们说自己没有什么忌讳，什么都可以吃。79 岁的 YGD 老人说："我们不像他们，我们什么都可以吃，蛇、猫、老虎都可以吃。"其他人称这个家族为卡老族，但他们不说自己为卡老族，说自己是卡咪人，姓"勐西勐伴"，如今他们与其他家族通婚，生活各个方面与卡咪人已经一模一样。

卡咪寨8个姓氏集团和一个卡老族家族仍然在社会中隐性运作。姓氏是村寨内部区分的标志，一个姓氏的人属于一个家族，彼此互为亲属。同姓氏的人关系更为密切，团结互助，相互认同，这体现在日常生产劳动和仪式中。在平日里生产任务比较繁重，需要很多劳动力的情况下，一个姓氏的人就会来相互帮工，和兄弟姐妹互相帮工一样，家族之间帮工不需要付工钱，主人家只需提供一顿丰盛午餐即可。拴线仪式在卡咪社会中普遍存在，在规模较大的拴线仪式中，一个姓氏的人常常会在场，不分性别和年龄，老人和年轻人都参与到拴线仪式中。就大范围来说，在安居房格局重组中，同姓氏即同一家族村民倾向于选择在一块区域。

（3）组合的新结构

安居工程完成后，为了方便村寨管理，卡咪寨被分割成4个小组，以片区来划分，民居位置决定了村民家庭被划分在哪一小组。小组以户为单位，4个小组的户数大致相当。第一小组有19户，第二小组有18户，第三小组有20户，第四小组有20户。每一小组有一个组长和一个副组长。4个小组除了有行政管理上的分工外，在日常生活和村寨集体事务中也发挥着重要的作用。4个小组在一定程度上与村民的亲属和家族有重叠，同一兄弟姐妹家庭或同家族的人属于一个小组。

同一小组的人在日常生活中相互帮工，某村民需要大量劳动力时，他就会向组长提出要求，组长通知到组内每一户人家，通常一户人家出一个劳动力，帮助村民家干农活。村民依据人口数量或者劳动成果向组内提供一定的劳动费用，由组长保管，供组内消费。

个案25

2015年5月初，村民YP家砍甘蔗动用了组内的劳动力。由于他这个姓氏在村子里人数比较少，只有他一家人，所以他叫同组的人来帮忙砍甘蔗，最后按照一捆甘蔗两块钱计算，把钱交给了组长。

寨子过红花节,通常以组为单位分配任务,组内人员相互协作,共同完成任务。寨子里的舞蹈队,也是由每一组至少出两个人来组成,参与村委会其他寨子节庆表演,或者参与克木人"玛格勒"节的表演。村民以组为纽带联系在一起。

四、卡咪人民居的现代变迁

2008年政府投入巨资帮扶克木人，是为了帮助人口较少的民族摆脱贫困，实现安居乐业。安居工程是为实现村民安居而进行房屋改造的一个项目，它是所有建设项目中最明显的一项，其整村推进的方式使得卡咪寨子村容村貌发生了巨大的变化。主要体现在以下两个方面：首先重新规划村寨布局，所有的民居整齐排列，改变了寨子原来自然分布的局面；其次安居房在样式和规模上统一，屋顶覆盖蓝色或红色的连锁瓦片，使得寨子焕然一新，与热带雨林的翠绿相互映衬，改变了寨子黑色穿斗瓦、石棉瓦和茅草房并存的面貌。

近年来，安居房内部空间布局正在发生改变，与安居工程不一样的是，它是村民自发式的行为，其背后有着深刻的社会根源，自发的行为与其思想观念的转变有关系，观念促进个人行为发生，个人行为又形塑了思想观念和社会行为规则。村寨布局与民居格局变化主要体现在亲属互为邻里、公共空间的增多等方面，村民人际关系与社会生活正发生变迁。

（一）安居房空间改造与私人生活

安居房空间布局的改变主要体现在两个方面：首先，安居房中生产与生活用品的传统与现代并存。在现代化浪潮中，有些传统生产生活用品已经消失，有些继续被使用，还有从外面引进的现代化用品，这是卡咪人有选择性地丢弃与接受的结果。其次，兴起民居空间改造行为。门和铁栏、卫浴、天花板、水泥地板等出现在少数村民家中，村民越来越注重个人隐私和家庭隐私以及住屋内部的装饰，卡咪人的思想观念与社会行为规则在发生变化。

1. 安居房中生产生活用品的传统与现代并存

卡咪人从山上搬迁到山谷地区，开田筑坝，种植水稻用牛犁耕，牛和犁是重要的生产工具，牛在住屋一楼圈养。如今牛已经消失，机械化的拖拉机和割谷机等取代了牛和犁，成为卡咪人主要的生产农具。拖拉机、摩托车，以及富裕一些的人家购买的私家汽车均置于安居房一楼，目前卡咪寨有4辆私家车，南欠村有6辆私家车。拖拉机和摩托车既是出行的交通工具也用于生产劳作中，拉运谷物粮食以及甘蔗、芭蕉等。卡咪人传统的竹篓（竹篓系于腰上）、背篓（背篓不用肩膀背用头顶）、挂包（挂包不斜挎，主要用头顶）、渔网、鱼篓、收割山谷的"谷桶""棍棒"等仍然是村民日常的生产用品，放置在安居房一楼。现在卡咪人主要种植水稻，但是村民每年都会种一两亩的山谷，有些人家种在山上，有些人家直接种在平地上。

安居房二楼放置着电饭煲、电冰箱、电视、饮水机、洗衣机、衣柜组合等现代化电器和家具，饮水机和洗衣机一般置于外屋，电饭煲、电冰箱置于卧室对面靠近火塘的地方。卡咪寨每户人家都保留着火塘，而在南欠村有些家庭没有火塘，传统的饭甑子、竹篾凳子、竹篾桌子、凉席等仍然是日常生活中的生活用品，饭甑子、竹篾凳子、竹篾桌子放在火塘旁边，凉席置于客厅中间电视机前。卡咪人晚上用电饭煲煮饭，在火塘上做菜，晚上村民一家人坐在凉席上看电视，第二天早上用饭甑子蒸糯米饭当早点。

卡咪人生产、生活用品传统与现代并存，在接受现代化主流文化影响的同时，一些传统的生产生活用品得以保留，在人们日常生活中继续发挥作用，这与卡咪人的生产生活习惯和信仰习俗有关。如饭甑子在卡咪社会中有很大的用途，卡咪人习惯早上吃糯米饭，村民的解释是"吃糯米饭扛饿，去地里干活可以坚持一天"；在举行仪式时，卡咪人也用糯米饭招待客人，蒸糯米饭必须用到饭甑子。卡咪人每户人家现在都要种植一两亩的山谷，使用传统的"点种"方式播种，收割山谷时会用到"谷桶""棍棒"。因为卡咪人过新米节、红花节等节日，必须使用山谷献祭祖先。卡咪人做仪式必须杀黑猪，所以他们喜欢养黑猪，几乎每户家都养有黑猪，卡咪人每年种植芋头、山药、木薯、紫薯等，因为这些都是过红花节时的祭祀用品，只有在过红花节时才能带回家。

此外，安居房中还有一些老挝文化元素，如卡咪人喜欢听老挝歌曲，几乎每家人都有老挝歌曲磁带，年轻人的手机里也储备着不少老挝歌曲。走进村民家，经常会看见一家老小坐在竹凉席上欣赏老挝歌曲，有些村民家中挂老挝日历、老挝明星照、老挝衬衫等。卡咪和南欠两寨与老挝接壤，与老挝有亲缘关系，彼此互动往来频繁，他们在有意无意中受老挝文化的影响。

从安居房中的生产生活用品可以看出，随着卡咪人经济发展和对外开放，卡咪人与外界的交流逐渐增多，现代化主流文化对卡咪人生产生活用品选择有较大的影响，卡咪人的生活习惯和信仰习俗使得传统的生产生活用品得以保留，在传统与现代之外，还存在老挝文化元素。总之，如今卡咪文化杂糅了现代主流文化、卡咪人传统文化、傣族文化、老挝文化，具有多元的特征，并显现出越来越多地受现代主流文化影响的趋势。

2. 安居房空间改造行为兴起

近年来，有些村民在安居房内部进行局部改造，卫浴、铁栏、天花板、水泥地板等出现在卡咪人社会中。村民越来越注重民居内外的区分以及内部装饰，这是内生性、自发性的行为，形塑着卡咪人的思想观念和社会行为规则。

（1）安居房空间新设计

安居房空间新设计，适应了家庭成员之间的关系以及家庭和外部关系的新变化，人们开始关注个人隐私和家庭隐私。民居的里外分隔体现了卡咪人越来越注重家庭隐私权。

首先，家庭成员私人空间的产生，保护了个人隐私生活。卡咪人传统民居卧室没有分隔，全家人同居一间卧室，父母和子女的睡地没有隔断，在主干家庭中，三代人同居一间卧室。如今在南欠和卡咪两村，有个别家庭的卧室仍然没有分隔，全家人睡一间。例如，南欠村BJB家有5个人，女儿上初三、儿子读小学六年级，丈母娘跟随他们住，他家里屋客厅右侧只有一个房间，全家人都睡房内。两寨大部分安居房卧室用木板分隔成两到四间，子女较多的家庭，在里屋左侧靠墙的位置放置几张床，用布遮挡，或者在二楼外屋楼梯口处用木板搭建一个小卧室，为未婚子女提供单独的睡处。在卧室中放置着家具，给家人放置私人物品提供了方便，卧室的分隔为夫妻和未婚子女提供了私人空间，保护了家庭成员的隐私权，加强了个人隐私观念。

安居工程实施前，卡咪和南欠两个寨子家庭卫生间很少，大多数村民在露天晒台或者在寨子脚下的河里洗澡冲凉，露天晒台还用来晾晒衣物、谷子、洗衣洗澡等。近年来，村民纷纷在晒台修建卫生间。较为富足的人家在晒台上修建钢筋水泥结构的卫生间，在卫生间里面和外面都贴上瓷砖，卫生间里面安装有喷头，卫生间顶部上安置着太阳能，可洗热水澡，卫生间外面镶嵌着一个洗漱台，用于早上洗漱，这类卫生间要花费两万元左右。有些人家在住宅外面搭建铁皮卫生间，铁皮卫生间顶部也安置太阳能，内置喷头可洗热水澡，这类卫生间只需七八千元，现在人们可以在封闭的浴室内冲凉，为家庭成员提供了个人私人空间,保护了个人隐私,受年青一代的欢迎。

其次,民居的里外分隔体现了卡咪人越来越注重家庭隐私。村民以前的木楼穿斗瓦房或茅草房二楼外屋没有安置门,从一楼拾级而上,可直达二楼外屋,外人可以随意出入。安居房建成后,大部分村民在二楼楼梯口安置木门,有些村民家则用几块木板挡住,有的村民甚至在楼梯中间拐角处安装带锁的铁栏,白天外出就把铁栏锁住。门和铁栏具有一定的排斥功能,将家庭成员以外的人阻挡在外,外人不像以前那样可以随便进入其他人家的二楼,确保了家庭不受到外界随意窥视和侵扰。兴起的保护家庭隐私行为有一定的社会原因,如今随着交通便捷,越来越多的外人进入地处偏僻边境的卡咪寨,寨内出现了一些不安全因素。2015年5月10日,BWB新买的摩托车被偷事件是一个例子,门和铁栏的设置也是村民应对不安全因素和自我防卫的表现。

"住宅不仅是物理意义上的空间,同时还包括社会空间,在房屋结构的背后蕴藏着更为深刻的社会空间原则,人们就是通过这些原则来组织日常生活和界定人际关系的。"[1] 安居房空间出现新设计,人们的行为方式、生活方式在一定程度上发生变化,新的社会行为规范也随之产生。卧室的分隔、门和铁栏的出现,再加上近年来修建的卫生间或浴室,村民将家庭中的私人生活与外界的公共生活分隔开来,创造出一个相对封闭的私人空间,家庭内部以及家庭与外界出现了分界线,卡咪人的私人观念和隐私权意识逐渐加强。

(2)安居房内部装饰

政府实行整村推进的方式统一安居房的样式和规模,安居房内部装饰并无大差异。近年来,有村民在房子一楼铺上水泥地板,用来取代泥巴地板,有个别村民在二楼铺设现代天花板,天花板上装饰着漂亮灯具,与其他村民家有所不同。从屋内装修和生活用品的陈列等可

---

[1] 阎云翔:《私人生活的变革——一个中国村庄里的爱情、家庭与亲密关系(1949—1999)》,上海:上海书店出版社,2006年,第139页。

以大致判断出村民的生活水准，村内出现了贫富差距，这种差距或许不大，但它确实已经存在。以前卡咪人住屋一楼养牲畜，猪、牛、鸡等在一楼活动。现在村民在安居房一楼圈养鸡、鸭，有的村民已经把鸡圈和鸭圈移出一层，在住屋外空地上圈养，安居房一楼较以前更为空旷干净。

（二）民居格局变化与人际关系重组

安居房私人空间的微妙设置表现了卡咪人的私人生活发生变化，家庭成员的个人意识和家庭内外区分观念从中得以体现。而安居工程对村寨面貌的大改造，民居格局的分化与重新组合，亲属互为邻里，公共空间的增多，使村民的人际关系、社会生活以及社会行为发生了变迁。

1. 民居格局与社会关系

安居房格局重组过程中，血亲和姻亲是把户与户联系在一起的纽带，就小范围来说，姻亲关系在村民左邻右舍的选择中扮演着优先的角色。若已婚女子住在本村，或是嫁给本村人，或是嫁给外面的人但在本村居住，大多数人选择和父母家庭挨着；若村民有几个女儿而没有儿子，则是几个女儿家庭和父母家庭挨在一起。这样大多数村民的邻里都是彼此的兄弟姐妹家庭，血亲和姻亲建立起来的邻里使得彼此关系更为紧密，形成了一个亲密的小群体。在日常生活中相互帮忙、相互协助，如平日里帮助隔壁兄弟或姐妹家照看小孩；帮忙做诸如煮猪食、喂养牲畜、洗衣服等家务事；与隔壁兄弟姐妹家分享食物，如村民从山林中找来的苦笋、甜笋、红菌，或从河里捞来的鱼、水蜈蚣等，或晚上捕捉的知了、青蛙，都会与左邻右舍亲戚家分享。一般子女家庭会先与父母家庭分享食物，这既是一种建立在血缘关系上的责任与义务，也是一种自然而然的行为模式。

个案 26

村民 MYW 嫁在本村，她有一个姐姐，已经成家与父母居住在一起，姐夫是文山苗族，在寨子上门。如今 MYW 家与其姐姐家挨在一起，是左右邻居。2015 年 6 月 15 日，MYW 家公公生病住院，MYW 一家人去勐腊县医院照顾。当天晚上，她姐姐干活回来后，干完自家家务又给 MYW 家喂鸡、喂猪、煮猪食。由于两家距离近，相互帮忙非常方便。

村民 MYF 于 2015 年 5 月 21 日，和其妹妹到龙嘎河上游捞鱼，收获较多。在捞鱼过程中，两姊妹相互协作，收获的鱼平分。回到家中，两姊妹先是分给她们父母家一些，MYF 又分一点给她奶奶家。平日里，MYF 常常分给父母和奶奶家庭一些红菌、竹笋等，家里有比较丰盛的肉食的时候，也会用碗装盛送给父母和奶奶。

村民 MYL 嫁在本村，她有一个哥哥与父母住在一起，MYL 家与其父母家挨在一起。2015 年 5 月 13 日，他们一家人去地里砍芭蕉，她把孩子放在隔壁的哥哥家，由她年长的妈妈帮忙照看。

平日里农闲之余，在村子水泥通道上村民围着酸木瓜或蒸红薯等食物，一边吃一边聊天。通常情况是，一村民拌一小盆酸木瓜或者蒸红薯，然后拿到屋前的水泥通道上，周边邻里亲戚前来直接用手食用，其乐融融。亲属互为邻里，特别是姻亲建立的邻里关系把一家人聚集在一起，地缘与血缘关系重叠，形成了一种新型邻里关系。

亲属互为邻里，尤其是村民几个女儿家庭聚居在一起，父母家庭对女儿家庭有一定的约束，监督着女婿的行为，无意中规范着家庭成员的社会行为，有利于家庭成员和谐相处。但是亲属家庭之间的近距离,也使得亲戚家庭之间容易发生矛盾和冲突。

个案27

村民BYX是勐海佤族人,2014年娶卡咪村姑娘,并在卡咪寨定居。如今他家与女方父母家庭挨在一起,他有两个女儿。女方亲属对BYX的行为有些不满,形成了一致的评价,女方亲属觉得BYX不够勤奋,有些懒惰。女方父亲说:"他有点懒,不怎么做事,我们天天看着的,他在家里不做事,在地里也不咋干活,有时候只好我们帮着女儿干。我已经说过他了,说了之后好一些了。"女方爷爷说:"他不咋好,一天天带着娃娃待家里,不做事。"

村民WFY是湖南人,20世纪80年代来到卡咪寨,是一名烧瓦师傅,在卡咪寨烧瓦盖房。后来娶了卡咪村姑娘,改行做生意,平时收购红菌、养鸭子。现在在卡咪寨子定居,与女方父母交错分布在水泥通道两边。WFY的妻子不太会讲汉语,据当地村民说卡咪话也说不清楚。以前WFY与女方父母关系不好,还吵过架,现在彼此的关系稍微有些缓和。女方母亲说:"以前他对我女儿不好,对我们也不好,他还会打我们。有一次把他(女方父亲)打住院了,他被派出所的人带走,关了一段时间后来又回来了。我们可怜我的女儿,我们给女儿分了3亩田,10多亩山地,现在他家的地盘也是用我家土地换的。我们住得近,也对我女儿好。"

村民BGJ三个女儿的家相互挨着,因为靠近村公路,二女儿家和三女儿家都利用这个优越的位置,在安居房后面搭起面对公路的平房开商店。三女儿家的商店主要由她公公婆婆经营,她和丈夫经常干农活;二女儿负责养老,主要经营商店。因为两家距离很近,经营商店又存在竞争关系,两家人因利益冲突暗地里发生了摩擦。然而,对彼此不太满意的情绪并不是发生在二女儿和三女儿之间,而是二女儿与三女儿的公公婆婆之间。三女儿的公公原本是四川木匠,20世纪80年代来到卡咪寨建房子,后来娶了村里的姑娘并入赘在村子里,他家商店用木板搭建,面积小且简陋,但是他们家早上做早点的生意很好,早上村民都聚集到他家吃米线、卷粉。二女儿家在2015年扩大了商店门面,建了一间平房,里面商品比较齐全,她还在网上做"微商",在网上购进衣物和化妆品售卖,受到年轻人的青睐。她说:"他们对我妹妹不好,叫我妹妹去地里干活,我妹妹生病了也要去,他们一天天坐在家里,什么也不干,我妹妹干活回来还要做晚饭。本来是我们家先开商店,后来他们看我生意好,就跟着开了。看我什么东西好卖,他们也跟着进货,还降低价格,这样别人都会去他们家买。有一次我进货太多,忘记进价了,去问他们怎么卖,他们都不情愿回答。"

村民搬进安居房后,卡咪寨以民居的地理位置为依据划分为4个组,组是寨子的基本行政单位,负责行政上的事务。此外,组也是生产生活单位,同组人在日常生活中相互帮忙,组内村民之间发生着互助的关系,当某户村民需要劳动力的时候,组内成员前来帮忙,村民给组上一定的报酬。组上多余的资金集体消费,组内成员一起去野炊等。野炊是卡咪人喜欢的野外活动,自带食材去河边做各种包烧食物,是集吃饭、唱歌、跳舞、嬉戏于一体的休闲活动,加强了组内村民之间的联系。

个案28

卡咪人喜欢在村外搞野炊,野炊已经成为村民日常生活的一部分,平日得空时村民相邀去搞野炊,一家人或者朋友之间常去野炊。卡咪人过三八妇女节，以野炊的方式庆祝。村民骑摩托车来到河边，从家里带上食材、音响，野菜就地取材，用芭蕉叶包烧肉食和野味，用竹筒做竹筒饭。其中伴有唱歌、跳舞。

2. 公共空间与社会生活

安居工程对寨子进行改造，尤其是把村中通道平整水泥化，寨子产生了许多公共空间，成为村民聚集、休息、交流的场所。寨子的篮球场由政府扶贫后修建，位于寨子中央。平日里舞蹈队在此排练舞蹈，每逢周末和假期篮球场就非常热闹，卡咪男孩聚集在这里打篮球。卡咪男孩擅长体育运动，尤其是跑步和篮球项目，寨子有几个读中专和大专的男孩就是体育特长生，已经毕业的 YP 在昆明某学校学习体育专业，目前在卓嘎完小教体育。篮球场为卡咪和南欠两寨集体过红花节提供了场所，节日期间，村民集体在篮球场上祭祀与表演节目。

安居工程使得村寨民居之间距离更加紧凑，安居房整齐排列，乡村公路从卡咪和南欠两寨中间穿过，寨中各条水泥通道相互贯通，最终在公路上汇集。乡村公路成为寨子的中间线，有些村民在公路边上搭建商铺。在卡咪寨建盖安居房以前，村子只有两家小卖部。近几年来，村里新开了 4 家商店，新开的 4 家商店都位于公路边上。居住在公路边上的村民，利用这一优越位置在靠近公路一侧搭建朝向公路的平房，与自家房子连接在一起，售卖生产生活日用品和各种食品，为村民提供了方便。商店还做起了早点生意，早晨村民到这里吃米线、卷粉，吃完直接去地里干农活。公路边上的商店成了村民聚居地之一，除了在这里消费以外，村民还在这里交流着他们的日常，分享着彼此的信息。卡咪寨上边的十家村和左右两边的四家村村民也常来商店购买生产生活用品，加强了与卡咪寨的联系。

村子内部各条水泥通道为村民闲聚提供了方便，冬天，村民在屋外水泥通道上搭木柴烧火取暖，大家聚集在一起烤火聊天。每年的六七月是卡咪人收获砂仁的季节，砂仁卖价较高，村民可以获得较高的收入。这时除了商店外，村中各条道路上都有村民架火盆卖烧烤，收完砂仁村民常聚在这里喝酒吃烧烤。村中水泥通道为村民出行带来了便利，如今卡咪和南欠两寨村民不管是去地里干农活还是外出，拖拉机和摩托车成为主要的交通工具。平日里，农闲的中午，村民聚到某家干栏房一楼休闲聊天。每逢红白喜事，村民在一楼办酒席，全村人聚集到这里喝酒聊天，遇喜事了晚上男女一起在这里唱歌跳舞。

近年来，随着卡咪和南欠两寨民居与村寨的改造，寨子的公共空间为外面的人进入寨子提供了方便，越来越多人进入寨子。每天早上都有商贩从村委会、镇上或者县城来售卖蔬菜、肉类。在卡咪寨，一个从勐伴镇过来的商贩每天早上准时到达寨子，把装着蔬菜、肉类的货车停靠在一村民商铺前的公路边上。有时候，还会有两三个商贩从勐腊县过来，同时把车停靠在公路上连成一条线。卖菜的商贩都是走村串寨沿路售卖，从卡咪村进去直到瑶族、哈尼族寨子，然后返回。据村民说，在平整道路前，寨子里都是泥巴路，只有一个商贩偶尔来寨子卖菜，由于路不好，商贩一般到达卡咪寨就不再往里走了。在南欠村，卖菜的商贩常常把车开到寨子里面的通道上。由于南欠与老挝距离较近，通往老挝的公路为平整柏油路，商贩在南欠售卖结束后会直接到中老边境老挝一侧的巴卡寨子售卖。

个案29

商贩ZWJ每天早上8点左右来到卡咪寨，把货车停靠在村民BW商铺前的公路边上，主要售卖蔬菜和肉类，还有包子、馒头、豆腐、水果等。其中蔬菜有白菜、香菜、菠菜、大蒜、西红柿、辣椒、豆芽等；肉类主要有猪肉、牛肉、鸡肉等；水果有苹果、杧果、西瓜等。据统计，商贩ZWJ每天平均能卖200元，有时候生意好能卖400多元，不好的时候也能卖100多元。此外，每当收砂仁、找红菌的季节，村民收入较多，大部分村民把获得的收入用于日常消费，买菜的村民多，他的生意相对更好一些。ZWJ来村子卖菜已经有八九年了，他与卡咪村村民特别是商店老板BW已经非常熟悉，他和BW形成了互惠关系，BW每天都在他这买菜，有时候还叫他捎带需要的物品。他每天早上都在这里吃早点，常割几块自己售卖的猪肉叫BW给他煮熟放在米线中。BW家的早点生意比其他几家要好，村民都喜欢吃他们家做的米线与卷粉，每天早上这里聚集着很多村民，来买菜、吃米线的村民常和商贩闲聊，相互调侃、嬉戏。商贩说："大概在2007年，我来到这里卖菜，刚来这里的时候这里还是泥巴路，我从勐伴镇过来沿村寨卖菜，最远就到卡咪寨子，路不好，再没有往前面走了。以前就我一个人进来卖菜，现在有好几个人来。他们（村民）以前没钱买菜，经常和我赊账，开始我愿意给他们赊，后来他们都不还就不让赊了。这个村现在还欠我几千块钱呢，前几年，住在那上面有一家人，有一次他们家办酒席，打电话叫我带菜（白菜与猪肉）和啤酒，我带给他们了，大约花了1 000块钱，现在还没还给我呢。现在这个寨子有钱了，路修好了，交通也方便，买菜的人也比较多，最爱买菜的人还是傣族人。"

在南欠村，每天早晨7点左右，一个40多岁的男子骑着三轮车在寨中的水泥通道上叫卖。三轮车里有白菜、豆芽、豆腐、大蒜、葱、西红柿、鸡肉、猪肉、鱼，还有小馒头等，在蔬菜和肉的一边放着一个电子秤。在男子的叫卖下，村民就会聚集过来买需要的菜。经访谈得知男子是湖南人，1979年从湖南来到云南保山，在保山修路、修房子，现在居住在曼庄村委会，主要养鱼，每天早上过来卖菜。他说："现在这个村的人都有钱了，对蔬菜的质量要求也高，每天都得卖完，每天卖新鲜的蔬菜，他们才会买。现在在南欠村卖，过一会儿还要过去沙坝村卖，一直卖过去，下午把剩下的菜拉去老挝那边卖,我就在靠近边界的僾尼人巴卡寨子卖,没有办出国证。"他一边说,一边拿出老挝钱让我看,"我们一块钱等于老挝钱一千八,在老挝那边卖的价格和这边一样。"他问我是哪人,当我说自己也是湖南人的时候,他一直强调咱们是老乡,对我有比较强的认同感,还嘱咐我有时间去老挝那边看看。

由于卡咪人没有赶集的习惯,每隔几天就会有外面的商人来到寨子里做生意,他们到寨子的篮球场、水泥通道等公共场所摆摊搭架,卖衣服、生活用品、家居用品等,并常伴有喇叭叫卖。

个案30

2015年5月10日下午,一对夫妇开车来到南欠村水泥通道上卖被套、床单、枕头、毛毯等家居用品,女商人向前来观看的村民介绍"床单、被套、枕巾三件套""床单、被套、枕巾、蚊帐四件套"等。村民有的看有的摸有的拿来比,大家纷纷用卡咪话议论,女商人听不懂他们的话,自然不懂他们的疑惑,只好努力向村民介绍,最终在商人与村民的沟通下达成一致,女商人售卖出几套家居用品。

据外来的商人说,来村子卖生产生活用品都是近几年的事,因为卡咪和南欠两个寨子交通方便了,车可以进入寨子里各条通道上。现在也有地方摆摊搭架,村民们愿意消费,这些都是吸引他们来寨子做生意的原因。此外,外人常来到寨子收购经济作物和土特产品,加强了村民与寨子外面的联系。

安居工程对民居和寨子格局的改造,创造了许多公共场所,村民在公共场所聚集、交流、娱乐中加强了彼此的联系。外来的商人进入卡咪寨，利用公共场所售卖生产生活用品或收购经济作物和土特产品，成为村民与外界联系的中介，加强了村民与外界的联系。随着民居格局和寨子布局的改变，村民的社会生活和社会行为发生着变化。

结　语

卡咪人是克木人的一个分支，在中国仅分布在位于中老边境的卡咪和南欠两个寨子，自建寨以来两寨卡咪人联系紧密，互称兄弟寨子，相互认同。卡咪人与克木人在生产生活方式、文化习俗等方面相似，但在语言上有所差异，日常生活中彼此往来不多。以前学者很少对卡咪支系进行单独调查研究，都是把卡咪人囊括在克木人历史与文化研究之内，把卡咪和克木的边界模糊化。在卡咪人意识中，卡咪和克木的边界却有着明显的区分。追溯卡咪人的历史与文化，不得不参考克木人的文本研究成果，但在村民心中存在另一种记忆与阐释，体现了卡咪人对自身的历史与村寨发展的理解。

2009年以前，卡咪人民居经历了低矮简陋的地棚、树杈房、单顶竹楼、茅草顶木楼、瓦顶木楼、钢筋水泥楼房等变迁，这种民居及文化的变迁是一种自发的主动改变，来自自然环境和社会环境变化的促动，或源于与外界接触的影响，其变迁过程自然而缓慢。傣族统治时期，卡咪人民居及文化受傣族干栏式建筑的影响，卡咪人从山上迁到平坝地区，与外界主流文化接触增多，主动吸收邻近他族优秀建筑文化因素，使之与自身传统文化逐步整合。

2009年，政府以整村推进的方式实施安居工程，统一规划布局，安居房整齐排列在道路两边，卡咪人民居发生了大规模的改变。这一次民居变迁属于外来力量有意识的指导性变迁，在村民被动接受情况下有计划地完成。对于安居工程的实施过程，卡咪人有自己的集体记忆和表达，例如，害怕涨洪水、日夜劳累、木料未经晾晒、连锁瓦片带来的闷热、地基的缺乏等。他们以主位的视角表达了他们关注的方面与情感，紧张、焦虑、劳累、抱怨以及困惑是卡咪人真切的感受。

安居房内部空间结构的延续和民居格局的分化与重组，体现了卡咪人运用传统文化规则适应安居工程的策略，这是卡咪人主动调适的表现。卡咪人屋不仅是其居住和活动的物理空间，还是庇护其灵魂和安顿祖先的超自然空间，具有双重属性。村民在安居房中放置"圆形达寮""九层达寮""神龛""火塘"等文化事项，开辟了超自然和超现实空间，达寮具有驱鬼辟邪的作用，体现了他们对生命和宇宙空间的认识。卡咪人信仰万物有灵，把整个宇宙分为人界和鬼界，人和鬼是生命宇宙的两极。人由躯体和灵魂组成，人的灵魂走失会使人生病，人死只是躯体的死亡，灵魂变成鬼魂，由自家人招回家中神龛处供奉。鬼魂有好坏之分，恶鬼具有相对性，死人的灵魂对家人来说是祖先魂，对别的家庭来说则是恶鬼。早夭的婴儿、非正常死亡以及死在村外的人的魂魄会转为恶鬼，自然界中也存在各种恶鬼，如黑鸭子鬼。如今，卡咪人社会有了很大的发展，现代医疗体系越来越发达，但是面对现代医疗无法解决的困惑或遭遇时，超自然与超现实力量仍然发挥作用，超自然世界是卡咪人生活中不可或缺的一部分，因此拴线与放鬼仪式继续存在。达寮、神龛、火塘以及禁止外人进入老人卧室等，显示了卡咪人的文化适应和智慧。

安居工程打乱了原来的民居格局，安居房的重新组合是村民内部自行选择的结果，姻亲和血亲是把户与户连接在一起的纽带。卡咪人实行民族内婚氏族外婚制，寨内通婚比较普遍。在无子有女的家庭中，通常几个女儿成家后都居住在本寨子，子女家庭与父母家庭挨着，亲属互为邻里。若男子娶的是本村姑娘，他就会优先选择和他丈母娘家挨在一起。把范围逐渐放大，一个姓氏的人选择聚集在某一块区域，卡咪寨子有 8 个图腾姓氏和一个卡老家族，姓氏是卡咪人内部区分的标志，在其社会中隐性运作。安居工程完成后，村寨以民居所在的片区为依据划分为4个组,在一定程度上与村民的亲属和家族有重叠,新的社会结构与传统社会组织交杂在一起运作。在安居房组合中,亲属互为邻里,也是卡咪人的文化适应策略。

近年来,卡咪人民居发生着微妙的变化,安居房中传统与现代的生产生活用品并存,民居改造行为兴起,门和铁栏、卫浴、天花板、水泥地板等出现在少数村民家中,这源于主流文化对卡咪传统文化的冲击,也是村民主动选择的结果,村民越来越注重个人隐私和家庭隐私以及住屋内部的装饰,卡咪人的思想观念与社会行为规则发生着变化。如今卡咪文化杂糅了现代主流文化、卡咪人传统文化、傣族文化、老挝文化,具有多元的特征,并显现出越来越多地受现代主流文化影响的趋势。在新的时代境遇下,卡咪人自觉选择、调适与创造,体现了传统与现代并存的局面。而安居工程对村寨面貌的大改造,民居格局的分化与重新组合,亲属互为邻里,公共空间的增多,使村民的人际关系、社会生活以及社会行为发生了变迁。

从以上卡咪人民居变迁实例可以看到,民居变迁可以分为主动改变和被动改变两种。在现代化框架下,民居结构及其文化不可避免地发生着改变。安居工程是以政府为主导的民居改造项目,是为促进少数民族地区发展,让少数民族群众过上安心幸福生活的惠民政策。要让少数民族真正安居下来,不仅要建造出坚固耐用、外观美丽的建筑,还必须考虑到被帮扶对象的文化传统[1],了解少数民族传统文化和地方性知识,使得入住者感到幸福。在制定与实施具体的扶贫政策过程中,深入地调查与研究少数民族的困境与需求,具体问题具体分析,制定小规模的、因地制宜的配套民族政策,一方面能够帮助我们解决宏观民族政策无法顾及的一些具体问题,摆脱空洞、泛泛赋予平等的窠臼;另一方面还能避免做一些一厢情愿、事与愿违的事。避免压制、

---

[1] 石奕龙、方明:《云南布朗莽人家屋文化的变迁及调适》,《民族研究》2013年第3期,第92页。

破坏地方性知识，区分一般原则的宏观政策与具体的微观政策。[1] 整村推进的安居工程，使得卡咪人日夜劳累，害怕被淹没，木料没有来得及晾晒，连锁瓦片给村民带来了麻烦等。卡咪人的抱怨情绪反而占了上风。可见，制定因地制宜的配套民族政策十分重要。

在扶持过后，还应该重视边疆少数民族地区的动态，关注少数民族地区可持续发展。卡咪人有分家习俗，分家已经形成了一套文化规则，如今卡咪和南欠两寨都面临建房地基缺乏的问题。安居工程对民居和村寨的改造是否只是临时状态，村民自己也不是很清楚，大部分村民期望着政府再一次来为他们推平基地，安居工程完工后寨子要面临新的变迁。在卡咪人民居及其文化主动与被动变迁中，卡咪人主动选择、调适以及创造，卡咪人的文化自觉使其传统文化与外来文化因素整合在一起。在促进少数民族社会发展中，应尊重少数民族群体的主体性，倾听文化主体的声音，在充分尊重少数民族传统文化与地方性知识的基础上，真正实现少数民族社会发展。

---

[1] 白志红：《安居工程为何不安——配套民族政策的缺失对边境少数民族文化影响研究》，《北方民族大学学报》2014年第3期，第44页。

农村养老困境及老年人的文化自救研究
——以湖南省靖州县东林村为个案

作　　者：李沛燕　云南大学民族学与社会学学院 2012 级民族学专业硕士研究生

指导教师：张锦鹏

引　言

（一）缘由

2000年我国正式步入老龄化国家的行列，因此，养老成为政府和社会高度关注的话题。第六次全国人口普查显示，60岁及以上人口占总人口数13.26%，其中65岁及以上人口占总人口数的8.87%。[1] 据国际通行标准，60岁及60岁以上的人口占总人口数的10%以上，或是65岁及65岁以上的人口占总人口数的7.06%以上的国家或地区，属于老年型国家或地区，我国早已超过老龄化社会的国际标准。根据世界卫生组织的标准，当一个国家的人口平均预期寿命超过70岁，这个国家就属于长寿国家。古诗云："人生七十古来稀"，而如今的中国社会"人生七十"已十分寻常。

中国这个以"孝道"闻名于世的国家，在现代化大潮中传统文化也发生着改变。文化变迁中的一个重要表现是孝道衰落，孝道的衰落和"重建"传统孝道成为许多学者关注的内容。阎云翔在其著作《私人生活的变革：一个中国村庄里的爱情、家庭与亲密关系（1949—1999）》中就指出："孝道的衰落，是造成今天农村养老问题的主要

---

[1] 国务院人口普查办公室、国家统计局人口和就业统计司：《2010年第六次全国人口普查主要数据》，北京：中国统计出版社，2011年，第7页。

原因。"[1] 王文娟、马国栋认为："践行对农村老人物质生活与精神生活保障的孝道，对于解决农村社会的老有所养问题，推动农村社会的整体和谐，越发具有重要的意义和价值。"[2] 持有类似观点的学者不在少数，这些媒介和人类学研究者揭示的现象，让我们感受到当今中国农村孝道衰落问题已经十分严重，农村养老已经成为一个很大的社会问题。

笔者通过对中国南方一个普通乡村的田野调查发现：现在，大部分老年人表示改革开放后，生活水平比集体化时代提高了很多，不管是物质生活水平还是医疗水平，高龄老人数量大大增加。但同时，现代化给他们也带来更多的压力和无奈。家庭地位的衰落以及精神生活的贫乏给他们带来失落和困惑。家庭小型化以后，老年人与子女关系疏远；打工潮使年轻人大量外出，老年人的负担加重了。为儿子建造新房，自己却住在简陋的"偏房"；老人卧病不起的时候，遭到儿女的种种嫌弃……这种种景象在东林村也普遍存在。但不可否认的事实是，社会变迁过程中孝道的行为结构已发生了不少变迁。笔者在东林村的调查中发现，"孝道"并没有完全衰落，更没有沦落到完全丧失的地步。东林村中也不乏很孝顺的例子，同时"不孝"被视为一种"家丑"。

东林村的孝道文化为什么会仍然保持？养老问题与孝道的关系如何？带着这样的问题，本文选择此课题进行研究。

（二）田野点经历

与导师商量后，将田野点定在笔者生活多年的家乡——湖南省靖

---

[1] 阎云翔：《私人生活的变革：一个中国村庄里的爱情、家庭与亲密关系（1949—1999）》，龚小夏译，上海：上海书店出版社，2006年，第184页。
[2] 王文娟、马国栋：《孝道在农村养老保障中的功能变迁》，《天府新论》2010年第6期。

州苗族侗族自治县坳上镇东林村。虽在田野点生活了 20 多年，但要将其作为研究对象，则要求笔者能跳出长期生活在田野点的文化局限，严格按照人类学要求的田野调查方法进行研究。

第一次田野调查是在 2014 年 1—2 月，正值寒假期间。回到家笔者先向父母说明接下来要做的工作，取得父母的理解和支持。虽然，在村子里生活了二十几年，却发现自己对村子也不是十分熟悉。所以，笔者先从各个方面了解村子。先到村委会了解村里的一些相关情况，为进一步深入田野调查做准备，如现在的人口情况、经济情况、人员流动情况等。年前，因为需要给本村接受了免费孕前检查的家庭发放检查结果，大学生村官于丹娜和妇女主任李冬梅需要"下队"，笔者借此机会跟着她们到每个组进行粗略调查。由于时间有限，第一天没有走访到所有的村民小组。热心的妇女主任第二天继续带笔者到每个村民小组向组长及村民介绍笔者，并向他们说明笔者的工作。笔者小时候就生活在这里，加上组长的介绍，能很快地进入田野。

年前初期的调查，主要从两个方面展开。一是开展大普查式的调查，依照村民小组逐一地进行入户调查和观察，到组长家深入访谈，找高龄老人进行个人生活史的调查。但在提到自家养老的情况时，大多数人都是闪烁其词，不太愿意深入谈论。调查的工作量大但所得到的东西比较流于表面，于是笔者决定先回到自己居住的江边寨，深入参与到村民的生活中。二是参与到年货准备活动中来。年关将近，各家各户都忙着准备年货，笔者也参与到准备年货的忙季中来。糍粑、豆腐、米粉都是东林村过年的必备品，打糍粑很是热闹，这是一项需要大量人力和场地、家具的活，一般都是七八户人家一起打糍粑。男女分工合作，老少皆能参与其中。借此机会笔者进行拉家常式访谈，听外出打工回来的村民讲述他们在外面的生活，听他们风趣地说着各家的家长里短。

年后，笔者是主要入户和到江边寨人群聚集的地方进行深度调查。

江边寨村民活动的中心在大油河河边,这里有寨子里唯一的小商铺,商铺前的木板长凳、晒谷坪,是老少村民重要的活动地点。考虑到都是邻里,笔者没有带笔和纸一本正经地开展工作,而是只带着录音笔和村民打牌、拉家常。相比年轻人的热闹,老年人更多是在家烤火、看电视,故走家串户是笔者的主要调查方式。当然老年妇女也有自己的"热闹"——到婆婆庙敬菩萨。虽然来敬菩萨的人中不乏年轻人,但这里显然是老年人的"地盘"。几位老年妇女显然是"捐功果"的财务主管,认真地记着每位捐钱人的名字。负责"上红"的老大爷在指挥着年轻人该怎么"挂红"。另外几个老年人则负责给来敬菩萨的人问卦,问卦人不少,所以老人显得十分繁忙。年后不久,村小学开学了,爷爷奶奶带着小孩来学校报到,小孩的父母绝大部分都已外出务工。笔者在村小对校长进行了访谈,进一步了解到村民外出务工的无奈。

通过此次调查,笔者了解到以下内容:东林村基本情况、东林村养老现状、东林村人口结构等。整体上对东林村的各方面有了一个粗略式的了解,和村民建立了较好的互动关系。但对老年人实际生活情况、东林村赡养模式、老年人日常生活、丧葬习俗等多方面的细节还没有掌握,故笔者展开了第二次田野调查。

第二次田野调查是在 2014 年 6—8 月。在此期间,笔者围绕前文提出的几个方面的问题,展开进一步的深入调查。为了使调查更加深入有针对性,本次调查缩小了范围,着重在江边寨展开。在分析东林村人口情况、老年人人口情况的基础之上,按照年龄分层进行入户调查为主、参与观察为辅的调查工作。拟从青壮年、老年人这样的年龄分层来了解,养老过程中养与被养这两个主体人群所面临的养老困境。首先对老年人群体进行调查,笔者在与老年人面对面的交谈中,了解到老年人的生活实际情况和内心感受。老年人对儿子是有期待的:"靠儿子呗,反正也饿不死。"笔者深刻感受到农村养老所面临的问题，老年人晚景生活的凄凉。老年人住房条件差，家庭地位低，经济收入低且收入不稳定。老年人作为农村中的弱势群体，他们的子女是如何进行赡养的？7月到8月正好是东林村中大部分青壮年外出务工的时期。大部分老年人每天仍然有繁重的体力劳动。其次，对青壮年进行访谈，主要是从青壮年目前的经济收入、兄弟之家如何分配赡养父母的义务等几个方面进行调查。东林村家庭子女养老主要是指儿子对父母的赡养，女儿嫁出去后不会再承担赡养义务。笔者了解到，许多青壮年小家庭本身经济情况并不好，大部分人的主要经济来源是外出务工。青壮年尤其是儿子都强调应该赡养父母，但很多男性青壮年因自己的妻子阻挠，并没有很好地赡养父母。还有一部分青壮年常年外出务工，只能从物质上给父母提供一定的帮助，在精神上和日常生活的照顾上难以满足老年人的需求。

在本次调查中，笔者还关注到村里的年青一代和即将步入老年行列的两代人的生活现状与他们对养老的理解。笔者重点关注年轻人的婚姻、生育观念，与父母的代际关系等方面。了解即将步入老年阶段的中年人，对老年生活的准备和期待。通过调查发现，东林村人早已没有"多子多福"的观念了，但延绵子嗣的观念仍然深植在村民心中。

通过前两次调查，笔者积累了大量的东林村养老相关资料，对东林村养老情况有了较多的认识。但所收集的资料，还不能充分支持论文，对东林村养老困境及老年人面对养老所采取的相关文化自觉行为把握还不够。笔者于2015年1—3月，利用寒假回家的机会，进行了第三次田野调查。

这次调查，笔者重点关注老年人的文化自觉行为，主要是敬菩萨行为和晒族谱活动。其间，笔者有幸参加了一次村民家中"安家先"的仪式，通过详细了解村民的祖先崇拜观念，看这些观念如何深刻地影响村民。通过观察老年人日常生活的敬菩萨仪式，看老年人如何借助神灵的力量，期望得到神灵福佑并对年轻人的行为方式产生一定影响。笔者还全程参加了村里举行的一次寿宴活动并对祝寿仪式的主持人进行了访谈，了解到村民对举办寿宴的看法。通过参加这次寿宴，笔者更加深刻地感受到：东林村老年人家庭地位的衰落，老年人生活的困境，村民对孝文化有自我的解读。在这次调查中，笔者还获知之前采访的一个老人自杀了，围绕此事笔者展开了相关调查。晒族谱对东林村这个曾为传统宗族的社区尤为重要，对老年人也具有重要的意义。笔者先到靖州县城政府大院对晒族谱活动的组织进行访谈。继金老人是东林村的文化精英，在县政府工作多年，是 2014 年晒族谱活动的牵头人。通过这次访谈笔者对东林村族谱文化和 2014 年六月初六晒谱仪式活动有了进一步了解。回到村里，笔者对参加晒族谱活动的村民进行了访谈，了解他们眼中的晒族谱活动。通过此次田野调查，笔者对东林村养老问题有了更深刻的认识。此外，对之前没有深入了解的相关文化事项展开了进一步了解、证实。

三次田野调查和一年多来对田野点的持续关注，让笔者对东林村的养老问题有了较为清晰的认识和把握，为本研究提供了资料积累。

一、变迁中的传统村庄——东林村

(一) 东林村基本情况

农村养老问题,不仅涉及家庭,还与村庄的社会、经济、文化状况和公共生活密切相关。故对农村养老的理解,必须放到一定的本土世界中。这样,才能理解在社会文化变迁中,老年人面对养老困境所做出的反应,及这种反应的意义。

1. 自然地理环境

东林村,位于湖南省怀化市坳上镇,地处怀化市西南部,坳上镇西北部,向东北距离坳上镇约 7 千米,向西南离县城约 36 千米。地跨北纬 26°15′25″至 26°47′35″,东经 109°16′4″至 109°56′36″。村域面积为 15 243.1 亩,人均耕地 1.27 亩。东林村主要有汉族、苗族、侗族,汉族为东林村的主体民族。东林村有 11 个村民小组,共 6 个自然村寨,378 户,总人口 1 568 人。东林村为山地地形,村庄的南部和北部都是山,东西部则是平地,村民主要聚居在平地和南北部的山脚。北部山底有大油河流经村子,一条东西走向的公路贯穿村子,东林村土地以红土为主,气候属于亚热带季风气候,四季分明,雨水充足,适于农作物的生长,夏季会受到洪涝灾害的影响。主要的粮食作物有稻谷、油菜、红薯等,经济作物主要有葡萄、杨梅、烟叶等。东林村森林资源丰富,植被覆盖率高,其中主要的经济林木有杉木、茶油树、杨梅树[1]。

2. 村落空间与人口情况

一切文化事项都发生在一定的地域里,东林村村民居住相对密集,居住格局呈 U 形布局。东林村依山傍水的自然地理条件,使得村民主要居住在沿河的平地和山脚下,形成寨边、江边、杨家寨、地背冲、李家湾、丁家湾 6 个自然村。6 个自然村整体上构成了"U"形的居住格局。据《东林村李氏族谱》(光绪版)记载:"长房居李家湾,二房分居江边,满房居寨边。二房,子孙尤为繁盛,故有移居地背冲者。"[2] 现今,居住格局大体仍然未变。

本文论述的重点,是江边寨也是东林村李氏族谱上所记载的二房所居住的地方。江边寨以北和以西是稻田与河流,以南是公路。江边寨不管是生活还是生产条件都十分优越,东林村族谱上有诗歌记载:

> 东林江边很有名,古人传说是排形。
> 虽然它的地势低,大水比它矮三里。
> 团内巷子成横直,整齐房屋两边分。
> 潺潺江水沿寨过,前水后树好风景。
> 寨头建起水电站,生产加工又照明。
> 工农商品样样有,看病缝衣都能行。
> 各种车辆频繁转,人流物流成中心。[3]

江边寨的家屋基本上还是按照亲疏远近分布,一般兄弟之间的家

---

[1] 靖州苗族侗族自治县民族事务委员会:《靖州苗族侗族自治县民族志》,长沙:湖南人民出版社,1997 年。
[2] 靖州东林村李氏二修族谱领导小组:《东林李氏二修族谱》,1998 年,第 117 页。
[3] 靖州东林村李氏二修族谱领导小组:《东林李氏二修族谱》,1988 年,第 111 页。

屋相邻。江边寨人们公共生活的主要场所在小商铺前,沿着大油河河边的晒稻谷坪地。不管是冬天还是夏天,中午、晚饭后这里总是集聚着男女老少在拉家常,使得这个地方成为东林村的"新闻直播室"。密集的居住格局使得村里的大小事情传播较快,这里也是江边寨开村民会议的场所。陌生人进入江边寨,逃不过"众目睽睽"的目光"迎接"。谁家来了什么人,很快就会在寨子里面传开来。

东林村的住房布局十分紧凑,历史上为传统的宗族社区,地缘关系加上血缘关系使得东林村村民在日常生活中相互联系较为紧密。

优越的自然地理条件,使得东林村这个偏远的小山村人口并不少。东林村有6个自然村寨,共378户,总人口1 568人,60岁以上人口共有263人。

本文论述的重点是东林村江边寨,故在此将江边寨的人口情况做个简介。江边寨有54户,总人口为209人,人口情况如图2[1]:

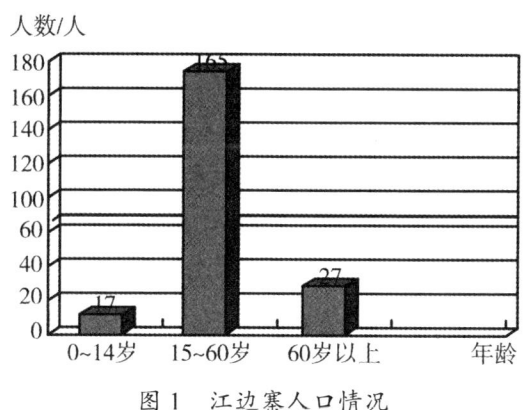

图1 江边寨人口情况

从图1可看出,60岁以上人口有27人,占江边寨总人口的比例为12.91%。江边寨的老龄化程度同样超出了国际通行的对老龄化地区

---

[1] 数据来源于靖州县坳上镇人民政府,由笔者整理。

划定的标准，是典型的老龄化村寨。60岁以上的老年人比青少年多不少，老龄化现象明显。

（二）村庄的生计情况

农业和外出务工是东林村村民主要的生计方式，近些年来外出务工在整个生计模式中占的比重越来越大。

1. 传统的农耕经济

东林村村域总面积约15 243.1亩，稻田面积为1 993亩，人均稻田面积为1.27亩。2013年东林村人均收入为4 320元。东林村传统生计以从事农业生产为主，并且是自给自足的自然经济。现在，东林村主要的经济收入为外出务工、木材、经济作物、烤烟加工等。其中，外出务工、农业、林业在整个村子的经济收入中占有较大比重。

东林村水稻生产的自然条件很好，土质肥沃，气候适宜。但机械农耕推广程度不高，一方面是受地形的限制，东林村稻田分散在山间坝子和河流冲积小平原地带。另一方面是受经济水平限制，牛耕这种延续了几千年的生产方式，直到近几年才被机器农耕逐渐取代。1974年东林水坝修建后，东林村实现了河水自流灌溉，2011年修建了防洪堤坝。兴修水利措施，化学肥料的使用，农耕机器的推广使用，使得稻田的亩产量大大提高。农业生产是村民解决温饱问题的重要方式，然而粮食的市场价格一直不高，很难为村民创收。传统上自给自足的农耕经济难以满足村民的日常生产生活需要。目前，大量青壮年外出务工，田地荒芜。只有离村子居住地较近的田地仍被种植，种植的作物主要为烟草、大棚蔬菜、水果等经济作物，水稻种植的面积日益减少。

除了传统的农耕经济外，林业也是一项重要的经济收入。东林村的森林覆盖率高，每家有 10 亩左右的杉木林。村民出售成材的杉木，获得了不少的收入。但人工杉木生长慢，从树苗到长成能出售的木材至少需要 30 年。且随着人口的增加，人均所得的山林面积越来越小，林业经济的效益比较低。传统的农耕经济不能再自给，人多地少的矛盾，使得越来越多人选择外出务工。

2. 外出务工

2008 年前后，东林村形成打工热潮，大部分青壮年外出打工。外出务工成为东林村一项除了农业外最重要的经济收入。

外出打工的人群主要是 15~50 岁的村民。东林村村民整体受教育程度并不高，这与村民对教育的重视程度有很大的关系。"读书无用"论在村子盛行，故大部分孩子在读完初中后，有的甚至小学毕业后就跟随父母外出打工。一般村民外出务工的地方都比较远，主要集中在南方东部沿海地区，如广东、江苏、浙江、福建等省。外出的时间也比较长，一般只有过年的时候才会回家。女性一般到电子厂、玩具厂做工人，男性多到建筑工地，他们的收入并不高，工作也较为辛苦。

外出打工的确增加了收入，虽未使村民富裕起来，但却是村民一个重要的谋生手段。"不出去打工没有办法呀，在家里窝着找不到钱呀！"东林村种植的是单季水稻，油料作物是油菜。这是东林村传统农业中主要的作物，目前这两种作物只能作为"填饱肚子"的东西，卖不出价钱。外出打工则成为盖新房、供小孩上学、养家的重要经济来源。村民对外出打工的经济收入依赖性较大，尤其是年轻一辈，他们很多并无一技之长。当他们耗完青春不能继续在外打工的时候，返乡之时土地对他们而言则显得陌生了。仍在土地上耕耘的老人无不忧虑地说："再过几年，田估计就没有人会种了。"

二、东林村的老人及养老送终

（一）东林村老年人口情况

养老的主体是老年人，老年人口总数、年龄结构则是对老年人群体自然属性的重要分析。老年人口总数，反映一个地方养老的总体任务。老年人的年龄能够基本反映出老年人的衰老程度，这种身体上的衰老程度直接与社会意义上的衰老关系密切。因此，本部分在介绍东林村老年人口情况时，对东林村老年人的年龄进行了重点分析。

1. 老年人口结构

江边寨共54户，60岁以上的人共计27人，笔者在此将60岁以上的人口按每10岁一个年龄阶段细分，以进一步清晰了解江边寨的老年人口结构。江边寨老年人口结构如图2所示[1]：

---

[1] 数据来源于坳上镇人民政府，由笔者整理。

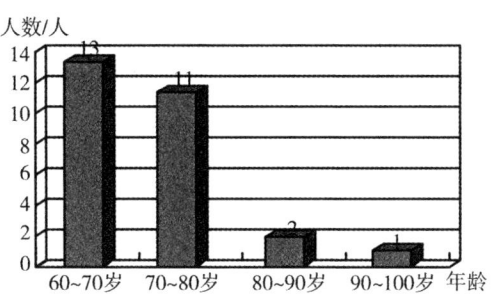

图 2　江边寨老年人口结构

江边寨老年人中，60 岁到 80 岁是主体人群，90 岁以上老年人仅有一人。在这里必须指出国家定义和村庄本身对老年人的定义的区别。国家规定 60 岁以上的人即为老年人，可以享受国家对农村发放的养老金。而在东林村，村民对老年人的界定一般是指 70 岁以上的老人。这不是因为江边寨老人都很长寿，从图 3 可以看出长寿老人并不多。70 岁以上的老年人已经不能继续干农活了。显然，在东林村对老年人的定义为：干不了农活了，不能再自食其力了，需要人照顾的老人。

东林村对于"老"的定义既模糊又清晰，模糊是指年龄上没有如国家定义中如此明确和唯一。清晰是指把老年人能不能干活，作为判断是否属于老年人的硬性指标。这样的定义多少显得有些凄凉，从这样的乡土定义中，我们可以看到"老"字体现了现代乡村中老年人生活无奈的现实含义。

2. 老年人日常生活

本文主要从老年人家屋居住角度来呈现老年人的日常生活现状；从老年人家屋居住情况反映老年人的家庭生活及老年人在家庭中的地位现状，进而从侧面勾画出老年人的日常生活图景。

老年人住所不仅可以直观地反映出老年人的生活状况，还可以分析出老年人更深层次的生活现实。"我们必须注意到住宅不仅仅是物理意义上的空间,还包括社会空间;在房屋结构的背后蕴藏着更为深刻的社会空间原则,人们就是通过这些原则来组织日常生活和界定人际关系的。"[1]

目前东林村住房,以20世纪80年代修建的木板房为主,江边寨40多户人家中,只有5户人家盖了砖瓦房。东林村传统的木板房结构中,有一间大约10平方米的房间,位于堂屋祖先牌位的后面,俗称"家堂背",是专给老人居住的地方。"家堂背"比其他的房间要小许多,采光条件自然不如正房好。在江边寨,老年人把能住在"家堂背",视为与子女之间相处得比较和平。东林村传统主屋如图4所示。

图3 东林村传统主屋

图3是目前东林村80%以上村民居住的房子,房子由主体部分和侧面的厨房构成。房子的主体部分分为两层楼,二楼有两个重要功能:一是存储生活物资,如粮仓和一年做饭取暖用的柴火就放在楼上。二是红白喜事会客的重要场所,楼上能放下16张八仙桌。办红白喜事时,一般的房族和社区的邻居吃饭的时候就坐在二楼,重要的亲属则坐在一楼的堂屋吃饭。一楼是人神共居的地方,是人居住的主要场所。

---

[1] 阎云翔:《私人生活的变革:一个中国村庄里的爱情、家庭与亲密关系(1949—1999)》,龚小夏译,上海:上海书店出版社,2006年,第162页。

由四间房、祖先牌位、"家堂背"三大部分组成。根据房间在整个家屋中不同的地位，本文将四个房间分为A、B、C、D四类房间。A、B房间均为已婚夫妇的卧室，一个家庭中地位最高的人居住在A正房，A正房一般靠近家屋外院子的大门，属于家屋中条件最好、装修最好的房间。C、D房间，一般为孩子居住或者存放杂物。

本文在本部分关注的重点是，日常活动的主要场所主屋的一楼。图4是东林村传统主屋一楼结构。

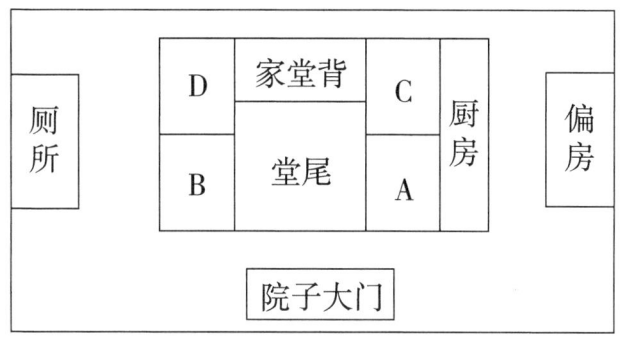

图4　东林村传统主屋一楼

东林村老年人居住情况呈多样化，但整体上比年轻人居住的条件差许多。在主屋居住的情况可以分为以下几类：第一，老年夫妇与子女共居的情况，老年人通常居住在B正房。即使年轻人外出打工长年不回家，A正房闲置老年人也不会住A正房。第二，男性或者女性老年人和子女共居的情况，老年人有的住在B正房，但大多数老年人居住在"家堂背"。第三，住"偏房"的情况，这类老年人的卧室、厨房都脱离了主屋，在主屋的旁边搭建"偏房"。"偏房"不仅地方狭窄，各方面的居住条件也较差。

本文则主要以卧室所在部分来划分老年人的居住情况。老年人卧室在大房子里的家堂背，厨房则是在家堂背的外面搭建起来的简易小棚子，这种情况笔者仍将其归为住家堂背一类，而不是"偏房"。笔者在江边寨调查中仅发现一个老年人住在 A 正房里。因此，不再统计住 A 正房的老年人。笔者对江边寨及周围几十位老人的居住情况进行调查，并做了一个简单的统计表（表1）。

表1　江边寨老年人居住情况统计表

居住情况	偏房	家堂背	B 正房
空巢老人		1	1
男性独居老人	1	2	
女性独居老人	1	6	1
老年夫妇共居	2	3	1
父亲与已婚儿子	1	1	
母亲与已婚儿子		1	
母亲与单身儿子		1	
双亲与已婚儿子			1
总户数	5	15	4

第一，老年人家屋居住的位置方面。老年人住在家堂背是主流，其次是住偏房，住偏房的老人与住 B 正房的老年人人数比例一致。村支书向笔者解释如此安排的原因：一是显示对老年人的尊敬，祖先牌位后面就是老人居住的地方；二是应老年人喜清静的需求。而村里大多数老年人则给了笔者另一种说法："住家堂背清静，老人家也不用住大房子了。儿女长大了，老人理应就该'让'了。"一个"让"字，形象道出老年人在家庭主权中退出的意味。老年人一般会在自己逐渐丧失劳动力的情况下，主动选择住到清静的"家堂背"。值得注意的是住在"家堂背"的老年人，基本都已经和孩子分开吃饭，自己在

"家堂背"后面搭了小棚子做自己的厨房。这样的情况下,老年人通常已和已婚的孩子分家。

个案 1

76岁的秀英老人,有3个儿子,她现在一个人住在自己年轻时盖的木板房中的家堂背。她告诉笔者,她现在体力不行了,不能帮着儿子们干农活和做家务了。所以,自己搬到家堂背住,同时还在家堂背的后面盖了个小棚子做厨房。这样,她一个人就清静自在了。

秀英老人的居住情况是东林村许多老年人的居住状况的缩影。从上面的房屋示意图可以看到,走进一户人家,首先看到的是祖先牌位及其后面的家堂背。传统上这是对老年人的一种尊敬,将老年人放在家屋中这样重要的位置,这与东林村深厚的汉文化是分不开的。但是,现在村民不再那么重视祖先牌位了,家堂背也就不再那么神圣了。老年人住家堂背不再是一种受人尊重的表现,反而是地位下降的表现。有老年人住在正房,但他们住的正房一定不会是 A 正房,而是 B、C、D 正房。但值得注意的是这样的变化并不意味着老年人获得的尊敬增加了或是老年人在家庭中的地位提高了。

住正房的老年人中,多数为老年夫妇二人共同居住,也有独居老人住正房的情况。

个案 2

73岁的一对老年夫妇住正房。老人有5个儿子,老人和老伴儿住在小儿子的正房里。小儿子夫妻长年在外打工,老人住在小儿子的正房,照顾正在读初中的孙子。

老人能住在 A 正房，是极少的例子。这也有其不可忽视的客观原因。一是经济条件好了，兄弟不用再挤在一栋房子里，正房也就多了。二是东林村外出务工的年轻人较多，打工者长年不在家，即使年底回家过年也待不到 10 天。这样一来，老年夫妇仍是家里的主力，需要照看孙儿。老人住得更宽敞了，但老人在家庭中的地位却慢慢下降了。下面这位老人更是一个人住着一栋大木板房，但这也许只是他辛劳一生的些许安慰。

个案 3

75 岁的泽钊老人，独居，住正房。老人有 1 个儿子、5 个女儿。前几年妻子去世，老人不幸也患了肺癌，现在却仍一个人住在一栋大木板房子里。一个人住一栋房子，一个人做饭。这栋房子是儿子曾住的房子，现在儿子已经搬到老人为其盖的新房里。房间里堆满了女儿们给他买的礼品。对于现在的生活，老人还是很满意的。说自己的任务都完成了——儿子、孙子都娶媳了，女儿嫁完了，爹娘也"上山"了。

这位老人在自己尚有劳动力的时候很勤劳，给儿子留下了不少的财产。然而这些并不能换来儿子、儿媳对自己的尊敬。老人生病后，住得较近的儿子、儿媳也没有来照顾老人。老人为儿子和孙子分别盖了一栋新木板房，现在老人则一个人住一栋大房子。对此老人比较自豪，至少不用像有些老人晚年连住的地方都十分凄凉。

第二，老年人在家中的居住位置，反映了老年人在家庭中地位的衰落。A 正房斜对面则是院落的大门，是一家之主的位置。外人进到院落找主人家的时候，首先去的房间就是 A 正房。而老年人所居住的家堂背和偏房的位置，是整个院落中位置靠后和靠边的边缘地带。即使老年人住在正房里，也是住在和厨房靠近的 B 正房里。住在 B 正房的老年人通常仍是家庭中的主要劳动力，住在 B 正房也意味着承担着整个家庭所有的农活和家务。

第三，与已婚儿子居住的老年人少之又少。前文笔者谈到老年人住在家堂背是主流，虽没有出现如很多媒体报道的老年人都居住偏房的情况，但这并不意味着，老年人与子女关系和睦。从表 1 中可看出，独居老人并不少，父母与已婚儿子居住的较少。在江边寨，老年人都会选择和儿子们分开住，当老伴儿去世时老人则成为独居老人。当然也有与已婚儿子居住的例子，这种情况下一般老人只有一个儿子。按村里习俗，只有一个儿子的人家，老人不会和儿子分家，否则会被村里人说闲话。但如今，对于与独子分家过的情况，村民已习以为常。

这里不得不提的是，住偏房的老年人。从表 1 可以看出这部分的老年人不多，但从比例结构上看，与住正房的老年人所占比例一致，这足以引起我们的注意。

个案 4

72 岁的作金老人，有 2 个儿子。目前他和老伴儿住在离儿子们房子较近的一间偏房里。老人曾经是 20 世纪 80 年代初期很有权威的生产队队长，在家庭中也是比较强势的家长。

上面分析了老年人居住家屋的情况，我们可以看到老年人这样的家庭生活景象：几乎所有老年人都会主动提出分家，继续住着正房或者家堂背。他们的家庭地位，也从"让"出正房后慢慢降低。但不管住在哪儿，他们都主动选择与孩子分开住。分开住，老年人可以不再承担孩子的农活和家务活。这样老年人可以自由安排自己的生活，打打纸牌，生活倒也惬意。可问题在于老年人生病后，独居给他们带来了不少麻烦，特别是老年人生病后无人照顾。

（二）东林村的养老模式

东林村目前的养老模式可分为以下四类：子女共居供养模式、独居子女供养模式、独居自养模式、其他养老模式。

1. 子女共居供养模式

子女共居供养模式，是指与子女没有分家并由子女赡养的模式。这种模式也分为三种情况：一是与独子共居，由独子赡养；二是与小儿子共居，由小儿子赡养，其他子女给相应的生活费；三是各养一个的方式。

（1）与独子共居，由独子赡养

独子赡养，就是跟着儿子一起过。"一起过"是指老人吃、住都和儿子一起，老人的"生养、病、死"都由儿子、儿媳负责，出嫁的女儿在习俗上不再承担任何赡养老人的义务。而老人的一切财产，如家屋及宅基地、山林、菜地、耕地、个人存款等，都归儿子所有，嫁出去的女儿自然也不参与这些遗产的分配。在这种赡养模式下，老年人的生活状况很大程度上取决于老年人的这个独子自身的道德水平，以及独子在家庭中的地位，特别是在媳妇面前是否能做主。目前，东林村外出务工的大军中有不少是妇女，妇女经济收入大大提高了，外出机会增多了，加之农村男女性别比例失衡这一系列因素提高了农村妇女的地位。

在东林村，一般由独子赡养的老年人生活反而更有保障，而由多子赡养的老年人生活情况不如前者。用东林村人的话概括："一个儿子，那肯定就得他养了，多个儿子才会吵。"所以，独子家庭的老人一般不会和孩子分开住，即使家庭内部有不少矛盾。这是一种惯例，如果独子还分开住，不管是孩子还是老人，脸上都"挂不住"。独子赡养不会像多子家庭中兄弟之间相互推诿，致使老年人得不到基本赡养，但并不意味着就不存在问题。

个案5

5组75岁的世玉老人，和独子一起过。老人以前是坳上镇种子公司的职员，每月有2 500元的退休金。但因为退休后没有让自己的儿子顶岗，而是让另一个妻子的女儿顶岗了。儿媳妇对此一直耿耿于怀。一次，儿媳妇在自家的小商铺前当众骂公公。事后，儿媳妇受到村民和村干部的指责、批评。之后，儿媳妇对老人的态度有所改变。老人告诉笔者，自己给儿子盖好了房子、娶媳妇，把孙子养大了，现在还每月给他们交伙食费。现在老人腿脚不灵便了，终日守在自己的小商铺前。

很显然，独子赡养的家庭，老年人的赡养情况不能由老年人自己来决定，他手中的存款也决定不了。不管儿媳妇和儿子对老年人如何，老年人死后的所有财产都归他们所有。当然，与独子共居的模式，也有情况比较好的家庭。

个案6

62岁的作坤，现在还自己种着家里的田地，老伴儿则在家照看2岁的孙女。儿子、儿媳妇外出打工了。儿子总是能定时往家里寄钱，老伴儿说："都30多岁了，他自己也有压力了，打了14年的工，前些年也不存钱就是最近两年要办婚礼加上孩子出生了，才开始有压力，知道往家里面寄钱。"说着她脸上显出一丝满足的笑容。

东林村这种与独子没有分家的家庭，一般都是孩子比较"听话"

的年轻人。所谓"听话",就是能按时往家里寄小孩的抚养费用,在农忙时节能往家里寄钱帮助父母。有些比较能干的孩子,还会往家里寄钱盖新房。有这样孩子的家庭,被很多东林村中老年人羡慕,但整个东林村这样"听话"、能干的孩子并不是大多数。同时值得注意的是,这样的家庭中老年人还是重要的劳动力,对整个家庭起着重要作用。

(2) 与小儿子共居,其他子女给相应的生活费

这种模式下,老人通常有好几个儿子,老人吃住则和小儿子一起。其他的儿子每月按照协议给老人油、粮食,并平摊老人生病的医药费用。老人死后山、田、地等重要的财产则由所有儿子共同平分,或者拈阄决定。

这样的赡养模式,经常会使兄弟之间产生种种矛盾。矛盾的焦点在赡养义务的公平性和老人对待各个儿子的不公平上。确实,有些老人没有能够做到对待每个儿子都完全公平。儿子通常不会明着不尽赡养老人的义务,但老人的儿媳妇则会很强烈、坚决地反对自己家应该和老人偏心的儿子家承担同样的赡养义务。为此,儿媳妇总会摆出各种不赡养的理由,如自己结婚的时候,老人没有为自己的丈夫盖房子、没有给彩礼、没有给"回门礼"、把所有的私房钱都给了小儿子、没有给自己照看孩子、没有帮助自家干农活等一系列让其愤愤不平的事情。因此,得到老人关照较少的儿媳妇,坚持自家应该尽相对少的赡养义务,甚至不尽赡养义务。这样的情况下,有的儿子会偷偷地给老人钱,有的则任由儿媳妇做主。而被老人偏心的儿子和儿媳自然不能同意这样的做法,也跟着拒绝赡养老人。下面的例子,就是这种赡养模式的典型情况。

个案 7

6 组 75 岁的世生夫妇,有 5 个儿子、1 个女儿,两个老人住

在老五家。老人平日里和老五一起吃饭，给老五带孩子、做家务，两个老人的耕田归老五、老四耕种。老人给老四和老五分别建了一栋砖瓦房和木板房。老大和老三住在以前的老木板房里面，老二则因为没有分到家屋而借住在别人家里。在老人身体健康的时候，这样的模式倒也能正常地运行。但在老太太生病后，医疗费用如何分摊，兄弟间产生了矛盾。当两个老人逐渐丧失了劳动力后，兄弟之间总是会因为两个老人的生活费、医疗费的分摊问题争吵。老四、老五认为兄弟之间要平摊养老的费用。其他的几个兄弟及其老婆则认为，老人过于偏心，从而拒绝承担与老四、老五一样的医疗及养老义务。

上面这户人家赡养老人的问题，经过村干部、房族内成员的多次调解都未能得到解决。后来，老人和老伴儿也不住在小儿子家了，住到老主屋旁边的偏房里，但还是与小儿子家联系密切。村里人对此的看法各有不同，有部分人觉得老人没有做到"父慈"，就不能希望"子孝"，老人过分偏心不仅伤害了父子感情，也影响了兄弟之间的感情。有部分人则会觉得不管如何，媳妇不应该不顾全大局而应该尽赡养义务。但是人们对媳妇的指责，并没有对其儿子的指责声强烈。从中我们可以看到，村民并没有完全站在哪一方，不赡养肯定不行，但也希望老年人能够在多子间做到公平。

与小儿子居住的情况在东林村不算多数，但都存在与上面例子中世生老人家类似的情况。这种与小儿子共居的养老模式越来越少，多子的家庭如果两个老人都还健在，则很少再与小儿子同住。即使老人一个人寡居，只要还有劳动能力和生活基本能够自理，老人也会选择自己一个人住。

（3）各养一个

各养一个一般是家里面有两个儿子，两个老人都健在的情况下采取的养老模式。两兄弟之间口头商量协议，一个人负责一个老人的赡养和送终。老人和谁住在一起，则会帮助谁家做家务和农活，两个老人的财产则是两个兄弟平分。这种养老方式是两兄弟商量决定的，一般不会出现推诿和争吵的情况。

个案 8

7 组 78 岁的继凤老人，老伴儿由大儿子负担，自己则跟着小儿子。但平时两个老人还是一起住在小儿子的房子里。大儿子全家到广东打工去了，小儿子就在县城打工。小儿子 13 岁的女儿现在也主要由两个老人照看。老伴儿今年还种着稻田，他想着小儿子在县城米饭都要买，想为他们减轻负担。继凤老人总是强调，田不是小儿子让老伴儿种的，是他自己要种的，现在一年也干不了别的，就只种那点田地。而且每次春耕秋收时，小儿子都会回来帮忙种田，或寄钱回家买肥料和收稻谷。

可以看到，这户人家兄弟之间虽然把赡养义务都分好了，但是由于老大长年外出务工，老人的日常生活多受小儿子照顾。老人则相应地多帮衬小儿子家。从与老人的对话中，笔者可以明显感觉到，老人挺维护自己的儿子们，强调自己过得很好。笔者初次做调查的时候，明显能感觉到老年人即使在受到儿子不好的待遇时，仍然不愿对外人说太多。因为老年人希望自己子女尽孝的观念十分强烈，说自己儿子对自己不好，就是等于打自己的脸。故而，笔者在走访中多通过侧面或者旁人来了解情况。

2. 独居子女供养模式

独居子女供养模式，是指老人单独居住，但生活物资由子女提供。根据提供物资方式的不同，可以分为两种情况：一是独居由子女轮养，二是独居子女养老。

（1）独居由子女轮养

轮养即多个儿子之间轮流赡养老年人。在东林村也称"轮家养"，即多个儿子经过协商确定好每个人赡养的时间和周期。如果老年人正好有4个儿子，那么一年中每个儿子负责赡养老人3个月，一般从大儿子开始依次轮流。在各自负责的这3个月里，老人吃饭、照顾等方面都由一个儿子负责。其间如果老人生病了，医疗费还是在兄弟之间平摊。如果哪个儿子外出打工不能亲自赡养老人，这个儿子通常会拿一定的生活费给其他兄弟，由兄弟代为履行义务。给多少生活费，则由兄弟之间商议决定。

这种赡养模式下，老人已经和子女们分家，单独一个人住，且一般是老人没有了老伴儿，已经丧失了劳动能力，腿脚也不方便。这和东林村以前的轮养方式略有不同，以前的轮养是，老年人会轮流到儿子家生活，吃住在一起。现在大部分老年人都会主动提出自己一个人住，儿子们轮流照顾。对于这种赡养方式，东林村所体现的原则是，"自家吃什么，老人能跟着吃什么，儿子不吃'背浆'[1] 就不错了，老人不过于'哼'就不错了"。

个案9

6组的良齐老人，丧偶，有4个儿子和4个女儿，目前老人和小儿子住在老房子里面，但小儿子常年在外，所以其实是老人一个人住在老房子里面。老人把菜地分给了大儿子和三儿子盖了新房，二儿子则自己买地基盖起房子。对于这样的分配，二媳妇很不满。现在，老人生活不能自理已经有4年。所以，现在主要

---

[1] "背浆"指的是，儿女背着老年人吃美味佳肴，而不让老年人知道。东林村关于老年人的饮食还有一种说法为"挨挨浆"，是指老年人没办法和儿女一起吃饭，儿女脸色十分不悦的情况。

是老大和老三送饭给自己吃，一个儿子轮两个月，现在两个儿子已经给自己送了 4 个月的饭，衣服也是儿子帮着洗。其他的两个儿子就出钱给送饭的这两个儿子，作为老人的伙食费。但是，自己手上除了政府每月发的 85 元，并没有什么钱。儿子不会给自己现金，自己要什么东西儿子会给自己买来。女儿在过年过节的时候倒是会给自己 500 元、300 元、200 元不等。

上面的个案，算是村里轮养方式中较好的情况，几个儿子相互间不推诿，让老人不愁吃穿。但这样较为良好的情况越来越少了，独居子女养老模式才是东林村目前主要的赡养模式。

（2）独居子女养老

这种模式是指不管老人有几个儿子，老人都选择单独吃住，尤其是有多个儿子的老人。老人自己有厨房、卧室，生病时兄弟之间平摊老人的医疗费用，丧葬费用也在兄弟之间平摊。这种模式还分为两种情况：一是没有劳动能力的老人，会把田给儿子们每人轮流耕种一年，谁耕种老人的田，谁就负责在该年给老人定数的粮食。这个定数，是指能保证老人够吃的数量，每个老人的情况不一样，故而并没有一个准确的数据。其他儿子平时会随意给老人一些钱或者粮油，但这没有定数也没有硬性规定。二是有劳动能力的老人则仍然会自己耕种田地、种菜，靠土地养老。在老人生病的时候，老人会向儿女讨要医药费，这个时候儿子们商议平摊医疗费用。

这种模式日益成为东林村养老的主要模式。越来越多的老人选择自己"单过"。能"单过"，子女又能负责养老，这是东林村老人认为的"理想"的养老方式。说是理想模式，或许多少带有无奈的意思。有几个老人不愿意和子女其乐融融地生活在一起呢？

个案 10

　　5 组 76 岁的凤香老人，丧偶，有 3 个儿子、2 个女儿。老人现在一个人吃住，还种着离家近的菜地，以供自己平时吃。自己年轻的时候攒了一些钱。老人把稻田给儿子轮流种植，种稻田的儿子则负责给她一定的稻谷。老人虽然体力不如以前，但身体健康，对现在的生活较为满意，因为每天能去 6 组的小商铺和老年人打打纸牌，饮食起居很随意，不用帮衬儿子干家务活，不用看儿媳的脸色。

　　在东林村，越来越多的老人会自己先提出分家。这变成老年人的一种群体自觉，如果到了一定的岁数也没有劳动能力了，还不提出"单过"，似乎成为一种不明智的做法。只有一个儿子的家庭，儿子一般不会主动提出分家。如果独子主动提出分家，这会让村里人说闲话，老人也没有面子。老人更多主动选择自己提出分家"单过"。而对于多子家庭，老人选择"单过"则是一种顺理成章的事了，只要儿子们完成好各自对老人的义务即可。

　　独居老人的住房条件普遍都是比较差的，狭窄、简陋。前文笔者对老年人的住房情况进行过论述。一般老人住在家堂背，厨房则是在家堂背后面搭建的小棚子。

个案 11

　　3 组 73 岁的 XY 老人，丧偶，有 3 个儿子、1 个女儿，现在老人一人住在"家堂背"，并在"家堂背"的后面搭建了个小棚子，作为自己的厨房。老人说自己一个人住，已经有 10 多年了。自己现在做不得什么农活了，也受不起气。以前还能给儿子们带小孩，现在孙子们也都长大了。当初也是自己提出要分家的，自己一个人也方便些。说到婆媳关系，她告诉笔者以前的媳妇很听老人的话，怕被婆婆骂也怕被打，被骂了也不敢作声。现在的媳妇能找到钱了管不住了，现在自己一个人也清净，在家自己种些菜。生活费方面儿子们有时候给有时候不给，也没有个定数。老人说，自己现在还能动，菜也能自己种。

老人身体健康的时候，这样的赡养模式问题也不大，但老人生病在床的时候，无子女照顾或者子女照顾不周，是其最大弊端。

一位患有肺癌的老人，有1个儿子和5个已经出嫁的女儿，现在自己一个人住，虽然和儿子离得很近，但儿子儿媳也不会来照顾他。老人自己解释说，自己还能动不需要人照顾。但是可以看出，老人是渴望得到照顾的。老人一个人的时候，就弹弹买来的电子琴，以消磨时光。笔者走访中发现，村里还有两个70多岁的老人，不小心将腿摔断了。一个老人因为有老伴儿的照顾，生活起居情况还不错，另一个没有老伴儿的老人的情况则让人心痛。独居子女供养模式下的老年人的晚景已经如此凄凉，而独居自养的老年人的情况则更让人堪忧。

3. 独居自养模式

独居自养模式，是指老年人"单过"同时自己养，没有子女承担养老义务。独居自养模式在东林村不算是主流的模式，可以分为两种情况：一是有子女，但老人自我养老。二是无在世子女，老人自我养老。东林村一般会给无在世子女的老人享受五保户的待遇，可有一些无在世子女的老人不愿意当五保户，认为这是一件不光彩的事情。"无后"在东林村是对人最恶毒的诅咒，虽然实际上没有后人，但老人也不想顶着"五保户"的帽子。而有子女的老人通常会这样给自己的现况做解释："孩子们靠不住，他们自己也有自己的负担。""靠他们养，也难得分彼此。""我们自己能动的时候，我们都是尽量会为孩子们减轻负担。""还是要自己有钱，才舒服呀！"

个案 12

1 组 75 岁的秀吕老人,有两个儿子、两个女儿,但是小儿子已经过世 5 年了。现在老人和小孙子一起住,小孙子已经上大学两年了。老人的大儿子新盖了很好的砖瓦房子,但是老人没有和他们住,而是建了一个小砖瓦房,住在里面。说到自己现在的生活,老人带着点自豪地说:"我现在每个月能领到 200 元的抚恤金,自己喂着两头猪,种着 0.25 亩稻田,种着点菜。我现在身体也好,也不找儿子他们拿一分钱。过年过节的时候,他们也会给我 50 元呀、40 元、100 元不等。儿子的房子还没有修好的时候,媳妇就说自己脏不要自己进屋。"老人还说,自己就是庄稼人,怕弄脏了新房子自己也就不进去了。

这种情况在东林村较少,老人的儿子也多会被指责。这种模式也并不完全属于自我养老,儿子们有时候也会给老人一些赡养的物资、钱财。这类老人生活十分不幸,晚景凄凉。

4. 其他养老模式

(1) 住敬老院

据坳上镇政府统计,坳上镇至今 60 岁以上的人口共有 3 006 人,但整个坳上镇就只有一所敬老院。敬老院位于距离东林村 10 多千米的杨梅村,敬老院现在一共住了 10 个老人。东林村至今没有老人住敬老院。世人认为,子女不孝顺,或者没有子女,老人走投无路才住敬老院。一般老人,即使真的无子女赡养,或者子女不孝顺,也不会选择住敬老院。

(2) 集体救助的方式

集体救助的方式,是指老人没有子女赡养,同时也没有住敬老院,老人靠土地和村里人救助的养老方式。

个案 13

5 组 90 多岁的杨奶奶,老伴儿早已过世,她现在一个人居住。两个女儿已经远嫁,很少来看她。杨奶奶年纪大了,稻田是种不了了,但在自己房子的周围种了一些菜。村民经常会给杨奶奶送些米、蔬菜之类的生活物资。也有村民在逢年过节或者自家吃"好菜"时来请老人到自己家去吃饭。

这种养老方式,在东林村并不常见。村民多出于道义和同情援助这样的老人。当然,也不乏想低价获得老人名下的山林、菜地的土地承包权,而对老人格外热情的人。在东林村的村规民俗中,如果老年人没有儿子可以继承这些的时候,则由老人丈夫兄弟的儿子们继承,如果老人想转让土地给其他的村民也是可以的。90 多岁的老年人在东林村实在少之又少。村民对这样的高寿老人多少有些尊敬。不管村民出于何种目的对杨奶奶关照,这些帮助都使得她的生活情况整体还不错。

(3) 五保户老人的养老方式

农村五保供养制度是中华人民共和国在农村地区实施的一种社会保障制度。"五保"是指对符合条件的供养对象提供保吃、保穿、保住、保医、保葬(孤儿保教)五项生活保障措施。这项国家政策落实到东林村的情况如下:五保的对象为没有在世子女的孤寡老人。供养的形式为老年人住自家,由村里和乡政府共同提供赡养资金与物资。供养的标准为每个月 600 元。

个案 14

5 组 78 岁的家秀老人,是江边寨的一个五保老人。老人现在腿脚不方便了,但生活还是有保障。老人的侄子是东林村上一届的村支书,五保户的相关手续都是侄子去办理的,老人的钱则是自己到乡政府去领。老人的侄孙女在老人生病期间也一直对老人照顾有加。年底时，组上用集体资金给老人买了一车柴火。

通过前文对东林村养老模式的论述，可以得出东林村养老模式有以下几个特点：第一，不管哪一种养老模式，赡养的主体都是儿子们。女儿一般是不会承担任何赡养义务的，"嫁出去的女儿，泼出去的水"这样的观念仍影响着村民。老人"养儿防老""儿女有别"的观念仍然很重。这与东林村传统的汉族宗族文化分不开，也与东林村至今保存相对完整的殡葬文化关系密切。关于这点，本文在后面将做详细的阐释。第二，老年人得到的赡养层次是比较低的，仅限于保证老年人有饭吃。有位老人向笔者这样描述："能吃饱、穿暖就算是不错了，如果自己想吃点啥，儿女能给自己买，生病的时候有人照顾就算是很孝顺的。"至于精神方面，让老人享家庭中的天伦之乐，很少有村民会关注到。还需要正视的是，东林村整体的经济水平低，大量村民外出务工。在笔者的走访中，东林村村民的孝道观念并没有完全丧失，有部分村民只是无法践行孝道。

（三）东林村老人的送终

1. 东林村的送终习俗

"靖州的汉族丧葬仪式有送终、放炮落气、讣告、浴尸、斋戒、上梦床、贴孝对、成服、含珠、入殓、开祭、守灵、出殡、复山、应七等。当老人临终时，子女守于床前，直至断气，谓之'送终'。然后移尸于堂屋中椅子上，脚踏升斗（内装谷米，插着秤杆），满堂儿孙跪在前面，头系白纸，放落气炮，焚化纸钱后，将死者移入堂屋右侧木板上上'梦床'，请人给死者剃头、沐浴、换衣，又分头报丧，并请堪舆先生选择坟地。第二晚，开坛设祭。孝子披麻戴孝，哭祭灵前，除吊唁、祭奠外，还请僧道'开路'或做'道场'。有的请人唱'孝歌'。出殡之日，早上请众亲友吃豆腐。然后发引送葬。葬后，请道人应七超度亡魂。"[1] 目前，东林村的传统丧葬文化保存得较为完整，当然仪式多有简化。

"死者为王"，东林村人对待葬礼一点也不马虎，基本上还保留了以上的传统习俗。老人死后，死者家属立即报丧，在村里显眼的地方贴上讣告文，请房族商议后事。这不是一家的事情，是整个寨子的事情。故而，葬礼更多是一个社区的集体文化活动。村支书曾这样对笔者说过："幸好，现在殡葬制度改变不多，要不然现在的年轻人越来越不像话了。"

2. 东林村的送终与养老

送终在东林村是养老一个极其重要的部分，甚至比生前的养老更为重要。葬礼是生命仪式中十分重要的一个环节，葬礼象征着一个生命的结束，另一个世界的开始。如果生前的赡养对老人是一种敬，送终则是子女对死后老人另一种"孝"的开始。笔者在此，将从老人与子女两个角度阐述送终与东林村养老的关系。

"有衣穿、有饭吃，有儿子抬上山就是很不错了。"老人对此的重视程度极高，很多老人早早就为自己准备好了棺木。在笔者的调查中，曾遇到这样的两个例子。

个案 15

3 组的 YC 老人是东林村多年来唯一自杀的老人。他身患绝症好几年了，在今年的 3 月医生诊断说没有几个月了。过年的时候笔者曾去探望过老人，当时老人的生活态度还很积极乐观，儿女

---

[1] 湖南省靖州苗族侗族自治县民族事务委员会：《靖州苗族侗族自治县民族志》，长沙：湖南人民出版社，1993 年，第 160 页。

对他照顾有加。但今年的6月，得到老人自杀的消息。村里人说是因为他有天去赶集，听到他的亲家说6月死的人，死后才有福气，老人遂自杀。

个案16

6组的ZS老人，在他生前笔者去探望过老人，老人跟笔者说起女儿的时候很是自豪。"别人都说我养这么多的女儿不值得，可是我觉得自己养的这5个女儿很值得，我把她们一个个都嫁出去了。现在，你看她们对我很好了，儿子倒是没啥用。"但几个月后老人过世，在分配遗产的时候，他将绝大部分遗产给了儿子。

第一个例子，暂且不去追究老人自杀的真正原因，老人的举动可以反映出老人对能够善终的重视。第二个例子，村里人对老人遗产的分配方式不以为然，觉得这很正常。"女儿再怎么孝顺，死了还是得靠儿子抬上山。"从这点出发，便可以理解老人在分配遗产时的做法，这也是老人为自己能够"善终"的一种现实选择。

对于子女来说，送终是一项必尽的责任和义务。如果对老人生前的赡养只是发生在家庭内部，送终则是发生在众目睽睽之下的社区中了。葬礼是家庭与社区共同来完成的，并不只是单个家庭的事务。现在，越来越多的村民外出打工，在一定程度上使举行传统葬礼有一定困难，子女们对此也颇有怨言。"现在老人也死不起啊，死了对我们的压力也是大啊，比如以前大家都是相帮的，现在老人死了要找人帮忙都找不到了，葬礼也要大操大办。以前，我们简单地开个追悼会就行了。"即使会有这样的抱怨，即使有子女不愿按照习俗将老人安葬的话，但最终还是会迫于村庄舆论和宗族力量，将老人按习俗安葬。

个案 17

  2011 年，5 组发生了一件村民认为百年未出现过的大事。作仁过世后头 4 个晚上，老人的遗体摆放在屋子外面，没有房族的人去守夜。5 个兄弟为了老人安葬的事情争吵不休。后来还是房族"拍板"决定，让 5 个兄弟拈阄来决定将老人的遗体停放在哪家。结果拈阄在老四家，可老四的老婆不同意。最后每个兄弟各出 200 元的"腌臜费"将老人的遗体停放在老四家。这样之后，房族才开始慢慢聚拢来守夜、抬丧，将老人安葬。

  这样的情况在东林村是极为罕见的。对此，村里人也议论纷纷，对第四个儿子的指责声尤为多。"老头子平时对老四那么好，真不算个男子汉，就被老婆给唬住了。"同时，村里人也指责二儿子的老婆，就算是老人平时有些偏心，生前对她不好，可"死者为王"，她也不应该不去为老人送终。

  对于家庭内部而言，葬礼是对死者的告慰，对生者的训诫，对于生前没有受到儿女孝顺的老人来说更是如此。"开坛设祭，孝子披麻戴孝，哭祭灵前。"哭灵习俗，要求死者的儿女、孙子、孙女都跪在灵堂，东林村一般将灵堂设在堂屋。哭灵仪式开始时，由一位道师或者有威望的人念祭文喊跪拜。值得注意的是，有时候这位有威望的人会是死者的娘家人，孝子们的舅舅。如果是由舅舅来主持哭灵仪式，跪拜在下面的孝子们通常会被舅舅厉声斥责，批评这些儿子、儿媳妇生前对老人不孝。不管舅舅在上面如何训斥，下面跪着的儿子们只能屏气凝神地听着。这样的训诫或许对子女养老起不到任何实际的作用，但是它的影响不小。因为死者的灵魂将继续住在这个房子里，受儿女们的供奉。如果老人生前没有得到很好的赡养，死后子女必须通过虔诚供奉来弥补之前的不孝。对于所有在场的生者而言，则是一次反思和教育。

对社区而言，送终加强了村庄内部的联系，加深了村民对死亡的敬意。"死者为王"的传统殡葬习俗，在村庄内部则加强村民之间的联系与合作。这种合作，反过来也形成了一种村庄的力量，用以惩罚那些不孝顺的人。在传统宗族社区的东林村，这点更加明显。

通过前文的论述，可以看到这样一幅东林村老年人概略式的生活图景：在家庭养老模式为主的东林村，大部分老年人在物质上能够得到最基本的赡养，少部分老年人物质生活则难有保障。老年人在精神上和日常生活照料方面，难以得到满足。随着工业化和城镇化浪潮席卷乡村，年轻人迫于生计压力大都外出打工，这使得部分想尽孝的年轻人，没有时间和精力在家尽心照顾父母。陪伴在父母身边的青壮年，因为追求自我小家庭的利益，将赡养父母视为一种负担。面对这样的现实，老年人处于一种十分矛盾的状况：自己的子女不孝敬自己，自己却耻于谈论这样的事情。老年人希望子女尽孝的观念和无奈的现实，让老人处于一种矛盾的状态。送终作为和生前的养老同样重要的赡养内容，是儿子对父母应尽的义务。东林村传统的殡葬制度，曾经起着加强兄弟之间团结、社区之间联系的作用，现在却因为大量青壮年外出务工等一系列因素，受到一定的冲击和影响。东林村养老困境显而易见，这种困境在下文的寿宴上得到了充分的展现。

三、从一场寿宴看老年人的生存困境

（一）东林村老人的寿宴习俗

"寿庆，男进60岁可以做寿庆，满60岁做寿视为不吉利，女则必须满60岁才能做寿，即'男上女满'之意，70、80寿较为隆重。富者多下'请帖'，来贺者赠寿幛、寿联、寿匾、衣服、糖酒、果品等礼物，主家则设宴款待，少则几桌，多则几十桌上百桌；贫者亦购酒肉敬神，改善伙食，举家庆贺。'福如东海、寿比南山'，此乃拜寿时的祝语。新中国成立后，民间给老人祝寿，亲友多送衣料、糖果、糕点（蛋糕）、烟酒等礼物，主家设宴招待，有的放电影助兴。"[1]

办寿宴在当地称为"放生"，"放"有邀请村里所有人的含义，如东林村寺庙举行的集体敬菩萨仪式，称为"放客"。"放生"，则意指主人家邀请村里所有人参加老人的生日寿宴，当然不是村里所有人都会参加。随着社会的发展，文献记载上的传统寿宴习俗已发生了不少变迁。东林村现在办寿宴一般为三天，大宴宾客仅有一天。不管是穷人还是富人的寿宴，寿宴的规格和红白喜事一样，主人家会宴请所有亲朋好友，亲朋好友一般只带礼金前来。寿宴上的食物和平常喜宴食物没有两样。寿宴第二天是最为隆重的一天，祝寿仪式也在这天举行。

---

[1] 湖南省靖州苗族侗族自治县民族事务委员会：《靖州苗族侗族自治县民族志》，长沙：湖南人民出版社，1997年，第162页。

祝寿仪式在早餐后举行，老人的儿子、孙子、女儿、女婿、干儿子、干女儿都会前来给老人祝寿。其他的宾客则聚集在一起，打牌聊天等着吃晚饭。晚饭后，则是大家期待的乐队表演，男女老少围坐在一起看完乐队表演，寿宴就算结束了。

在笔者走访的江边寨，往年举办寿宴的人家很少，近年来开始增多。现任江边寨5组组长在2013年底给自己的父亲办过一次78岁寿宴。这是江边寨自1980年来，第一次给老年人办寿宴。2014年底，有一户人家办了寿宴，2015年有2位老人举办寿宴。办寿宴由儿子商议出资，寿宴一般花费在2万元左右。举办寿宴的这几户人家，不算是东林村经济条件好的人家。在1949年以前，少数富裕和有权势的人家才会办寿宴。现在，平常人家也能举办寿宴。

图5　寿宴上的老人

对于举办寿宴老年人的看法倒是比较一致，他们宁愿儿女们平时多对自己孝顺一些，并不希望儿女们为自己大张旗鼓地办寿宴，因为这样有时候还会伤了亲朋好友的感情。76岁的姜姓奶奶，表达了自己对寿宴的看法："他们能按时把该给我的粮食、生病时的医药费给我就不错了。办什么寿宴，我才不稀奇!"

(二) 寿宴中儿子与老人的角色扮演

2013年底这场寿宴，是村里两个已婚的儿子为自己78岁的父亲举办的，这户人家在村里的经济条件比较差。大儿子长年在外打工很少回家，连他自己结婚都没有在村里举行婚礼，办这次寿宴主要是他的想法。小儿子一直在家务农，但好吃懒做，也没有赡养好自己的父母。笔者了解到村民对这场寿宴的看法基本一致：主人家这么穷，居然还如此大办寿宴。再者，老人不满80岁，办寿宴对老人身体健康会不利。

在前文笔者对东林村寿宴的别称"放生"进行了解释。"放"即宴请所有的亲朋好友前来，规格和红白喜事的规格一样。很显然这是一件费时费钱的事情，专门负责收礼金的村民核算礼金后发现这场寿宴并没有挣到钱，反而亏了钱。那么大儿子为什么要如此大费周章办这样的一场寿宴呢？是出于对老人的孝心还是另有他因？为此，笔者围绕着寿宴中几个场景按时间先后顺序进行描述，以此阐释老人与儿子在这场寿宴中的角色扮演[1]。

1. 祝寿仪式

祝寿仪式的场景布置。祝寿仪式在主人家的堂屋举行，在堂屋的祖先牌位下摆放一张八仙桌。八仙桌上摆放着供奉祖先的供品，八仙桌前面摆放着坐垫供老人的子女们跪拜。老人身披一块红布，穿戴和平时并无两样，他和妻子一道坐在八仙桌后。

仪式过程。老人的祝寿仪式安排在早饭后不久举行，这个时候远

---

[1] 本文只关注老人的儿子，却没提及老人的儿媳妇。因为老人的两个儿媳妇都在外打工，并没有回家参加老人的寿宴。

近的宾客基本已到。祝寿仪式由村里专门负责红白喜事的主持人——泽辉老人主持。礼炮声响起祝寿开始，主人家所有人先烧香、作揖敬祖先。祭拜祖先后，老人的儿子、孙子、干儿子、干女儿分别向老人祝寿。祝寿需要跪下磕头，说祝福的话，干儿子和干女儿分别给老人红包。这时候，主人家请来的乐队演员会代表全村的人献上祝福。这些仪式结束后，老人开始吃蛋糕、喝酒。这次寿星的字辈较小[1]，故主人家还请了寨子里比老人字辈大的老人，到堂屋一起喝酒为老人祝贺。寿星吃了蛋糕后，还会给寨子里的小孩分蛋糕。这个时候，村子里其他人也开始向老人敬酒。寨子里比较有影响的几个中年人，会向坐在堂屋的寿星及老人敬酒。老人的两个儿子则在招呼这些敬酒的客人，敬酒的客人并不多。

在整个热闹的祝寿仪式中，寿星老人一直坐在八仙桌前很少说话。这个寿星老人在村里属于不擅长交际的人。在整个拜寿仪式上，没有看到两位老人脸上露出过什么喜悦的神色，表情甚至显得比较凝滞。在祝寿仪式上多由仪式主持人和老人的两个儿子招呼着前来祝寿的客人。从儿女拜寿到村民敬酒祝贺，整个过程实际上是两个儿子在与村民沟通与交流。

整个寿宴活动中，人们对祝寿仪式关注度并不高。在这场有几百人参加的寿宴中，只有10多个成年人在场，还有一群等着吃蛋糕的小孩。其他参加寿宴的人，则在忙着各自的事情——打牌、聊天、准备晚饭、打杂等。对于大部分的参加者而言，这场寿宴只是给大家提供了聚一聚的场所。很多人在参加完整场寿宴回去后，还是不认识今天的寿星。

在这场名为寿宴的喜宴上，除了有这样的祝寿仪式来标志着这场寿宴与其他婚宴、乔迁喜宴有所不同外，再也没有任何可以做区别的

---

1 "字辈"在东林村也称"班辈"，东林村族谱规定有60字辈。东林村所有人的称谓，按照字辈来称呼，字辈在前的为长辈。

东西了。这与我记忆中的过寿区别不小。"根据当地规矩,'过寿'的主要标志就是'吹号',送寿礼、办寿宴、放高升、吃寿面、发寿桃。"[1] 在这场寿宴中,看不到任何其他区别性的东西。

2. 寿宴上的宾客招待

祝寿仪式结束后,这场寿宴就和其他的喜事没有两样了。接下来,如何招待宾客成为寿宴重点。本文通过对老人的两个儿子如何操办寿宴、招待宾客的叙写,来看老人及两个儿子在整场寿宴中所扮演的角色。

在这里,本文将参加寿宴的宾客分为两类:一类是非江边寨的宾客,一类是江边寨的宾客[2]。

非江边寨的宾客大多数为邻近村子的人,他们绝大部分和主人家虽然交往不是很多,但多少沾亲带故。老人"放生"即和其他的红白喜事一样的规格,出于地方礼节,他们必须前来,除非他们打算不再和这户人家有往来。故对他们来说,真正来给老人祝寿的人并不多,但借此加强与主人家及江边寨的联系才更为重要。非江边寨的客人到来后,主人家必须端上茶水以示礼貌。虽然有专门负责端茶水的人,但主人家仍需随端茶的人一起招呼好客人。这些非江边寨的客人,在平日里和主人家少有往来。通过这次寿宴,老人的儿子随端茶人一起和客人寒暄,加深了解。这类客人饭后一般聚集在一起打牌,或者唱歌、聊天,有的客人会顺道到江边寨访亲探友。

江边寨的宾客既是客人,又是半个主人,他们大部分人和老人的儿子一起操办这场寿宴。图6则是这次寿宴的执事人员名单。

---

[1] 黄惠:《透视现代农村"过寿礼仪"——以江苏北部H村为例》,《理论界》2008年第3期。
[2] 这样分类的依据是,这两类宾客所扮演的角色不同。非江边寨的宾客,不需要承担操办寿宴的任何事务;而江边寨的宾客则需要帮忙操办寿宴。

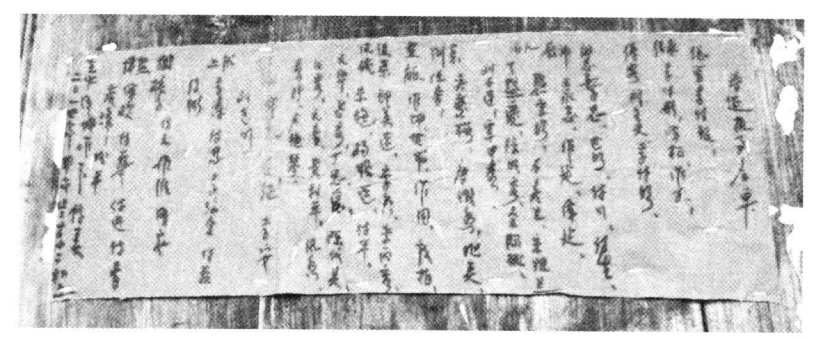

图6　寿宴执事人员名单

因为地缘加血缘的双重关系，江边寨客人与主人家的关系比较紧密。在江边寨中，被邀请操办红白喜事是件有面子的事情，是被邀请人在社区中得到认可的表现之一。执事名单由主人家和寨子里的房族人员一起商议决定，因此这些人也是主人家的重要客人。这一整天，老人的两个儿子得到厨房、茶点处等各个地方招呼好这些帮忙操办寿宴的客人和半个主人，为他们送上茶水、饮料的同时表示谢意。

在这场忙碌而热闹的寿宴中，年轻人有的打牌，有的在听乐队唱歌，有的在忙碌着。当在那场并不受大多数人关注的寿宴上扮演了一下主角后，寿星老人抱着自己的孙子湮没在忙碌的人群中，没有人会注意他在干什么。后来，老人抱着孙子到江边寨四处闲逛去了，这场寿宴似乎和他的关系不大了。

3. 寿宴中儿子与老人的角色扮演

诞生礼、婚礼、葬礼对个人来说不仅是重要的人生仪式，还是其融入整个社区的重要方式。在东林村，婚礼由父母为儿子举办。婚礼结束后也标志着父母养儿任务的完成，儿子在整个社区算是一个真正意义上的成人了。祝寿并不在这三大仪式中，但它一直作为敬老孝亲的典型礼仪和传统习俗。现在的寿宴中，老人及儿子究竟扮演了怎样的角色。通过前文的描述，不难得出以下结论。

儿子是寿宴的主导者，寿宴是其回到社区生活后人际关系重组的一个重要方式。在前文笔者交代了，办寿宴主要是长年在外打工的大儿子少东的想法，他一个人承担寿宴的大部分花销。少东已35岁左右了，他在外打工的时日比在江边寨生活的时日多许多，人们甚至对他的印象都比较模糊。现在他打算结束在外打工的生活，回到江边寨。由于长年在外打工，少东的婚礼都没有在村里举办。故而，这次寿宴对他来说是真正融入社区的重要方式。他通过操办寿宴、接待宾客加强自己与整个社区的联系。

老人在寿宴中其实只是一个"道具"。寿宴是儿子重组人际关系的重要方式，原本是寿宴主角的老人，自然也只是这次社区人际资源重组的"道具"。老人平时的生活状况并不好，大儿子在外很少往家里寄钱，小儿子好吃懒做还有赌博恶习，有时候反而需要老人接济。老人近80岁了，仍然种田、种菜、卖水果，在村里算是生活比较劳累的老人。笔者在调查中，有部分村民会说："两个儿子要真讲孝心，就平时对老人好点，何必劳神费力办这个？"老人原本应该是这场寿宴的主角，但实际上一直都不是主角。除了请来的乐队演员偶尔会唱上几支关于感恩父母的歌曲外，没有人会记得今天是老人的寿宴。晚上，人们在兴致勃勃地欣赏乐队表演的时候，笔者没有在观众席上寻见老人的身影。后来，在人群圈外发现老人抱着自己的孙子，试图挤进人群看看乐队表演。自始至终，老人只是这场寿宴的"圈外人"。晚上乐队表演时，演员让老人的儿孙来为老人祝寿这一幕，更凸显了老人的"道具"角色。因为，他们在台上拿着话筒操着不太流利的普通话说着祝福父亲的话时，他们面向的是观众而不是自己的父亲。

寿宴，作为国风民俗本意是铭记敬老行孝，警惕不孝子孙。寿宴上，寿星老人的地位本该是至高无上的，儿女们要为他准备新衣服、更新日常用品，还要根据他的喜好安排一些活动，在老人过寿时，千万不能说老人不爱听的话，不可以做老人不喜欢的事，如果让老人不开心，那就是对老人的不尊敬，来祝寿的人就会指责你。[1] 这一切在这场寿宴中，却没有任何体现。老人依然穿着平常的旧衣服，日常用品更没有更新。

本来是尊老、爱老的一种表现形式的寿宴，却看不到老人该有的喜悦。通过这场寿宴，实际上可以看到老人悲哀的处境。老人并没有在寿宴中得到儿孙们真正的祝福，老人劳累的生活也不会因为这场寿宴有多少改变，老人日后的赡养也让人担忧。

（三）寿宴小品——"回娘家"的孝道呼唤

这场寿宴中还有乐队助兴，热闹的歌舞音乐在不时地提醒着参加者，这是一场寿宴。乐队演员共有4个女演员、1个男演员，乐队成员平均年纪40岁，年纪最大的男演员大约60岁。可以说，他们才是真正记得这是一场寿宴的人。白天会到堂屋祝寿，会唱几首有关父母恩情的歌曲。晚会的节目，也多围绕着祝寿这个主题进行。

晚上，村民们则围坐在这户人家的晒谷坪上看乐队表演节目。节目中有一个叫"回娘家"的小品，小品讲一个在外打工的妻子和她那一向惧内的丈夫准备回家过年所发生的点滴。妻子在家里事事压着丈夫，对公婆也不好。矛盾终于在丈夫看到妻子给两边老人所买的"差别化"的过年礼物时爆发了。丈夫不但没有答应和妻子回家过年，还反过来打了妻子一顿，并让其写下孝顺父母的保证书。

这个小品实际上是东林村很多家庭生活的真实写照。村支书曾这样对笔者说过："你知道的，我们村就这情况，家里面都是女人做主。"媳妇普遍不会主动孝敬自己的公公婆婆。小品的后半段，媳妇求饶、写保证书等情节只是小品的艺术理想，现实生活中很少发生这

---

[1] 黄惠：《透视现代农村"过寿礼仪"——以江苏北部H村为例》，《理论界》2008年第3期。

样的情节。这样的表演却引来了台下男女观众很不一致的反应。演员很入戏,观众更加入戏,甚至直接参与到小品中来。当男演员把女演员打倒在地的时候,台下的观众扯着嗓子喊:"快起来,快起来。"当女演员问观众要不要写保证书时,更引来台下观众一片回应声。妇女们使劲地喊着:"就不写!就不写!"一些男观众则在唱着反调。演员是在演戏,但对底下的观众而言这是一场关于价值观的大论争。

乐队演员或许只是出于职业要求表演这样的小品,也不管男女观众对小品的反应如何。可以看到的是小品呈现出对孝道的一种呼唤——向村民传递了孝敬父母的道德观,也呼吁在座的村民主要是媳妇应好好孝敬公婆。在现实家庭中,夫妻之间很少正面去谈这样的问题。演员通过小品这种艺术化的形式,将现实中难以启齿的问题推到公众的面前,让村民在这样轻松、娱乐的环境中,思考如何敬老。从观众的反应得知,小品也许并未能起到它的教化作用。但至少,它能引起村民的思考。

(四) 东林村老年人的困境

寿宴本来是儿女孝顺的表现,却成为老年人的生活困境的生动、真实的反映。东林村老年人所面临的现实困境是显而易见的,通过以上论述可以得出以下几点。

1. 物质经济方面

老年人自身经济条件差,经济来源单一,没有储蓄。经济条件不好的子女自身难保,这会进一步加剧老年人的经济困难。东林村60岁以上的老人,基本没有外出务工的经历。他们一辈子在乡村,以务农为生。务农是体力活,当体力不行的时候不能继续做农活,这也就意味着老年人自我经济能力的丧失。所以,不少老年人纵然七八十岁还是会挑着自己种的菜到镇上的集市去卖，这是他们靠土地自食其力的重要方式。国家法律规定了父母的抚养义务：子女18岁具有独自生活能力后，父母不再在法律上负有抚养义务。但在农村，父母对子女的抚养义务可以说是终身性的。老年人年轻时，把自己所有的精力和财力都用在了为儿子修房子、娶媳妇或者嫁女儿方面。稍微有闲钱对未来有准备的老人，会为自己准备一副棺木。对于养老准备，他们几乎从来没有考虑过。一旦真正生病急需用钱，只能靠儿女。

> 个案18
> 一位老人走路都已经颤颤巍巍，一个人来到坳上镇政府求助。她找到工作人员，说找政府批点钱，但是批什么钱她自己也不知道，只是告诉工作人员，自己生病了没有人出钱给自己治病，只能求助于政府。

这位老人有5个儿子，因赡养问题镇政府的工作人员也调解过多次，兄弟之间也在调解下写了协议，但事后他们又不愿意赡养老人。不少老年人这样说："孩子们负担也重，不好伸手去要，还是要自己有钱才舒服呀！"东林村整体的经济水平并不高，不少老年人的子女自身难保，许多年轻人为了生存外出务工。

2. 家庭生活方面

大多数老年人与子女的家庭关系并不融洽。一些子女抱怨老年人偏心，这造成子女在履行赡养义务时多有推诿。而且老人平时最照顾的子女，并不会主动承担更多的赡养义务。面对这样的情况，老年人通常是无奈的。

在与子女的代际关系中，尤其值得注意的是女性老年人和媳妇之间的冲突。有女性老年人编了让人啼笑皆非的打油诗："粽巴叶子，皮皮长,讨了一个媳妇娘,我不骂她,她骂娘。"这确实是农村很多婆媳之间的真实写照。在笔者走访中,一位老年人出嫁的时候没有金项链,现在自己攒了钱想买却不敢买。因为儿媳妇(二婚)结婚的时候没有给她买。这充分体现了老人已经从内心认同,儿媳妇在家中的地位比自己重要多了。社会流动性加大,家庭不稳定性增加,加之社会整体男女比例失调,农村男性娶媳妇难,这成为婆婆不敢得罪儿媳妇的直接现实原因。

老年人在子女养老无望的情况下只有自我养老,只能不断从土地里讨生活。年轻人外出务工后,老年人得负担起水田、菜地、山林的耕种,农活一年四季都有。在东林村,总是能看到不断往返在家里和田地之间的老年人。子女外出务工后,照看孩子的任务也落在了老年人的身上。繁重的体力劳动和家务活,几乎是以牺牲身体健康为代价的。当然,比较孝顺的子女会按时寄钱回家,让老年人能够安心在家照看小孩。但是,老年人自己很少有能安心全职照看小孩的。

3. 老年人生存尊严方面

养老,既要注重物质同时也要注重精神,实现物质供养与精神赡养相统一。只有在物质上赡养父母,精神上尊敬父母,才算是解决了老年人"老有所养"的问题。东林村至今还没有出现如河北京县那样令人触目惊心的老年人自杀现象,大部分老年人能够得到儿女物质上的最基本赡养,却经常受到子辈言语上的不敬。

物质方面的不赡养,很容易被人观察到,但言语上的不敬却往往容易被忽略,也难有一个客观的标准去评价。同时,老年人也耻于提及自家儿子的不孝行为。在被问到自家儿子赡养自己的情况时,老人通常会维护自己的儿子,即使儿子真的不孝养自己,老人也会闪烁其词。在东林村老人的观念中,自己儿子不孝敬是家丑,不能随便在公共场合言说。老年人的这种羞耻感源于他们自身观念中的传统孝文化。

他们默默地承受着子辈言语上的不孝顺，而不会将儿子的不孝行为公开。还有一部分老人，是怕说了儿子骂自己，所以干脆不说。

老年人尊严感低，这比经济状况差、农活繁重让老年人心里更为沉重。这尤其表现在老年人伸手向儿女要钱的时候，因而在东林村你会看到 70 多岁的老年人还在辛苦劳动，问其原因，老年人会这样回答："能自己赚钱的时候，就自己赚点，等以后动不了向儿女要钱，开不了那个口。"

4. 国家养老政策的不足

国家政策帮扶力度不大，老年人对国家政策也不了解。2011 年起，我国建立和完善了新型农村社会养老保险制度。农民 60 岁以后，可享受到国家普惠式的基础养老金，每月老人可以领取 55 元。但是，享受这样的政策，有个前提即老年人的子女必须全部参保。若子女不肯缴纳养老保险，老人就享受不到这样的优惠政策。笔者在走访中了解到，绝大部分的农民会积极参加新农保。但这每月 55 元的养老金对农村养老能起到的作用并不大。在医疗保险方面，老年人一般文化程度不高，对政府的相关政策并不了解。此外，国家近年来在农村实施了对贫困村民发放最低生活保障，拨给农村数额不小的扶贫资金等优惠政策。但在笔者走访的东林村，老年人除了享受普惠式每月 55 元的养老金外，再无别的优惠金可领。低保资金和扶贫资金往往被具有社会资源的人占据，真正需要救济和帮助的人却无法获取这笔资金。

农村养老的现实困境，确实有东林村经济社会发展水平较低的硬性客观原因。农民为了生计不得不外出务工，有时候并不是不孝，而是孝道实践难的问题。农村养老的困境更折射出农村孝养文化的断裂和缺失。面对这些困境，东林村的老年人并不是被动接受一切，他们用自己的方式试图去解决这一问题。

四、敬菩萨：困境中老年人自我保护的文化选择

面对这样不容乐观的养老现状，老年人没有就此被动适应这一切。他们在怀念以前养老美好时光的同时，也在积极试图用自身的力量去改变不良现状。本节则从女性老年人敬菩萨这一活动中，看女性老年人为此所做的尝试。

（一）"敬菩萨"与东林村老人

1. 东林村信仰概况简介

东林村老年人敬的"菩萨"，不单单是宗教里的"菩萨"和诸神。他们的信仰是由自然崇拜、祖先崇拜、地方巫术、佛教等杂糅而成的地方本土民间信仰。如果硬要说他们信什么，那么他们信的、敬的是一切"灵验"的东西。东林村这种"拿来主义"的信仰原则，使得东林村的本土宗教信仰活动表现出多种形式。例如，在家敬家里的祖先、菩萨，在家外敬庙里的菩萨，去外地"看铜婆子"[1]，祭拜大石头或者大树，架"功德桥"，倒水饭，等等。

---

[1] "看铜婆子"是东林村中年妇女最热衷的宗教活动之一。东林村妇女称巫婆为"铜婆子"，"看铜婆子"即带上供品和钱，去找巫婆为自家消灾祈福。去"看铜婆子"的中年妇女，一般是家中遇到了自己难以解决的问题，如儿子离婚、丈夫出轨、家人久病不愈等。

东林村的大型庙只有一个"婆婆庙"[1]，小型的庙倒是很多，有土地庙、山神庙、龙王庙等。土地庙是最为广泛的庙，土地庙有"私家的"也有"公共的"。随着经济条件的好转，很多村民开始修建大门，只要修建了大门的人家，几乎都会在大门旁边修自家的土地庙。"公共"的土地庙则是在村子里的桥头边、古树下，村民集资修建的土地庙。东林村多山，在山里的平地处有山神庙。山里的山神庙，比村里面的土地庙大很多，可以供来回山里的人休息、避雨。当然，东林村人信仰的菩萨还包括东林村周边地区的菩萨。

东林村村民几乎人人都在不同程度上有鬼神观念，家里的妇女和上了年纪的老人尤其如此。所以，信仰的主体不只是老年人。同时不同的人群信仰本土宗教的行为特点不尽相同。总体来说，年轻人和中年人偏好"看风水""看铜婆子"这种费时少、见效快的方式。老年人则更喜好定时去庙里敬菩萨。

有学者将上述东林村这种"拿来主义"宗教信仰称为"分散性宗教"。杨庆堃在其著作中对"分散性宗教"做了如下阐释："拥有神学理论、崇拜对象及信仰者，于是能十分紧密地渗透进一种或多种的世俗制度中，从而成为世俗制度的观念、仪式和结构的一部分。"[2] 从东林村村民信仰的对象、信仰的动机、信仰的行为方式可以看到，很难将他们的信仰归为哪一类宗教。他们根据世俗生活的需要，提取各种宗教信仰中对他们有用的成分，杂糅为他们自己的信仰体系。

"中国传统的民间信仰与其说是反映人与自然、超自然的关系，还不如说是反映了人与人的社会关系。在这种宗教体系中，人们更关注的是它在现实社会中的运作，而不是宗教本身的教义、教规。"[3] 东

---

[1] "婆婆庙"原名"李王净神熊庆夫人庙"，相传是为了纪念这位善良仁厚的夫人而建。
[2] 杨庆堃：《中国社会中的宗教：宗教的现代社会功能及其历史因素之研究》，范丽珠译，上海：上海人民出版社，2006年，第269页。
[3] 庄孔韶：《人类学通论》，太原：山西教育出版社，2004年，第415页。

林村的村民信仰很好地体现了这点。"灵则信",东林村村民不会像佛教、基督教、伊斯兰教的教徒那样遵守宗教的清规戒律,他们没有固定的信仰对象。当哪种形式"灵验"的时候,他们就会选择信哪种。甚至在同一种信仰中哪个信仰对象"灵"就选择哪个。以东林村的祖先崇拜为例,村民在清明扫墓之前,会请风水先生看看哪个坟墓"管事",就祭拜哪个。至于"不管事"的坟墓就不用费事了。

东林村这种分散性宗教信仰,并没有在现代化的理性主义下衰落。年轻人也会进行一些宗教信仰活动,并不是老年人的一厢情愿。近年来,靖州县各地都在恢复在"文化大革命"时期被毁的寺庙。东林村的空可庵于2014年底完成重建。而民间宗教在东林村得以复兴,并不是宗教本身的兴起,而是宗教满足世俗生活的功能仍然没有改变。

2. 敬菩萨人群

本文将敬菩萨的人群分为积极敬菩萨人群和消极敬菩萨人群。积极敬菩萨人群指的是以中老年人为主体自发敬菩萨的群体。消极敬菩萨人群则是不主动敬菩萨仍然半信半疑的年轻人群体。两个不同的群体,行为方式上自然迥然不同。本文通过叙写敬菩萨群体的不同行为方式,来勾勒东林村敬菩萨人群整体形象。这里主要介绍敬菩萨主体人群——中老年人群体及其敬菩萨行为方式的特点。

老年人对敬菩萨高度重视。老年人在村庄生活其他的领域可能是弱者,但在敬菩萨方面,他们却是村庄的主导者、虔诚者,神灵的眷顾者。不管是单个人敬菩萨还是集体敬菩萨,都是老年人在尝试运用自身可以依赖的力量。因此,东林村老年人对敬菩萨是十分看重的,有时候对其重视程度似乎让人难以理解。

个案19

2组65岁的吉玉老人,一天要去敬菩萨,她孙女生了一种病，村里人说只有她才能治好，而且必须及时治疗要不然命都难保住。当儿子抱着女儿到她面前求助时，老人家说她要去敬菩萨。儿子不满地说："菩萨重要还是人重要？"老人毫不犹豫地说："菩萨重要！"说完，老人便提着敬菩萨的东西走了。

老年人也许没有钱看病，没有钱买吃的、穿的，但是敬菩萨的时候他们基本是不缺钱的。菩萨为大，其他的事情都可以暂时放到一边。不管自己身体如何不便，也要到庙里敬菩萨。老年人在做这一切的时候，似乎没有什么理由。如果不去问老年人自己的理解，我们所看到的就只是表面现象。只有明白老年人对敬菩萨的理解，才能进一步认识老年人与敬菩萨的关系。

首先他们根据自身生活经历，对菩萨有坚定的信仰。

个案20

3组62岁的作生老人，曾是村里的语文教师。他说自己年轻的时候也不信这些。但经历了几件他无法解释的事情后，他很信了。接着，他便兴致勃勃地给笔者说了三件让他很困惑的事情。

一天晚上他去梨园捡梨子，突然听到一块巨大的石板落入梨园的湖水中发出的声音，他赶紧拿电筒照湖面，却发现湖面静如明镜，没有丝毫水纹。一次，他和另外3人从山里砍柴回来，当时天色已晚，虽然那条路他们走过无数次，但还是迷路了。他们被困在原地，怎么也没法走出来。后来，老人让大家朝着远处灯塔方向直走，就算遇到水田也径直走过去。在途中，4人看见分明离他们很近的地方，很多人看完电影散场了，但任凭他们如何大声喊，那些人也没有反应。他们只好继续走，直到凌晨4点多才到达灯塔处。一次，老人傍晚独自在田间，突然听到一大群鸭子向自己走来的声音。奇怪的是，他没有发现鸭子的踪影，只是清晰地听见鸭子从身边路过的声音。

经历这些事情后，老人对菩萨笃信不疑了。安土地公以镇邪、安"家先"、扫墓、包"包封"等，作生老人一件都不马虎。当然老人说也有人不信，有些人太走极端。他们一开始把什么都寄托在菩萨身上，结果发现菩萨不保佑自己以后，他们就再也不相信菩萨了。

作生老人曾是村里的知识分子，同样会因自身生活经历而变成虔诚的敬菩萨人，村里其他的老人更是如此。如果在东林村和老人攀谈这方面的事情，他们会兴致勃勃地给说出一系列"杂谈怪论"。这些故事足以让你理解他们为什么要敬菩萨。

其次，各种敬菩萨灵验的事情让他们更加虔诚。例如，庙里给客车请保护符成功地让司机在车祸中毫发无损。这些灵验的事情，让他们坚信菩萨的存在，更是虔诚地敬菩萨；还有一部分老人，也许他们没有那么幸运地体验到菩萨显灵带来的福祉，但他们却很享受和同伴在一起的快乐。特别是对一些空巢老人和在家与子女相处不和睦的老人而言，在这里和同龄人一起活动，使他们的生活空间多了一些理解和快乐。

年轻人作为敬菩萨消极的人群，他们不会主动敬菩萨。他们更多抱着"宁信其有，不信其无"的态度，只要不太影响生活即可。他们也会在老年人的叮嘱下偶尔作揖，走个形式附和一下老年人。当老年人从庙里拿来敬菩萨的供品和护身符的时候，年轻人通常不会拒绝这些东西。

通过上面对两大敬菩萨群体不同行为方式的特点概述，可以看出中老年人是敬菩萨的虔诚信仰者。对中老年人而言，敬菩萨成为他们一种宗教式信仰行为。这是他们生活的重要部分，菩萨是能给他们及其家人带来幸福的神秘力量。同时，敬菩萨活动也是他们同龄人在一起闲暇、娱乐的重要部分。年轻人只是作为敬菩萨活动的边缘人，敬菩萨的世俗化和功利化在年轻人身上体现得更为明显。

（二）老年人生活中的敬菩萨仪式

本文按照敬菩萨场景将敬菩萨仪式分为寺庙中的敬菩萨、家庭中的敬菩萨、社区中的敬菩萨、山林里的敬菩萨这四大类。其中，寺庙中和家庭中的敬菩萨仪式是老年人敬菩萨仪式中比较常态化的仪式。而社区中和山林中的敬菩萨仪式，在老年人敬菩萨生活中所占的比例不大。

1. 寺庙中的敬菩萨仪式

大部分老年人一般只在每月的初一、十五，逢年过节才会到寺庙里上香。敬菩萨前，老人会准备好香、纸、蜡和供品。到了寺庙后，老年人会进行一系列求神祷告的仪式。进庙前先敬庙门口的土地爷，敬完土地爷后，老人通常会站在大门口对着天空祈祷一番才进庙里。进庙后如果需要还愿，第一件事便是"还愿"。如果老人不"还愿"，则会按敬众位菩萨、"挂功果"、请庙长为家人的摩托车化"车符"、为全家人新年运势预测卜卦这样的顺序为家人和自己祈福。下面的个案就是一位老人在婆婆庙求神后，喜添了孙儿来还愿的情景。

个案 21

一位喜添孙儿的老人在寺庙的还愿仪式。老人事先准备好 7 尺长的红布和一只大公鸡。先请庙长在红布上写上还愿语，然后请人将红布挂在大厅上。这一仪式被称为"上红"，在上红的时候会放礼炮，庙长则拿着公鸡敬神像，老人则在神像面前磕头跪拜。

能够到庙里还愿的老人，自然会令其他老人羡慕，但其他老人也在为能到庙里还愿而努力着。下面则是老人为全家人和自己事无巨细虔诚的祈福仪式。

"挂功果"仪式。老人先拿出供品摆放在3个大小厅神像前，依次敬各位菩萨。之后，老人会为家人"挂功果"。"挂功果"，就是捐钱给庙里，庙里的工作人员会把捐功果人及家人的名字写在功果榜上。捐钱讲究数字吉利，老人因为经济条件的限制一般只捐13元，寓意"一十三，菩萨一担担"，即希望菩萨能在生活的各个方面都照顾自己及家人。

化"保护符"仪式。摩托车是东林村村民重要的日常交通工具，老人到庙里必须做的事是为摩托车化保护符。庙长先从大厅挂的红布上扯下来一小截，然后在红布上写上字，作为保护符的材料。庙长把写好字的红布放在神台上，虔诚地向神明卜卦请示。来化保护符的老人，则跪在一旁烧纸。如果卜卦顺利，那么一道保护符就这样产生了。如果不顺利，庙长通常会让化符的人再烧些纸钱或者在神像前放些钱。这样卜卦还不顺利，庙长则会再尝试几次，直到求得好的卦象。当然，除了化摩托车保护符外，老人通常还会为年幼的孙儿孙女化护身符，以保佑他们健康成长。

全家人新年运势预测卜卦仪式。如果只是为了全家人的身体健康、无灾无祸，老人通常就是自己卜卦。但如果是为了祈求家里人高考顺利、外出打工平安挣钱这样的事情，则会请庙里专门祈福的老奶奶。专门祈福的老奶奶和前来祈福的人一起跪在神像面前，老奶奶负责卜卦，祈福人则虔诚跪拜。卜卦一切顺利的情况下，祈福人会在一旁很欢喜地感谢菩萨的福佑。如不顺利，老奶奶则会请示神明，被卜卦人的身体、平安、财运等到底是哪一方面不顺利。如果在老奶奶说出了不顺的方面后，卦象变好了，说明被卜卦人不顺的方面就是老奶奶说的那个方面。得到这样的信息之后，前来祈福的老人自然会求菩萨为她和家人消灾泯难。

2. 家庭中的敬菩萨仪式

东林村的家屋就是一个人神共居的地方，每处都有各种神灵。老年人在家屋中供奉的菩萨众多，屋里有除了神龛的各种宅神——灶神、观音、财神、文昌神、"认归"的游魂等，屋外还有门神、土地神。众位菩萨关系着一个家庭生活的方方面面。每月的初一、十五、逢年过节、菩萨的生日、亲人出远门、家里动土、盖房等一系列重要日子，到处都是老年人里里外外忙碌着敬菩萨的身影，给这些特殊的日子笼罩了一种神秘的色彩。老年人营造出的神秘氛围，感染着每一个家庭成员。年轻人不像老年人那般，事事都寄托于神灵，但他们在日常生活中也默默遵循着一些"灵验"的仪式。

个案 22

5 组 61 岁的 JL 老两口和儿子、儿媳妇住在一起。平时在家里的时候，对待祖先和菩萨也是不容疏忽的。但凡家里饭菜稍显丰盛的时候，老人必定请诸位祖先和天上的各路神仙先吃了，才让家里的其他人开始吃。虽然在家里的其他人看来，这不是那么重要，但是全家人每次都会很好地遵循这个习惯。除了吃饭这一最日常性的活动之外，JL 老人还会和其他老人一样，初一、十五在家里敬祖先、敬菩萨，在自家堂屋的祖先牌位敬祖先，在屋外敬天地菩萨。

家屋中各类祈福仪式。除了逢年过节老年人例行敬家中里里外外的各类菩萨外，老年人还会进行一些非常规的敬菩萨仪式。

"跨扁担"仪式。东林村是个外出务工的大村，外出打工赚钱是年轻人一年中的头等大事，出门前老年人必定会为年轻人选好出门的良辰吉日，这样出门才会平安健康，交上好运。故而，在年轻人外出打工的那天，家里的老人会让他们在神龛处磕头作揖，年轻人通常会认真完成，在走出大门的时候，也会小心翼翼跨过老年人为其摆好的扁担。扁担意为"菩萨一担担"，即菩萨会福佑跨过扁担的年轻人出门在外生活的方方面面。这个仪式在东林村家庭中很普遍。

"解关煞"仪式。"解关煞"仪式，即为家里的每一个人祛除一年中的坏运气，使得家人能够逢凶化吉。老年人相信，每个人每一年都有不同的运程。这对出门在外的年轻人尤为重要，如果年轻人当年走的运程对其十分不利，"解关煞"仪式就尤为重要了。老年人会将全家人都叫回来，因为只有当事人在家，仪式才会更有效果。巫师通常在半夜三更于主人家的堂屋进行这样的仪式，仪式较为冗长。巫师做完仪式之后，不能停留在主人家，必须连夜离开，这样才能把所有不好的运气带走。家里也只有老年人会起床，协助巫师做完整个仪式并送走巫师。

祖先崇拜仪式。祖先崇拜在东林村的每个家庭中仍然具有十分重要的地位，这与传统上加强家庭血缘联系的祖先崇拜仪式有所不同。走进东林村每一户李姓人家的堂屋，会发现每家的祖先牌位几乎一样，经济条件稍好的人家则会从市场上买塑料制好的祖先牌位，经济条件差的则请人用红纸写上。祖先牌位下面的神龛上无一例外地供奉着观音、财神，神龛旁边则贴着财神的画像。这个时候，堂屋的神龛变成了一个综合神力信仰的符号。它不再只是用于慎终追远的地方了，而是集结着各个有神力的神仙和祖先。

图 7 "安家先"仪式

"安家先"仪式。"安家先"是东林村村民祖先崇拜仪式中最典型的一种,仪式通常在春节期间进行。这个仪式必须请专业的巫师来完成,所请来的巫师需要备有主人家的家谱,带来仪式所需要的各种用品。仪式开始前,主人家需按照巫师的要求在神龛前面摆好香案,请巫师吃饭以犒劳巫师。仪式上,巫师边摇着手中的铃铛,边念这一户人家各位祖先的名字,意为请主人家的各位祖先到家中来。诸位祖先到了之后,巫师必须向众位祖先占卜请示,这一年家庭中的大小事情是否顺利,并祈求得到祖先在阴间的福佑。其间,一般只有家中的老年人围绕在香案左右协助巫师。

此外,家屋中还有因建房、修路等动土事件后的"谢土"仪式,祛除家中恶灵的"倒水饭"等一系列仪式,本文在这里不再一一列举。

3. 山林中的敬菩萨仪式

东林村各个村寨在山林里都有敬神的地方,这个地方有时候是供村民休息的凉亭,有时候是古树底下的小土地庙,有时候是山林的井水边。本文以江边寨大年初一到大树底下敬土地爷为例,描述东林村人山林中的敬菩萨仪式。

山林中的敬菩萨仪式,也称"砍新年柴"仪式,即由家里的成年男性去山上敬菩萨并砍柴回家,寓意新年发财。一座名叫"深坳"的山林,距离江边寨人居住的地方比较近。这里有一棵参天的大树,树下有一个建造比较粗糙的土地庙和一泓清泉。这里平日里比较寂静,只有在大年初一的时候,显得格外热闹。早些年到这敬菩萨的人家很少,但近几年来,江边寨越来越多的人家会在大年初一到这里虔诚跪拜,因为这里的神明越来越灵验。虽然这件事情一般都由家里的成年男性去完成,但老人在这样的活动中起着主导作用。清早,老人会为儿子准备好去敬菩萨所需要的一切东西,叮嘱好相关注意事项。敬菩萨的人到了山林中首先是放礼炮,之后便是常规性的敬菩萨仪式。仪式完成之后,年轻人需要装上小庙旁边的一瓶泉水,砍附近的小树带回家。

4. 社区中的敬菩萨仪式

龙王生日这天的敬菩萨仪式。东林村的老年人除了在以上场景中敬菩萨外,还会组织寨子的村民在村里公共的地方敬菩萨。东林村小学附近有一个临河的龙王小庙,但最近有人居然将小庙里的菩萨神像给偷走了,这被视为一件极为不吉利的事情。村里的老年人于是组织起来,重新请龙王到庙里来,他们称这一仪式过程为请"龙王上座"。

"龙王上座"仪式被定在农历八月初一龙王的生日这天举行,这天不少村民集聚于此。土地庙前摆着几张桌子,桌子上摆着几个大簸箕。一个大簸箕里摆着纸钱和糯米小圆粑粑,上面还用筷子点了4个红,里面还有不少糖果。一个老奶奶拿着一张名单念着名字,一边询问人群中还有没有人要继续帮别人挂名字。这些名字都写在了挂在土地庙前面的那块大红布上面了,老人手中的这张名单需要烧掉。接着一个被称为"香头"[1]的老奶奶拿着脸盆和毛巾，给龙王"开光"。这时礼炮声响起，老人便打开佛歌音乐，自己也跟着哼唱起来。3个"香头"先跪拜起来，后面集聚的村民也跟着3个老人一起跪拜。人群中有老人、小孩、中年妇女、年轻妇女，男性较少。跪拜的时间较长，其间"香头"一直在祈祷龙王保佑村民平安健康。仪式的最后是将丰富的供品分给每户出钱敬龙王的人家，村民相信吃了这些供品后会得到龙王的福佑。

年节时期，老年人到社区各处的土地庙、龙王庙举行敬菩萨仪式。除夕的东林村早晨是老年人的早晨。除夕对于老年人来说，准备年夜饭是必须做之事，但去敬菩萨更加重要。老年人会准备好敬菩萨的供品，去社区的各个庙里敬。这样下来估计得花大半个清晨，但是不可以有半点马虎。只有去社区各处敬完菩萨后，除夕才算是完整了。老人们在敬菩萨的时候也会感慨："我们那个时候，再穷也要把'刀头'给买了，不像现在的年轻人，不催着敬祖先都懒得动了。"

通过上文的描述，可以看到东林村老人在生活的各个场景中虔诚地敬菩萨。这反映他们对菩萨的期待和信仰，也是他们自我文化的一部分。"宗教仪式所唤起的习性，具有超越仪式之外的极重要影响，因为它可以反过来影响个人对建立在事实真相之上的既定世界观念。"[2] 敬菩萨仪式在各个方面影响着老年人的生活。与年轻人敬菩萨更加急功近利相比，敬菩萨已经内化为老年人日常生活的重要部分，敬菩萨成为一项日常性活动。

（三）老年人敬菩萨行为的文化意义

敬菩萨仪式影响着老年人的自身文化价值体系，实质是老年人面

---

[1] "香头"即经常敬菩萨的老人，这是人们对其的一种尊称。
[2] ［美］克利福德·格尔茨：《文化的解释》，韩莉译，南京：译林出版社，2009年。

对养老困境所做出的一种自我保护性的文化选择。

在现代化和工业化浪潮中，老年人固有的文化体系受到严重冲击。孝道文化失去其存在的社会基础和条件，面对未富先老的现实状态，家庭养老仍然是农村养老的主要模式。显而易见，孝道文化的精华部分仍然被广大农村老年人需要。虽然国家也在利用各种媒体宣传孝养父母的道德观念，但对广大农村地区来说，尤其是对教育水平整体偏低的农村而言，简单的道德呼吁难以真正改善农村老年人的养老现状。对于老年人自身而言，他们也无法像年轻人一样融入现代化和工业文明的价值体系中。面对这样的现实困境，老年人充分利用自身文化资源结合年轻人功利化的世俗需要，将敬菩萨融入个人和家庭生活之中。

东林村是一个本土信仰文化深厚的地方，老年人是这种本土文化资源的掌握者。他们选择利用本土文化资源，从精神上和现实生活中获得保护。精神上，老年人通过践行生活中各种敬菩萨仪式，来获得神灵保佑的精神安慰和子女在某些方面顺从的精神慰藉。现实生活中，通过敬菩萨老年人聚集在一起，形成老年人群体的社会资源。

1. 敬菩萨的家庭文化意义

中国传统家庭反馈型养老一直是养老的重要模式。这一模式，有很多的东西去支撑它，如孝道及其维护孝道的一系列国家机制、经济社会基础等，尤其是孝道伦理发挥了重要的作用。翻阅中国典籍不难发现许多与此相关的内容。例如，《孝经》中写道："孝子之事亲也，居则致其敬，养则致其乐，病则致其忧，丧则致其哀，祭则致其严。五者备矣，然后能事亲。"然而这套伦理价值体系在中国现代化大潮中受到了很大的冲击，东林村也不例外。

但是，东林村老人并不就此随波逐流，而是试图利用其掌握的宗教资源和传统文化资源进行自我挽救。"宗教的主要道德地位并不在于它是伦理价值的前提，而在于对世俗道德标准的强化方面所起的辅导作用。在行使这一功能时,宗教更多地依赖于一种超自然力量。"[1] 老年人利用宗教神力,以润物细无声的方式影响着家中的年轻人,并试图改善自身在家庭中所扮演的角色。

(1) 敬菩萨是老年人对年轻人敬老行为的表率

祖先崇拜这种促进家庭整合和延续的仪式,向我们传递的是家庭和睦、团结的道德观。单方面说教是苍白的,当这种道德观借助神力,而这种神力与每个家庭成员的幸福息息相关时,祖先崇拜所传递的道德观念也就稍具力量。这里笔者需要指出的是,传统尊敬祖先的活动,如清明节扫墓、中元节对长年在外务工的年轻人影响已经不大。老年人对年轻人敬老的行为表率主要体现在以下两个方面:老年人日常生活中敬祖先和菩萨,春节时期的"安家先"仪式。

老年人日常生活中,习惯性地在堂屋敬祖先和菩萨,这种常态化的敬祖行为,也间接地影响着进出堂屋的年轻人和小孩。年轻夫妇一般居住在堂屋两边的正房,进入房间必须经过堂屋。老年人在这里经常性的敬祖活动,无疑对年轻人有着一定的影响。有时候,老年人也会催促年轻人敬祖先,让他们参与进来。这样的行为表率和不能忘祖的价值观引导,让年轻人能够意识到祖先的存在和敬老的重要性。老年人的敬祖行为感染着家庭的每一个成员,尤其是对小孩影响不小。当父母外出务工后,小孩和老年人朝夕相处。老年人的行为方式容易影响小孩,小孩常会模仿老年人的行为。小孩的价值观念,还在形成塑造时期,比他们的父母更容易受到老年人价值观念的影响。

"安家先"仪式是老年人敬祖行为的集中体现,是对年轻人敬老教育的典型体现。即使有些年轻人不太愿意参加这样的仪式,也必须在家,因此,"安家先"通常选择在春节期间。这一天家庭成员必须在家,不能出去走亲访友,纵然之前在亲友家做客的年轻人,也必须

---

[1] 杨庆堃:《中国社会中的宗教:宗教的现代社会功能及其历史因素之研究》,范丽珠译,上海:上海人民出版社,2006年,第261页。

在当天赶回来。年轻人不会直接参与其中,但是对巫师关于新年生活的嘱咐总是会铭记于心,对巫师也尊敬有加。

年轻人从亲友家中赶回,说明他们对于神力有希望和畏惧。而这种希望和畏惧对于老年人及其整个家庭都有一定的积极意义。东林村村民这样认为,"安家先"需要3~5年安一次,这样祖先才会显灵福佑家人。对东林村常年在外打工的村民来说,"安家先"当天的家人团聚无疑会令家庭和睦;老年人借助各种神力对年轻人的行为起到一定的干预作用,这种干预是老年人对年轻人行为实施影响的重要方式。

(2) 敬菩萨是老年人对自我家庭角色的挽救

老年人的家庭地位低,这是当代农村的一个普遍现象。如果老年人身体不行了,需要年轻人照顾,老年人在家庭中就是一个包袱。这一点可以从家庭生活的各个方面体现出来。客人来了,根据是否上桌吃饭,就可以看出一个家庭中家庭成员的地位高低。现在,与子女同住的老年人基本不会再上桌和客人吃饭。

老年人敬菩萨并不完全是为了自己,通常是为了给全家人祈福,老年人这时起着维系全家人幸福健康的作用。在寺院给全家人"挂功果",年轻人出门时让其跨过扁担等一系列的敬菩萨仪式是为了家人能够幸福平安。老年人这些行为,对改善家庭中的代际关系也起着重要的作用。这些敬菩萨仪式中,有很多地方都涉及自己的子女。通过敬菩萨,让子女感受到老年人对自己的关心。年轻人会因生活中的一些困惑求助于老年人,这个时候老年人就成为保护家庭成员的重要人物。

个案23

5组老人桂英为孙女"倒水饭"。桂英的孙女夜里爱哭闹,去医院看医生,医生说没有什么病。儿媳妇只好求助于老人。老人先查阅古书,算好小孩开始哭闹的时辰,查出小孩哭闹的原因

——究竟是何方神灵作怪。查明原因后，老人准备好米饭、肉、碗、香火等仪式用品。晚上，老人选好时间、地点和方位"倒水饭"。先祭拜和请求神灵远离自己的家屋，不要打扰家人的正常生活。之后将碗里的米饭和肉倒扣在地上，直至3天后捡回碗。做完这些仪式后小孩真的不哭闹了，儿媳妇心里很感激自己的婆婆。

老年人长期的生活经验使得老年人积累了一些方法，以应对生活中医学和科学也没法解释的现象。这些方法有时候还很管用，这个时候年轻人通常会求助于老年人。老年人通过敬菩萨等一系列的仪式，让家人受到神灵的保佑，渡过各种难关。特别是在家庭中年轻人遭遇一些不幸的事件时，如车祸、被骗入传销组织等。敬菩萨仪式中有个仪式叫作"收惊吓"，这个仪式会让年轻人得到精神慰藉，从不幸的生活遭遇中缓和，顺利过渡到正常的生活中来。

敬菩萨，可以维系家人的健康幸福，帮助家庭成员渡过难关，解开生活中的困惑。敬菩萨使得老年人年老后，在家庭中依然发挥着作用，从而获得年轻人更多的尊重。

(3) 敬菩萨是老年人期望身体健康，少受歧视的寄托

生病是老年人最怕，也最难过的事。伸手向儿子要钱，是老年人最难过的时候，有时候甚至比病痛本身更令老年人难受。老年人通常说，"难开口呀"。有的老人摔断了腿，儿子也只是去送几餐饭，不会很周到地照顾老人。有些子女即使会照顾，也充满了厌恶、嫌弃之情。这个时候，老年人承受身体和精神的双重打击，但又无能为力。

为了避免自己陷入这样的困境，老年人会将希望寄托于敬菩萨。希望菩萨能保佑自己少生病，这多少有些凄凉，却是老年人寄托希望的重要方式。

个案 24

一个 80 多岁的老太太,在婆婆庙的一段自嘲。"媳妇总是把钱攥得两头翘起来,我只能多来敬菩萨,靠菩萨多保佑我少生点病。我现在幸好也没有什么大病,能吃能睡,能走动。"边说边拿出手比画媳妇攥钱的样子,引得周围人大笑。

敬菩萨已经成为老年人生活的重要部分,在现实的困境下他们唯有把希望寄托在菩萨身上。现在有越来越多儿女不赡养父母的例子,也让老年人意识到只有自己身体健康,才会有好日子过。

老年人敬菩萨除具有以上家庭文化意义,也是老年人试图用外部力量约束、规范年轻人的一种重要方式。老年人"神明无处不在"的观念,影响着年轻人的生活,让他们产生一种敬畏之心,从而进一步约束他们的行为方式。

2. 敬菩萨的社区文化意义

老年人敬菩萨不只是一个人在家进行,他们还会到社区的庙里去敬菩萨。众多老年人到社区的庙里敬菩萨,其文化意义会进一步扩展到整个社区,因为到庙里敬菩萨的人不只是老年人。

东林村历史上有 3 座庙宇、3 座庵堂,目前重建的有婆婆庙和空可庵。村里的庙是大部分老年人常去的地方,也是他们集体信仰体系的象征。在这里他们坚守着自己的信仰,也担着福佑社区的责任,从而让他们社区找到自身文化的归属。婆婆庙原名为"李净王神熊庆夫人庙",是为了纪念历史上一位心地善良、造福当地的妇女。走进婆婆庙的大门,笔者被写在第二重门上的红对联吸引了。"要以笑颜悦色奉养父母;满怀实心诚意敬拜神灵",横批"为善最荣"。作为村里历史最为悠久、信众最多的庙宇,婆婆庙向它的信徒传递着奉养父母、为善的价值观。

按照现化人先左后右的阅读习惯，我们会发现，婆婆庙实际上将"要以笑颜悦色奉养父母"，放在"满怀实心诚意敬拜神灵"之前。这是在向香客进行着这样的规劝，如果在家不奉养好父母，来这敬菩萨也不能得到菩萨的福佑。婆婆庙让前来祈福的香客，一进门就检讨自己平时的行为。这样的规劝不只是婆婆庙有，前文笔者提到的给妇女们"看铜婆子"的巫婆也会秉持着这样的价值观念。需要注意的是，这些巫婆也会经常到各个庙里敬菩萨。

在前文，笔者提到江边寨5组那个当众辱骂公公的媳妇。这个媳妇在村支书和组长的批评教育下改正了不少，但真正的改变是在这个媳妇和寨里的妇女一起去"看铜"后。这个媳妇有个正在复读准备再高考一次的儿子，这个媳妇祈求巫婆能够找出她儿子不能考上大学的原因，是不是得罪了神灵或者祖先，并希望巫婆能够帮助其儿子顺利考上大学。然而，巫婆却对她说："你不必到这来敬菩萨，回去好好把你家那位'活菩萨'敬好就自然好了。"这以后，这个媳妇对公公孝顺了不少，为公公洗衣服、烧好热水，语言、态度上也温和了不少。

这样的寺庙在社区中承担着规范和引导年轻人价值观念，约束其行为方式的重要功能。随着国家政策的松动，各地都在恢复曾经被毁的庙宇。东林村的空可庵也于2014年底完成重建，这对进一步规范年轻人的行为有着积极的作用。

图8 重建后的空可庵

空可庵位于江边寨和寨边寨中间的稻田的平地坝子上。从地理位置上来说，是村寨的中心地带。东林村基本没有老年人活动的专门场所，更没有老年协会或者老年活动中心。空可庵给村里老年人敬菩萨和打发时光提供了方便，尤其是那些腿脚不方便的老年人，他们再不用走上半个小时的路去婆婆庙了。

空可庵的重建，也是老年人宗教信仰影响力扩大的表现。建庙的发起人是寨边寨10组的泽来老人，他说自己在梦里受到神仙的托付。建庙的资金全部来自村民的捐款，建庙的负责人到每家每户收取130元的费用。有意思的是，寨边寨的村民出得很积极，而江边寨的大多数人家不肯出这个费用。原因是，古人曾说建这个庵堂对江边寨的人十分不利。但这一点在2014年阴历十二月十九日空可庵举行盛大的庆祝时得到了改变。这天来了个重要的客人，即坳上镇有名的巫婆，村民都称她为"圣地爷爷"。这个巫婆据村民说很有神力，不少远方的人也慕名来找她。巫婆还带了她的儿子、女儿、女婿，带来了丰厚的礼物，并捐赠近2 000元。很多江边寨的村民在这一天来到空可庵，并多少捐了钱。不捐钱是因为古人说寺庙对村寨不利，捐钱则是神力的代表"圣地爷爷"起了一个示范作用。不管是何种情况，都体现了神灵对整个村民行为方式的影响。空可庵的重建，让老年人的宗教信仰进一步深入村寨每个人的生活中。

3. 敬菩萨与东林村养老

上文，笔者通过对老年人敬菩萨的家庭和社区文化意义进行阐释，得出这样的结论：老年人的敬菩萨行为，其实是借助菩萨神力服务于世俗生活。而最重要的则是以"要以笑颜悦色奉养父母，满怀实心诚意敬拜神灵"和"为善最荣"的价值观教育年轻人，试图通过此来改变养老的现实困局。

"巫术之于道德不是作为道德源泉存在，而主要是为伦理标准提供支持。相信神秘巫术的人往往惧怕神灵，这样他们才会尊敬通过普遍宗教仪式传达出来的，同时又被神灵所认可的道德准则。"[1] 不管是在家庭中敬家中的宅神、祖先神，还是到村里的庙里集体性地敬菩萨，老年人都希望神灵能福佑全家，保佑自己能够安享晚年。但实际生活中，却总是有种种现实困难和不如意。年轻人不赡养父母的现象比比皆是，老年人和年轻人的家庭矛盾也越来越常态化。老年人在困境中，转向借助神灵的力量，来重塑孝养父母的价值观念。孝养父母的观念，是中国传统儒家价值体系中一个重要的方面，它的存在也有其特定的社会条件。"中国传统孝道的维系主要靠家庭权力机制、伦理道德机制、官方惩罚机制三个机制。"[2] 如今，这三个机制都已经不存在了。而老年人仍然需要家庭养老，东林村的养老模式仍然是传统的"反馈型"。传统的孝文化给家族中赡养老人提供了温情，如今温情随着孝文化的衰落而不再。老年人试图通过宗教神灵的方式，维持孝养父母的价值观念，而且这样的方式在某种程度上来说比其他的方式更能让年轻人在生活中去遵循。笔者在调查过程中发现，村民的"看铜""看风水"等一系列的宗教活动以及寺庙对孝道价值观的传递，更能佐证道德借助神力后，人们会更好地遵循这一说法。

此外，老年人聚集在一起丰富了老年人的生活，也让他们相互之间获得慰藉和生活照料。老年人在家庭生活中会遇到种种不如意，当他们来到寺庙里和同伴们在一起时，会相互倾诉以得到感情上的支持。有些老年人在自己没有钱看病的时候，会向同伴借钱看病。当同伴生病没有人照顾的时候，他们会去照看同伴。

然而，老年人敬菩萨的行为，究竟在多大程度上影响着年轻人呢？答案很明显，老年人这样的方式只能对一部分年轻人起着有限的作用。

---

[1] 杨庆堃：《中国社会中的宗教：宗教的现代社会功能及其历史因素之研究》，范丽珠译，上海：上海人民出版社，2006年，第254页。
[2] 聂洪辉、揭新华：《农村孝道衰落的根源及对策研究》，《东南大学学报》2009年第6期。

老年人现在多和年轻人分居，老年人的行为对年轻人的影响渐渐小了。还有一个重要的社会现实，目前广大农村地区孝养父母价值观念的缺乏，已经是普遍现象。加上现代化社会所带来的理性主义，年轻人的鬼神观念慢慢淡薄。养老困境，很难仅凭老年人自身的努力而得到改变。老年人的这种敬菩萨行为，只是老年人在面对无奈现实之下一种无力自我保护的文化选择。

五、晒族谱:唤醒集体记忆的孝文化拯救行动

(一)晒族谱活动的过去与现在

2013年农历六月初六东林村进行了大型的晒族谱活动。按照东林村的晒族谱习俗,每年的六月初六,村民都会将族谱拿出来曝晒。大型的晒族谱仪式在东林村比较少见,这是1949年以来东林村第一次大型晒族谱活动。在介绍这种传统的晒族谱仪式之前,有必要介绍一下这个传统的宗族社区。

1. 东林村——一个典型的宗族社区

费孝通在《乡土中国 生育制度》中向我们描述了这样的一个乡土社会:"这是一个熟悉的社会,没有陌生人的社会。"[1] "面对面的社群中人们熟悉到,可以靠声音来辨别是谁,而无须报尊姓大名。"[2] 东林村曾经是这样的一个宗族社区。

东林村在历史上是一个比较典型的宗族社区,现在仍能够寻觅到宗族村庄的种种痕迹。厚达400多页的族谱,从各方面详细记载了东林村600多年的宗族历史、世代谱系图。

---

1 费孝通:《乡土中国 生育制度》,北京:北京大学出版社,1998年,第12页。
2 费孝通:《乡土中国 生育制度》,北京:北京大学出版社,1998年,第16页。

据《东林李氏二修族谱》[1]记载:"我总林老祖,于元代末年出仕来到靖州,定居西门外菱角塘。总林公,号仁柏,进士。原籍江西省吉安府太和县,初任江南徽州府婺源县,德政覃敷,仁恩远播其声斐,廊庙至今犹存。仕居西门外菱角塘数载,后因天下纷争,干戈扰攘,公遂见机而作,解组归田,携家丁五十三人,舍世桑梓,择处乐土,迁往大油乡东林团李家湾。公生于皇庆二年(1313年),卒失考,葬地背冲矮虎形。"这段资料,向我们描述了东林村历史渊源,并向我们呈现这样的一个文化信息,即东林村现在李姓人都有一个共同的祖先。

东林村现在聚"房"而居的居住格局,进一步证实东林村历史上的宗族社会形态。东林共有10个村民小组,其中8个村民小组的村民均为李姓汉族,其余的两个村民小组为杨家寨、钟家,民族成分分别为侗族、苗族。东林村族谱上根据血缘关系将东林村李姓人口分为三大支系。即"长房""二房""满房"。其中"二房"又被分为3个小房。长房主要居住在第1、2、3村民小组,即孙官田所在地。二房主要居住在第5村民小组,即江边寨所在地。满房主要居住在第7、8、9、10、11村民小组,即寨边寨所在地。

此外,笔者还通过田野调查,从对地名的考察和村民口述中了解到东林村家祠的位置,家祠活动、族产、阴山的一些相关事情,进一步证实东林村历史上是一个传统的宗族村庄,且宗族组织比较完善、传统宗族文化深厚。如今虽然宗族社会早已不再,但传统宗族文化在东林村仍然留下了深深的烙印,并以新形式继续影响着生活在这里的村民,如在亲属称谓、婚丧嫁娶、宗族力量干预村民纠纷的调解等方面。现在,东林村家家户户仍然安放着祖先牌位,且十分讲究。虽然家祠早已不在,但是村民尤其是年长村民关于家祠的记忆并未退去。

---

[1] 靖州县东林村李氏二修族谱领导小组:《东林李氏二修族谱》,1998年,第7页。

"祖先""家族"等观念虽然已经淡去，但仍然存在村民的记忆中。

可以看出东林村这个历史上传统的宗族社区，虽然经历了不少的变迁，但其宗族文化仍在今天对村民有着一定程度的影响。这为后来的修族谱活动和晒族谱仪式提供了文化土壤。

2. 东林村传统的晒族谱

1978年前东林村有3座祠堂，分别是坐落在现在李家湾的总祠堂、寨边寨的满房祠堂和江边寨的二房祠堂。祠堂是一个宗族的重要标志，也是传统上集体晒族谱的地方。据记载，东林村修过两次家谱，一次是1899年（光绪二十五年），一次是1998年。现在两个版本的族谱都还存在，清代原版族谱仅存一本孤本，1998年版族谱东林村李姓人家几乎家家一本。笔者走访发现，对传统祠堂晒族谱活动老人只有些依稀的记忆。

个案25

78岁二房的作金老人回忆道，以前二房家祠还在的时候，建筑很辉煌。有大戏台，有雕龙的大柱子。有正殿、中堂和过厅，正殿上供奉着先祖的神位，还挂着"报本堂"的大匾。每年的六月初六，由家族的族产作为晒族谱活动的经费。晒族谱活动只举行一天，参加的人员只有男性。活动的内容主要有晒族谱、族长训话、吃饭。口头表扬孝顺的年轻人，对于不孝顺的人则进行惩罚，问题较为严重的会挨板子并罚劳役。

现在东林村的3座家祠都已毁坏，总祠堂于1867年被毁，二房祠堂于1978年被毁，所拆之材料用于修建东林村小学。满房祠堂也于1974年被毁。1953年起，社会学沦为学者禁区，家族史无人问津。加之，"破四旧"运动中两座祠堂被毁，族谱也被大量上缴，集体的晒族谱仪式也随之消失。宗族活动一度在东林村几乎绝迹，直到1991年11月，东林村男性老年人成立修族谱小组开始开展东林村李氏第二次修族谱工作，东林村的宗族活动才开始有迹可循。第二次修族谱工作历时7年，于1998年完成。当年东林村李氏族人还举行了全村规模的"挂众亲"[1]活动，至今东林村全村规模的挂众亲活动已经举行过3次。这些活动为2014年晒族谱活动奠定了基础。

3. 东林村现在的晒族谱

2013年阴历六月初六，东林小学内举行了东林村的晒族谱活动。这次晒族谱活动比较大型，有数千人参加，是1978年以来东林村首次大型晒族谱活动。1978年，"破四旧"运动将东林村的家祠毁坏后，东林村再也没有举行过这样大型的晒族谱活动。这次活动的经费由每户人家出资20元，加上一些经济条件较好的族内人捐款。参加的人员主要由以下人员构成：一是由东林村每户李姓人家派出的一个代表，值得注意的是代表并不都是家中的男性，有不少人家派妇女参加了。二是东林村70岁以上的所有老人。三是东林村其他姓氏的代表人员。

晒族谱活动于六月初六上午进行，活动当天东林村小学热闹非凡。各房族的李姓成员带着自家的族谱，其他姓氏的客人放着祝贺的礼炮，齐聚在东林村小学操场。东林村小学的操场被晒族谱工作小组布置成活动现场，陈列了近百张八仙桌，以供摆放村民带来的家谱。在八仙桌的最前面，摆着几张"香案"[2]，在"香案"的最中间，摆放着族内唯一一本清代光绪二十五年（1899年）修订的东林村李氏族谱。

活动开始前，主持人请东林村所有70岁以上的老年人坐到前排以示对老年人的尊重，其他人则都站在后排的八仙桌旁边。活动开始时，

---

[1] "挂众亲"指清明节期间东林村集体扫墓的习俗。全村规模的"挂众亲"，是全村李氏后人组织起来去共同祖先的坟茔扫墓。
[2] "香案"是东林村敬菩萨和天地时所准备的供品。在八仙桌上，摆放着供品和香火。"香案"的摆放有一定的讲究，需要有公鸡、猪头、果品和香火。

由主持人继金老人进行了关于族人应该重视家谱、重视晒族谱活动的讲话。紧接着是东林村吴姓、丁姓、杨姓三个代表致祝词。接下来是晒谱活动的高潮，即由继金在前面一边宣读家规、家训，其他参加者一边向摆在八仙桌上的家谱三拜九叩。继金老人所宣读的家规、家训中尤其强调孝敬父母的祖训。叩拜完之后，主持人让村民相互之间查看摆在八仙桌上的族谱，并选出哪户人家的族谱保存得最为完好并进行表扬。若有人家把家谱丢失，需要再买一本。买家谱时，需要跪下来双手接过继金老人给的新族谱，并对着新族谱磕头。这次晒族谱重新发放了30多本家谱。晒族谱活动还对孝敬老人和不孝敬老人的行为进行了表扬和批评。与以前传统晒族谱仪式不一样，这次晒族谱活动的表扬和批评没有针对具体什么事情和哪些人。最后，全体参加晒族谱活动的人在学校操场上一起吃团圆饭。

很明显，现在的这种晒族谱仪式与传统的晒族谱仪式有了许多不同之处。首先，参加的人员范围、性别扩大了。以前只是李姓氏族内的人，现在为了团结乡邻其他姓氏也参加了。以前，晒族谱活动只是族内成年男性的事情，女性禁止参加，现在不少家庭反而是妇女代表参加。其次，晒族谱活动的内容也发生了变化，内容较之以前稍有简化。最后，晒族谱活动的性质及作用发生了些许变化。传统的晒族谱活动仅是宗族行为，现在的晒族谱活动更多是整个东林村的行为。传统上宗族内的晒族谱仪式是希望宗族兴旺发达，作用范围也只是在宗族内部。现在的晒族谱活动除了这一点功能外，还有唤醒整个东林村集体文化记忆和团结乡邻的功能。

4. 家庭晒族谱仪式

东林村关于宗族的仪式活动在1978年后就比较少了，除了2013年的这次晒族谱活动外，大型的宗族仪式还有后来的三次挂众亲。虽然大型仪式活动不多，但能表达出李氏氏族后世子孙，尤其是老年人对家族文化的重视。这样的仪式活动，不管是对家庭还是对村庄都有一定的影响。

"仪式能够最深层次地揭示价值之所在，人们在仪式中所表达出来的，是他们最为之感动的东西，而正是因为囿于传统和形式的，所以仪式所揭示的实际上是一个群体的价值。"[1] 正是村民心中有这样内化的价值，那些上了年纪的村民在即使没有大型的晒族谱活动之时，在六月初六这天仍会自发地晒族谱。笔者在调查中，曾碰到一位中年男性晒族谱的行为。

个案26

江边寨1958年出生的作辉大伯在家中举行晒族谱仪式。这种单个家庭的晒族谱仪式过程极其简单，但在大伯的心中并不是那么简单。六月初六，大伯的妻子会在祖先牌位下上好香。大伯则把厚厚的族谱摆放在八仙桌上，并将八仙桌抬到太阳底下曝晒，并不定时地翻动族谱，大伯还会恭敬地磕头跪拜。

值得注意的是，家庭中的晒族谱活动中，男性是主要人员，女性只是配合男性上香。在家晒族谱的人多为中老年人，年轻人这种意识已经比较淡薄。家庭中的晒族谱仪式简单而庄重，是村民内在价值的体现。

（二）族谱中的孝文化

东林村族谱一开篇，就记载了修族谱的目的。"国之有史可知兴替，邑之有志以明盛衰，族之有谱以识渊源。史可明万世国家之纲常，

---

[1] [美]维克多·特纳：《仪式过程：结构与反结构》，黄建波、柳博赟译，北京：中国人民大学出版社，2006年，第29页。

谱可以疏千载子孙之伦纪，使后代嗣裔，追本溯源，不致数典忘祖，湮没人伦。"[1] 族谱是一个家族文化历史的记载，是一个家族群体文化的记忆。晒族谱活动希望通过对孝文化的重申，对不孝子孙的批评责罚，起到唤醒集体文化记忆、引导青年后辈继承传统孝文化的作用。

1. 族谱记载中的孝文化

族谱为后世子孙提供了众多为人处世的礼仪规范。在这些规范中，孝文化是族谱中一项重要的内容，在族谱中多处被提到。

族谱族规、家训中对孝的规定。族规第五条为"孝敬父母"，其内容为："孝敬父母，尊敬长辈，乃人伦之大节也。吾族子孙，应成为敬老尊长之孝子贤孙。凡虐待父母及长辈者，由房族进行教育、处罚。"[2] 族谱家训中，第一条就是"孝父母"，内容为："人之身体，由父母所生，父母所育，父母生育。孝父母人之常情。为人之者，当内尽其心，外竭其力，供养适宜，温饱安乐，事顺亲意，方足以报恩于万一。若厉言愠色，忤逆亲心，惜资财而不供养者，禽兽不如矣。为子女者，孝敬父母，必当竭尽全力而为之。"[3] 族谱中还将康熙帝颁布的十六条家教写入族谱，其中第一条是"敦孝悌，以重人伦。父母生尔身，恩深难说尽，尔欲报亲恩，奉养为基本。饮食须及时，衣服寒热随，有病及早医，体健亲心舒。兄弟当互爱，莫为妻所决，不可为家事，弟兄争口舌。恪守孝与悌，人伦中大节"[4]。

族谱名人传记中的孝文化。族谱中的家族名人赞中，有一篇"赞明珠"的内容，其中写道："杨明珠，品德善良，赋性温恭，持家以俭，励己为勤，尊老爱幼，和妯睦娌，真可谓贤媳良母也！孝敬长辈，体贴入微，婆婆因病瘫痪，终年卧床，明珠扶持老母餐餐饭到口茶到

---

1 靖州县东林村李氏二修族谱领导小组：《东林李氏二修族谱》，1998年，第3页。
2 靖州县东林村李氏二修族谱领导小组：《东林李氏二修族谱》，1998年，第39页。
3 靖州县东林村李氏二修族谱领导小组：《东林李氏二修族谱》，1998年，第40页。
4 靖州县东林村李氏二修族谱领导小组：《东林李氏二修族谱》，1998年，第28页。

手，天天倒粪倒尿，在她的精心护理下，婆婆享寿七十四。"[1] 族谱名人传记中，还有对东林村李氏家族中的长寿老人进行了统计。计算的方法是从65岁算起，将东林村李氏族历代享寿老人的基本资料分房族记载在册。

族规、家训是宗族对每个宗族成员日常行为的规范。将孝文化写入族谱，对其进行明确的定义并提出基本要求，反映了传统宗族对孝文化的推崇。东林村家祠未毁坏之时，宗族成员会按照族规、家训对孝顺的人在家祠中进行表扬，对不孝顺的人在家祠中责罚。族谱进行了第二次修缮，孝字在族谱中仍然占据重要的位置。虽然没有了家祠，不能像传统那样对不孝子孙进行责罚，但孝文化作为东林村传统宗族文化记载入谱，反映了修谱人员对孝文化的继承，并希望孝文化在东林村能够继续发扬。族谱名人传记将享寿老人作为第一类名人做统计，并对尽孝的典范楷模题词专题赞颂。这足以说明，孝文化在李氏宗族传统文化中，属于十分重要的部分。

李氏先人为了在日常生活中将孝文化植入族人的内心，使其内化为族人行为规范的一部分，将"孝"字列入东林村六十字派中。字派为后人名字的一部分，用来区分辈分、排行。东林村六十字派中，第34个字派为"孝"字派。东林村的六十字派历经三个时期，由不同的人共同完成。能够选入族谱的字派有三类：第一类是美德或吉祥的字，第二类是希望宗族延续和昌盛的字，第三类是怀念先祖和歌颂皇天恩德的字。"孝"字属于美德吉祥的字，这反映了族人对孝的重视。孝作为一代人的字派，这一代人每个人名字中就有这个字。村民在日常生活相互称呼中"孝"就被时时念到，这对孝文化的倡导起到了普及化的作用。

---

[1] 靖州县东林村李氏二修族谱领导小组：《东林李氏二修族谱》，1998年，第26页。

2. 晒族谱引导青年孝的行为

"在《代沟》一书中，米德将代际关系划分为三种文化类型，即后象征文化、互象征文化以及前象征文化等。后象征文化指晚辈向长辈学习，接受长辈向晚辈学习传授和经验；互象征文化指同辈之间相互学习知识和经验；前象征文化指长辈向晚辈学习知识和经验。"[1] 东林村晒族谱这一事件，则属于后象征文化。老年人试图通过这样的集体行为引导青年人重拾、继承传统宗族中的孝文化。

当一个人真正对一种文化有了认同之后，才会更好地践行这种文化中的种种伦理价值观念。晒族谱活动，加强了青年人的文化归属感。

1949年后，东林村的宗族文化被当作封建文化遭到铲除。在接下来的几十年中，东林村的宗族文化处于断裂的时期。随着现代教育制度的推行，学校教育逐渐取代家庭教育，一个青年人的大部分教育是在学校完成的。而东林村青年人整体受教育程度并不高，平均受教育的程度为初中文化。大部分青年人初中毕业后，则随父母或者亲朋外出务工，加入农民工大军。每天在工厂12小时的工作，让他们如同工厂里无声的机器一般。学校教育、家庭教育的缺位，机械的工厂生活，让价值观尚未完全建立的青年农民工感到迷茫和失落。这个时候，他们容易受到外界各种不良影响。当这批少年农民工再次回到村庄时，他们无法再适应农村的生活和既熟悉又陌生的乡土文化。而晒族谱活动让青年人回归到一个大家族，心理上有了认同归属感。

"仪式有助于群体保持宗族传统和历史的记忆及维持道德信仰，群体的凝聚力借此油然而生。"[2] 晒族谱仪式让参加者感受到拥有共同的祖先，会增加对宗族组织的内心归附感，进而更加认同宗族所传承的道德信仰。

---

1 乔超：《农村代际冲突中老人行动方式的变迁——以安徽省S县Y村为例》，上海大学博士学位论文，2011年。
2 杨庆堃：《中国社会中的宗教——宗教的现代社会功能与其历史因素之研究》，范丽珠译，上海：上海人民出版社，2006年，第54页。

晒族谱仪式上对族规、家训的重申，对不孝子女的训斥，是对青年进行的道德教育和价值观的引导。族规、家训在日常生活中鲜少有人提起，青年人对此更加陌生。然而，晒族谱仪式上在族规、家训声中三拜九叩，增强了族规、家训的庄严性。在这样的仪式活动中不断追忆群体的共同祖先，强化共同祖先下所有子孙的血缘联系，让人们认识到集体文化的重要性。接着对村里孝顺的儿女进行口头表扬，鼓励和倡导这种孝行，令其产生荣誉感。对不孝顺的子女进行批评，对其造成舆论压力，让大家引以为戒。

个案 27

被表扬的例子。世华的媳妇因为孝顺，在晒族谱仪式上被表扬。继金老人念完家规、族训后，当众表扬了她。这个媳妇曾经是东林村小学的教师。前些年，丈夫不太顾家，在外面也不务正业很少回家，后来干脆和老婆离婚不再归家。这个时候老人因为生病无人照顾，这个媳妇为了能照顾老人，从学校搬回村里和老人同住，悉心照顾老人。几年后，这个媳妇和丈夫复婚了。

这个媳妇不顾丈夫对自己不好，在没有赡养老人义务的情况下，仍然出于善良和道德对生病的公公悉心照料。这样典型的敬孝行为，在村里受到村民普遍的称赞，在晒族谱仪式上继金对世华媳妇进行了口头表扬，并希望族人能够向她学习。

这次的晒族谱活动，并没有像传统上在家祠中晒族谱那般，对不肖子孙进行明确的批评，更没有进行责罚。但通过对典型孝敬父母的行为进行表扬，宣扬这种孝道行为，为青年人传承孝文化树立现实榜样。

（三）晒族谱与老年人社区角色重塑

晒族谱仪式，对老年人重塑自己在整个村庄的角色有着一定作用。老年人作为组织者支配着全村人进行这样的集体活动，他们拥有绝对的话语权。本部分通过论述晒族谱活动中老年人和年轻人的角色，来阐释晒族谱活动中老年人试图重塑自己在整个村庄的角色这一过程。

1. 晒族谱的组织者——老年人

（1）公共生活中老年人的社区角色

老年人的社区公共生活，主要指老年人参加村寨的政治生活。通过老年人在公共生活的地位，可以看出他们在整个社区中所扮演的角色。

2014年底江边寨开选举新队长的村民会议。因外出务工村民增多，江边寨组长的选举安排在年底。晚饭后，大会在村民公共的聊天场——杂货店前面的晒谷坪进行。按照村里的规定，每户人家派一个代表来开会。选举采取的是无记名投票方式，每个代表都有一次投票机会。投票选举前，以聚集在一起的男性年轻人为中心，年轻妇女及中年妇女为外围。村民在激烈地讨论近两年来国家发放的农村扶贫款项如何分配及完善寨子的一些公共基础设施建设。年轻人为集体财产的问题争论不休面红耳赤。在这场论战中，笔者却没有发现一个70岁以上老年人的身影。终于，在杂货店的门口发现了几个老年人的身影，显然这场论战和他们的关系不大。他们只是远远地，安静地看着。这与传统宗族社会中老族长权威决策的场景形成了鲜明的对比。

家庭生活中，老年人越来越成为"包袱"角色，在村庄的政治生活中，也只能是一个局外人。通过前文的描述，可以看到不管在家庭生活还是社区公共生活中，老年人几乎没有什么地位可言，扮演着可有可无的边缘人角色。

> 个案28
>
> 选举前的一场年轻人与老人的争吵。投票选举前，在讨论圈中有个60岁左右的老人与一个30岁左右的年轻人大吵了起来。老人怒吼道："是的，你出外面赚了钱了，开了工厂请了很多人做事是吧？在这里吆喝！"年轻人也不示弱："你就是蛮不讲理，在这里瞎嚷嚷！"两人还差点动手了，后来在众人的劝说和拉扯下，两个人才平息下来。原来，大家讨论在组里修自来水池的方案时，两人因意见不合而大吵。

村里人对二人的争吵不以为然，只是说二人因为喝多了酒才争吵起来的。这个老人早年在江边寨当过一段时间的组长，办事也比较公道，在江边寨曾有一定的影响。从这个例子可以看出，老年人不甘心退出村庄公共生活的舞台，仍然积极参与到村里公共事务的商议和决策之中，但年轻人似乎慢慢地将老年人从村庄公共生活的舞台上挤出去了。最终这场选举的结果是，一个30多岁的年轻人做了江边寨的组长。

（2）晒族谱活动中老年人的角色重塑

前文呈现了东林村老年人在公共生活中扮演着边缘人角色的现状，老年人因为各种原因无力参与村庄的公共政治生活。晒族谱所体现的是老年人对传统宗族文化的推崇，而宗族文化中的"族长权威"在传统的宗族社区内高过国家的基层政治力量。当然现在不可能恢复以前的"族长权威"，但晒族谱是一场老年人主导的村庄集体活动，老年人拥有绝对的话语权。通过村庄集体大规模的活动，老年人试图重塑在社区中的角色。

2013年六月晒的是1998年版本的族谱。不管是1998年族谱的修订还是2013年的晒族谱活动，组织者都是老年人群体。1998年修族谱的主要人员，也就是15年后晒族谱的主要组织者。因此，这里先对东林村1998年修族谱活动的组织成员及所召开的七次代表大会进行简介。

修订族谱集聚了东林村的文化精英或者威望较高的人。几次代表大会反映了族谱思想、原则，以及对族内大事的商议。修族谱反映的是村庄中的宗族力量对村庄生活各方面的干预，这群人以老年人为核心成员。1998年该领导小组平均年龄为58岁，领导小组共7人，继金、继尧都曾在县政府任职过，泽旺、作喜分别是1998年东林村村主任与书记。其余的则是东林村老年人中的文化精英。这样的一群人基本代表着当时东林村的权力集团与威望。这群人利用自身的权力、威望修订族谱，而修订族谱之事反过来增强了他们的威望，确立了他们在村庄中的地位。

这七次代表大会，各个房族都有代表参加，且每次参加会议的人员并不完全一样。大会涉及整个东林村李姓人家，听取了不同的声音，会议的内容涉及范围也较为广泛。梳理这七次修族谱代表大会的内容，可以得出以下几个方面的核心内容。修族谱的核心思想是，识源知末，追忆共同的祖先。讨论族内的大事，例如，同姓氏通婚的问题；接受族外李姓入谱的要求；讨论清明节挂众亲的问题；表彰孝子贤孙，对不孝子孙处罚的问题；规定老年人入谱的年龄标准等；筹措安排修订族谱的各项事宜。七次代表大会中的多项内容体现出老年人对东林村公共大事的决策权力。

2013年东林村小学举办晒族谱活动，修订族谱已经过去15年了。领导小组的成员更加老了，他们那一代人都已经跨入老年人阶段。15年后，曾经修订族谱的一些人已经过世，现在，东林村更多是年轻人的村庄。前文笔者论述江边寨老年人的社区公共生活时，涉及老年人如今在社区政治参与中的空白化。宗族文化也被年轻人逐渐忘却，但村庄老年人面对养老的现实困境，开始进行文化自省。

随着市场经济文化涉入这个湘西南的小山村，年轻人在市场经济大潮中成为弄潮的好手，老年人逐渐退出村庄政治舞台。然而在晒族谱活动中，老年人才是主角，这从以下几方面中得到体现。

首先，晒族谱活动由老年人主导完成。活动的事前组织准备、活动当天的工作人员都以老年人为主，活动当天的主持人也由老年人推举产生。近年来，老年人似乎淡出了村庄公共生活，不再有能力参与公共活动。晒族谱让老年人尤其是男性老年人开始出现在村民的公众视野中，有了自己的公共舞台，发出老年人自己的声音。其次，邀请70岁以上的老年人到现场，并且安排"上座"以示对老年人的尊敬。如此礼遇老年人，既给在场的所有人起到一个示范作用，也让老年人重新找回了社区活动主角的身份。最后，老年主持人作为发言人，教育年轻人重视对宗族文化的认识，要有家规、有教养。在年轻人日益做主的今天，老年人只能够在这样特殊的场合拥有话语权。

这次晒族谱活动是对传统宗族文化再造的过程。彭兆荣在所著的《人类学仪式的理论与实践》一书中提出："仪式必然与地方性的伦理和知识体系结合起来，形成具有地方特色和时空限制的仪式实践。"[1] 在东林村完全恢复传统的宗族文化，构建起曾经的宗族力量已经没有现实的可能。但传统宗族文化中的尊老、孝养文化仍对今天村庄养老起着重要的作用。老年人通过晒族谱仪式，借助传统宗族文化，试图提升自己在社区中的地位，赢得年轻人更多的尊敬。

2. 晒族谱的参与者——全村人

全村人在这次晒族谱活动中处于被老年人支配的地位。晒族谱仪式所营造出来的特殊场域让老年人有支配全村人的权力，这主要体现在以下两个方面。

---

[1] 彭兆荣：《人类学仪式的理论与实践》，北京：民族出版社，2007年。

（1）老年人对全村人行为方式的支配

晒族谱活动之前，老年人组织晒族谱活动，集中物力、人力做准备。这时，村里的其他人主要以配合老年人为主。老年人组织开会让各个村民小组的组长将晒族谱活动通知到各家各户，这是老年人对村庄正式组织行为的一次干预。居住在东林村小学附近的男村民，将自家的八仙桌拿出来供晒族谱用，女村民则为准备大团圆饭而忙碌。晒族谱活动中，老年人再次对全村人集体行为方式进行支配。在老年人读族规、家训声中，要求其他所有人对着摆在八仙桌上的几百本族谱集体跪拜。在这样庄严肃穆的场合下，平时对老年人再不敬的人，此时也会服从老年人的安排。前不久，一个年轻人因为一些家庭琐事当着众人的面大骂自己的母亲。这天在跪拜人群中，笔者竟然发现了他的身影。

（2）老年人对全村人进行教育和价值观的引导

阎云翔在下岬村10多年的调查研究中发现，现代农村确有一些"无公德"的个人出现。"无公德"指的是，家庭、集体责任意识淡薄，过于自私自利。这点在东林村也有所体现，这又进一步令年轻人家庭观念淡薄。年轻人淡薄的家庭观念不仅给自身家庭生活带来不幸，还给老年人带来种种负面影响。

家庭不稳定性高，年轻人离婚率攀升。在东林村的年轻人中流行着这样一句话："喜欢就在一起，不喜欢就分开。"这与传统家庭观念对年轻人的要求相去甚远。"《礼记·内则》：'子甚宜其妻，父母不悦，出，子不宜其妻，父母曰是善事我，子行夫妇之礼焉，没身不衰。'就是说，尽管儿子和媳妇感情和睦，只要父母不高兴，媳妇也得被离异，儿子和媳妇感情再不好，父母喜欢儿媳，终身不得离婚。"[1] 固然，传统上这种将夫妻感情完全牺牲给婚姻的做法不可取，

---

[1] 聂洪辉、揭新华：《农村孝道衰落的根源及对策研究》，《东南大学学报》2009年第6期。

但如今高离婚率给家庭带来了诸多负面影响。笔者在走访中发现，江边寨男性已婚80后共计16人，离婚的有6人。离婚曾经在东林村是一件大事，如今人们已不以为然。年轻人淡薄的家庭观念，无疑是造成轻率行为的重要原因。

也许当年轻人沉溺在自我的"敢爱敢恨"中时，老年人则陷入无尽的担忧之中。孩子再婚，大操大办、高额的彩礼，这几乎又是对老年人的再次剥削。离婚似乎对年轻人的影响并不大，过完年后他们又长年外出务工。上段婚姻留下来的孩子，则交给年老的父母隔代抚养，老年人的负担又加重了。

此外，淡薄的家庭观念也使得孝文化进一步衰落。中国传统的家庭观念大体上能体现在"孝"字里。传统的孝道包括八个方面：奉养父母、关心父母、尊敬父母、顺从父母、应与父母一致、指出父母错误、光宗耀祖、传宗接代。[1] 可以看出，中国传统文化秉持重视家庭责任的观念——对上应孝养父母，对自身应服务社会，对晚辈应尽抚养之责。"孝父母"是东林村族谱上的家训，可以看到它与中国传统文化中所推崇的家庭观念相一致。但随着家庭观念的日益淡漠，孝也逐渐被人淡忘。

晒族谱仪式上，老年人高声宣读族规、家训，对全村人进行礼仪规范。礼仪规范中有大量关于成家立业、维护家庭和睦的要求。虽然不像传统的晒族谱活动那样，对不孝子孙进行严厉的责罚，但这次晒族谱活动通过对孝子贤孙进行表扬的方式，宣扬传统孝文化。

杨庆堃关于宗族仪式有这样的精彩论述——"为了保持个人的家族群体仪式，通过某些仪式不断追忆群体的共同祖先，强化共同祖先所有子孙的血缘联系，以便使由血缘联系带来的社会责任传递下去。"[2]

---

[1] 唐琼、戴平安：《农村孝道文化的衰落与重建》，《湖北社会科学》2010年第10期。
[2] 杨庆堃：《中国社会中的宗教——宗教的现代社会功能与其历史因素之研究》，范丽珠译，上海：上海人民出版社，2006年，第56页。

晒族谱活动有力地加强了村民之间的归属感，增进村民对宗族这个"大家"和个人"小家"的认识。这样的晒族谱活动是老年人对全村人进行的一次价值观教育。在日常生活中老年人通常没有这样的话语权。

宗族是以血缘关系为基础产生的社会组织，是中国传统的乡村社会组织。这样的社会组织不仅在地缘上接近，而且在文化心理上认同度高，因而社会的整合度较高。与异质化强的现代都市相比，它的同质性强，因而它的社会整合手段也比较简单，共同的文化习俗成为这样的社会组织的主要整合方式。晒族谱是宗族社区中一个重要的文化习俗，它是老年人利用本土传统文化对全村人进行一次集体文化记忆的唤醒活动。他们试图通过这样的活动，增强村民的家族、家庭观念，宣扬传统的孝道文化。然而，我们必须正视的是，这种多年才举行一次的晒族谱活动并不是东林村村民生活的常态。晒族谱仪式过后，有多少人会真正再翻开族谱去践行族谱中的族规、家训呢？显然，老年人通过这样的方式进行文化自救显得比较无力。

结　语

本文关注文化变迁中农村养老的问题，并将老年人的行动作为养老问题关注的主体。从人类学的角度，观察老年人的日常生活，呈现东林村养老现状图景。老年人作为农村养老问题中的主体，面对养老文化的危机，他们是如何做出选择的，又做了哪些调整和适应？

东林村是中国老龄化社会背景下典型的老龄化社区，同时还是一个传统宗族文化深厚的社区。在这里子女应该孝敬老人的传统孝养观念并没有从老年人的伦理价值体系中退去。"不孝"在东林村仍然是人们忌讳谈及的话题，尤其是老年人。有些老年人尽管自己并没有得到儿子的孝敬，但他们也耻于谈及此事。这种传统孝道文化，使得即使在经济水平较低的情况下，家庭反馈型养老机制也能运行得比较好。

如今，东林村养老模式仍然以家庭子女养老为主，然而传统孝道文化运行的基础已经发生变化。这样的变化体现在以下两个方面：第一，大量青壮年外出务工很少在家里，他们即使想尽孝也只能从经济上给予父母帮助，而不能在生活上照顾父母。第二，没有外出务工的人即使留在父母身边，也没有孝养父母。市场经济大潮所带来的对个人价值利益的追求，使得核心家庭越来越追求自我小家庭的利益，赡养父母成为一种家庭负担。这样的社会变迁给东林村养老带来的困境是，物质层面东林村的养老水平停留在温饱上，精神层面老年人受到子女的尊敬较少。在老年人生病的时候，他们将面临无人照顾的困境。

面对种种养老困境，老年人并没有被动适应，而是积极利用传统文化和地方知识进行文化自救。本文从敬菩萨和晒族谱两个角度，论述老年人群体的文化自觉行为。女性老年人在日常生活中虔诚地敬菩萨，试图借助神灵的力量来影响年轻人的行为方式，进而进行文化拯救。宗教从来不为世俗世界提供任何道德价值观，但宗教所具有的神力却可以加强和维护世俗世界现有的伦理道德观。东林村本土信仰中，强调"孝养父母、积德为善"的基本价值观。老年人通过宗教行为能够对年轻人的日常行为方式和价值趋向产生一定的影响，虽然其影响程度有限；如果说，敬菩萨活动更多的是个人在家庭中进行，那么晒族谱活动则是一个社区的集体行为。东林村历史上是一个传统的宗族社区，受传统宗族文化影响深厚。宗族是建立在血缘关系上的社会组织，宗族的基本单位是家庭。宗族文化中的孝悌精神和宗法伦理体系，是宗族团体教育族人的思想准则，也有利于稳固宗族内部关系。东林村晒族谱活动，不是宗族文化的简单"复兴"。老年人重拾宗族文化，是老年人群体社会记忆的再现。晒族谱实则是对传统文化的再认，是对传统文化资源的运用。晒族谱活动，不只是老年人在唱独角戏，而是整个社区中每一个家庭每一个人的集体活动。庄严的晒族谱仪式让每一个参加者受到宗族文化的教化。然而，我们必须正视的是，纵然宗族文化的身影在东林村不难寻觅，但宗族组织存在的社会条件已经不再。这样的晒族谱仪式并不是东林村的常态现象，它更不能嵌入东林村人的日常生活中。那么，它对东林村人的实际影响又有多大呢？显而易见，在整个养老困境面前，它只是老年人文化自救行为的一个微弱信号。

综上所述，我们可以得出以下结论：孝道文化的衰落对现代农村家庭养老的冲击是明显的，而现实的社会经济条件和传统文化习俗，使得老年人对家庭养老的依赖仍然很大。现实中对传统孝道文化的需要和孝道文化的衰落所构成的矛盾，让老年人在这样的社会变迁中感到无所适从。但老年人运用自身经验和知识资源，试图努力唤回年轻人孝养父母的观念。实际上，这样的努力在强大的社会文化变迁中显得力不从心。同时，不可忽视的是东林村的整体经济水平较低，解决东林村养老的问题，光靠文化自救是不够的。

文化自救行为不足以解决农村养老问题，问题的解决还需要政府力量的介入。近年来，国家出台了一系列与养老相关的政策法规，同时不断出台一些新的政策来解决农村养老问题。但这些政策在实际实施的过程中，也存在不少的问题。在东林村除了国家发放的年满60岁老年人都有的每月的养老金外，还有一些针对特别困难家庭所发放的低保金等优惠性政策。可见，要解决农村养老问题，最根本还得靠完善的国家社会制度。

"然杰"：嵌入在嘉绒藏族葬礼中的礼物交换行为研究
——以四川省明村为研究对象

作　　者：康禹熙　云南大学民族学与社会学学院 2014 级中国少数民族经济专业硕士研究生

指导教师：张锦鹏

引 言

（一）研究缘起

  我在开始系统地对人类学/民族学理论进行学习研究之前，接受的都是西方经济学理论体系，西方经济学理论体系以"经济人"假设为基础，当时我完全认同这一假设。但是当我对经济人类学相关知识进行系统学习之后，特别是当我阅读到关于"夸富宴"（Potlatch）以及"库拉圈"（Kula）等与经典经济学理论中的理性理论不同的非理性经济行为[1]的理论分析时，之前我认同并在日常工作中加以运用的知识系统受到了严重冲击，我也因此对非理性经济交换行为产生了浓厚的兴趣，萌生了想要一探究竟的想法。

  我的家乡——四川省小金县明村，该地区同时受到西部藏文化与东部汉文化的双重影响，其文化具有交融性、多面性、复杂性等特征。在接受了人类学/民族学训练之后，我以一个"他者"的身份回到我的家乡，有重点偏向地对家乡各式交换行为进行了关注。我发现交换行为已经完全融入家乡丰富多彩的社会生活中，社会生活中充斥在各类仪式上的交换形式更是糅合了宗教、经济、权利的内容而显得十分

---

[1] 此处的非理性经济行为是相对于西方经济学理论的理性而言的，不考虑前述经济行为背后所蕴含的有关社会、心理、权力、宗教与秩序等的理性。

丰富。特别是在葬礼上的一种礼物馈赠行为——"然杰"[1]，引起了我的重点关注。

"然杰"是只有嘉绒藏族葬礼上才会出现的一种特殊的文化事象。"然杰"为嘉绒藏语，汉语一般会将其称为"死人的时候发东西"。它分为两类：一是从亲人去世当天到葬礼结束，逝者亲属和邻居向前来参加逝者葬礼帮忙念经"消业"的亲朋好友发放的食物——"瓦勒达"[2]；二是举行葬礼当天，邻居向逝者家属（逝者的儿子和女儿）赠送的物品——"杰勒"[3]。"然杰"最初只是给帮忙念了经的人发，现在发展为凡是来参加葬礼的人都发。

本选题所关注的问题主要是：以嘉绒藏族仪式上的礼物交换，特别是"然杰"为切入点，探讨当地礼物交换形式与已有礼物研究之间有何相通性，又有何特殊性？"然杰"对当地社会关系又有何意义？带着兴趣和疑问，我将明村嘉绒藏族葬礼仪式上的礼物交换行为作为毕业论文的研究对象，进行了进一步的文献阅读和田野调查。

（二）田野调查经历

作为一个本科时期整天跟数字打交道、醉心于资产负债表借贷平衡的学生，我对诸如田野调查、他者/自我、主位/客位等词汇完全是一无所知。在经过研究生阶段的系统学习之后，田野调查对于我来讲就像即将降临的爱情，既期待又带有些许恐惧。带着这样忐忑的心情，我在西双版纳勐腊县磨憨口岸跟我的田野"初恋"进行了第一次约会，之后我还陆陆续续去过宁洱县那柯里村和澜沧县班利村等地进行田野调查。在经历了数次与田野的浪漫约会后，我最终选择了我的家

---

[1] 国际音标：$zan^{33}tɕi^{31}$。
[2] 国际音标：$wa^{31}tɚ^{33}ta^{31}$。
[3] 国际音标：$tɕie^{55}lɚ^{33}$。

乡四川省小金县明村作为我毕业论文的田野点。

如果说不以具有学科背景作为衡量标准，那么在我成长的过程中，其实每天都在田野。但是这样说又并不准确，因为成长过程转换成田野材料需要一个过程，它是逐渐发展的。在接受学科训练之前，家乡的习俗对我来说仅仅是习俗，我并不会去深究那些行为背后的文化动因和逻辑，它们在那个时候只是烙印在我身体里的一些必须那样做的事。笔者本科时期离开家乡求学生活，才逐渐有了对民族的认同感；研究生时期有了相关的理论储备后，我逐渐学会了用学科眼光来反观自己的成长过程，这些成长过程也就转换成了我田野储备的基础。就像照镜子，距离镜子太近，我们并不能对事物有一个整体的把握，但是如果我们站在合适的距离，不仅能对自己有一个整体把握，还能看清楚自己的不足。

在决定回家乡做毕业论文之后，我前后进行过三次田野调查。

第一次田野调查是在2015年8—9月，主要是对明村的基本情况做一个详尽的调查，外加回家参加"墨尔多"神山的朝山会，"运气"很好地中途还碰到了一次葬礼。这一次主要调查明村各个方面的基本情况，与之前几次在其他村寨的调查"套路"相同，我对明村的人口情况、经济结构组成、宗教信仰、各类仪式的基本情况等进行了详细了解。这次调查期间举办的朝拜"墨尔多"山神的朝山会，给我提供了参与观察的好时机。因为全村人都出动，也是访谈的好时机，这对于在村民居住分散的明村做田野调查的我来说是一件大好事。这一次田野调查大约一个月时间，为自己撰写毕业论文开题报告积累了素材。

第二次田野调查是在2016年6—9月，是在开题报告通过之后，主要围绕开题报告中涉及的毕业论文所需的相关内容进行调查。调查的主要内容包括葬礼仪式和仪式上的礼物交换，其间我参加了一次葬礼和两次朝山会。之前的葬礼仪式和其他一些仪式上的礼物交换与食物馈赠，对我来说只是生活的一部分，但是当我跳脱出文化局限，按照人类学田野调查方法来进行调查时，还是能感受到这些行为之所以存在的文化逻辑。在这一次调查的过程中，我发现当自己试图以一个"他者"身份回到家乡调研时，遇到了问题——当我在"他者化"自身的时候，总是想要让这个群体跟我一起有这种"他者化"的趋向，这个过程是痛苦的，因为你会发现这是根本做不到的事情，这个过程反而让自己成了一个"不伦不类"的人。这次调查为毕业论文积累了素材，让我能够初步完成毕业论文的书写。

之前在参加仪式时，对于仪式上的一些事象，我总是觉得自己似乎这个也懂，那个也明白，完全不用再进行访谈。这种思维导致我在之前的田野调查中漏掉了一些重点，进行论文撰写时，出现了一些材料欠缺的问题，所以在2017年过年期间我进行了第三次田野调查，这一次调查是在2017年1—2月。主要是查漏补缺的过程，这一次田野调查时间很短，但是我还是"有运气"地参加了一次葬礼和一次村落的集体仪式，让我能在亲人离世的悲恸中，"自私"地对论文欠缺的部分进行补充，真是"残忍"的人类学。

这三次集中时间的田野调查和其他一些碎片时间的田野调查，让我对笔记论文选题的方向有了一个较为清楚、明晰的把握，这期间集中积累的材料为我论文的选题提供了素材。

一、明村嘉绒藏族礼物交换习俗概述

小金县为四川省阿坝藏族羌族自治州下辖县，旧称懋功，藏名音译"赞拉"，"赞拉"有"小河之滨"或"凶神"之意。小金县地处青藏高原东部边缘横断山区，四川省西北部，阿坝藏族羌族自治州南端，地理坐标为东经 102°01′~102°59′、北纬 30°35′~31°43′。东邻汶川县，西毗甘孜州丹巴县，南连雅安市宝兴县，北接阿坝州马尔康市。南北长 116.4 千米，东西宽 77.6 千米，辖区面积 5582 平方千米。县城美兴镇距省会 286 千米，距离州府马尔康市 143 千米。该县北部虹桥山海拔 5 200 米，东部四姑娘山高达 6 250 米，一般高山脊达 4 500 米。河谷地区多在 3 000 米以下，垂直距离 1 500~2 500 米。小金县下辖 2 个镇、19 个乡，共 134 个行政村和 2 个社区，境内居住着藏族、羌族、回族、汉族等各族群众，其中藏族占 52%，汉族、回族、羌族等其他民族占 48%，属嘉绒藏族主要聚居区[1]。县境属亚热带气候型，冬寒夏凉，常年干燥，雨量稀少，气温变化剧烈，四季不甚明显，日差较大，有时达 20 ℃ 以上，年均降水量 613.9 毫米；无霜期 220 天，年平均气温 12.2 ℃；全年光照 2 214 小时。本选题的田野点——明村，就位于小金县境内。

---

[1] 四川省阿坝藏族羌族自治州小金县地方志编纂委员会：《小金县志》，成都：四川辞书出版社，1995 年，第 1 页。

（一）明村概况

1. 基本情况

明村是四川省阿坝藏族羌族自治州小金县垄乡辖下的一个自然村，藏名"拾介迭"，意为距离10千米的地方。距离小金县县城15千米。小金河自西向东擦明村而过，最终汇入大渡河。从县城出发，沿省道303向西行，逆小金河而上，到达垄乡所在地，整个垄乡的辖区面积为135平方千米，下辖波罗、日落、千家、马尔、明村、四农6个村委会。再从乡政府向位于其东南部的明村沟进发，沿山间小路由低向高攀，至海拔2 800米左右时，就能见到明村下辖的4个村民小组中海拔最低的一队。再顺着向上攀，能陆续路过二队、三队和四队。四队的平均海拔最高，能达到3 500米。明村全村面积27平方千米，全村126户，486人。政府的新农村房屋改建暂时还没有惠及明村，所以"累土为室"的嘉绒传统民居在明村仍然可见。2013年前进入明村，坐汽车前后要经历两小时的颠簸，因为在2013年前进入明村的路还是村民自发修建的土路，土路沿山而建显得十分危险。2013年农村道路改造到明村，明村才通了方便安全的水泥路，以前两个小时的路程也缩短到1个小时。明村内曾经有一所小学，现已改建为村委会所在地，有零售店2家，均位于村寨村户住房内。村内无公共厕所。村内无专职医生，亦无诊所，距离垄乡卫生所直线距离5千米，距离镇卫生院15千米。

2. 资源分布及经济结构

明村东临垄乡龙村，西与垄乡尔村接壤，南接牛场，北靠垄乡尔村，地处海拔3 200米的高半山地带，距离乡政府11千米，距离县城15千米左右，为典型的少数民族聚居村。2014年明村全村共有耕地

1 260亩，人均耕地 2.6 亩，经济总收入 230 万元，人均年收入 4 780 元。全村 126 户，486 人，劳动力人口 286 人，其中农业劳动力人口 218 人、牧业人口 13 人、运输业 2 人、副业 4 人、外出务工 49 人。[1] 明村主要的粮食作物以半山玉米、豌豆、洋芋为主，高山种植胡豆、青稞、小麦和中药材为主，有些人家还种植核桃、苹果和花椒。明村的畜牧业主要以养鸡、犏牛和绵羊为主。除了上述收入来源，明村还有一种收入来源是退耕还林的国家补助。20 世纪 90 年代，明村有专门的采林站点，当时大肆地砍伐木材威胁着生态安全。2000 年国家实行退耕还林政策，明村村民陆陆续续响应号召，退耕还林的国家补助虽不多，但也是一笔收入。

3. 宗教信仰及仪式系统

明村村民均为嘉绒藏族。与藏族"全民信教"的说法相同，明村村民亦是全民信仰宗教。本教在嘉绒地区的影响程度广泛，处于这样文化背景下的明村，全民信仰本教的情况可以说是不足为奇的。再加之明村村民每年正月初六在"博挼普"[2] 举行的朝拜"喇嘛洞"仪式，是为了纪念公元 1198 年从西藏阿里到明村修行至大圆满的本教大喇嘛阿夏·路珠江赞。本教在整个嘉绒藏区的横向影响加上本教大喇嘛阿夏·路珠江赞在明村的纵深作用，本教之于明村已经成了村民的一种"惯习"，早已融入明村村民的生产生活中。

明村有 4 个小队（村民小组），一队是居住海拔最低的小队，因此与居住在河坝地区的汉族人交流较多，宗教氛围并不十分浓厚。二队与垄乡另外一个村落——尔村相接。因地理和历史等一系列因素，居住在尔村的嘉绒藏族是传统文化变迁相对缓慢的一个村落，宗教氛围相较其他经历快速变迁的村落来说十分浓厚。二队与尔村相接，因

1　数据来自垄乡政府办公室。
2　博挼普，藏语音译，意为"高僧大德在的地方"，明村村民汉语称其为"喇嘛洞"。

此受尔村的影响很大,宗教气氛是明村 4 个小队里最浓的。四队因为与村内仪式举行的"神圣空间"相临近,宗教氛围也算浓厚。而夹在二队和四队中间的三队,宗教气氛也不算差。

宗教仪式是信仰宗教者必不可少的功课,这在明村村民的日常生活中也有所体现。在明村进行的宗教仪式主要包括公共性质的,如每年农历正月初六举行的"喇嘛洞"祭拜仪式;农历七月初十朝拜"墨尔多"神山;农历六月初八朝拜"斯够拉"神山,以及一些私人指向的仪式,诸如"煨桑"[1]、转经[2]等。"喇嘛洞"祭拜仪式和朝拜"墨尔多"山神的仪式属于全村性质的仪式,这两天村民几乎是"倾村而出"。每年六月初八举行的朝拜山神"斯够拉"的仪式由村里两个小队主要负责,其余两个小队参加,交替进行。由于村内的寺庙在"文化大革命"时期被拆毁,现在正在筹备重建,所以村民会选择去尔村或落村"坐哑巴经"[3]。煨桑和转经之类的仪式在村民觉得有需要时进行,诸如某村民身体不适,他认为是由于碰到了不"洁净"的东西就会煨桑去参加了葬礼的村民在回家之前也会煨桑以洁净自身。

"喇嘛洞"位于明村正对面一座山的半山腰上,前往"喇嘛洞"的路十分险要,但是村民往往会不辞艰辛地前去祭拜。墨尔多山位于明村的西边,所以为了朝拜墨尔多山而举行的仪式往往在位于村落偏西边的地点,当地人把这个地方称为"山初",意为"山这边"。而朝

---

[1] 煨桑,又称熏香,是一种净化环境、消除邪气秽气和净化洁净的宗教仪式。藏族人用圆柏的枝叶来煨桑,当地人一般将其称为柏枝子。藏族人认为凡是不干净的事物都需要煨桑洁净,如参加葬礼的人回到自己家需要煨桑,在搬进新房之前也要煨桑等。

[2] 转经,藏族的一种宗教活动,是围绕特定事物、特定路线行走、祈祷的过程。这一特定事物主要有寺院、白塔、神山、神湖等。

[3] "坐哑巴经",藏族的一项宗教活动。任乃强先生记录称"仅见其不食不言,故谓之为哑巴斋云",可以见得,这一仪式过程禁止讲话,禁止进食,亦为涂尔干所谓的消极膜拜。嘉绒藏区的哑巴经一般分三天,仪式开始的第一天上午会吃一些食物,之后开始禁食,第二天一整天禁食,到第三天早上开始吃东西。明村只有一部分村民会去隔壁村参加"坐哑巴经"。

拜山神"斯够拉"的地点在村落偏东方向，因为"斯够拉"山在明村的东边，当地人将其称为"凶尕"，意为"有个水潭的地方"。所有祭祀仪式，都只会在村里海拔更高的地方或是人迹罕至的地方举行，这些地方平均海拔4 000米，就神圣空间来讲，祭拜地点位于村落上方，超出了所有村民的生活区范围，神圣与世俗的分界明显。

明村村内因为没有寺院，所以也没有专职从事宗教事业的僧人。村内有两个主要的宗教从业者，然而他们作为一个家庭的精壮劳动力，在家从事农业生产才是他们的主业，他们娶妻生子，与平常村民无异，偶尔主持村里的小型公共宗教仪式或是村民日常私人领域的宗教仪式可以说只是他们的"副业"。他们精通藏文，了解教义经文、仪式仪轨，所以，他们被村民奉为"权威"，宗教职业的神圣性冲淡了他们身上的"世俗味"，在村里他们仍然会被大多数村民尊称为"喇嘛"，他们为村民念经加持，接受村民的供奉。而当村内有更大型的宗教仪式时，就会从其他村或者是其他地区的寺庙请更"大"的喇嘛来主持相关仪式。

表1 明村宗教仪式举行时间表[1]

时间	事件	目的	参与者	地点
农历正月初六	朝拜"博挼普"	祭拜阿夏喇嘛	全村村民	喇嘛洞
农历六月初八	朝拜山神"斯够拉"	朝拜斯够拉山神	部分村民	凶尕
农历七月初十	朝拜山神"墨尔多"	朝拜墨尔多山神	全村村民	山初
每月十五	煨桑	驱走邪魔	每户全家人	各自家中
农历七月初九	坐哑巴经	—	部分村民	外村寺庙内
种、收庄稼时	转经	驱虫、求丰收	部分村民	田地周围

---

[1] 本文所有表格与照片均为作者田野调查所得。

(二) 明村嘉绒藏族经济生活中的多种交换行为

提到交换,我们最先想到的是经济学理论中,任何的经济过程都可以划分成生产、交换、分配、消费4个基本环节,恩格斯把交换与生产置于"经济曲线的横、纵坐标"[1],由此可见交换在构成经济行为过程中的重要性。也正因为此,我们总惯于将交换这一概念仅仅放置在商品市场中来思考,而使这个概念被狭隘地认为是与市场经济相关的一种称呼,实则不然。"交换并不专属于某一特定的经济体系,而是任一经济体系都具有交换要素的属性"[2],人类社会的交换除了是经济的,还应当是社会的。正如弗雷德·布洛克为波兰尼(Karl Polanyi)的著作《大转型:我们时代的政治与经济起源》所写的导言中对嵌入概念所阐释的那样,"嵌入一词表达了这样一种理念,即经济并非像经济理论中所说的那样是自足的,而是从属于政治、宗教和社会关系的"[3]。交换作为人类社会建构的基础性要素,在社会深层结构中也并非仅仅属于市场经济,交换在不同社会、不同文化之下,所表达的内容是不同的。

明村嘉绒藏族的社会生活中充斥着各类交换行为。波兰尼以互惠来区分与现代市场交换所不同的交换行为。所以我将从市场交换和互惠交换角度对明村村民日常的交换行为进行概述。

1. 市场交换

波兰尼把人类社会复杂的交换概括为互惠、再分配和市场三种类

---

[1] 中共中央马克思恩格斯列宁斯大林著作编译局:《马克思恩格斯选集》(第三卷),北京:人民出版社,1995年,第489页。
[2] 潘春梅:《论民族社会中的经济交换》,博士学位论文,云南大学,2012年。
[3] [英]卡尔·波兰尼:《大转型:我们时代的政治与经济起源》,冯钢等译,杭州:浙江人民出版社,2007年,导言第15页。

型。在社会主义市场经济占主流的如今，就算是最小的社会组织也受其波及。明村村民的消费物品大多数都来自市场，市场交换在明村为主流。亚当·斯密认为，分工是人类要求相互交换的倾向……人们能用自己消费不了的生产物的剩余部分，换得自己所需的别人劳动生产物的剩余部分。[1] 我们知道，斯密是用这一观点来阐释分工的缘由，但是如果在一个相对封闭的村落，当村落内部生产物的剩余部分即便是相互交换也不足以满足日常需求或是剩余部分有溢出时，就会有向外的流通，明村即是如此。

（1）农牧产品贩卖

明村是一个农业村，其主要粮食作物为玉米、豌豆、洋芋、青稞、胡豆、小麦和花椒等，畜牧业以养鸡、猪、犏牛和绵羊为主。明村的牛、羊一般不在自己家里喂养，而是会放到村里有草坪的高半山区放养，养牛羊的村民会把他们的牛羊集中到一起放养，再分别出劳动力去轮流看守。明村耕种的玉米、豌豆、洋芋等农作物主要是用作鸡、猪等家禽牲畜的饲养，剩余的农产品会出现相互交换的情况。例如，当一家的玉米收成好，另一家洋芋的产量大时，就会有这两种农产品的相互交换。当秋收时，县城或是邻县的农产品加工公司会收购村里的农产品用于加工。例如，县城有一家青稞酒加工厂，到青稞成熟时，村民可以自己把青稞运到厂里卖，也可以等待工厂到村里来收购，同理还有邻县的豌豆和胡豆加工厂。花椒种植是明村村民收入的一大来源，在明村几乎每家每户都种植花椒，明村的花椒质量在小金县属于上乘，每年到花椒成熟时，除开自家吃的，村民会把剩下的拿到县城去卖，价格大约是 60 元/市斤。

明村村民会在村里别家的猪、牛、羊生幼崽时前去购买，明村的牲畜主要是自己食用或是向村外销售。明村村民喜食腊肉，明村村民

---

[1] [英]亚当·斯密：《国民财富的性质和原因的研究》，郭大力等译，北京：商务印书馆，2014 年版，第 14—15 页。

养的猪主要是自己食用，腊猪肉对于明村村民来说是馈赠佳品，所以猪肉还用于亲戚间的互赠。牛在明村主要是用来耕作农田，因为县城有一家牛肉干加工厂，收购牛肉的价格不低，所以也有村民专门饲养肉牛用于贩卖。养羊是能给明村村民带来大笔收益的一个投资项目，买小羊羔所花费的价格并不高，大多数村民都能按照自己的经济能力购买承受范围内数量的小羊羔。羊会被赶到高半山区有大片草场的地方放养，其间会给羊剪毛，剪下来的羊毛，村里能干的女人能将其织成毪毯拿去售卖，或是织成毪衫自己穿戴。因为嘉绒藏族举行婚礼时多会烤全羊，所以这些羊会被卖到县城各大餐厅，价格大约是800元/头，还会被专门倒卖羊肉的老板拉去成都或更远的地方贩卖。

（2）零售店

明村村内有两家零售店，这两家零售店都占据着明村的有利地理位置。一家在村委会旁边，另一家则在村民居住相对聚集的人户中间。这两家零售店都有一个共同点：阴暗的房间和木板钉成的木架上摆放着凌乱混杂的货物，货品上沾满灰尘，让零售店看起来十分不规范。但是按照村民日常生活习惯进货的零售店，解决了村民日常的一些商品需求，村民不用再费力地到县城购买日常所需的一些物品，当家里有客人来到的时候，也能到就近的零售店购买相关商品招待客人，如果是零售店没有的货物，还可以让开零售店的人家帮忙代购，很是方便。

在明村，开零售店那户人家的房名[1]，已经成了零售店的代称，村民不会说去小卖部买东西，而是会讲我去一下某某家，这个时候大家就会明白他是要去买东西。明村两家零售店贩卖的商品类别大致相同，存货最多的是啤酒、饮料和辣条等村里人喜欢的食物，剩余还有饼干、萨其马、口香糖等食物，或者是香烟、洗衣粉、香皂等日常用

---

[1] 陈永龄认为家屋制度是嘉绒藏族社会组织的基本单位，而房名是家屋的名称，简单地说，房名就是居住在这个房子里的一家人的总代称。

品，香、风马旗之类的宗教祭祀用品当然也能买到。

村内一家零售店的老板告诉我，他家之前日子过得很艰难，大儿子生病医治花了很多钱，既缺钱又缺劳动力，祸不单行的是，2008年地震房子还被震塌了。2009年他家一个在县里做领导的远亲到明村调研抗震救灾情况时，见他家生活穷困潦倒，接济了两万块钱，让他在村里办一个零售店。零售店开起来之后，他家的日子慢慢地好过起来。当询问到他家生意好不好的时候，老板告诉我，现在这个家算是可以运转起来了。老板告诉我，他家现在基本上是一个月进一次货，一次进两千元左右的货。

（3）集体仪式上的商品贩卖

如上一节"宗教信仰及仪式系统"一段中，我对明村相关的仪式系统做了粗略的统计。全村公共性质的集体仪式在明村仪式系统中所占的比例较高，再加上明村逢年过节就会有全村范围内组织的文艺演出，有人的地方就会有需求，有需求就会发生交换行为，通常在这个时候一些小商小贩会不辞劳苦地把商品背到仪式或集会举行地贩卖。一般在这种"集体欢腾"式的活动中，村民往往不会计较花钱的多少，也不会计较这天自己的小孩是不是购买了什么不需要的东西。集会跟食物在明村似乎是一种天然的搭配，这就为"有商业头脑"的小商小贩提供了商机。

2015年我在去参加"墨尔多"神山的朝山会的路上，就碰见过背着一背篓零食和两箱啤酒去仪式地点贩卖的人，等到仪式结束时，他的两箱啤酒全部卖空，零食也只是零零散散剩下一点，后来经过了解得知，他那一天的收入有300元左右。这种不辞辛劳的小贩除了开零售店的两家人之外，还有村里的其他人，在这个过程中开零售店的两家人会压制其他人的贩卖行为，村里的闲言碎语也会从这些小事里流传出来。逢年过节村里的文艺演出一般都安排在学生的假期，所以在这个文艺演出场地的边缘，一般能看见卖自制烧烤或者是炸洋芋的学生。这些小孩会被家长夸奖能干，给自己挣生活费，也正因为如此买他们东西的人很多，薄利多销，他们一天也能赚 80~100 元。

2. 互惠交换

莫斯之后，互惠研究通常以礼物交换研究为主，所以有关明村的互惠交换形式首先要提及的是礼物交换。而诸如礼物交换换工互助和食物共享等也是互惠的重要表现形式，所以我将会提及这些其他形式的互惠。

（1）礼物交换

礼物交换在明村嘉绒藏族的社会生活中是一种十分常见的现象。礼物交换主要出现在婚丧嫁娶等人生仪式、节日祭祀等宗教仪式和走亲访友时。婚丧嫁娶等人生仪式上的随礼，与中国汉族社会的相关研究类似，是作为维系亲缘、地缘等社会关系的黏合剂。拜亲访友时的礼物交换作为维系人际关系的纽带，在加强人际交往方面起到了重要的作用。此外，探望病人也会伴随礼物的馈赠与流动。当人们得知村里有人生病时，便会纷纷去家里探望，如果不去探病会破坏双方之间的相互关系和感情联系，显得对病人"不在乎"或"不关心"。在探望病人的礼物中，人们不在乎数量的多少和价值的高低，而在乎透过礼物表达的私人感情。此时，礼物所显示出的功能并非互惠，而是对病人的关心，是亲情、友情的物质表达。

（2）换工互助

换工互助在我国农村是一种常见的习俗，特别是在我国一些生产力不发达和劳力紧张的地区十分常见。嘉绒藏族社会长期存在帮工或换工的习俗，即当有人家盖房或犁田耕地等农忙季节，村中劳动人口较少的家庭就会请自己的亲戚邻居或同村的人前来帮工，这种帮工是一种劳务馈赠，时间一般是一两天至 1 个星期不等。为别家提供的劳务馈赠会在将来自己家繁忙时获得同样的劳务回馈，这形成了一种劳务互惠，可以说是换工的实质，正如有村民说"你去给别人帮忙了，等到你有困难的时候别人才会来帮你"。在换工的过程中，主人家必定会准备好饭菜酬谢帮忙的人，帮工没有男女性别差异，但是换工的工时计算十分精确，必须是一个工换一个工。

个案1

2016年，村民南卡家盖房子就采用了换工的方式。

南卡家有劳动力5人，因为经常去其他村民家帮工，一到农忙季节他家人几乎没有一天是可以闲下来休息的。如今南卡家要盖房子，因为平常去给别家帮工十分积极，所以请人来盖房也是不费吹灰之力。南卡和他老婆早晨8点左右分头向之前帮过忙的人户家打电话，不到10点，院子里就聚满了二三十人。因为这种互助形式在村里早已成为一种习惯，所以大家上手的时间特别快，哪些人负责背沙，哪些人负责铲沙，哪些人负责灌水，都有特别明确的分工。大家有说有笑，修房子就这样有条不紊地进行着，中途大家休息了一会儿，南卡的女儿为大家准备了一餐便饭和酒，吃罢大家又在说说笑笑中开始了新一轮的劳动。盖房结束之后，村民们有的回家，有的留下来吃饭。

然而，对于缺乏劳动力的家庭，因为无法参与村民的换工互助，或者是家里不太需要换工互助，却被迫"卷"入村里的换工互助中来，有些人甚至想到了逃离村庄。

个案2

巴泰是村里少有的大学本科生，大学毕业之后，他考到了县文体局工作。巴泰家有五姊妹，这五姊妹要么出去打工，要么嫁去别处，要么找到固定工作，总之除了父母，子女全部不在村里居住。因为子女工作之后对老人的供养,老两口儿的田也就一直闲置着没有再耕种。但是村里其他人家在播种或是收割时,总是会叫巴泰家的人去帮忙,去给人帮了忙,而自家并没有需要换工的项目,帮了这家不去帮那家又不好,因此本来可以享清闲的老两口却在农忙时十分繁忙。最终老两口逃离了村庄,搬到了县城去居住。"其实说实话,在明村住了一辈子,街上的热闹看两天就不想看了,还是住在明村才好,但是没得办法。"巴泰的妈妈这样说。

(3) 食物共享

食物共享也是明村嘉绒藏族日常生活中的交换形式之一,而且这种食物交换形式在明村是十分常见且重要的。食物共享也分为仪式上的和日常生活中的两种。仪式中的交换,主要都是以食物交换的形式为载体。日常生活中的食物共享,与阎云翔在《礼物的流动——一个中国村庄中的互惠原则与社会网络》中所叙的食品交换一样,明村的妇女也交换自己烹饪的拿手食物,作为一种表达感情的方式。[1] 小孩通常是专门为这种食物交换跑腿的"工具",我儿时记忆中最深刻的就是母亲做了好吃又难得的食物就会让我拿去送给邻居们分享,邻居们也会因为做了好吃的食物送到我家来分享。除了阎先生所说的这种食品交换,明村还有在村民集会时或者是村委会开会、村上举办文艺晚会等活动时的食品交换。当举办群村性质的大型集会时,一定会有人带上食物来参与这些活动,这些食物一定是要与大家分享的。有人会带上一瓶酒或者饮料和一个杯子,大家轮流喝;也有人会带上一包瓜子、一包花生或者是一大包水果等。

对明村村民来说,食物几乎可以说是村民沟通的重要载体。

---

[1] [美]阎云翔:《礼物的流动——一个中国村庄中的互惠原则与社会网络》,李放春、刘瑜译,上海:上海人民出版社,2000年,第61—62页。

个案 3

2015年我在村里做调查，本来是想要去村委会找一些资料，却被告知他们在开会，让我明天再去。回家路上碰到了村里的3个小孩，我看见他们一人手上提着花生、瓜子，一人手上抱了一箱饮料，另一人提着一堆其他食物。我跟同路的人问他们去干什么，一个小孩回答说："他们开会，喊拿吃的过去。"同路的人说："那个小孩是村主任家的孩子，领导们又开始吃吃喝喝了，说是打平伙（一起出钱买食物一起吃），每次开会都这样。"这个例子虽然不是很贴切，但是这种一有人聚集在一起就一定有食物分享的习惯在明村十分常见。

有文艺演出或者是村民的运动比赛时，食物也是拉近村民关系的"利器"。

个案 4

2013年在明村过年，大年初三村里举办文艺晚会。我在举办文艺晚会的场地（村委会前的空地）边上坐着，不断有人拿吃的给我（凡是参与者都能收到），还有人拿着酒杯和白酒让我喝酒。2015年我在进行田野调查时，每天晚上都会跟村里的女人在村委会的操场上跳锅庄，每次都是边跳边有人传吃的过来，胡豆、花生、水果、糖果等都收到过。之后日子久了，我觉得不好意思，也会准备好糖带去跳锅庄的地方跟大家分享。

总之，嘉绒藏族日常生活中的礼物馈赠、劳力交换等是一种普遍且常见的行为。这与嘉绒藏族所处的自然生态环境和经济状况密切相关，这些行为并不是单纯的经济行为，而是基于嘉绒藏族社会的人情伦理和文化规则，嘉绒藏族日常生活中所遵循的这些互惠交换行为在构建社区人际关系和维护社会秩序方面发挥了十分重要的作用。仪式是社会生活的缩影，透过仪式上的交换行为可以窥得整个社会的宗教、法律、道德、经济等事实是如何交融在一起成为莫斯所谓的"总体呈现系统"的，这样的总体呈现系统又是怎样作用于这个社区的社会关系的。

二、明村嘉绒藏族的葬礼仪式及仪式中的"然杰"

葬礼仪式,是人生的最后一项"通过仪式",也是人脱离世界的最后一项仪式。生老病死是客观规律,举行葬礼来哀悼逝者也是人之常情。嘉绒藏族的葬礼是既能充分尊重逝者、又能让生者内心安宁的重要仪式,因此葬礼往往是十分受嘉绒藏族重视的人生仪式之一。嘉绒藏族葬礼仪式上的交换行为深受族群成员重视,是葬礼仪式中不可或缺的一部分,更是嘉绒藏族经济生活诸多互惠交换中的重要形式之一,体现了蕴含在这背后的嘉绒藏族的经济、文化等逻辑。

所有的仪式都是重复性的,而重复性必然意味着延续过去[1]。明村嘉绒藏族的葬礼仪式过程反映了蕴藏在嘉绒藏族文化图式背后的宗教和历史观。仪式是集体传统价值的依附形式,是社会关系的演示形式。[2] 明村嘉绒藏族的葬礼仪式也演示了一个个嘉绒藏族家族、村落背后的亲缘、地缘关系。社会通过或借助仪式活动重申相应传统价值的合理性和合法性,并使它们代代相传。[3] 嘉绒藏族的丧葬仪式在这个不断重申并代代相传的历史发展过程中,建构了逝者与生者以及超

---

1 [美]保罗·康纳顿:《社会如何记忆》,纳日碧力戈译,上海:上海人民出版社,2000年,第50页。
2 [英]玛丽·道格拉斯:《洁净与危险》,黄剑波等译,北京:民族出版社,2008年,第159页。
3 [美]约翰·R.霍尔:《文化:社会学的视野》,玛丽·乔·尼兹、周晓虹等译,北京:商务印书馆,2002年,第90页。

自然力之间的一种关联，这种关联背后"与生俱来"的宗教神圣性，衍生出来的是人们对其的敬畏感。所以相较于其他受影响改变较多的仪式，嘉绒藏族的葬礼仪式更为"传统"。

2014年12月，我的大伯去世。2015年6月，我的大伯母去世。2015年9月，我的二伯母去世。几位至亲一年内相继去世，让我有些不敢相信，世事总是这般无常与无情。我在进入云南大学民族研究院后，听到过无数次诸如人类学者下田野做调查最希望的就是碰到结婚、死人，特别是想碰到死人这样的玩笑。在我拟定选题之后，内心也曾经这样偷偷地渴望过——希望我做田野调查时丧葬仪式能多一点。可能就是因为我这样自认为"学术"的自私想法，让我这么快地感受到了失去亲人的切肤之痛。在是否用这三场切肤之痛作为我论文的个案来报道的抉择中，我选择了"是"。高龄善终的藏族大伯和大伯母与因病离世的汉族二伯母，或许都是能支撑这篇论文的精彩个案。更重要的是，我希望能用我的这篇毕业论文来缅怀3位至亲，至少为他们留下点什么。

（一）葬礼仪式

虽然死亡结束了社会现有成员的生涯，但各个原始社会却并不认为死亡完全割断了一个人同家人或亲属的联系，几乎所有民族都相信死后某种生命的存在，结果丧葬仪式也就成了另一种过渡仪式[1]。明村以土葬为主要的葬礼形式，在明村凡是年满16岁的逝者，一般都要举行葬礼仪式。葬礼仪式主要包括报丧、入殓、吊唁、出殡和入土，以及死后7天每天到逝者坟前"送火"等环节。

当一个人垂垂老矣或是身患重病时，通常会有亲属轮流守候。待

---

[1] 李茂、李忠俊：《嘉绒藏族民俗志》，北京：中央民族大学出版社，2011年，第179页。

逝者断气之后，会暂时用草纸或衣物盖住面部，再放鞭炮报丧。这时逝者的亲属会向村里住得近的邻居和其他亲属成员报丧。这期间亲属会进行分工，一些亲属会负责去请喇嘛，向住得更远的亲戚报丧；另一些亲属会着手准备举办葬礼需要的诸如采购或向邻居们借用食物、器具等事宜。逝者的遗体一般停放在主楼底层，在外死亡的一般不进屋，停在房屋外边，到时直接出殡。

请的喇嘛到了逝者家里以后，会依照逝者的属相八字和死亡时间推算下葬的方式与时间，还会告知与逝者属相相冲和相合的人在逝者出殡时需要回避。喇嘛到场以后会确定由谁为逝者清洗，这一人选一般是逝者同辈或长辈的亲属，为逝者清洗后为逝者换上事先准备好的衣服。入殓时亲属成员都会在场观看，女人和生肖属相相冲的则禁止观看。入殓之后，遗体静置在一处，供人们吊唁。

请来的喇嘛开始念经，超度亡魂。一般念经的时间为3天，也有念更长时间的。从喇嘛开始念经那天起，逝者的亲戚、生前的好友、同村/邻村的人都会来逝者家慰问吊唁。当来参加逝者葬礼的人出现在家中时，不论长辈晚辈，逝者的儿女都会在大门口向他们磕头表示感谢。参加葬礼的人到逝者家中会去专门负责收礼的地方随礼。村里还会不断有村民到逝者的家中帮忙念"嘛呢"，特别是老年人，他们会带上转经筒、念珠来逝者家里帮忙念。来参加葬礼的人一般都会穿着深色衣服表示悲伤庄重，参加年岁高的逝者的葬礼，可以不用过于严肃。

为期几天的念经超度仪式结束之后是出殡，出殡是葬礼最重要的环节。逝者的墓地一般在逝者去世之前就已大致选定，逝者去世之后喇嘛会算卦定出出殡的时间、路线，一般下午出殡的人比较多。出殡时，由喇嘛在前念诵指路经，一般叫作"开路"，接着是由逝者亲戚朋友组成的男先女后顺序的送葬队伍，再接着是抬棺的队伍，最后是其余参加葬礼的人。在这个过程中，与逝者生肖相冲和相合的人一律不得观看。

装棺入葬的过程一般由逝者的平辈或小辈亲戚来完成,他们还需要用石头为逝者砌一个坟头。在这个砌坟头的过程中,指路的喇嘛会在距离坟墓不远的地方继续念诵指路经,村里的人,特别是老年人,也会在距离坟墓不远的另一处为逝者念诵经文。逝者的近亲属会对这些念诵经文的喇嘛和村民表示感谢,一一向他们发放谢礼("然杰")。至坟头砌完,念经结束,葬礼仪式基本结束。此时,来参加葬礼的村民、朋友可以离开。之后,逝者的至亲会为逝者"送火"7日,并念诵经文。葬礼结束后3年之内,逝者的小辈亲属需节制自身行为,丧事当年不办喜事,节庆日期不唱歌跳舞,不穿艳装,以示悼念。

2014年12月3日,罹患阿尔茨海默病,也就是我们俗称的"老年痴呆症"的大伯离世。大伯名叫降初,我一般称他阿爹降初。因为离世时已经是83岁高龄,而且离世的时候肉体并未受到太多煎熬苦楚,所以即便是罹患疾病,大家也认为他算是"善终"。阿爹降初之前一直在县城工作,退休时是小金县的政协主席,退休之后他没有选择在县城生活,而是回明村过回了带月荷锄归的田园生活。阿爹降初有3个儿子、两个女儿,大儿子和两个女儿仍在老家务农,二儿子和小儿子在县城做公务员。经济条件在全村来说是属于中上等的。

阿爹降初去世之后,和他住在一起的大儿子通知了他的两个姐姐和在县城的两个弟弟,三兄弟聚齐之后商量如何来办阿爹降初的丧事,并做好了具体分配。他们由亲及疏地向亲戚朋友报丧,因为阿爹降初之前在机关单位工作,在县城还张贴了讣告。在报丧之后住得近的村民陆陆续续到了阿爹降初家,远一些的人第二天也都陆陆续续来了。再接下来的事情是请喇嘛,阿爹降初的堂哥,我的另一个伯父,是从印度学佛回来的僧人,阿爹降初丧事上需要喇嘛做的一应事务就由他全部负责了,阿爹喇嘛还带了他的另外两个朋友。他们按照阿爹降初的属相八字和死亡时间确定了处理遗体的人选，还确定了具体的入棺和下葬的时间。阿爹降初的儿子们决定为父亲念经7日，阿爹喇嘛也认为是可行的。所以阿爹喇嘛和他的朋友一共为阿爹降初念了7天的经，为阿爹降初"开路"。整个葬礼从阿爹降初逝世到之后的报丧、入棺到入土为安前前后后经历了大约10天的时间。

（二）"然杰"过程

人们一般把葬礼和婚礼合称为"红白喜事"，不同的礼尚往来在类似仪式中已是稀松平常之事。村民认为这种早已约定俗成的事，再平常不过。与阎云翔先生在下岬村向村民表明想要对礼物交换做系统调查时村民的反应一样，许多村民不理解我怎么会对这么一个简单、明白的事情感兴趣，不理解为什么它值得认真地研究。一个老朋友就说："你不知道随礼和母鸡下蛋一样平常吗，它天天发生！"有的以为我是在开玩笑，还讥笑我："你不该念那么多书，几年前你在这儿的时候比现在要精明。"[1] 同样，当我告诉我明村的亲戚朋友，我想要对明村一些仪式上的礼物交换，特别是办葬礼的时候发东西的事情进行研究时，他们都觉得我是在做没有意义的事，甚至还有人质疑我读的研究生是否正规，因为"谁没事会做这种调研"。

1. 葬礼仪式中的礼物交换

我首先对明村葬礼仪式中的礼物交换进行了一个大致的分类，具体如下。

（1）随礼：葬礼参加者赠予逝者家庭的礼物

与汉族和其他民族在相关人生仪式上的习俗一样，各地都有不同

---

[1] ［美］阎云翔：《礼物的流动——一个中国村庄中的互惠原则与社会网络》，李放春、刘瑜译，上海：上海人民出版社，2000年，第42页。

形式的礼尚往来，嘉绒藏族葬礼上随礼是必不可少的一个环节。随礼的多少反映随礼者与逝者/逝者家庭关系的远近。礼的种类随社会经济的发展而不断变化，之前的礼主要有现金、食物、腊肉、烟酒、包子、酥油等。随着社会的发展，如今的礼主要以现金和酥油为主，有些村民还是会送腊肉、包子等，但已经很少看见了。

一般随礼的时候，大家总是喜欢讨论送礼的多少，因为送少了不能体现双方关系的远近，折了自己的面子；送多了又怕伤了同行人的面子，所以同行的人一般会商量送多少礼。在这件事情上，我的姨妈是个鲜活的案例。

个案5

姨妈总是喜欢打电话问我母亲，那家结婚你们要送多少，那家死人你们要送多少……然后她也跟母亲一样送多少，有时候还会"鼓动"我的舅舅们跟她俩送一样多。有些时候，姨妈还会因为跟我母亲想到送一样的金额而认为双方有默契。其实在我看来，这只是两个人与当事人有相一致的关系而已。

阿爹降初的葬礼上，姻亲（阿爹降初的妻子家）、旁系血亲（阿爹降初的2个弟弟和一个妹妹以及阿爹降初的堂兄弟姊妹）除了需要帮忙张罗葬礼，参与"然杰"，随礼也是必需的。邻居、亲戚以及阿爹降初工作上的朋友则只需要随礼就可以，随礼一般以现金和实物的形式出现。现金多少不定，一般以随20元、50元居多，也有更多的。实物形式主要是挂面、包子、酒、腊肉、酥油、嘛呢旗、香等物品，实物形式的随礼现在已经很少了。这些"随礼"一般会有专门的人做记录，方便当事人家庭日后还礼。阿爹降初的葬礼收到了30 135元的现金随礼，以及合3 000多元的腊肉、挂面、酥油等（表2）。

表 2　阿爹降初葬礼上收到的随礼

礼物种类	礼物数量	合人民币（元）
现金		30 135
腊肉	25 根	—
挂面	186 把	744
酥油	60 斤	2 700
嘛呢旗	若干	—
包子	200 个	—

（2）"帮忙"[1]：葬礼参与者对逝者家庭的友情帮助

"帮忙"在嘉绒藏族社会各项仪式中，同换工一样是人力交换的一个重要表现形式，或者可以说它是劳作换工的一种变形形式。无论是居住在城市还是居住在农村的嘉绒藏族的人生仪式中，都存在"帮忙"这种形式，它是体现当事人双方亲疏关系的一种方式。如果当事人一方向另一方随了礼，并去帮了忙，那么在另一方主办仪式时，之前收礼的一方就需要去随礼，而且必须去帮忙。其实仪式中帮忙的人很多，而且当事人在仪式之前差不多就分配好了人做事，所以要么你见机行事，看有什么事自己能做，要么就像村里一位 50 多岁的人说的那样："哪怕是在他家站着什么都不做，也算是帮忙了，因为要人多，才能显示这家人的人气旺，大家沾亲带故的，这种时候不支持就不对了。"

2017 年 1 月底，母亲的姨妈去世，母亲同姨妈的关系很好，在获知姨妈的死讯后，就让我连夜陪她赶往了她姨妈家。我们到的时候，住得近的亲戚朋友和邻居，早就已经赶到了她姨妈的家中，看有什么事是自己能帮上忙的。母亲和我那夜几乎没合眼，一直在帮忙择菜、洗菜、烧茶……第二天也是一样的忙碌，几乎没有停歇地在洗碗。因

---

[1] "帮忙"，一种四川方言，指帮助主人家张罗葬礼。

为第一天走得急,第二天葬礼上我们所需要"然杰"的东西都是第二天托人代买的。母亲和我直到葬礼仪式结束才回家。仪式结束吃完饭,母亲和我准备回家,母亲的表哥(逝者的儿子)送我们出门,他眼中噙着泪,拉着我母亲的手说:"妈妈也去世了,你们这两天辛苦了,太感谢你们了,事情差不多完了;家里这样,太忙也没有精力招待你们,不要介意。"又说了一通宽心的话,母亲和我才离开。

(3)"然杰":逝者亲属、邻居和葬礼参与者间的互惠品

亲人去世之后,亲属、邻居参与"然杰"都是自愿的。逝者跟谁住,他只需要向亲戚朋友通知逝者的死讯,并不需要特意地知会大家准备"然杰"。"瓦勒达"会按照亲疏远近,由亲属、邻居依次向来帮忙念"嘛呢"的村民发放。在发的过程中,会向来帮忙念"嘛呢"的人说一句"嘛呢德勒嘎诺白",意为"请念一句'嘛呢'"。"杰勒"是邻居在葬礼当天送给主人家(当事人家属)的"慰问品"。

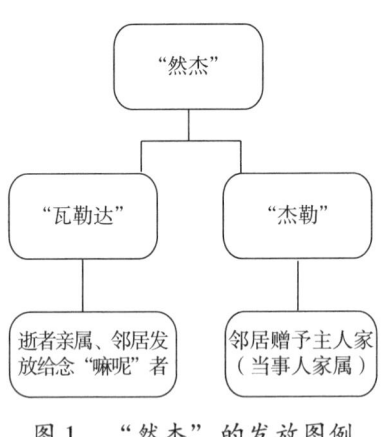

图 1 "然杰"的发放图例

以 2017 年初姨奶奶(前文讲到的母亲的姨妈)的葬礼为例,姨奶奶的直系亲属(包括她的两个儿子和 3 个女儿)、姻亲(姨奶奶的丈夫家)、旁系血亲(姨奶奶如今仍在世的 1 个弟弟和 3 个妹妹以及

他们的子女）都需要准备用于"然杰"的东西。邻居除了随礼和准备"然杰"所需要的东西之外，他们还需要在葬礼当天准备"杰勒"。明村是一个主要以亲缘关系为纽带的村落，地缘和亲缘在一定程度上有重合的部分，有的邻居既是邻居也是亲戚。所以邻居的距离不仅是物理空间意义上的距离，血缘、心理上的距离也是衡量邻居是否参与赠送"然杰"的一个因素。

2. "嘛呢德勒嘎诺白"[1] ——葬礼仪式上的"然杰"

"然杰"通常用四川话表述为"死人的时候散（发）的东西"。葬礼仪式是一个人一生中重要的过渡仪式之一。受本教影响的明村嘉绒藏族，轮回、来生这样的印记几乎深刻地印在每一个村民的意识里。在葬礼仪式这样重要的过渡仪式中，除了请来专业的宗教从业者专门为逝者念经"开路"以外，大部分村民会自发到逝者家中，为逝者念经"消业"。嘉绒藏族丧葬仪式上，"然杰"就嵌合在宗教从业者和村民为逝者念经"消业"这一重要环节中。"然杰"在嘉绒藏族的葬礼仪式过程中十分重要，不可或缺，如果没有就会被村民认为这户人家"没有规矩（不合礼俗）"。

在田野调查中听到过很多种有关"然杰"的解释。

解释1："然杰"就是发的东西，死人的时候坟山上（墓地周围）要散，亲戚邻居给死人的家人（子女）的东西。（阿克，46岁，村民）

解释2："然杰"就是死人的时候发的东西，有两种，坟山上散的叫"瓦勒达"，给死人的娃娃们（子女）的叫"杰勒"。（斯格玛，72岁，村民）

解释3：发东西的意思。死人那家人，人死了，亲戚朋友来了，来帮忙了，来见了逝者最后一面，你还收了别人的礼，当然需要给这些来

---

[1] "嘛呢德勒嘎诺白"：嘉绒藏语，国际音标为 $ma^{35} li^{55} tə^{33} gu^{33} lə^{33} pa^{31}$，意为"请念一句'嘛呢'"。

参加葬礼的人回礼，发东西就是这个意思。（森根特，21岁，村民）

解释4：发东西是为了数一数一家一家有多少亲戚。因为发东西这个是只有你的亲戚才可以做的，人死了，坟山上（墓地周围）一发东西就晓得这家人有多少亲戚了。（迟么阿泰，52岁，村民）

田野调查中听到最多的是对"然杰"的解释，村民认可度最高也是最初的解释。

解释5："然杰"是因为家里有老人去世，直系亲属、侄儿侄女，直到孙子辈和邻居根据自己的经济情况，从逝者去世当天开始，买酒、饼干之类的东西，发给前来念"嘛呢"的亲朋好友，这个我们这儿叫"瓦勒达"。还有就是葬礼当天，住得近的邻居会包好包子、蒸好馍馍，送到逝者家里应急，意思是给来帮忙的人充饥，这个就是"杰勒"。（阿特尔，49岁，村民）

现在，"然杰"的两个部分都出现了一些变化："瓦勒达"最初只是用来发给念"嘛呢"的人，现在发展为凡是参加葬礼的人都发；而"杰勒"原本是亲的和住得近的邻居做好食物（一般是包子、馍馍等）送到逝者家里，本意是帮助逝者家庭渡过难关，如今的"杰勒"已经发展成了邻居送给主人家（当事人家属）的"慰问品"——亲人去世，邻居以此表示慰问，主人家则会留着自用。

"瓦勒达"和"杰勒"都是对馍的称呼，它们都是食物，根据我的调查事实也确实如此。传统的"瓦勒达"和"杰勒"都是面制品。如今村里已经很少有人再做传统的"瓦勒达"和"杰勒"，除了一些老年人会在葬礼上准备传统的"瓦勒达"和"杰勒"外，其他人都是直接购买别的商品替代。

在市场经济的大潮流下，能替代这两种东西的商品的数量、种类十分繁多，但是其一定要是食物这一实质并没有发生改变，买来的商品一定要是能入口吃的、喝的，这一点是必需的。有些地方还会出现烟，但是这与宗教禁忌相违背，一些严守传统的老年人直接对此表示反对,在"'瓦勒达'的炫耀性消费趋势"一节中,我将对其有所提及。食物最初是自制的面制品,现在成为直接在商店购买的商品。诸如蛋黄派、萨其马或者饼干这种一大箱里包含了无数小份的商品,最受大家青睐。

图 2　葬礼仪式上的"瓦勒达"

嘉绒藏族葬礼会请喇嘛来念经超度亡魂,念经的时间天数不等,一般按照宗教从业者的卜卦和当事人家的经济状况来定,有些念 1 天,有些念 3 天,还有的念 7 天。在念经的这几天,"瓦勒达"也会按照关系亲疏来进行分配,不同天数的分配不同。一般的分配如表 3 所示。

表 3　"瓦勒达"分配示意表

时间	人物
第一天	子女
第二天	子女
第三天	旁系血亲（平辈）
第四天	姻亲
第五天	旁系血亲（小辈）

续表

时间	人物
第六天	邻居
第七天	所有人

以阿爹降初的葬礼为主要例证。阿爹降初去世之后,阿爹喇嘛卜卦认为应该念 7 天的经,这意味着发"瓦勒达"要进行 7 天。每一天该谁负责,应该准备些什么,都要安排下来。阿爹降初这 7 天"瓦勒达"的分配介绍如下。

第一天是逝者跟谁住在一起就由谁来负责发第一天的"瓦勒达"。阿爹降初跟大儿子住在一起,因为阿爹降初两个女儿的家距离大儿子家直线距离不到 50 米,所以这个边界也没有被定得十分死板,第一天是由阿爹降初的两个女儿和一个儿子来负责。第二天由住得远的子女负责。阿爹降初在县城做公务员的两个儿子负责了第二天的"瓦勒达"。第三天由旁系血亲来负责。阿爹降初有两个弟弟、1 个妹妹,再加上他的堂兄弟姊妹,第三天就由他们负责。第四天由姻亲负责。阿爹降初的妻子,我一般叫她阿妮格玛,第四天是由阿妮格玛的兄弟姊妹们负责。第五天是由阿爹降初的侄子侄女来负责。这一天就该我和平辈的兄弟姐妹们一起负责。第六天由距离家近的邻居负责。因为明村是一个以亲缘关系为主导的村落,不少邻居也是亲属,所以第六天来帮忙发"瓦勒达"的邻居很多,几乎整个村民小组的人都来了。最后一天所有的亲属,不管是直系、旁系还是姻亲,都要再发一次。念完经后下葬,下葬之后,邻居会将准备好的"杰勒"赠送给逝者的直系血亲。阿爹降初下葬之后,住得近的邻居为阿爹降初的 3 个儿子、2 个女儿准备了"杰勒"。

我曾经参加过念 3 天经的葬礼和念 1 天经的葬礼。念经 3 天发"瓦勒达"的过程是:第一天由逝者的所有子女负责,第二天由逝者的兄弟姐妹、逝者丈夫的近亲以及逝者的侄子侄女负责,第三天由逝者的邻居负责。念1天经的则是所有的亲属、邻居都在同一天发"瓦勒达",但是亲属、邻居会按照关系的亲疏远近来发"瓦勒达"。

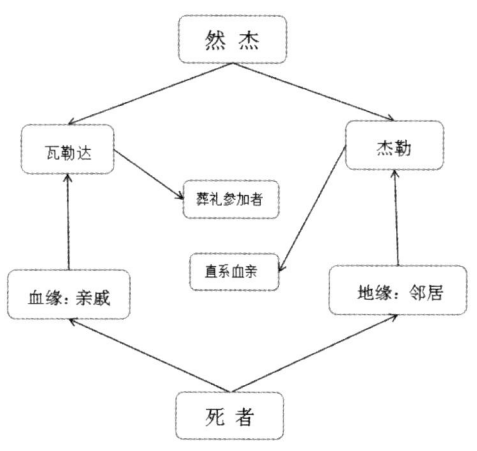

图3 "然杰"的图示与亲属关系

一般一个大家族有人去世,来参加葬礼的人势必能收到很多的"瓦勒达",如果当事人家庭在村里有很高的威望,那么当事人直系亲属收到的"杰勒"也会很多。我有一次参加葬礼,史无前例地收到了特别大一袋"瓦勒达",琳琅满目的各种食物让人眼花缭乱。然而同行的朋友木珍(24岁)却告诉我说:

你这个算什么,上次二队(村民小组)有人死了,我跟我爸爸一起去的,那个才叫吓人,我跟我爸爸用了两个大背篼才把东西背回家。

关于收到的"杰勒",森根特(21岁)这样跟我说道:

上次我外婆去世的时候,我妈收到了两大箱东西(指杰勒),吃了大半年都还有剩,根本吃不完。

"然杰"是嘉绒藏族葬礼上才会出现的一种特殊的文化事象。例如,我的二伯母是汉族,她的葬礼上没有"然杰";县里的其他汉族村落也没有"然杰"。

明村人说"然杰"是"自古以来"就存在的,死人的时候"然杰"是必须有的,不要不行,不要就坏了规矩。这个"自古以来"具体能回溯到什么时期,已不可考。但是如今葬礼上的"然杰"已经成为嘉绒藏族的"惯习",这一点无可争议。

在翻阅文献时,我注意到有一些书籍也介绍了"然杰",认为其为一种布施。云南师范大学的李立老师在其《寻找文化身份——一个嘉绒藏族村落的宗教民族志》一书中提到了马尔康若村葬礼上"然杰"的相关内容:白天在亡者家中,全村的人会带上念珠、大小转经筒,由两位僧人领诵,念诵"嘛呢斯古玛"……为了答谢这一切,主人与主人的至亲们先后向前来的众人一一布施供养,根据各自的经济能力,送给每人几毛钱到一两元钱不等的现金,以及糖果、水果、炒豆、炒麻麦、火柴、针线、药物(头痛粉)[1]。但是因为李立老师这本著作主要是关于马尔康若村的宗教民族志,这一文化事象只是出现在马尔康若村当地人给他的一封关于嘉绒藏族葬礼仪式的回信当中,所以并没有做一个理论层次的分析。

另外,雀丹先生在《嘉绒藏族民俗志》中提到了"戒拉",是指丧葬仪式中由逝者亲属发放的布施,其种类有茶、盐、酒、水果、谷类、针线和小钱等,本意是逝者生前的劳动果实让众人共享[2]。嘉绒藏族内部其实也会因为地处不同地区而导致语言、习俗的些许差别。雀丹先生在该书中记载的"戒拉"跟这里"然杰"中的"瓦勒达"是同一个事象。"戒拉"(我将其音译为"杰勒")是邻居向逝者家属赠送的"慰问品",而"瓦勒达"才是雀丹先生提到的"戒拉"。再说其功能,雀丹先生在书中认为,"然杰"是逝者生前的劳动果实

---

[1] 李立:《寻找文化身份——一个嘉绒藏族村落的宗教民族志》,昆明:云南大学出版社,2007年,第214页。
[2] 李茂、李忠俊:《嘉绒藏族民俗志》,北京:中央民族大学出版社,2011年,第187页。

让众人共享。我在田野调查的过程中也听到过类似的解释，但是村民更多的解释是"为了感谢前来帮忙念'嘛呢'的人"，或"答谢前来帮助逝者消除生前罪孽的人"。

"瓦勒达"在葬礼上用来交换"嘛呢"，或者说是为了答谢来帮死者念"嘛呢"的礼物。而"嘛呢"或许是一种"人对'神灵'的献祭"[1]，用于交换"嘛呢"的"瓦勒达"由于成了一种与超自然沟通的物品，进而被赋予了超自然的神圣力量。村民有时候会不辞辛劳地把葬礼上收到的东西背回家给家人吃，"死人那儿拿来的东西，好得很，快吃一点"，父母去参加葬礼带回来东西之后让我们吃说得最多的也是这句话。家里来客人，又恰逢家里有葬礼上发的食物时，村民就会拿出来招待客人，本来还跟主人客气地说不吃的客人，听说是葬礼上带回来的食物，往往会多少吃一些。

上述两位专家的说法都是站在客观的角度对"然杰"这一文化事象进行的正确解释，他们更多的是对"然杰"这一事象的宗教意义所进行的考量。嘉绒藏族有诸多礼物交换关系，而"然杰"是礼物交换行为当中极具特色的一种。所以我将其划为一种礼物交换，结合其宗教性，从经济人类学的角度思考这一问题。这样或许能让我们更好地认识"然杰"这一嘉绒藏族所特有的文化事象。

---

[1] 靳德刚：《沧源县 L 村佤族"如别麦艮"仪式中的家庭代际关系》，硕士学位论文，云南大学，2016。

三、"然杰"中的经济活动

仪式并非悬在空中自我运转的独立楼阁,仪式的举行必然关联着现实生活中经济的支出与耗费。[1] 仪式中的经济活动与仪式的象征意义同等重要,嘉绒藏族葬礼仪式脱离经济基础的支撑,是不可能成功有序地运转的。"然杰"在嘉绒藏族葬礼仪式中具有十分重要的地位,相较于随礼、换工之类较为普遍的交换行为来说,其具有自身的特殊性。所以在对"然杰"做象征、功能层面的分析之前,先对嘉绒藏族葬礼仪式中"然杰"的经济基础进行分析。

(一)购买"然杰"

在上一节中,我已经对明村嘉绒藏族葬礼仪式上的"然杰"进行了分类。"然杰"分为两类:由逝者亲属向前来参加逝者葬礼帮忙念经"消业"的亲朋好友发放的食物叫"瓦勒达",邻居向逝者家人赠送的物品叫"杰勒"。"瓦勒达"意思为"三角形馍","杰勒"也是一种馍,它是一种长条状、两头像乳房形状的面制食物。这两种物品原本都是村民自制的面制品,但是受市场经济的影响,如今自制"然杰"的村民通常是一些村民口中"守旧的老古董"。村民巴松(43

---

[1] 郑宇:《箐口村哈尼族社会生活中的仪式与交换》,昆明:云南人民出版社,2009年,第75页。

岁）这样说：

现在没多少人会自己做了，大家都有点钱了，年轻人是不会花费很长时间去做一些劳神费力又不好吃的东西的。

所以当品种繁多、独立包装的面制食物——诸如独立包装的饼干、萨其马、蛋黄派等——出现在明村村民"视线中"时，可方便、快速获取，口味较好等优点使得这些小商品很快成了自制面食的完美替代品，"传统"的"然杰"逐渐退出舞台。

1. "瓦勒达"的购买

"瓦勒达"直译意为"三角形"，葬礼上的"瓦勒达"最初是用面经过油炸之后制成的一种三角形的面制食品。如今这种自制的"瓦勒达"已不常见，取而代之的是能在市场上直接买到的面制食品。"瓦勒达"由逝者的近亲、近邻赠送给参加葬礼的其他亲戚朋友，用于为死者交换"嘛呢"。所以，购买"瓦勒达"的人一般是逝者的近亲、近邻。例如，当一个人死亡时，他的血亲和姻亲都需要购买"瓦勒达"，有时候邻居也需要准备。像上文提到的阿爹降初的葬礼上，我的父母、妹妹和我都需要准备"瓦勒达"。

现如今的"瓦勒达"基本上都是在市场上购买的商品，多是一些独立包装的食物，除此之外，还需要准备鸡蛋、酥油以及烟、酒等物品。在小金县城有一个专门做批发的商家，因为老板娘的娘家在垄乡——明村所在乡，再加上低廉的价格和老板的热心肠，明村人总是会去他家买东西，不管是日常生活中使用的，还是"然杰"需要的东西。老板告诉我："死人的时候发的那些东西，卖得最好的是蛋黄派、巧克力派、饼干、萨其马和蛋卷这一类小面点，一箱大概60元。明村人好多都在我这儿买，有些人一买就是五六箱，可能是帮人家代买的吧，一场葬礼哪里需要那么多。"

然而跟我同行的明村人却告诉他，一场葬礼如果来参加的人多，五六箱根本不够用。

2015年,我曾陪村里人索斯曼(43岁)去购买"瓦勒达"。杂货铺老板向我们打听:"今天艾尼家二儿子——扎西也来买东西了,谁去世了?"索斯曼的姨妈去世了,她本来想买某种特定品牌的小面包,却被告知这种小面包已经卖光了。索斯曼拒绝了老板推荐的另一种饼干,没买到想买的东西,我和索斯曼转而去了县城的超市,总算是买到了她想买的东西。抱着一大箱小面包的索斯曼跟我说:"这个牌子的(小面包)最好:好吃又充饥,还能保存很久。老板推荐的那些(饼干)大家都不喜欢吃。"

小金县所有的嘉绒藏族聚居的村落的葬礼上都有"然杰"的习俗,不同的可能是"瓦勒达"的种类和受市场经济冲击之后各地不同的变迁。正因为这样的变迁,如今在小金县的各个区[1],乃至各个村,"然杰"所花的经费都不尽相同。同样是亲戚,因为居住的地方不同,同一户人家在"然杰"上所需的花费也不同。例如,同样的亲属关系距离的人去世,如果他居住在明村,参与"然杰"的人购买"瓦勒达"需要花费800~1 000元;如果住在距离明村不远的尔村则需要花费更多的钱——至少需要1 200元;如果住在沃日河边一区的香村,则可能只需要花费50~200元。

有些明村村民的亲戚是尔村人,他们有人向尔村的长辈说道:"你们千万要保重身体啊!"表面看这是一句关心长辈的话,但大家都知道这是在拿尔村"瓦勒达"花费高开玩笑。而且葬礼开支不仅仅是购买"瓦勒达",和其他开支加起来,一场葬礼的花费,对于以务农为主的明村村民来说,无疑是一笔巨款。

与主人家关系的亲疏远近也是衡量花费多少的一个重要因素,一般来说,关系越近,花费越多。表4是阿爹降初葬礼上我按照直系亲

---

[1] 小金县被小金河、沃日河和抚边河分为3个区,还有一个区在汗牛河边。这4个区分别被称为一、二、三、四区。

属、旁系亲属、姻亲、邻居这样的亲疏远近关系访问到的部分亲戚朋友"瓦勒达"大致的消耗情况。

表4 阿爹降初葬礼上亲属的"瓦勒达"消耗情况

亲属关系	与逝者的关系	人数	具体购买的商品	总经济消耗（元）
直系亲属	父子	3人	鸡蛋、小面包、包子、饼干、烟、酒、酥油	4 200
直系亲属	父女	2人	鸡蛋、小面包、饼干、烟、酒、酥油	1 200
旁系亲属	哥妹	1人	小面包、包子、烟、酒、酥油	1 000
旁系亲属	哥弟	2人	小面包、饼干、鸡蛋、烟、酒	2 300
姻亲	——	5人	小面包、包子、饼干、酸奶、酒	3 300
邻居	邻居	若干	小面包、包子	≈1 800

2."杰勒"的购买

"杰勒"最初是一种长条状、两头像乳房形状的面制食物，是邻居家向逝者家人赠送的礼物。因为怕逝者家庭在葬礼仪式过程中事情太多忙不过来，所以当邻居家有人去世时，住得近的亲戚、邻居家的妇女会在第一时间蒸好这种面制食品或包好包子，送到逝者家里，意思是帮逝者家庭"渡过难关"。所以"杰勒"是地缘关系在群体成员突发状况时的应急互助方式。但是现在"杰勒"已经演变成葬礼仪式上住得近的亲戚和邻居向逝者家人表示"慰问"的方式。

与如今的"瓦勒达"相同，"杰勒"也不再是自制的食物，在市场上购买的成品食品已经成为"杰勒"的主要构成。亲戚、邻居赠送给逝者家人的"杰勒",种类几乎与"瓦勒达"赠送的无异,但还是存在些许的差别。首先,"杰勒"不需要准备诸如鸡蛋、酥油以及烟、酒等物品,只是面制食物这一项。其次,赠送的数量不同,参与发"瓦勒达"的人,发到每个人手上的"瓦勒达"一般只是一两个,但是送给逝者亲人的"杰勒"至少一小箱。上文中提到的那个专门做批发的商家告诉我:"他们还要买那种不大不小的面制品(只用来作为'杰勒'的食品),不晓得是用来做什么,搞不懂。搞不懂这些习俗。"

关于"杰勒"我还看见过这样的情景:

> 个案6
> 2017年母亲的姨妈去世,大家都在给母亲的姨妈的女儿送东西,有人提着一箱牛奶给她,有人拿着一箱饼干给她。她一边推托说:"不用这些的,尽给你们添麻烦。"但是送"杰勒"的却坚定地说:"这个是(一定)要拿着的,快拿着。"

还有人因为既是逝者的亲属,又是逝者的邻居,所以既需要准备"瓦勒达",又需要准备"杰勒"。但他却因为太过匆忙而忘记准备"杰勒",因此而感觉十分愧疚。

有关"杰勒"的花费,村民们这样谈道:

> 个案7
> 如果当事人家庭的子女很多,花费肯定就很多,如果子女少,花费就少。送好一点的东西,像送一箱牛奶,现在一箱纯牛奶的市价大约是70元;如果逝者有5个孩子(包括儿子和女儿),就得花掉350元;如果只有两个孩子的话,只要140元就能搞定了。但是,也只有既富裕又和逝者亲属、邻里关系特别近的人家才会拿牛奶去做"杰勒"。一般的亲戚邻居,一小箱饼干、两袋萨其

马（小包装）就够了，一个子女一二十块钱就够了。

总的来说，与"瓦勒达"的花费类似，按照血缘、亲缘、地缘关系的亲疏远近来区分葬礼上的花费，关系近的花费多，关系远的花费少。

（二）"然杰"的消费

葬礼上的花费对于当事人家庭来说无疑是一笔很大的开支。逝者的寿衣、棺材等在逝者去世之前就已经准备好了。除了准备这些以外，对于一个嘉绒藏族家庭来说，葬礼上的支出还包括逝者直系亲属请喇嘛所给的供养花费，这种供养包括现金形式和实物形式[1]。逝者下葬那天，逝者的直系亲属会请所有来参加葬礼的人吃饭，招待来参加葬礼的亲戚朋友所需的食材、烟酒等都需要逝者的直系亲属来承担。

除了逝者的直系血亲（一般是子女），逝者的姻亲、旁系血亲以及近邻都需要向逝者家庭随礼。除此之外，他们还需要按照关系的亲疏远近自发有序地为来帮忙念"嘛呢"的村民准备每天的午饭、晚饭和夜宵，还要向这些来帮忙的村民发放"然杰"，而且这些饭食不能太简单。所以逝者葬礼上的开支还包括"挨得近的亲戚朋友"（血亲、姻亲、地缘意义上的）所提供的每天来帮忙的村民的三餐，以及"然杰"的支出。整个葬礼仪式会动用大量的财力、物力，亲属关系由亲到疏的耗费也各不相同。

如果以死者为圆心，依次以血亲、姻亲、地缘关系的亲疏距离为半径画圆，最终我们会得到一个以死者为圆心的同心圆。在葬礼上，

---

[1] 明村的本教喇嘛在主持公共仪式时，并不向村民收取钱财。但是一般主持葬礼这样的仪式时，就会向逝者家庭收取一定的钱财。

一个人花费多少与这个人距离圆心位置的远近呈正比。也就是说，与逝者的关系越近，在葬礼仪式中的花费就会越大；反之，则花费也就越少。

表5、表6是阿爹降初葬礼上，关系亲疏的亲戚朋友的花费。

表5　阿爹降初葬礼上直系血亲的花费

支出事项	请喇嘛念经	买菜	"然杰"	其他
支出者	3个儿子、两个女儿	3个儿子	3个儿子、两个女儿	—
支出形式	现金、实物	现金	现金	现金
支出内容	现金3 000元、酥油500元	各类所需食材	各类所需材料	其余支出
支出合人民币	3 500元	13 300元	5 400元	3 200元

表6　阿爹降初葬礼上姻亲及旁系血亲的耗费

支出事项	"然杰"	其他
支出者	姻亲、旁系血亲	姻亲、旁系血亲
支出形式	现金	现金
支出内容	"然杰"所需各类材料	礼金
支出合人民币	8 000元	7 550元

表7　阿爹降初葬礼上邻居的耗费

支出事项	"然杰"	其他
支出者	邻居	—

续表

支出事项	"然杰"	其他
支出形式	现金	现金
支出内容	"然杰"所需各类物品材料	礼金
支出合人民币	≈3 000元	2 000元

我几乎走访了小金县每个区的嘉绒藏族聚居村寨，所有的聚居村寨都有相似的习俗，不同的可能只有"瓦勒达"的种类和受现代化冲击之后各地不同的变迁。还有一点不同就是，在各个区，乃至各个村，"然杰"所耗费的经费都不尽相同。同样是亲戚，因为居住的地方不同，同一户人家"然杰"的花费也不同。居住地不同，"然杰"的花费就不同，这个主要与各村不同的习惯和村干部有关，有些村的村干部是藏族，他们并没有觉得这样花费巨大的习俗不好，就算是村里人自己都说"好像是越来越夸张了"，但是却并没有发生改变，近年来反而是越来越夸张，明村和尔村就是这样的例子。上一节中提到的一区香村的村干部就会在每次将要发放"然杰"的时候告诉大家："不要把别的村的一些坏习惯带到我们村来，传统是怎么做的就怎么做。"距离明村不远的落村，因为老年人的集体约定，大量购买"然杰"的情况也不严重。

明村村民阿克（46岁）跟我聊起自己可能负担的"然杰"，他数了数住在明村的长辈，只有一个姨妈和老丈人了，如果他们去世，都需要阿克参与"然杰"，所以他告诉我说："我自己需要参加'去发东西'（发'瓦勒达'）的葬礼算起来只有两场了，因为剩下的长辈就只有大姨妈跟老丈人了。但是有时候想起还是有点害怕，害怕老人一去世，自己拿不出钱来买东西当作'瓦勒达'。"

葬礼上"然杰"的花费是巨大的，作为"然杰"的商品极为丰富："太多了，哪里吃得完，有些时候放在那儿几年都不会吃的"，村里的年轻人木珍这样对我说。这里面伴随的变化是:"然杰"不再像以前那样只是单纯地用作交换"嘛呢"的媒介和帮逝者家庭渡过难关的礼物,在物质资源极大丰富的今天,"然杰"的神圣性似乎式微,世俗的意味增强——越来越发展成为村民用于炫耀自己经济能力和社会关系的手段。

(三)"瓦勒达"的炫耀性消费趋势

加拿大社会经济学家约翰·雷(John Rae),是炫耀性消费这一概念的首提者。他把虚荣心加入对炫耀性商品的研究中,他认为虚荣心是一种心理因素,是一种想要超越他人的欲望,其目的仅为占有其他人没有占有的东西。之后凡勃伦将炫耀性消费这一概念提升到了理论高度,他区分了中世纪以来的有闲阶级与其他社会阶级的生活,同时还对浪费虚荣、代理有闲、代理消费、奢侈等概念进行了探讨,这是对消费行为进行的社会意义探讨。[1]

凡勃伦在其著作《有闲阶级论:关于制度的经济研究》中首次把"炫耀性消费"(conspicuous consumption)的概念引入经济学中。"要获得尊荣并保持尊荣,仅仅保有财富或权力还是远远不够的,有了财富或权力还必须能够提供证明,因为尊荣只是通过这样的证明得来的。"[2] 他认为,炫耀性消费指的是富裕的上层阶级通过对物品的超出实用和生存所必需的浪费性、奢侈性和铺张性消费,向他人炫耀和展示自己的金钱财力与社会地位以及这种地位所带来的荣耀和名誉。用通俗的话来说就是:对财富和权力,不能只是拥有即可,让他人知道自己对财富和权力的拥有,以保持其所带来的尊荣的消费活动,即凡

---

[1] 刘玉良:《炫耀性消费的经济学分析》,沈阳:辽宁大学出版社,2008年,第5—6页。
[2] [美]凡勃伦:《有闲阶级论:关于制度的经济研究》,蔡受百译,北京:商务印书馆,1964年,第31页。

勃伦所谓的炫耀性消费。

凡勃伦认为，炫耀性消费的动机是歧视性对比和金钱竞赛。歧视性对比是一种由上及下的炫耀性消费现象，主要是一种高财富水平阶层通过炫耀性消费来将自己与低财富水平进行区分的行为；而金钱竞赛则是一种从下到上的通过炫耀性消费来寻求认同的现象，是财富水平低的阶层通过炫耀性消费来效仿财富水平高的阶层的行为，以期待被认为是其中的一员。凡勃伦和约翰·雷皆认为，炫耀性消费是为了获取心理上的满足，而向众人炫耀自己的财力、地位和身份。由此可见，在炫耀性消费中，消费的符号象征意义已经超越了其实用意义。

我之所以将"然杰"称为炫耀性消费，是因为商品经济影响下葬礼上的"然杰"正在慢慢演化成一场"浪费性、奢侈性和铺张性消费"的"闹剧"。"然杰"最开始是同村人将念经作为赠礼赠予逝者，逝者家庭接受这个赠礼，并以"瓦勒达"作为回礼的最简单的礼物交换，如今演变成了回礼时掺杂"私心"的情况。如今嘉绒藏族的葬礼上，主人宴请宾客，主人的亲戚朋友大肆集结，炫耀性地向宾客赠送大量宗教"加持"过的"神圣"物品，一方面显示自己的财力；另一方面向大家展示自己庞大的家族和强大的社会关系网络，以获得同村人对这个家族的夸赞以及家族在村内的声望，并对这种荣耀和名誉十分看重。

有一次访谈，直接问大家会不会攀比自己买的"瓦勒达"，得到的回答是肯定的，一个舅妈（40岁）告诉我说：现在攀比的风气相当严重，这家人这次发了什么东西，下次那家要发比这家还要贵、还要好的东西，才算是赢过那家人了。这种风气一点都不好，弄得现在村里一点都不和谐。

也正是因为这样的发展，村里一些老年人开始反感这种形式的变化，从而形成了一种宗教传统与现代变迁的对抗。阿暮列泽旺（73岁）就直接给他的子女说："如果以后你们不按传统办事，还不如不要做。现在好多人准备的'然杰'不合传统，有的死人场合上还发烟

(指以烟作为'瓦勒达'发放)。以后我死了,你们最好什么东西都不要发,要是搞些烟来发,对我是一点都不好,换'嘛呢'的东西怎么可以是害人的东西,这根本就是背罪(指给逝者加罪)。"

2017年在明村参加姨奶奶的葬礼时,看见一个男人拿着一条烟在坟地里转悠,给念经和砌坟的人发烟。没过多久就听见他在场的长者痛骂:"拿着你的烟快点滚远一点,不要拿着那个东西乱转,这儿(坟地里)没得人要你那个东西。"拿烟的男人只好灰溜溜地走开了。

当下对村民为什么发"然杰"提问,会得到各种答案,有人说是为了"数亲戚",也就是确定亲属边界;有人回答,现在请大家吃饭的时候向围坐在桌子边上的人发酒、饼干之类的东西是为了感谢帮忙安葬逝者的人以及感谢众人来为逝者送行,也就是为了表达感谢;也有人回答,为了向众人交换"嘛呢"。不管是何种解释,我们可以明晰地感受到"然杰"的意义、功能正经历着变迁,以往的神圣性逐渐衰弱,逐渐向世俗化转变。

涂尔干指出,我们与我们的群体完全是共同的……个体意识不仅完全依赖于集体类型,他的运动也完全追随集体运动。[1] 文化要求个体与群体保持一致,一个流动性弱的群体,因为缺乏一个强大外力的影响,对这种一致性的要求更高。特别是对仪式而言,它可能不仅是现下要求一致,在历史维度上对这样的一致性也有很高的要求。正如保罗·康纳顿所言,所有的仪式都是重复性的,而重复性必然意味着延续过去。[2] 对大多数中国村庄来说,市场经济都是打破传统的一个强大外力。葬礼上"然杰"的这种一致性就在市场经济影响到明村之后逐渐被打破。自然经济时期,生产者大多为满足自身需求而生产,这一时期上述的一致性程度很高。到市场经济时期,生产者为满足自

---

[1] [法]埃米尔·涂尔干:《社会分工论》,渠东译,北京:生活·读书·新知三联书店,2000年,第90—91页。

[2] [美]保罗·康纳顿:《社会如何记忆》,纳日碧力戈译,上海:上海人民出版社,2000年,第50页。

身需求而进行的生产比重已经下降,生产者大多数转而按照市场需求来生产。按照市场需求进行的生产,加速了明村嘉绒藏族的民间社会分工和民间分化。这样的分化,会打破明村嘉绒藏族社会群体以往的"集体无意识"般的内部一致性,个体成员的生产生活方式、思维方式发生转变。这种转变所带来的就是我们所谓的神圣向世俗的转变,互惠与商品交换的转换等。

四、"然杰"的交换动机与社会关系

仪式作为人类社会普遍存在的社会行为，是某一族群文化在某一特定时期的集中展演，往往浓缩了该族群日常生活中关于宗教信仰、经济生产、亲属制度、伦理体系等各个方面。仪式中的礼物交换体现了交换的多样性特点，作为嵌合在仪式中的一部分，在一定的程度上也是人类日常生活的缩影。诸如经济人类学的经典案例"夸富宴"，主人通过大量炫耀性地毁坏财产或是赠送宾客不能归还之物，以使受邀来的宾客蒙羞。这样的行为看似荒诞，但是在这种炫耀性的背后，有像 R. 本尼迪克特那样认为是争夺权势的结果，也有像马文·哈里斯（Marvin Harris）所认为的那样："夸富宴是一定经济和环境的产物……尽管夸富宴是一种公开的竞争，它的实际作用却是把食物及其他物品从生产水平高的中心村落向欠发达的村落转移的一种方式。"[1] 人类社会的交换除了是经济的，还是社会的，它在不同社会、不同文化之下，所表达的内容是不同的。

（一）生者与逝者的非实物形态互惠

表达性的礼物馈赠以交换本身为目的，并反映了馈赠者和收受者

---

[1] ［美］M. 哈里斯：《夸富宴——原始部落的一种生活方式》，李侠桢译，《世界民族》1986 年第 6 期，第 39—45 页。

之间的长期关系；与此相对，工具性礼物仅是达到某种功利目的之手段并一般意味着短期的关系。[1] 从前文的描述可以看出，"然杰"既有表达性礼物馈赠的特点，又有工具性礼物的特点。嘉绒藏族葬礼上"然杰"中的"瓦勒达"，表面上我们看到的是邻居来帮忙念经，逝者亲戚对来帮忙念经的朋友所赠予的一定实物形态的回礼。然而究其实质是邻居帮忙念经给予逝者非实物形态的象征性馈赠，逝者再借亲属之手对这一象征性馈赠给予实物形态的回礼，或者可以说，"然杰"这一礼物，只是连接"嘛呢"与死者魂灵这两个非实物形态超自然力的象征符号。整个发放"然杰"的过程，逝者所在的那户人家几乎不能获得任何物质上的利益，但是在那户人家看来，参与"然杰"的人越多，对逝者的超度轮回越有利，对逝者的后人越有利；同样对参与"然杰"的人也有利；同时收到"瓦勒达"的人也将其视为吉祥之物，"然杰"是一个可以让物的收授双方"象征性利益"最大化的交换行为。这种交换形式同时具备物质交换与象征、情感交换的双重特征，是一种介于互惠与"利己主义"之间的交换形式。

回溯人类学相关理论，马塞尔·莫斯提出"馈赠—接受—回赠"的礼物交换流程，并认为"hau"是人们得到馈赠之后必须回礼的原因，这很快引起了人类学学者的关注。马林诺夫斯基在不久之后对"hau"提出了异议，进而提出了"互惠"的概念。嘉绒藏族葬礼上的"然杰"首先是互惠的，当邻居亲友到逝者家里帮忙念"嘛呢"的时候，就已经在无形之中完成了礼物赠予这一过程，赠予的对象直接面向逝者，逝者在接受这个礼物之后，会借亲属之手，以食物的形式向赠予者回赠礼物。"嘛呢"是连接逝者与逝者亲朋好友之间的纽带，是一种从亡者开始纵向流动的礼物，也就是，发放"然杰"是逝者同帮忙念"嘛呢"的邻居、亲戚之间交换的过程，完全遵循着莫斯"馈

---

[1] [美] 阎云翔：《礼物的流动——一个中国村庄中的互惠原则与社会网络》，李放春、刘瑜译，上海：上海人民出版社，2000年，第44页。

赠—回赠"的图式：邻居亲友将非实物形态的"嘛呢"作为馈赠之物赠予逝者，逝者亲属代替逝者接受这一馈赠，再将实物形态的食物赠予邻居亲戚作为回赠。

"然杰"互惠的背后，不是一种纯粹的利他主义。经济人假设认为，每一个从事经济活动的人都力图以最小的经济代价去获取自己最大的经济利益，"合乎理性的人"都是追求利益最大化的，而且人都是利己主义的。这样看来，"然杰"在一定程度上似乎合乎经济人假设，用最小的代价——念"嘛呢"/食物赠予，来获取最大的利益——对相关在世者、逝者的超自然层面的有利影响，所以"然杰"互惠的背后，其实是具有一定"利己主义"的考量在其中的，但是这样的"利己主义"背后并没有完全充斥着经济学精打细算的算计，与经济学利己主义很是不同。"然杰"时参与者就算期盼报酬，这种报酬也只是参与者心理层面的一种预设，这种心理预设的层次往往很低，通常是有就好，所以并不会有人会将"然杰"作为增加自身收益的工具。但是，"然杰"这个行为交织着物质、精神、情感层面的因素，逝者通过自己的亲属、近邻，将人生的最后一份礼物回赠给来帮自己念"嘛呢"的亲友，物会在这个过程中被赋予超自然的意义，这就使得这一物品，不论是什么种类，都有别于一般意义上市场交换下的商品，而成为道德情感和宗教意义上的礼物。人们也乐于得到这种被超自然化的礼物，因为这于自身是有利的，不论这种有利真是超自然层面的还是只是一种心理慰藉。这种道德和宗教层面的物往往不能通过货币或是其他物来量化，这种形式所追求的利益/效用最大化，最多只能通过参与者内心的满足来进行考量，所以"然杰"这种互惠只是空有利己主义的形式，其实质并不只是利己的。

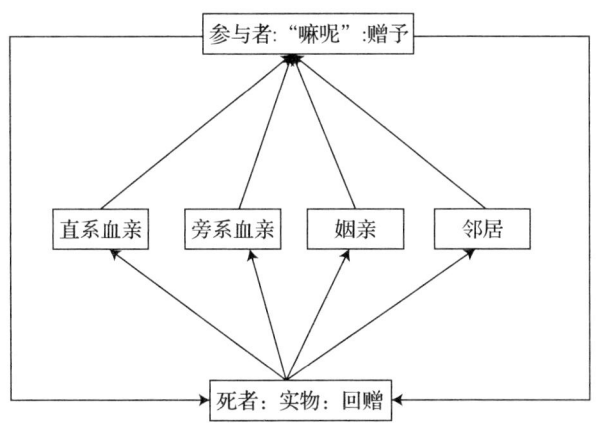

图 4 "然杰"中生者与逝者的互惠图示

格雷戈里在《礼物与商品》一书中认为"商品交换建立起来被交换客体之间的关系,而礼物交换则建立起主体之间的关系"[1],以区分礼物与商品。"然杰"不仅仅建立起了主体之间的关系,它还巩固了这一关系,具有显著的团结家庭内部以及强化家庭与社区关系的作用。马歇尔·萨林斯在《石器时代经济学》中没有将礼物和商品视为两个对立的极端,而是将它们视为连续谱的两个端点,从一个端点向另一个端点移动的关键变量是"亲属关系的距离"[2]。借用萨林斯的这一说法,将互惠与利己主义交换行为置于连续谱的两端,两个端点之间的移动变量,除了有萨林斯指出的"亲属关系距离"之外,我认为还应该加入宗教所赋予物的超自然性、社会文化系统对社会成员的吸引以及作为社会成员的人的文化心理因素。

"然杰"不能单纯地用互惠来解释,究其实质它并不仅仅是单纯的利他主义,而是一种具有利己主义形态的交换形式。但它的这种利

---

1 [英] C. A. 格雷戈里:《礼物与商品》,杜杉杉等译,昆明:云南大学出版社,2001年,第3—4页。
2 [美] 马歇尔·萨林斯:《石器时代经济学》,张经纬、郑少雄、张帆译,北京:三联书店,2009年,第227页。

己主义并不是经济学意义上利己主义的精打细算,它不能量化,而是一种超自然力影响下精神、心理层面所追求的最大化利益,我将其称为"象征性利己主义",这种生者与逝者之间实物与非实物形态的交换,是一种介于互惠和利己主义之间的交换形式。正如莫斯所说,是无私与自私混杂在一起,被视为一种契约,双方交换服务,各取所需。[1]

(二) 家族共同应对风险与家族共同体

在美国人类学者哈维兰的《文化人类学》一书中我们能看到,人类学把不计算所赠送东西的价值、偿还时间也不确定的交换称为"泛化互惠",而赠送和接受所涉及的时间都确定的交换被称为"平衡互惠"。泛化互惠强化了社区的凝聚力,食物分享可以被看作保存易腐物品的一种方法。通过分送礼物,可以得到一张社会的借据,将来能换到相同数量的食品。这有点像把钱放在定期存款账户中那样。平衡互惠的目的是让社会关系能一直延续下去,一个人有直接的义务以相同的价值及时回报。赠送、接受和分享形成社会保障或保险的一种形式,调整机制在泛化互惠或平衡互惠过程中起作用,促使财富在长时期内平等分配。[2]

上一小节"生者与逝者的非实物形态互惠",从表达性礼物与工具性礼物的角度分析了"然杰"的交换动机及内在逻辑。可以看出,"然杰"具有十分明显的两属性和中间性,并不能单纯地将其定义为一种已知特定的交换形式。这也许与嘉绒藏族地区所处藏、汉,牧区、农区藏族交界的地区,这个族群本身就具有十足的两属性和中间性相

---

[1] [法] 马塞尔·莫斯、昂利·于贝尔:《巫术的一般理论 献祭的性质与功能》,杨渝东等译,桂林:广西师范大学出版社,2007年,第240页。
[2] [美] 威廉·W. 哈维兰:《文化人类学》,瞿铁鹏、张钰译,上海:上海社会科学院出版社,2006年,第205—206页。

关。村民以及逝者的好友来帮逝者念"嘛呢",逝者的亲属赠送礼物以示回礼,这是一种由传统文化这一惯习/权利所推动的义务。不论是念"嘛呢"还是"然杰",一个家庭只要有精力和财力给予他人帮助,都会尽力去帮助,因为只有这样,在他们自己需要帮助时,才能得到他人的回报。

这样来看,"然杰"就是一种平衡互惠,但是这种平衡互惠又具有泛化互惠的特征,仍然是一个具有两属性和中间性的行为。这种划分方式本就与贝夫、阎云翔等学者所提的表达性礼物与工具性礼物有异曲同工之妙。因此在此我不再将"然杰"到底是属于平衡互惠还是属于泛化互惠过多地讨论,而是从这两种互惠形式都具有社会保障形式的角度来对其展开进一步的分析。

不论是平衡互惠还是泛化互惠,都具有社会保障和社会保险的作用。泛化互惠和平衡互惠像是把钱放在定期存款账户中那样,互惠可以得到一张社会的借据,这张借据将来能换到相同数量的食品,使得各人财富在长时间内能趋于分配平等。[1] 其实,不论是汉族还是嘉绒藏族,各种重大人生仪式上所发生的交换大都可以看作一种类似银行定期存款的行为,而且这种行为不能仅仅只将其作为实物/货币的存蓄,它更是有关社会关系的一种存蓄。或者说,如果把一个人一生中的社会关系总量看作一个固定值,那么重大人生仪式上所发生的交换,可以看作对个人社会关系总量损耗的一种折旧,其固定值一定量的损耗会转移到他人的社会关系中,而葬礼上的"然杰"也可以看作对个人社会关系折旧所进行的一次性清理。

在嘉绒藏族的一些人生仪式上,送礼、帮忙的交换习惯往往出现"增值"回礼现象。即当一家人有红白喜事时,别人送来礼,这家人是需要在别人同样有红白喜事时,在别人送来的礼的基础上做一部分

---

[1] [美] 威廉·W. 哈维兰:《文化人类学》,瞿铁鹏、张钰译,上海:上海社会科学院出版社,2006年,第205—206页。

增加作为回礼的。人去帮忙也是一样的情况，有些时候当货币、实物形式的回礼不能表示当事人双方的密切关系时，"去帮忙"也是可以作为回礼"增值"的一部分的。如果不考虑短期内货币的增、贬值情况，嘉绒藏族人生仪式上的这种交换行为无疑可以看作一种类似长期的、有息的银行定期存款的行为。由于婚丧等仪式充斥着太多的不确定因素，故我们并不能对这种类似定期存款的形式做出一个主观的投资/回报和诸如存款利率的估算。但是从整体形式来看，这种类似"零存整取"的"存款"方式还是比较清楚明晰的。"然杰"除了这种类似"零存整取"定期存款形式之外，就物的交换来看，还有一种类似"整存零取"定期存款的形式。

人生仪式上发生的诸如随礼、回请一类的交换，几乎都类似定期银行存款。"然杰"作为葬礼仪式上一种特殊的交换行为，也具有这种特性。上一小节中我们讲到"然杰"是一种实物和非实物的交换，"然杰"中的非实物交换，与"零存整取"相似。在明村，只要村里有人去世，整村的家庭几乎都会去帮忙念"嘛呢"，这其实就是每个家庭在为自己或自己的家人做存蓄，这也就能解释为什么老年人会那样热衷于去帮逝者家庭念"嘛呢"。

作为"然杰"而发放、赠送的食物，恰好与之相反。在前面已经有详细的叙述，还未变迁之前的食物都是自制面食。明村的主要粮食作物是青稞和小麦，但因明村土地贫瘠，青稞、小麦的产量并不高，主要用于饲养家畜，能剩下的少之又少。在饥馑年代，食物是最好的礼物，用最好的礼物——食物来交换最神圣的"嘛呢"无可争议。集全家族、近邻之力向葬礼参加者发放/赠予"然杰"的时候，正是在对自家的不论是物还是社会关系向整个社区范围内所做的一个"整存"，别家举行葬礼，则是对这种"整存"的零取。亲属、近邻按照亲疏远近发放/赠予的"然杰"，除了可以在一定程度上减轻逝者所在家庭因葬礼所带来的经济负担之外，无疑还可以看作一种风险分担的措施。

"然杰"从经济学的角度来看，主要是在丧葬仪式对于一个家庭的经济风险的分化。如果只有与逝者关系最近的某个家庭来负责整个仪式上的所有花费，对每一个普通家庭来说，无疑都是一个沉重的负担。但有了"然杰"，就能把这一沉重负担分摊给整个家族和近邻。从主干家庭出发，"负担"根据与主干家庭的亲疏远近而不断被分摊，好像一棵树一样，从主干出发不断生长出枝叶。这种树杈型分摊"负担"形式，实际上有建构、团结整个家族、社区的功能。

（三）家族内部关系建构

死亡是对逝者所在的社会关系网的破坏。一个人的去世，会导致与这个人相关的现实的社会关系网的局部断裂，一般葬礼仪式上亲属好友的聚集以及一系列的仪式展演，则是对这个局部断裂的修补，对这种死亡带来的破坏进行调适。嘉绒藏族的葬礼仪式上有两种机制可对这种破坏进行调适。首先是宗教意义上的调适，其次就是通过"然杰"进行的调适。

嘉绒藏族受藏传佛教影响的生死观让他们相信来生、轮回、灵魂不灭这样的概念，认为人是有灵魂的，人死灵魂却不灭，灵魂是常驻永存的。死亡只不过是可视形体的消失，而不是灵魂的消散。生命的核心是灵魂，所谓的死亡只不过是灵魂的载体枯竭了，灵魂并不会死亡，生命是还会再生的。[1] 这样的宗教观念其实会给现实中的社会关系赋予一个超自然的意义，葬礼就是对社会关系进行超自然赋值的一个过程，这种超自然意义的赋值，对原本由于逝者去世所造成的逝者所在的社会关系网的破坏，有很好的修复作用。

如果说宗教调适是抽象的调适，那么"然杰"就是一个十分具象

---

[1] 察仓·尕藏才旦：《西藏本教》，拉萨：西藏人民出版社，2006年，第261页。

甚至十分"功利"的调适过程。"然杰"有明晰亲属关系的作用,包括对代际远亲关系的明晰。所以,"然杰"是逝者和生人间代际交流的中介,是逝者的遗赠,可以说作为一种纪念,它具有超越实用和可交换性的功能。"然杰"其实是嘉绒藏族以逝者为中心的对因可视形体消失而被破坏的社会关系网所进行的自我修复。只要一个人去世,一种由近及远、由亲及疏、从亲缘到地缘的对逝者的亲属关系、社会关系进行整合的机制便会自发地启动。它是一种清晰亲属边界的过程,也是对因为逝者肉体消亡而破坏的社会关系网所进行的修复与再建。

嘉绒藏族的葬礼几乎会涉及逝者或逝者所在家庭的所有社会关系,而且会根据每一天负责馈赠的人不同对逝者的社会关系进行一个详细梳理。我在做田野调查的时候就听过"然杰"是用来"数亲戚"的说法,迟么阿泰(52岁)告诉我说:死人的时候发"然杰"是为了数亲戚,这家的亲戚有哪些,这个时候就该出来分摊发"然杰"了,这样就能厘清有多少亲戚了。"数亲戚"背后所蕴含的深层含义其实就是以逝者为中心,对亲属关系、社会关系的边缘进行界定。

对此,明村村民兰卡(47岁)这样对我说:"上次我一个姨妈去世,我去帮忙。有几个从丹巴来的我们一辈的亲戚,隔得远,平时基本没有来往,葬礼上才晓得,丹巴也有亲戚。哎呀,死个人才晓得,这个也是亲戚,那个也是亲戚。"

明村葬礼的一系列程式,从报丧、出殡到念经、"然杰",谁该负责什么,每个人在这场仪式中的责任是什么,都是以家族为单位团结在一起来确定的。

"然杰"每一天都由不同的亲疏距离的亲戚朋友负责。按照念经时间的长短不同,每一天负责"然杰"的人员也不同。明村葬礼上念经一般可以分为1天、3天和7天。一天念完经就下葬,"然杰"基本上是所有亲戚朋友,不管亲疏远近就一起做了;念3天经的"然杰"过程一般是,第一天由直系血亲负责,第二天由旁系血亲和姻亲负责,第三天由邻居负责。而念7天经的"然杰"会把亲属关系分得最清楚。一般第一天是逝者跟谁住在一起就由谁来负责。第二天由逝者其他的子女负责。第三天由旁系血亲来负责。诸如逝者的兄弟姊妹，还包括堂兄弟姊妹。第四天由姻亲负责。主要是由逝者配偶的兄弟姊妹及兄弟姊妹的子女来负责。第五天是由逝者的侄子侄女来负责。第六天由距离家近的邻居负责。所有的亲属，不管是直系、旁系还是姻亲，最后一天还要再发一次"然杰"。念完经后会下葬，下葬之后，邻居会将准备好的"杰勒"赠送给逝者的直系血亲。

从图5可以直观看到明村嘉绒藏族亲属、邻里关系的亲疏远近排列次序。主要是以逝者为中心从最亲密的直系血亲，到旁系血亲，再到姻亲和邻居，是一种按照血亲→姻亲→地缘关系来层层向外的结构，越到外层亲属关系距离越远，人数也会越多，平均下来所需要准备的物品也就越少。

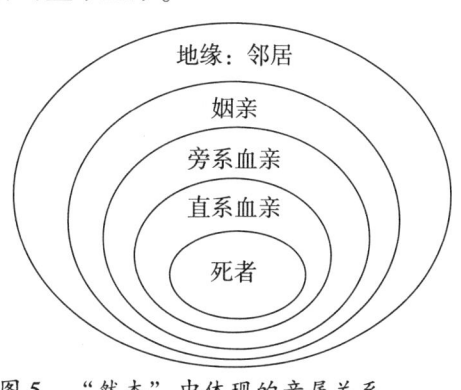

图5 "然杰"中体现的亲属关系

对于一个家族来说，维护亲属关系是大事，但凡自己该去的就一定要去，如果该自己去而没有去，他们或多或少会受到来自家族内部或者是邻居朋友的非议。所以明村人在参加"然杰"时，就算是自己有事去不了，也一定会找一个人代替自己去，并会让代替者向众人说明情况。

2011年外婆的姐姐，即母亲的姨妈、我的姨奶奶去世，我的母亲必须参加"然杰"发放。但因为工作原因，不能去参加，她十分愧疚。同时，母亲买好了作为"然杰"的所有东西，让我代替她去参加。当时母亲还特意嘱托，在给大家发东西的时候，一定要向大家说清楚母亲不能亲自参加的原因。有意思的是，村民在收了我发的东西之后，多半都会说："泽郎初（母亲）家的女儿长大了，都能代替妈妈来帮忙做这些事了。"在这个过程中，我代替母亲完成了一次"然杰"发放，自然也就被"数亲戚"了。

"然杰"有时候还是修补家族内部已经出现的裂痕的工具。因为"然杰"是明村嘉绒藏族的"习俗"，村民所谓的这个习俗的背后是一种权力驱使。只要自己承认自己是这个家族的成员，不论跟家族其他成员的关系如何，这种惯习都推动当事人一定要参加这个仪式过程，少有人会拒绝参加。

明村有一件大家茶余饭后经常谈论的事：从大哥分家开始，兄弟姊妹之间就产生矛盾，后来又因为赡养老人的问题，矛盾集中爆发，兄弟姊妹大吵一架之后不欢而散，关系也随之疏远，几家几乎断了往来。村民总是拿这兄弟姊妹的事情当反面教材教育自己的孩子要孝敬老人。后来老人患癌症去世，在办葬礼的时候，虽然兄弟姊妹之间心中仍有隔阂，但还是心平气和地坐下来商量葬礼事宜。

对这一家庭的矛盾，邻居南初（37岁）这样说："兄弟姊妹平时关系那么差的，办葬礼，发'然杰'了，还是要聚在一起各自负责自己的部分。毕竟一个爹妈生的，骨肉亲情这个还是要认。现在父亲死了，几个人应该晓得怎么对妈了。"

村里的村民罗尔依（49岁）也持同样的看法："兄弟姊妹都是一起长大的，以前再有矛盾，父亲都死了，不可能还在葬礼上不齐心啊。那个是他们几个共同的老母亲啊，农村里兄弟姊妹之间不互相帮衬，一个家族都不齐心，有事情要办是指望不上其他人的哦，他们兄弟姊妹之间还是要互相帮衬才对。"

还有一个案例：

个案8

明村人SG（35岁），之前舅舅家的牛总是去糟蹋他家的庄稼，两家人因此发生口角，闹了不愉快，后来又因为村里修公路占地的事情，两家关系降至冰点，基本不往来。2015年，舅舅去世，SG扬言自己绝对不会参加舅舅的葬礼，更不会帮忙张罗。态度之决绝，大家都以为他真的不会出现在葬礼上。按关系亲疏远近安排，到应该由SG发"然杰"的那天，他还是早早地去舅舅家张罗，完成他该负责发放的"然杰"。对此，他解释："老年人嘛，活着的时候虽然不招人待见，但他还是我的舅舅，现在人都死了，还有什么过意不去的。"

"然杰"这种具有超越实用和可交换性功能的礼物，是逝者与生者间代际交流的中介，是逝者的遗赠，也可以说是一种纪念。所有家族成员在葬礼的这段时期内，都被纳入一个强大体系的内部，这种体系与阎云翔先生所讲的道德原则超过经济考虑的"道义经济的体系"[1]相似。只是又不仅仅局限于道德原则，还应该加入宗教等其他因素的考量。但是在这样强大体系中的交换过程，让整个家族共同体空前团结。整个过程，囊括了以逝者为中心的，这个家族的几乎所有亲属关系。这种以逝者为中心，以家族内部亲属关系由远及近的纵向结构的礼物流动模式，同样也是一种纵向的整合方式，对整个家族共同体的整合具有十分重要的意义。

---

[1] [美]阎云翔：《礼物的流动——一个中国村庄中的互惠原则与社会网络》，李放春、刘瑜译，上海：上海人民出版社，2000年，第84页。

结　语

　　这种总体呈现系统又作用于这个社区的社会关系，葬礼上的礼物流动勾勒出嘉绒藏族亲属关系的基本框架，家族共同体在这样的框架结构中得以维持与整合，礼物与社会关系、社会结构在不断建构中整合着整个社区。

　　嘉绒藏族葬礼上特殊的礼物交换行为——发放/赠予"然杰"，是葬礼仪式上逝者亲属向来帮忙念"嘛呢"的葬礼参与者赠送的礼物及邻居向逝者家属赠送的帮助逝者家庭渡过难关的礼物的总称。"然杰"既是交换的礼物，也是社会集体无意识的象征符号。"然杰"受市场经济冲击，已经从自制发展为从市场购买，它不再像以前那样单纯地被作为交换"嘛呢"和帮逝者家庭渡过难关的礼物。如今物质资源丰富，"然杰"不再单纯的是以往神圣的物品，还有越来越浓厚的世俗味，越来越发展成为村民炫耀自己经济能力和社会关系能力的媒介。

　　发放/赠予"然杰"不能单纯地用互惠来解释，其实质为利他主义与利己主义相交织的互惠行为，它的利己主义不能量化，不是单纯经济学意义上的利己主义。它是一种超自然力影响下精神、心理层面所追求的最大化利益的"象征性利己主义"，是一种介于互惠和利己主义之间的交换形式，"然杰"还是一种分担家庭经济风险的行为。由多个家庭共同承担葬礼的花费，无疑减轻了逝者家庭的负担，以免"一夜返贫"。发放/赠予"然杰"的过程，让整个家族共同体空前团结，该过程几乎囊括了以逝者为中心，这个家族的所有亲属、邻里关系。

　　家庭是依靠血缘/情感为纽带而联系起来的基本社会组织，若干家庭又因为血缘/情感构成家族。家庭为成员提供了进行社会习得的实践场所，所以家庭内部成员的行为与家庭有着密切关系，由家庭有机团结起来的家族也是这样。所有家庭中发生的行为都被家庭成员认可与接受,也正是家庭赋予这一切。个体对于家庭的概念可能在成长的过程中就培养出了相应的理解与感知。但是对家族这个概念的认识还需要经历一个过程。当事件发生时,认知过程会转换成具体的行为,从而加速认知。在这个过程中,家庭中的个体逐渐了解家族的功能。明村嘉绒藏族的丧葬仪式使家族成员拥有了团结的力量,家庭成员在这个力量下,会加速对家族感情的强化与认同,个体也会依照角色的规定很快地采取对应的反馈行为。

老人的离世代表以老人为核心的家庭以及以老人为中心的社会关系网遭到一定的破坏。新的社会关系网需要借助葬礼仪式行为——发放/赠予"然杰"来修复、确立,而确立这个新的关系网又需要通过家族这一"机构"来完成。通过这一礼物交换行为可以明确子女之间彼此的权利与义务,强化家庭情感的认知,乃至对整个家族的认同。家族成员相互帮助,为个体家庭应对风险提供了保障。情感为礼物交换提供支持,家庭则为这种交换系统提供稳定的场所。对于家族成员来说,有参与礼物交换的权利,也有相应的义务,因此,葬礼仪式上的"然杰"作为礼物交换载体,对家族共同体的纵向整合和以逝者为中心的家族内部结构修复、建构都有重要意义。